教育部 财政部职业院校教师素质提高计划职教师资培养资源开发项目
《林学》专业职教师资培养资源开发（VTNE063）

教育部 财政部职业院校教师素质提高计划成果系列丛书

森 林 保 护

周宇燏 肖玖金 主编

中国林业出版社

图书在版编目(CIP)数据

森林保护/周宇爙,肖玖金主编. —北京:中国林业出版社,2016.12(2022.2重印)
(教育部 财政部职业院校教师素质提高计划成果系列丛书)
ISBN 978-7-5038-8872-4

Ⅰ. ①森…　Ⅱ. ①周…②肖…　Ⅲ. ①森林保护-高等职业教育-教材　Ⅳ. ①S76

中国版本图书馆CIP数据核字(2016)第307425号

中国林业出版社·教育出版分社

| 策划编辑: | 高红岩　张东晓 | **责任编辑:** | 肖基浒　高兴荣 |
| 电　　话: | (010)83143555 | **传　　真:** | (010)83143516 |

出版发行　中国林业出版社(100009　北京市西城区德内大街刘海胡同7号)
　　　　　E-mail:jiaocaipublic@163.com　电话:(010)83143500
　　　　　http://www.forestry.gov.cn/lycb.html
经　　销　新华书店
印　　刷　三河市祥达印刷包装有限公司
版　　次　2016年12月第1版
印　　次　2022年2月第2次印刷
开　　本　787mm×1092mm　1/16
印　　张　24
字　　数　600千字
定　　价　60.00元

未经许可,不得以任何方式复制或抄袭本书之部分或全部内容。

版权所有　侵权必究

教育部 财政部职业院校教师素质提高计划成果系列丛书

项目专家指导委员会

主　任：刘来泉

副主任：王宪成　郭春鸣

成　员：（按姓氏笔画排列）

刁哲军　王继平　王乐夫　邓泽民　石伟平

卢双盈　汤生玲　米　靖　刘正安　刘君义

孟庆国　沈　希　李仲阳　李栋学　李梦卿

吴全全　张元利　张建荣　周泽扬　姜大源

郭杰忠　夏金星　徐　流　徐　朔　曹　晔

崔世钢　韩亚兰

《森林保护》编写人员

主　　编
　　　　周宇爘　肖玖金

副 主 编
　　　　王智勇　杨　桦　单体江

编写人员（按姓氏笔画排序）
　　　　王智勇（乐山师范学院）
　　　　朱　霞（西南林业大学）
　　　　李姝江（四川农业大学）
　　　　李奕桥（四川农业大学）
　　　　杨明禄（塔里木大学）
　　　　杨　桦（四川农业大学）
　　　　肖玖金（四川农业大学）
　　　　周宇爘（四川农业大学）
　　　　单体江（华南农业大学）
　　　　黄玉梅（四川农业大学）
　　　　蒋学健（广西林业科学研究院）
　　　　韩　珊（四川农业大学）

主　　审
　　　　朱天辉（四川农业大学）
　　　　李孟楼（西北农林科技大学）
　　　　周祖基（四川农业大学）
　　　　杨忠岐（中国林业科学研究院）
　　　　杨佐忠（四川林业科学研究院）

出版说明

《国家中长期教育改革和发展规划纲要(2010—2020年)》颁布实施以来,我国职业教育进入到加快构建现代职业教育体系、全面提高技能型人才培养质量的新阶段。加快发展现代职业教育,实现职业教育改革发展新跨越,对职业学校"双师型"教师队伍建设提出了更高的要求。为此,教育部明确提出,要以推动教师专业化为引领,以加强"双师型"教师队伍建设为重点,以创新制度和机制为动力,以完善培养培训体系为保障,以实施素质提高计划为抓手,统筹规划,突出重点,改革创新,狠抓落实,切实提升职业院校教师队伍整体素质和建设水平,加快建成一支师德高尚、素质优良、技艺精湛、结构合理、专兼结合的高素质专业化的"双师型"教师队伍,为建设具有中国特色、世界水平的现代职业教育体系提供强有力的师资保障。

目前,我国共有60余所高校正在开展职教师资培养,但由于教师培养标准的缺失和培养课程资源的匮乏,制约了"双师型"教师培养质量的提高。为完善教师培养标准和课程体系,教育部、财政部在"职业院校教师素质提高计划"框架内专门设置了职教师资培养资源开发项目,中央财政划拨1.5亿元,系统开发用于本科专业职教师资培养标准、培养方案、核心课程和特色教材等系列资源。其中,包括88个专业项目,12个资格考试制度开发等公共项目。该项目由42家开设职业技术师范专业的高等学校牵头,组织近千家科研院所、职业学校、行业企业共同研发,一大批专家学者、优秀校长、一线教师、企业工程技术人员参与其中。

经过三年的努力,培养资源开发项目取得了丰硕成果。一是开发了中等职业学校88个专业(类)职教师资本科培养资源项目,内容包括专业教师标准、专业教师培养标准、评价方案,以及一系列专业课程大纲、主干课程教材及数字化资源;二是取得了6项公共基础研究成果,内容包括职教师资培养模式、国际职教师资培养、教育理论课程、质量保障体系、教学资源中心建设和学习平台开发等;三是完成了18个专业大类职教师资资格标准及认证考试标准开发。上述成果,共计800多本正式出版物。总体来说,培养资源开发项目实现了高效益:形成了一大批资源,填补了相关标准和资源的空白;凝聚了一支研发队伍,强化了教师培养的"校—企—校"协同;引领了一批高校的教学改革,带动了"双师型"教师的专业化培养。职教师资培养资源开发项目是支撑专业化培养的一项系统化、基础性工程,是加强职教教师培养培训一体化建设的关键环节,也是对职教师资培养培训基地教师专业化培养实践、教师教育研究能力的系统检阅。

自2013年项目立项开题以来,各项目承担单位、项目负责人及全体开发人员做了大量深入细致的工作,结合职教教师培养实践,研发出很多填补空白、体现科学性和前瞻性的成果，有力推进了"双师型"教师专门化培养向更深层次发展。同时，专家指导委员会的各位专家以及项目管理办公室的各位同志，克服了许多困难，按照两部对项目开发工作的总体要求，为实施项目管理、研发、检查等投入了大量时间和心血，也为各个项目提供了专业的咨询和指导，有力地保障了项目实施和成果质量。在此，我们一并表示衷心的感谢。

职业院校教师素质提高计划成果系列丛书编写委员会
2016 年 3 月

前　言

森林保护学科是林业科学的重要组成部分，是关于森林病虫害及有害生物防治理论与技术的学科。该学科以维护森林健康为目的，以维持森林生态系统平衡为指导思想，以森林病虫害的综合防治及其他森林灾害的综合控制为技术手段，从生态性和经济性两方面肩负着保护森林的重要任务。森林保护学科的建设与发展对维护森林生态系统的健康与稳定，对保障国家的生态安全和推动生态文明建设有重要意义。在合理利用森林资源前提下，为了更好地发挥森林的生态效益，首先要保护好森林，为其创造优越的生长环境，同时还必须控制一切不利于森林健康与稳定的因素，保护森林免遭病、虫、鼠、火的危害。

目前，人们对森林病虫害的认识还严重不足，人们还没有充分认识到森林病虫害不仅具有如水灾、火灾那样严重的危害性和毁灭性，还具有生物灾害的特殊性，以及治理上的长期性、艰巨性，缺乏对森林保护工作所具备的重大意义的认识。长期以来，由于森林病虫害防治工作未被置于应有的高度和位置，致使该工作与造林绿化和森林防火相比在策略上和力度上，都有相当差距。

森林保护是林学专业的必修课，在林学专业人才培养中处于不可或缺的重要位置，是林学类专业人才的核心知识体系之一。本课程的教学目的和任务主要概括如下，通过教学使学生掌握森林病虫鼠害防治的基本知识和基本理论，具备识别和防治常见森林病虫鼠害的基本技能，了解林木检疫的主要流程和相关法规，满足从事森林培育工程技术岗位和营林生产岗位对该领域素质的基本要求。

本教材是教育部、财政部林业职教师资培养包中的核心教材，是秉承全国各林业职业学校和高等院校的课程改革建设核心思想编写的。教材的编写建立在大量调研的基础上，根据森林保护具体生产岗位的职业技能需求，以维护森林健康为宗旨，以森林保护为主线，以能力培养为重点，打破以往纯粹按照知识体系编排教材内容的习惯，重新整合满足工作岗位实际技能需要的教学项目和任务，体现了现代职业教育"能力本位、学生主体、任务驱动"的特点。

全书共分5个教学单元。单元1　林木病害防治，包括林木病害认知、主要致病因素的分类、林木病害的诊断和防治；单元2　林木虫害防治，包括林木虫害认知、昆虫的分类与识别、林木虫害的诊断及防治；单元3　林业其他灾害，包括森林火灾预防、森林鼠害的防治、冰雪灾害的应对；单元4　林木检疫，包括林木检疫的认知、有害生物风险分析(PRA)、植物检疫法律法规学习、模拟检疫：植物病原线虫的分离；单元5　林业有害生物普查，包括林业有害生物普查认知、有害生物普查信息管理系统介绍、普查工作调查、报告及成果编制。

本教材涵概了森林保护学基础知识和技能的讲解，同时附录了大量的林业法律法规和各种林业行政事务的工作流程图。本教材主要供林业(职教)本科专业教师和学生使用，也可以作为高职院校相关专业教材，还可以作为森林经营和管理人员、城市园林绿化从业人员及各级林业技术人员的业务参考书。

编　者
2016 年 8 月

目 录

出版说明
前　言

单元1　林木病害防治

项目1　林木病害认知　　003
　　任务1.1　林木病害症状认知　……………………………………… 004
　　任务1.2　病原物与植物互作的认知　…………………………… 010
　　任务1.3　病原物侵染过程认知　………………………………… 021
　　任务1.4　森林病害的流行和预测　……………………………… 028

项目2　主要致病因素的分类　　035
　　任务2.1　林木病原菌物识别　…………………………………… 036
　　任务2.2　林木病原细菌识别　…………………………………… 052
　　任务2.3　林木病原病毒和植原体识别　………………………… 058
　　任务2.4　林木病原线虫识别　…………………………………… 066
　　任务2.5　寄生性种子植物识别　………………………………… 072
　　任务2.6　其他生物性病原识别　………………………………… 076
　　任务2.7　非侵染性病害识别　…………………………………… 079

项目3　林木病害的诊断和防治　　086
　　任务3.1　林木病害诊断　………………………………………… 087
　　任务3.2　林木病害防治　………………………………………… 091
　　任务3.3　林木真菌病害防治　…………………………………… 104
　　任务3.4　林木细菌病害防治　…………………………………… 108
　　任务3.5　林木病毒病害和植原体病害防治　…………………… 112
　　任务3.6　林木线虫病害防治　…………………………………… 117
　　任务3.7　林木其他病原所致病害防治　………………………… 122

单元 2　林木虫害防治

项目 4　林木虫害认知　　　　129
- 任务 4.1　昆虫的形态结构与功能认知　……………………………………… 130
- 任务 4.2　昆虫的内部解剖与器官功能认知　…………………………………… 144
- 任务 4.3　昆虫生物学认识　……………………………………………………… 154
- 任务 4.4　种群生态分析　………………………………………………………… 165

项目 5　昆虫的分类与识别　　　　175
- 任务 5.1　分类的基本方法及系统认知　………………………………………… 176
- 任务 5.2　与林业有关的重要目简介　…………………………………………… 180
- 任务 5.3　螨类识别　……………………………………………………………… 204

项目 6　林木虫害的诊断及防治　　　　210
- 任务 6.1　林木虫害调查及诊断　………………………………………………… 211
- 任务 6.2　林木虫害防治　………………………………………………………… 214
- 任务 6.3　苗圃及根部害虫防治　………………………………………………… 226
- 任务 6.4　顶芽及枝梢害虫防治　………………………………………………… 230
- 任务 6.5　食叶害虫防治　………………………………………………………… 234
- 任务 6.6　蛀干害虫防治　………………………………………………………… 237
- 任务 6.7　球果种实害虫防治　…………………………………………………… 241
- 任务 6.8　木材害虫防治　………………………………………………………… 245
- 任务 6.9　竹子害虫防治　………………………………………………………… 248

单元 3　林业其他灾害

项目 7　森林灾害防治与应对　　　　255
- 任务 7.1　森林火灾预防　………………………………………………………… 256
- 任务 7.2　森林鼠害的防治　……………………………………………………… 275
- 任务 7.3　冰雪灾害的应对　……………………………………………………… 286

单元 4　林木检疫

项目 8　林木检疫认知　　295
- 任务 8.1　林木检疫的认知 …………………………………………… 296
- 任务 8.2　有害生物风险分析 ………………………………………… 308
- 任务 8.3　植物检疫法律法规学习 …………………………………… 321
- 任务 8.4　模拟检疫：植物病原线虫的分离 ………………………… 333

单元 5　林业有害生物普查

项目 9　林业有害生物调查　　341
- 任务 9.1　林业有害生物普查认知 …………………………………… 342
- 任务 9.2　有害生物普查信息管理系统介绍 ………………………… 350
- 任务 9.3　普查工作调查 ……………………………………………… 356
- 任务 9.4　报告及成果编制 …………………………………………… 360

参考文献　　364

致　谢　　369

单元 1
林木病害防治

项目1　林木病害认知
项目2　主要致病因素的分类
项目3　林木病害的诊断和防治

林木病害是指由病原生物或其他如不良的气象、土壤等条件造成的林木在形态、组织和生理上的病理性变化，其发生可导致林木个体生长不良，甚至引起林木枯死。林木病害可造成巨大的经济损失，病害毁灭大片森林的案例在林业生产上时有发生，如板栗疫病（*Endothia parasitica*）自1904年前后传入北美，不到40年时间便摧毁了近$360 \times 10^4 \text{hm}^2$的板栗（*Costemea mollissima*）纯林，使得一个经济价值很高的树种很难继续用于造林。20世纪初松疱锈病（*Cronartium ribicola*）在北美流行，使得该地区的美国五针松（*Pinus parviflora*）大量死亡，至今仍无妥善的防治办法。此外，这一病害自20世纪50年代，在我国东北地区的红松人工林中发生并不断蔓延，某些林分的死亡率超过40%，目前其已成为我国松林的一大隐患。除经济损失外，林木病害对人类生活环境的破坏也非常严重。例如，20世纪以来，欧美地区许多用于城市行道绿化和庭园种植的榆树（*Ulmus pumila*）由于感染榆荷兰病而大量死亡，使当地城市生态环境受到严重破坏。因此，维护森林和各种林地的健康，保持森林生态系统的稳定，针对各种林木病害进行研究和监测，是森林保护工作的重要组成部分。

项目 1
林木病害认知

　　本项目要求学生能够认识和理解造成林木病害的根本原因和造成病害流行的基本条件，能够辨识侵染性病害和非侵染性病害的典型症状，分析致病原因，为后续的病害的防治打下良好基础。

任务 1.1　林木病害症状认知

【任务介绍】

林木病害症状是林木病害识别的重要依据，不同的林木病害会呈现出不同特点的症状，本任务主要介绍林木病害的基本知识、病害症状特点。本任务要求学生能够认识和理解造成林木病害的根本原因和造成病害流行的基本条件，能够辨识主要类型的侵染性病害和非侵染性病害的典型症状，分析其致病原因，为后续的病害的防治打下良好基础。

【教学目标】

知识目标
1. 理解林木病害的病症和病状的具体含义。
2. 了解林木病害形成要素以及林木病害和环境的关系。

技能目标
1. 能够识别侵染性病害和非侵染性病害。
2. 能够区分主要病原物类型的典型病症和病状。

【任务实施】

1.1.1　林木病害的基本要素的认知

1.1.1.1　植物病害的概念

植物由于受到生物或非生物因素的持续干扰，当干扰强度超过了植物能够忍受的限度时，整个植株、器官、组织或局部细胞的正常生理生化功能出现扰乱、导致解剖结构破坏、形态特征发生改变，以致植物生长不良、观赏价值下降、生态功能丧失，甚至导致死亡，这种现象称为植物病害。植物病害现象有以下两个基本点：

植物病害具有一定的病理变化程序：在植物病害发生发展过程中，会出现一系列的病理变化过程，首先发生的是生理机能的变化，进而出现细胞组织结构和形态的改变，这是一个逐渐加深、持续发展的病变过程。如果植物受到昆虫的取食危害、其他动物或人造成的机械损伤，以及冰雹、风灾等造成的伤害，这些都是植物在短时间内受到外界袭击突然形成的，受害植物在生理上没有发生病理程序，因此不能称之为病害，而应称为损伤（damage）。损伤（虫伤、机械创伤）会削弱植物生长势，伤口往往是病原物侵入植物的重要途径，会诱发病害的发生。因此病害与损伤是两个不同的概念。

1.1.1.2　植物病害发生的基本因素

（1）病原（cause）

植物病害的发生可能受到一个或两个以上因素的作用，直接导致植物病害发生的因素称为病原,它包括生物性病原和非生物性病原,非直接致病的因素则称诱因(inducer)。如四季海棠茎腐病,高温是诱因,病菌是直接导致病害发生的因子即病原。

①生物性病原　生物性病原是指以植物为取食对象的寄生生物,主要的生物性病原包括菌物(真菌)、细菌、植原体、病毒、类病毒、寄生性种子植物以及线虫、藻类和螨类。引起病害的菌物和细菌统称病原菌。凡是由生物性病原引起的植物病害都是有传染性的,因此称作传染性病害或侵染性病害(infectious disease),它是植物病害研究的核心问题。

②非生物性病原　非生物性病原包括不适于植物正常生活的水分、温度、光照、营养物质、空气组成等一系列因素。如营养物质、水分过多或过少、温度过高或过低、光照过强或过弱、有毒物质或气体、栽培管理不当等因素,都能直接或间接地影响植物的生长发育,使其发生病害。凡由非生物因素引起的植物病害均无侵染性,故称为非侵染性病害或非传染性病害(non-infectious disease),也称生理病害。当其环境条件恢复正常时,这类病害就停止发生,并有逐步恢复常态的可能。

(2) 感病植物(susceptible plant)

植物病害发生基本因素除了病原以外,还必须存在感病植物。当病原侵染植物时,植物并非完全处于被动状态,它可以对病原进行积极的抵抗,由于各种植物对于不良因素的抗逆性或感受性各不相同,易遭受病原侵染的植物称为感病植物,对寄生生物来说,则称寄主(host)。

(3) 环境(environmental factor)

传染性病害的发生,还必须具有一定的环境条件,植物病害发生的环境条件包括了气候、土壤、栽培等非生物因素,还包括植物周围的人、昆虫、其他动物及微生物区系等生物因素。而引起非传染性病害的病原,本身也是植物的环境条件,由于某种因子的不适宜,超出了植物的适应能力,引起植物病理变化而成为一种病原。这些因素间错综复杂的关系直接或间接地与植物病害的发生和发展相关联,因此要正确评价环境条件在病害发生中的作用。

1.1.1.3　植物病害的本质

(1) 病原与寄主在共同环境中的相互关系

病原、寄主、环境是植物病害发生发展的三个基本因素,病原和寄主之间的相互作用是在共同环境条件影响下进行的,这三个因素的关系称为植物病害的三角关系(disease triangle)。在植物病害过程中,病原和寄主是一对基本矛盾,这一矛盾的发展主要决定于病原和寄主植物本身的状况,但环境条件也可通过对病原、寄主、寄主—病原复合体的作用影响这一矛盾的发展结果。环境条件一方面可以直接影响病原物,促进或抑制其生长和扩散,另一方面也可以影响寄主抗性,左右其感病性和抗病能力。因此,当环境条件有利于病原物而不利于寄主植物时,病害才能易于发生和发展;反之,当环境条件有利于寄主植物而不利于病原物时,病害就不易发生或者发展受到抑制。如植物幼苗猝倒病,在土壤、大气湿度较高时,病菌孢子易萌发,侵染幼嫩的寄主组织,使苗木发病较重;反之,在较低的湿度条件下,幼苗幼茎可提前木栓化,不利于病菌的侵染,发病较轻,可见,传染性病害应该是寄主、病原和环境三方面的统一体。

(2)寄主、病原、环境和人的相互关系

随着近代科学的发展,人们逐渐对植物病害有了新的认识。R. A. Robinson(1976)提出植病系统是生态系统的组成部分。在植物病害三角关系上加上人的因素构成植物病害概念的四角关系(disease square)。该关系强调在环境因素中人的作用。一般而言,生物经过长期自然选择,生物的种间关系及生物与环境间关系是生态系统各要素长期相互适应、相互制约的结果,保持着一种动态平衡,植物和病原物也是这样。不少病害的发生是人类自己造成的,人类的农业生产活动对这种自然平衡产生了很大影响。如实行不适当的种植制度,扩大不适当树种或品种的栽培面积,采用不适当的栽培措施,人为引进了危险性病原物及过量施用农药造成的环境污染。因此,在植物生产或病害控制上,不仅涉及农林业技术,也与组织管理有关;即涉及自然科学,又涉及社会科学。在上述四角关系中,病原与寄主植物是基本矛盾,病原、寄主和环境仍应是植物病害发生的基本因素,人的因素只是外界环境中比较突出的条件。

在植物病害概念中,还有微观的一面,H. H. Flor(1942)在研究亚麻锈病时提出了基因对基因假说;1978年,W. Q. Loegering在Flor假说的基础上,系统地阐示了近代生物间遗传学的概念;J. E. Vanderplank(1978)也根据Flor假说,提出了蛋白质假说。以上3种假说不仅揭示了植物病害三角关系的实质,而且对控制与寄主抗病性和病原物致病性相关的基因,有效地培育抗病品种,在理论研究和生产实践上都有积极的指导作用。

许多学者主张把宏观和微观两方面作为一个整体来考虑植物病害问题。王焕如(1986)以农业系统工程的观点阐明了与植物病害形成过程有关的诸因素间相互关系。应用农林业系统工程的观点和思维方法可以全面、系统和历史地考虑农林生产和病害问题,逐步控制植物病害的发生频率与规模,提高生产水平。

1.1.2 林木病害症状的识别

1.1.2.1 症状的概念及类型

植物受生物或非生物病原侵染后,内部的生理活动和外观的生长发育所显示的某种异常状态,称为症状(symptom)。植物病害的症状是植物内部发生病变的结果,表现十分复杂,按照症状在植物体显示部位的不同,可分为内部症状与外部症状两类。在外部症状中,按照有无病原物结构体显露可分为病症与病状两种,植物病害的症状是病状和病症的总称。

(1)病状

寄主植物受病后表现的外观不正常变化,称病状。寄主植物受病原物侵染后,在生理、解剖、形态上所发生的一系列异常变化,称病变(disease change)。感病植物生理机能上的异常变化,称为生理病变,如呼吸作用和蒸腾作用的加强,同化作用的降低,酶活性的改变,水分和养分吸收与运转的失常等;而在内部组织结构上的异常变化,称组织病变,如叶绿体或其他色素体数量的变化,细胞数目和体积的增减,维管束的堵塞,细胞壁的加厚,以及细胞、组织的坏死、解体等;生理病变和组织病变导致的植物体外部形态的异常变化,称形态病变,这就是我们通常所指的病状,如感病植物表现的肿瘤、丛枝、小叶、矮化、黄化、腐烂、溃疡斑。这三种病变既有区别又有联系,它们是一种病害的三个方面。如桃缩叶病,外表上,叶片肥厚、皱缩扭卷(形态病变),叶肉组织分解快,变成等径形的薄壁细胞(组织病变),生长调节素(吲哚乙酸)增加造成的生理机能紊乱(生理病变)。由此可见，生理病变是动力，组织病变是基础，形态病变是外在表现，三者不断地相互影响，病变逐渐加深，植物的不正常表现也愈来愈明显。植物病害的病状主要有以下类型(表1-1)。

表1-1　林木主要病状类型

类型	子类	描述
变色：植物感病后，由于叶绿素的合成受到抑制或遭受到破坏而减少，其他色素合成过多使叶片表现为不正常的颜色称变色。变色以叶片最明显，主要有三种现象	褪绿	叶绿素合成受抑制，叶片均匀变为淡绿色或黄绿色的称褪绿。如杜鹃花缺铁褪绿病、含笑缺铁黄叶症。褪绿与黄化有时很难准确界定。如杜鹃花缺铁性褪绿病初期表现为叶肉褪绿，后期则表现为全叶黄化，所以又称为杜鹃花缺铁黄化病
	黄化	叶绿素受破坏，叶片全部发黄的称黄化。营养贫乏或失调可以引起植物，特别是花木黄化；病毒病害和植原体病害的症状也会出现黄化。如米兰黄化症、翠菊黄化病
	花叶	叶绿素形成不均匀造成叶片颜色深浅不匀，表现为深绿色或浅绿色斑块浓淡相间称为花叶，它是病毒病的重要症状。如茉莉花叶病、观赏葱花叶病、香石竹斑纹病毒病造成的花叶
坏死：植物细胞和组织死亡的现象，称坏死。根、茎、叶、花、果等都能发生坏死，因受害部位的不同而表现各种症状	斑点	叶片、果实和种子局部坏死的表现。斑点的形状和颜色多样，形状有多角形、圆形、条斑、环斑、轮纹斑等；颜色有黄色、灰色、黑色、白色、黑色、白色、褐色等。有的病斑中部组织枯焦脱落而形成穿孔，病斑可以不断扩大或多个联合，造成叶枯、枝枯、茎枯等。斑点病主要由菌物、细菌和病毒侵染所致，如兰花炭疽病、水仙大褐斑病、香石竹叶斑病、桂花叶斑病、梅花叶穿孔病。冻害、药害等也造成可能斑点
	腐烂	植物的各种器官均可发生腐烂，其中幼嫩或多汁组织更易发生。腐烂的原因是由于菌物或细菌侵染植物细胞和组织后发生较大面积的破坏和消解，使组织解体。腐烂可以分为干腐、湿腐和软腐，含水较少或木质化了的腐烂组织形成干腐(dry rot)；含水分或其他的物质较多的腐烂组织形成湿腐(wet rot)或软腐(soft rot)。根据腐烂的部位，可分为根腐、基腐、茎腐、花腐、果腐。如山茶花腐病、唐菖蒲干腐病、朱顶红、鸢尾细菌性软腐病，杨树烂皮病，四季海棠茎腐病
	溃疡	溃疡由菌物、细菌的侵染或机械损伤造成。如杨树溃疡病、西府海棠枝溃疡病。多见于枝干皮层，有时也会出现在木质部，形成凹陷病斑，病斑周围常被愈伤组织包围，在树干上形成多年生的大型溃疡，其周围愈伤组织逐年被破坏而又逐年生出新的愈伤组织，使局部肿大称之为癌肿。小型溃疡有时称之为干癌
枯萎：植物因病而表现失水状态、枝叶萎垂的现象，称为枯萎或萎蔫。		萎蔫可以由各种原因引起，在成因上有生理性和病理性之分。生理性萎蔫是指由于土壤中水量少，或高温时过强的蒸腾作用使植物暂时缺水，若及时供水，则植物可以恢复正常。典型的枯萎病是指病理性萎蔫，其致病因是病原物(菌物、细菌)从植物的根部或干部侵入维管束组织，使植物的水分运输受阻，导致整株枯萎的现象，这种萎蔫一般是不可逆的。根据受害部位不同，萎蔫可以是全株性的和局部性的。根部或主茎的维管束组织受到破坏可以引起全株的萎蔫；侧枝的维管束组织受到侵染可使单个枝条或叶片发生萎蔫。如榆树荷兰病，木麻黄、菊花、大丽花青枯病，唐菖蒲、石竹枯萎病
畸形：植物罹病后细胞或组织过度生长或发育不足而造成的形态异常，称畸形	肿瘤	根、干、枝条局部的细胞(韧皮部或木质部)增生形成肿瘤，多由菌物、细菌、线虫引起。如仙客来、非洲紫罗兰根结线虫，月季、菊花、樱花、杨树根癌病，柳杉瘤病、松瘤锈病等
	丛枝	植物的主、侧枝顶芽被抑制或侧芽受刺激而提早发育形成许多不定芽，枝条节间变短，叶片变小，枝叶密集成扫帚状，通常称扫帚病或丛枝病。植物丛枝病主要是由植原体或菌物侵染，或植物本身生理机能失调引起的。如泡桐丛枝病，竹丛枝病等
	变形	林木被害后，器官肿大，卷曲皱缩。真菌病原中的外子囊菌和外担子菌常引起叶片果实变形
流脂或流胶		植物细胞分解为树脂或树胶自树皮流出，常称为流脂病或流胶病。其发生原因复杂，有生理性因素，又有侵染性因素，或两类原因综合作用的结果。如桃流胶病在树皮或裂口处流出的淡黄色透明的树脂，树脂凝结后渐变为红褐色

（2）病症

病原物在寄主病部的各种结构特征称为病症。在某些侵染性病害中，病株不仅表现病状，病原物在寄主体内生长发育后在植物体表还可出现营养体和繁殖体的特征，病症主要有以下类型（图1-1）：

图1-1　林木病症类型

1. 粉霉状物（紫薇煤污病）　2. 锈状物（杨树叶锈病）　3. 白粉状（槐树白粉病）
4. 膜状物（核桃膏药病）　5. 锈状物（云杉叶锈病）　6. 锈状物（梨树锈病）

①粉霉状物病原真菌的营养体和繁殖体　植物的感病部位呈现各种颜色的霉状物或粉状物。如霜霉（月季、翠菊霜霉病）、青霉（百合、鸢尾青霉病）、灰霉（仙客来灰霉病）、烟霉（牡丹煤污病）、白粉（月季、黄栌、紫薇白粉病）等。

②锈状物　菌物在病部所表现的黄褐色或铁锈色点状、块状、毛状或花朵状物。如桧柏梨锈病的冬孢子角（桧柏）、卷发状锈子器（梨）；玫瑰锈病的鲜黄色锈子器；芦荟锈病在肉质叶上产生的黄褐色锈斑。

③线状物，膜状物和颗粒状物　菌物在病部产生紫褐色、灰色的膏药状物（菌膜），或在病部产生线状物（菌索）或粒状结构（菌核）。如梅花膏药病在枝干上形成的栗褐色天鹅绒状物，牡丹白纹羽病在病根表面缠绕的丝网状物，郁金香白绢病在茎基形成的菜籽状茶褐色小菌核。

④伞状物及马蹄状物　菌物于植物感病部位产生的肉质、革质等颜色各异体形较大的伞状物或马蹄状物。如小蜜环菌（*Armillariella mellea*）引起的杜鹃根朽病在后期出现的伞状物。

⑤胶状物（溢脓）　在潮湿条件下病部出现的黄褐色、似露珠的脓状黏液，干燥后为胶质的颗粒或小块状物，这是细菌性病害的特有病症。如由植物青枯菌（*Pseudomonas so-*

lanacearum)引起的菊花青枯病可使病株从横切茎或根上流出乳白色或黄褐色的细菌黏液。

1.1.2.2 常见的林木非传染性病症

林木的非传染性病害在全国各地均有发生,其发生的主要原因是土壤和气候条件的不适宜。树木维持正常的生理活动不仅需要氮、磷、钾等大量元素,而且需要铁、镁、钙、锌、锰、硫、铜等多种微量元素,其中缺一不可,如果土壤中某种元素不足或不能被树木吸收利用,树木就会患缺素症。

(1)缺铁症

在植物体内铁是许多重要酶的活化剂,叶绿素的成分虽不是铁,但叶绿素的合成需要铁,当土壤中缺乏可溶性铁时,树木就发生黄化。轻者叶脉间组织变黄或变白,叶脉仍为绿色;重者全叶变黄或变白。缺铁的特征是树冠上部的幼叶先发病,逐渐向下部老叶蔓延。长期缺铁时,黄叶的叶缘和叶脉间出现褐色斑点并逐渐焦枯脱落,病症严重时可导致死亡。

(2)缺硫症

林木缺硫可引起失绿病的发生,但其表现形式与前二者不同。植株顶端的幼叶受害较早,病症初始叶脉呈黄色,叶肉部为绿色,此后从叶基部开始逐渐出现红色枯斑。施用硫黄、硫酸锌(钠、钾、镁)等盐类均可防治此病。

(3)缺磷症

病症初始叶片变为深绿,灰暗无光泽,并伴有紫色素形成的斑块,然后逐渐枯死脱落,果实、种子晚熟,很小。落叶松幼苗发生的紫叶病就是缺磷病。注意施肥可避免此病的发生。

(4)缺硼症

硼是一种催化剂,是树木体内许多生命过程的加速剂。缺硼时叶片中叶绿素减少,并变成紫色,叶柄与叶脉易断,叶片变红。病状在幼嫩的部分表现特别明显,可能导致生长点死亡。很多花不受精或脱落,果皮满布黑点,根系生长不良,并呈棕黄色。

1.1.2.3 症状在植物病害诊断上的应用

症状是病害后在病株内部和外部的表现型,人们对植物病害的察觉往往是从症状出现之后开始的。在植物病害发生过程中,一般来说,病状先于病症出现,少数病害病状与病症也会同时出现。有些病害以病状表现为主,无病症表现,如病毒、类菌原体、类病毒和病原线虫寄生在植物体细胞内或植物体内细胞间,植物体表无病症;而非传染性病害是由不利的非生物因素引起的,也无病症表现。因此,人们可以依据症状确定植物是否染病并作出初步诊断,症状对病害的诊断有重要意义。但症状表现较复杂,有些病原物在寄主植物上只引起很轻微的症状,甚至病原侵染后不表现明显症状,这称为潜伏侵染,如山茶炭疽病,病原物在冬前花期表现潜伏侵染的病株,体内正常地繁殖和蔓延,病株的生理活动也有改变,但是外面不表现明显的症状。有些病害的症状在一定条件(温度、光照改变)下可以消失,特别是许多花卉病毒病的症状,如唐菖蒲花叶病的症状往往因高温(盛夏)而不明显或消失,这称为隐症现象。植物病害的症状都具有比较稳定的性状,如发病部位、病斑大小、形状、颜色等方面,病症性状是诊断病害的重要依据。为了准确地诊断植物病害,我们应对症状有以下四个方面的认识:

①特异性 病害与病原存在对应联系,每种病害的症状都有它自身的特点,所以根据

症状可以诊断病害。

②阶段性　病害的症状随时间的发展而变化，初期、中期、末期症状往往截然不同，各有特点，因此要系统地观察其各个发育阶段，避免把三个阶段误认为三种病害。

③差异性　病原物在寄主不同部位和不同发育阶段以及不同环境条件下所表现的症状可能不完全相同，但病害症状的发展变化过程以及与特定环境的关系是相对稳定的，即在特定的条件下病害必然表现出特定的症状。

④相似性　由于病害症状的类型有限，而病害种类却非常多，往往不同的病原物在同一个寄主上可表现相似的症状，此种情况下，必须在症状观察基础上进行显微检查或病原分离，才能作出正确的诊断。

【任务小结】

植物病害的致病因子类型和特征决定了其防治措施，只有在确认致病因子的前提下，才可能制定出正确的防治方案。因此，在采取防治措施之前必须亲临现场调查采样，观察植物发病的病症和病状，并结合病原物分析对病害进行诊断。

【拓展提高】

束庆龙，曹志华，张鑫．树木健康与环境因素的关系分析[J]．安徽林业科技，2011(1)：42-44.

陈守常．我国林木病害研究进展与展望[J]．森林病虫通讯，1997(4)：38-40.

李荣波．怎样识别林木病害[J]．内蒙古林业，1982(2)：30.

陈守常．四川林木病害几个生态问题的探讨[J]．森林病虫通讯，1986(2)：25-26.

阳传和．环境应力与林木病害[J]．森林病虫通讯，1991(1)：41-48.

【复习思考】

1. 植物的侵染性病害和非侵染性病害有何内在联系？
2. 病症和病状有何不同？
3. 植物病害与环境的关系如何？

任务1.2　病原物与植物互作的认知

【任务介绍】

病原物通过不同的途径入侵到植物体内可引发植物一系列的防御和免疫反应的发生。本任务重点介绍了病原物的致病机理和植物的抗病机制，以期认识病原物、寄主植物及环境间"三角关系"的形成过程和相互作用关系，为病害的防治提供理论基础。

【教学目标】

知识目标
1. 了解病原物入侵植物的典型途径。
2. 了解植物应对病原物入侵的各种防御机制。
3. 认识植株、病原物和环境三者间的关系。

技能目标
1. 掌握典型植物病害病原物的分离方法。
2. 能够区分主要病原物的典型病症和病状。

【任务实施】

1.2.1 病原物和植物的互作

1.2.1.1 病原物的致病性及致病机理

植物病害形成和发展的整个过程是病原物和寄主在外界条件影响下相互作用的过程。寄主发病的程度与植物的抗病性和病原物的致病性等固有属性有关。

（1）病原物的寄生性（parasitic）

植物病原物的寄生性和致病性是两种不同的特性。病原物寄生性是指病原物在寄主植物体内取得营养物质的能力。寄生物从寄主植物获得养分有两种不同的方式：一种是寄生物先杀死寄主植物的细胞和组织，然后从中吸取养分；另一种是从活的寄主中获得养分，并不立即破坏寄主植物的细胞和组织。前一种营养方式称为死养生物（necrotroph），营这种生活方式的生物称作死体寄生物，而后一种则称为活养生物（biotroph）或半活养生物。

①死养生物 死养生物在侵入寄主组织之前先将细胞杀死，然后侵入并从中获取营养物质，进行腐生生活。它们的存活不需要活的寄主，其侵害寄主的能力也存在很大的差异。例如，引起花木白绢病的真菌齐整小核菌，引起猝倒病的立枯丝核菌，引起萎蔫病的镰孢霉（$Fusarium$ sp.）和轮枝孢霉（$Vertieillium$ sp.），青枯假单胞杆菌等细菌也属于这一类。死养生物较易在人工培养基上进行分离培养。

②活养生物 此类病原物在自然界中只能从活组织获得营养物质，并在活组织上完成其生活史，当组织死亡后，它们随即停止生长或死亡。如病毒、寄生性种子植物，真菌中的锈菌、白粉菌和霜霉菌等均属此类型。近年来，虽然有的活养生物（如锈菌）能在特殊的人工培养基上培养，但生长很缓慢。

③半活养生物 这类病原物像活养生物一样，侵染活组织，并在其中吸收营养，但当组织死亡后，还能继续形成和发展孢子。如外子囊菌以及许多叶斑病菌，如黑星病菌、尾孢菌等真菌与细菌中的黄单胞杆菌都属这一类型。这类病原物又称非专性活体营养物（Manners，1982）。它们虽能人工培养，但在培养基上往往生长发育不良。

在传统植物病理学中，病原物按获得营养的方式分为以下几类（表1-2）。

（2）病原物的致病性（pathogenicity）

病原物的致病性是指病原物破坏寄主、诱发病害的能力。不同病原物的致病力差异很大。为了表示这种差异，植物病理学中常常使用毒性和侵袭力等术语。

表 1-2　病原物的寄生方式分类

分　类	获得营养的方式
专性寄生物	只能从活有机体中获取营养
兼性腐生物	寄生性很强，在寄主缺乏时，也可营腐生生活
兼性寄生物	寄生性很弱，大部分为弱寄生菌，偶尔发生在生长势较差的植物上
腐生物	只能利用死去的有机体作营养来源

①毒性(virulence)　一般指不同病原物对寄主植物的相对的致病能力，主要用于病原物生理小种与寄主品种表现相互作用的范围。同一病原物的不同生理小种对同一寄主的致病力可能大不相同。致病力强的称为强毒力，致病力弱的称为弱毒力，不致病的称为无毒力。

②侵袭力(aggressiveness)　一般是指病原物具有的与致病力有关的生长和繁殖能力。例如病原物的两个生理小种引致同一寄主发病的程度可以相同，但是它们侵入前的孢子萌发速度、附着胞产生量以及侵入后的潜育期长短、孢子形成早迟与多少、孢子活性时长等可以不同。这些性状往往体现病原物的致病效能，而这种致病效能上的差异单用毒力一词不能完全表达，需要用侵袭力的强弱来表示。

寄生物的两种营养方式，事实上也反映了病原物的不同致病作用。属于死体营养的病原物，从寄主植物的伤口或自然孔口侵入后，通过它们所产生的酶或毒素等物质杀死寄主的细胞和组织，然后以死亡的植物组织作为生活基质，再进一步伤害周围的细胞和组织。活体营养的病原物是更高级的寄生物，它们可以从寄主的自然孔口或直接穿透寄主的表皮侵入，侵入后在植物细胞间隙蔓延，常常形成特殊的吸取营养的结构，称为吸器，由吸器来吸取寄主细胞内的营养物质。如霜霉菌、白粉菌和锈菌。

(3)寄生性的专化

病原物对寄主植物的选择性或特殊适应性称为寄生专化性。病原物能危害不同种类的植物，侵染植物不同的器官和组织。但病原物不仅对寄主的种类有严格的选择性，而且对植物的器官和组织也有一定的选择性。有些病原物只能仅能侵染一个种或一个属植物，寄生亲缘关系相近的几种植物，这种寄生专化性在某些锈菌上表现得尤为显著。例如，五针松疱锈病菌(*Cronartium ribicola*)的性孢子阶段只危害松属中的几种松树。而另一些病原物有广泛的寄主范围，包括许多高等植物的不同分类类群。如丝核菌可寄生在分类地位相差很远的几百种植物上。把病原物能够寄生植物的多少称为其寄主范围。有的病原物寄生在根部，如花木根朽病菌仅危害树木根或茎基的木质部；有的主要寄生危害茎干，如黑腐皮壳属的真菌危害枝干的皮层；有的主要寄生在叶片和果肉或其他多汁的组织内，如白粉病限于寄生在植物的绿色器官上；有的病原物专化危害林木特定的组织(如维管束寄生物)。

在植物病原菌的分类中，根据寄生性或致病性的不同，还可进一步划分分类单位。

①变种(variety)　变种是在病原物的种内，在形态上只有微小的区别，或几乎不能区别，只特异性的寄生在某种寄主植物上。如蔷薇科白粉病玫瑰变种(*Sphaerotheca paonnosa* var. *rosae*)只侵染玫瑰；桃树变种(*S. panonnosa* var. *psicae*)只侵染桃树和杏树。

②专化型(form special, f. sp.)　专化型也是在病原物的种内，在形态上差别极小，但它寄主范围和致病性不同，形成了寄生的专化类型。如尖孢镰刀菌(*Fusarium prum*)，

它的寄主范围很广，能引起很多的植物的萎蔫病，但是它有不同的致病专化型。

③生理小种（physiological race） 生理小种是在种以下根据生理特性而划分的分类单位。在病原物的种内、变种内，形态相同，但培养性状、生理、生化、病理，特别是致病力存在差异的生物型（biotype）或生物型群称为生理小种。一个生理小种只能侵染一定的品种，但不能侵染其他的品种。生理小种的确定是通过鉴别寄主品种来区分的，不同的鉴别寄主可以产生不同的结果，所以鉴别寄主的选定要有统一的标准才具有可比性。生理小种的标定一般用阿拉伯数字编号，不同的病原物根据其专化程度不同，其生理小种的数目可以不同，有的只有1、2个生理小种，而有的如条锈菌（*Puccinai striwrmis*）则可多达300个生理小种。生理小种的生理学机制十分复杂，与病原菌的致病基因和寄主的抗病基因有关。

（4）寄生性与致病性的变异

病原物的寄生性和致病性可以通过多种途径发生改变。对营养环境的适应可以使致病原物的寄生性和致病性发生一定的变异。变异的途径分为有性重组、无性重组以及异核现象。

有性重组多指真菌在有性生殖阶段，性细胞结合后经过质配、核配和减数分裂，基因进行重新组合，遗传性发生变异，所产生后代的生物学特性与亲本不同。真菌的有性杂交可以存在于小种间、变种间、种间甚至属间。真菌在无性生殖阶段体细胞染色体或基因的重组发生的变异称之为无性重组。在细菌和病毒中，也有迹象表明通过遗传物质的重组而发生变异。另外，真菌的菌丝体或孢子的每个细胞可以含有单细胞核或多核，细胞核通过菌丝体或孢子萌发后所产生的芽管进行联结，在同一细胞中形成含有来自遗传上不同的菌丝体或孢子的异核，这种现象称为异核现象（heterocaryosis）。在异核体中，来自不同亲本的异核是重新组合的，因此所形成菌体的寄生性和致病性可与亲本不同。

病原物在遗传性状上出现原因不明的突然变化称为突变。这种变化与遗传物质发生变化有关。如在人工培养基上培养真菌或细菌时，经常发现在菌落中出现扇形的颜色和性状不同的变异区，称为"扇形突变"或"菌落局变"。这种变异的特性是可以遗传的，有的长期保持不变。

病原物适应性指生物改变它自己使能在某种环境中更好地生存能力。适应性有两种情况，一种是表现型适应（phenotypic adaptation），生物因环境不同而调节自己，这种变异不涉及遗传组成的改变，当环境条件恢复到原来状态时生物又表现为原来的状态，因此这种适应性的变异是非遗传性的和可逆的；另一种是遗传适应（genotypic adaptation），这种适应性变异涉及生物遗传组成的改变，是不可逆的。

（5）病原物的致病机理

病原物引起寄主植物发病的机理包括化学致病、养分掠夺和机械穿透等作用形式等。

①化学致病 指病原物对寄主植物的致病作用主要表现在产生一些化学物质，这些物质可对寄主的正常生理代谢功能产生干扰，如产生的酶、毒素和生长调节剂等物质。

a. 酶 植物表面最外层的角质层是由蜡质覆盖非溶性角质多聚体组成的。病原物要侵染寄生寄主，必须首先突破角质层。研究表明，一些病原真菌（如镰孢菌等）穿透植物表面时，可分泌角质酶降解角质层。细胞壁是病原物侵入植物遇到的第二个屏障。高等植物的细胞壁成分复杂，是有一定排列顺序的结构，其主要由各种多糖（如果胶质、纤维素、半纤维素)以及一种含羟脯氨酸的糖蛋白组成。许多衰老的植物组织由于细胞木栓化,细胞壁中还沉积有木质素。许多植物病原真菌和细菌在侵入过程中能产生各种降解多糖的胞外酶分解寄主细胞壁中的多糖物质,从而使完整的寄主细胞崩溃。病原物产生的降解酶类主要有果胶酶、纤维素酶、木质素酶和蛋白酶等。这些酶类有的单独起作用,有的需要协同起作用。不同种类的病原物在致病过程中起主要作用的酶类是不同的。例如,软腐细菌在致病过程中起作用的主要是果胶酶;丝核菌能引起植物茎的软化、倒伏,起主要作用的是纤维素酶;引起树木腐朽的真菌大多具有较强活性的木质素酶。

b. 毒素 一般是指由病原物产生的、除酶和生长调节物质以外对寄主有明显损伤和致病作用的次生代谢产物。多为多糖、糖肽或多肽一类化合物。许多植物病原真菌和细菌在植物体内或人工培养条件下都能产生毒素。毒素可分为特异性毒素和非特异性毒素。

关于毒素的作用机理一般涉及四个方面:一是毒素与寄主细胞膜上某种蛋白质的相互识别;二是影响寄主体内某些酶的活性,导致寄主细胞内电解质的渗漏;三是影响寄主细胞膜的透性,抑制寄主核酸与蛋白质的合成;四是作为一种抗代谢物,抑制寄主某些生长必需的次生代谢物的产生。

c. 生长调节物质(growth regulator) 植物的正常生长一定程度上受植物体内的生长调节物质的控制,这些生长调节物质主要有吲哚乙酸、赤霉素、细胞激动素和乙烯等。植物病害中常见的许多畸形症状,如瘤肿和生长过度等病症大多与植物体内生长调节物质的失调有关。生长调节物质对植物影响的主要反映是植物生长不正常,但病组织的结构并不发生明显的破坏,这说明生长调节物质对寄主的作用与毒素是有差别的。许多病原真菌和细菌在寄主体内能产生一些生长调节物质,使病组织中生长调节物质的含量发生较大的改变。例如,被茄科劳尔氏菌(*Ralstonia aolanacearum*)侵染的香蕉病组织中常产生多量的乙烯,导致香蕉早熟。

②掠夺营养和水分 病原物对寄主植物营养和水分的掠夺,一般是在与寄主植物建立寄生关系以后,病原物不断地从寄主体内汲取碳源、氮源等营养物质及水分,维持自身的生长、繁殖和扩展,病原物的发展同时抑制了植物的正常生长发育导致发病。病原物对寄主植物营养和水分的掠夺是其致病的基础。

③机械穿透作用 有些真菌、线虫及寄生性种子植物直接侵入寄主时,往往借助本身生长或渗透压产生的强大机械力穿入植物的角质层和细胞壁,导致植物发病。通常厚实的植物表皮难以被病原物穿透。

1.2.1.2 植物的抗病性及抗病机制

(1)植物抗病性的分类

抗病性(resistance)是指寄主植物抵抗病原物侵染及减轻所造成损害的能力。植物的抗病性分类方法很多。

①按照寄主植物对病害的抵抗性分类 可分为免疫、抗病、感病三大类型。免疫(immune)是指植物几乎完全抵抗病原物侵染而不发病的能力,具免疫性的植物与病原物之间是完全不亲和的。实际上,植物对病原物的免疫反应代表抗病的最高程度,表示绝对抗病,抗病(resistant)病原物侵染后,寄主植物发病较轻的称为抗病。抗病的植物与病原物之间亲和性较差。根据抗病能力的差异,植物的抗病性可进一步分为高抗和中抗等类型;感病(susceptible)是指病原物侵染后,寄主植物发病普遍较重,感病的植物与病原物之间

是亲和的。根据感病能力的差异，植物的感病性也可进一步分为高感和中感等类型；耐病（tolerant）是指植物对病害有很强的忍耐能力。有些植物虽然受病原物侵染程度基本一致，即发病程度相近，但由于体内的补偿功能较强，因而对植物生长影响较小。避病（escape）是指植物因不能接触病原物或接触机会较少而不发病或发病减轻的现象。植物可能因时间错开或空间隔离而躲避或减少了与病原物的接触，前者称为"时间避病"，后者称为"空间避病"。如有些植物通过开花期或表皮毛、叶片上挺等特性来躲避病菌侵染。

②按照病原和寄主的相互关系分类　可分为垂直抗性（vertical resistance）和水平抗性（horizontal resistance）。

a. 垂直抗性　指植物的一个栽植品种对病原物的不同生理小种所表现的不同抗性，抗性表现不在一个水平上。对一些小种表现高抗，而对另一些小种则表现高感，即抗性是小种专化的，也称小种专化抗性（race specific resistance）。在遗传上垂直抗性是由个别主效基因（major gene）控制的。从流行学角度看，垂直抗性不稳定，容易导致病菌的定向选择和在生产上造成病害流行。对那些只有少数生理小种的病害，生产上作为有目标的抗病育种是比较容易成功的。

b. 水平抗性　指一个栽植品种对病原物的不同生理小种都表现相同或相近的抗性，抗性程度表现近乎一个水平上。即非小种专化的，也称非专化性抗性（nondifferential resistance）。遗传上属于多个微效基因在起作用。从病害流行角度讲，水平抗性比较稳定，不容易通过定向选择而导致生产上优势小种的迅速形成。这都是植物病理学家和育种工作者所希望的，但育成和得到抗性品种很困难，需通过仔细观察从中筛选出具有水平抗性特点的品种。

除以上外，植物的抗病性还可分为预先存在抗性（preformancy resistance）和诱导抗性（induced resistance），被动抗性（passive resistance）和主动抗性（active resistance）等。

(2) 植物抗病的机制

①植物的被动抗病性　植物固有的抗病机制是指植物本身所具有的物理结构和化学物质在病原物侵染时形成的结构抗性和化学抗性。植物对病原物的部分结构性的防御在病原物接触植物以前就已存在。这些结构包括覆盖于表皮细胞上的蜡质和角质的数量和质量、表皮细胞壁的结构、气孔和皮孔的形状、大小和位置，以及由阻止病原物扩展的厚壁细胞构成的植物组织。

a. 体表附属物　植物体表一般有表皮毛，可以阻止真菌的侵入，使孢子很难接触到水滴和植物组织，所以使植物具有一定的抗病性。

b. 角质层　角质层（cuticle）是由角质（cutin）和蜡质（wax）组成。蜡质位于角质之上，角质与细胞壁的果胶层相接，角质与蜡质都是生物聚酯。不同植物和不同部位细胞表面的角质层厚度都不同，一般成熟器官组织表面的角质层较厚，幼嫩组织表面的较薄。蜡质层具疏水性，不仅能防止植物外部水分在植物表面顺利形成水膜、水滴，避免了病菌孢子的萌发和定殖；也能防止植物内部的营养物质渗漏到表面，减少对病原物的吸引；蜡质中还存在抑菌物质，而病原物缺少溶蜡酶，因此蜡质层的厚薄是植物抗病性的一个重要指标。

c. 自然孔口　植物的孔口多种多样。许多病原物可通过气孔、皮孔等自然孔口进入植物体内。对于由气孔侵入的病菌，植物表面气孔的密度、大小、构造及开闭习性等常成为抗侵入的重要因素。皮孔、水孔、花器和蜜腺等自然孔口也是某些病原物侵入植物的通道，其形态和结构特性也与抗侵入有关。

d. 木栓化组织　木栓层是植物根（块根）和茎等抵抗病原物侵入的物理和化学屏障。木栓质（suberin）是木栓细胞的特有成分，是多种不透水、不透光的高分子量酸类构成的复杂混合物。植物受伤组织木栓化后，可以有效地阻止和伤口不受病原物的侵染，同时也防止病原物所产生的有毒物质向健康细胞进一步扩散。除了物理机械障碍外，还发现木栓质有化学毒杀作用，其中某些羟基酸单体和环氧酸单体对侵染的病原物具有高度的毒性。

e. 木质化组织　植物细胞的胞间层、初生壁和次生壁都可能积累木质素（lignin），从而阻止病原菌的扩展。

f. 细胞壁和中胶层　植物初生细胞壁主要是由纤维素和果胶类物质构成，也含有一定数量的非纤维素多糖和半纤维素。纤维素细胞壁对一些穿透力弱的病原真菌也可成为限制其侵染和定植的物理屏障。

g. 体表分泌物　植物通过表面如叶片和根系组织经常分泌各种物质，这些分泌物质对病原菌有防御作用。有的可直接毒害病原物起作用，影响真菌孢子萌发和芽管形成；有些对病原物起间接作用，主要是一些物质被活化后抵抗微生物，抑制病原菌的生长；有些植物可分泌一些物质来终止或减弱病原物的侵入。如葱属植物含有大蒜油，其成分主要是蒜氨酸，酶解后生成的大蒜素有较强的抗菌活性。十字花科植物多含有芥子油，以葡萄糖苷脂的形式存在于植物细胞中，被酶水解后生成异硫氢酸类物质，有抗菌活性。植物的根除能分泌含有大量碳水化合物、氨基酸、维生素、有机酸、矿物元素等有利于微生物生长的物质外，还含有酚类物质、氰化物等不利于微生物生长的物质。

h. 酶抑制物　植物体内经常含有一些能抑制病原菌分泌的水解酶，这类物质如酚类、单宁和蛋白质等物质。研究最多的酚类物质（phenolic substances）普遍存在于植物体内，经氧化后的自由基（free radical）是一种无专一性的抑制剂，尤其可抑制聚半乳糖分解酶。如葡萄幼果果皮中的一种单宁含量较高，可抑制灰葡萄孢（*Botrytis cinerea*）的多聚半乳精醛酸酶，使侵染中断。有一些植物蛋白是病原菌降解寄主细胞壁的蛋白酶和水解酶的阻遏物，或可钝化外源核糖体，或能提高真菌原生细胞膜的渗透性，从而阻止病原物的侵染。

i. 水解酶类　在病原菌致病过程中，含有多种水解酶的植物细胞的液泡。可释放水解酶到植物细胞及细胞间隙中，如释放出来的 β-1,3-葡聚糖酶和几丁质酶，可以分解病原物细胞壁成分，溶解菌丝体，体现出对病原菌的抗性。另外有些植物可分泌蛋白质酶，钝化某些病毒。

j. 抗菌物质　植物体内含有抗菌物质的成分有多种。如酚类（phenolics）、皂角苷（saponin）、不饱和内酯（unsaturated lactone）、芥子油（mustard oil）、糖苷（glycosides）类化合物等。酚类化合物是植物体内重要的次生代谢物质，包括单酚类、香豆素类、类黄酮类及复杂的酚类衍生物如单宁等。抗菌物质可分为两大类，其中一类广泛存在健株和病株上，但在受侵染病株上合成和积累的速度加快，特别是在抗病品种中；另一类仅在发病株上存在，在植物受到病原物的侵染或其他因素的刺激后产生，如许多植物保卫素是酚类化合物。酚类化合物与植物的抗病性有密切的关系，它能够抑制真菌孢子生长发育，还能够钝化真菌分泌的一些酶。许多酚类是以酚糖苷的形式存在于植物组织中，当组织被病原物侵染或被破坏时，便在 β 糖苷酶的作用下释放出来。酚类氧化后产生的醌类物质对病原物的毒性更强。皂角苷在植物细胞内可被水解具活性的糖苷配基（aglycone），一般致病真菌具水解糖苷配基的能力，非致病的真菌缺乏分解糖苷配基的能力。

k. 营养物　不产生病原物必需营养物质的植物品种也是化学被动抗性的一种。某些植物种或品种不产生病原物所必需的营养物质，导致病原物不能寄生侵染。如丝核菌侵染植物主要是形成菌丝垫后形成侵入菌丝伸入植物体内，但在一般的人工培养基中该菌不能形成菌丝垫，只有在培养基中加入适量的感病寄主的榨汁，就能正常形成菌丝垫。说明感病植物体内含有丝核菌的必要营养物质。一些植物缺乏丝核菌菌丝形成所必需的物质，所以对丝核菌具有抗性。但是由于某些寄主体内含有的病原物所需必要营养物质的含量较低，病害的发生量相应也会降低。

l. 细胞内物质　有些植物特别是木本植物中常有胶质、树脂、单宁类似物质的产生和沉积，有阻止某些病原菌的侵入和扩展作用。如松树类经常在体内沉积树脂类物质，在树木受伤时大多能阻止一些活立木腐朽菌的侵染。

②植物的主动抗病性　当病原物突破寄主原有的防御结构后，寄主会从组织结构、细胞结构、生理生化方面表现出一系列主动的防御反应。分为物理的主动抗病性和化学的主动抗病性。

物理的主动抗病性包括：

a. 形成乳突　活的植物细胞表面一旦遭到病原菌的侵染或轻微的刺伤后，在受刺激位点的细胞壁与细胞膜之间的位置上常形成半球形沉积物，即乳突（papillae）。乳突的形成是新合成的碳水化合物的沉积使细胞加厚的结果，多数乳突含有胼胝质（β-1,3-葡聚糖）、木质素、软木质、酚类、纤维素、硅质及多种阳离子等。乳突对化学物质和酶有高度的抵抗性，除了防御病菌的侵入外，可能也具有修复伤害的功能，同时可调节受伤细胞的渗透性。

b. 形成木栓层或离层　木栓化（suberization）是另一类常见的细胞壁保卫反应。病原物的侵染和伤害常引起侵染点周围细胞的木质化和木栓化，形成几层较厚木栓细胞层。木栓层既能阻止病原物从初始病斑向外进一步扩展，也能阻挡病原物分泌的毒性物质向其他部位扩散。同时，也切断了养料和水分由健康组织输入到病部，从而形成坏死斑、溃疡斑等。除木栓层以外，还有多种植物在受到真菌、细菌和病毒等的侵染后，幼嫩而生长旺盛的部位如块根、茎和叶片等器官能产生愈伤组织，形成离层（abscission layer）即脱落层，将受病部位与健康组织隔断，同样也阻止了营养物质的运输和病菌的扩散，使受病组织迅速或逐渐的皱缩、死亡，病原菌随同病组织一起脱落。如桃叶受果生芽枝霉（*Cladosporium carpophilum*）侵染后即形成离层，使病斑组织与健康部位脱离，造成穿孔症状。核果类树木的叶片受病原菌危害后易形成离层。

c. 形成侵填体和胶质　病原物侵染维管束时，多数植物表现为维管束受到阻塞，这些阻塞既能阻止病原物随蒸腾液流上行扩展，又能导致寄主抗菌物质积累和阻止病菌酶和毒素的扩散。阻塞维管束的主要物质是病菌诱导寄主产生了胶质（gums）和木质部导管中形成的侵填体（tylose）两类物质。侵填体是邻近受侵染处的薄壁细胞原生质过度生长，通过纹孔伸入木质部导管中形成的膨大球状体。如在桃树中所形成的胶质可延缓苹果黑腐皮壳（*Valsa mali*）及壳囊孢（*Cytospra* spp.）侵染速率，但并不能完全阻止其生长。

化学的主动抗病性包括：

a. 植物保卫素　植物保卫素（phytoalexin）是植物受到病原物侵染后或受到多种生理

的、物理的刺激后所产生或积累的一类低分子量抗菌性次生代谢产物。大多数已知的植物保卫素对植物病原真菌的毒性强并抑制其生长，有些也对细菌、线虫和其他生物有毒性。至今已知20多科近200多种植物产生保卫素。

b. 过敏性反应　过敏性反应(hypersensitive reaction，HR)植物器官被侵染点的周围少数细胞迅速死亡，从而遏制病原继续物扩展的一种特殊现象。它是植物抗性反应和防卫机制的重要特征。

过敏性反应的防御方式很普遍，特别是一些专性寄生真菌和病毒以及线虫引起的病害，仅在发病部位出现小型坏死斑或局部枯斑，坏死组织将专性寄生物与它们赖以生存的营养物质隔离开，从而导致寄生物的饥饿和死亡。侵入发生后，寄主细胞死亡越快，植物似乎就越抗侵染。

细菌在抗病品种中繁殖速率显著下降，病叶上迅速产生小型褐色坏死斑，而感病品种坏死出现较晚，且产生大型白色病斑；对病毒侵染的过敏性坏死反应也产生局部枯斑反应，使病毒的复制和向邻近细胞的转移均都受阻。

c. 防御酶　寄主植物受到病原菌侵染后，其防御酶系会被激活。这些防御酶系中包括某些诱导酶，如过氧化物歧化酶(SOD酶)保护细胞膜免受氧自由基的破坏，提高抗病性。苯丙氨酸解氨酶(PAL)被称为诱导酶，它是产生大部分酚类物质，包括植物保卫素和木质素生物合成的基本分子。此外，还有多酚氧化酶和过氧化物酶等，多种酶类共同作用催化木质素、植物保卫素的生物合成，在植物的抗病反应中起作用。

d. PR蛋白　PR蛋白是一类结构多变的植物蛋白类群，具有很强的抗菌能力，在植物体内以痕量广泛分布，但当遇到病原菌侵染或受到胁迫时大量积累。PR蛋白在细胞内和细胞间均有分布，植物体不同部位可产生不同的PR蛋白。诱导PR蛋白产生的信号化合物有水杨酸、乙烯。木聚糖酶、茉莉酮酸等。了解较透彻的是β-1,3-葡聚糖酶、几丁质酶、溶菌酶、PR-4蛋白等。在被感染组织中，寄主所产生的β-1,3-葡聚糖酶和几丁质酶可以扩散到真菌细胞壁上，从而造成真菌细胞壁中几丁质、葡聚糖的降解。

③诱发抗病性　诱发抗病性(induced resistance)是对植物预先接种微生物或在植物受到某些化学因子、物理因子处理后产生的抗病性，也称为获得抗病性。如病毒近缘株系间的交叉保护(cross protection)，当寄主植物接种弱毒株系后，再接种强毒株系，寄主对强毒株系表现出一定程度的抗性。因此，把第一次接种称为诱发接种(inducing inoculation)，第二次接种称为挑战接种(challenge inoculation)。诱发抗病性现象在自然界是普遍存在的，不仅同一种病原物的不同株系和小种交互接种能使植物产生诱发抗病性，而且不同种类、不同类群的微生物交互接种也能产生诱发抗病性。同样，热力、超声波或药物处理而致死的微生物、由微生物和植物提取的物质，如葡聚糖、糖蛋白、脂多糖、脱乙酰几丁质等，甚至机械损伤等在一定条件下均能诱发抗病性。诱发抗病性有局部诱发抗病性(local induced resistance)和系统诱发抗病性(systemic induced resistance)两种类型。局部诱发抗病性只表现在诱发接种部位，系统诱发抗病性是在接种植株其他部位也能表现的抗病性。利用化学及物理方法处理植物，也会促使植物对病原真菌的抵抗性。

(3)植物抗病性的变异

这里所指的抗病性变异，并不是寄主抗病性本身在遗传上发生变异，而是指在不同条件下，寄主抗病性的表现可以发生变化。在自然间经常观察到一个植物品种在某种条件下

表现为抗病,而在另一种条件下则表现为感病。原因主要有以下几方面:

①寄主本身状况　植物不同的发育阶段,抗病性可以表现出明显的不同。例如,松树类大多数品种在苗期表现对苗立枯病感病,但在大苗阶段则不会发生立枯病而表现抗病。

②病原物变异　植物抗病性丧失原因除植物自身因素外,主要原因是病原物种群结构发生了变异,常常出现了毒力不同的生理小种。寄主植物品种抗病性类型和抗性的稳定性,决定着病原菌种群的数量和组成,并决定了病原菌新毒性小种的产生。

a. 定向选择作用(directional selection)　在种植具有垂直抗性的品种时,由于寄主的抗病性与病原物致病性之间的高度特异性,该品种只能抵抗优势小种,对于非优势小种不能抵抗。具有垂直抗性的抗病品种推广后,压制对应的毒性小种,迫使病原菌的群体结构发生变化,抗病品种所不抗的稀有小种或新小种转变为优势种,从而使抗病品种丧失抗性。这种选择作用将促使病原物群体的毒性逐渐增强。

b. 稳定化选择作用(stabilizing selection)　指通过寄主群体的抗病性对病原物的选择作用而使病原物的群体组成趋向稳定。在植物病害系统中,寄主群体与病原物群体之间有着相互联系、相互制约的关系。寄主群体的抗病性对病原物群体组成的变异有重要的影响。具有水平抗性的品种对病原物的所有小种都具有中等抗性,且抗病机制多样化,不受病原菌毒性变异的影响,不过它所提供的抗性是不完全的。因为水平抗性的品种能抗多种小种,且表现中度抗病,不致引起小种组成的急剧变化。病原物也必须具备由多种基因控制的致病性,才能克服这种抗病性,这样水平抗性品种就使病原物的群体组成也相对稳定。

③环境条件的变化　环境条件可能对植物遗传性的变异产生影响。外界的强烈刺激还会引起植物遗传基因的突变,例如,放射线的照射就有这种作用。但在一般情况下,环境条件对植物抗病性的影响主要是通过组织结构和生理机能的改变而发生作用。如近些年的大气温度不断增加,造成了全球松树灾害,大多数松树生长势差,出现衰退情况,极易被一些病害侵染,松树落针病(*Lophodermium* spp.)就是常见发生严重的病害之一。又如大气中 SO_2 的不断增加,造成经常下酸雨,改变了土壤的 pH 值,对植物的生长发育造成很大影响。

④栽培管理措施不当　在所有的情况下,大面积种植一种单一的抗病品种,为病原物新小种迅速发展和蔓延提供了极好的基础,容易造成病害的流行。其中原因是大量种植,管护水平跟不上等。

(4) 病原物的致病机制

a. 机械损伤　病原真菌、高等寄生植物和线虫可以通过穿透植物表面而侵入,造成伤口,有些为其他病原物的侵入提供通道,引起二次侵染。一些真菌和线虫在寄主体内进行繁殖、钻穿和扩展,造成内部组织损伤和维管组织堵塞。一些病原真菌在植物表皮下的组织中形成子实体,成熟时亦可突破寄主表皮外露,造成表皮组织破裂和水分大量散失,如锈病。

b. 夺取营养　病原微生物侵入后,首先必须和寄主建立寄生关系,从寄主获得营养和水分,生长和繁殖。对大多数病原物来说,由于其个体、体积与寄主悬殊过甚,夺取营养对植物造成的损害并不大,但寄生性种子植物主要通过掠夺寄主养分而致病的,造成寄主植物营养不良、黄化、矮化,甚至枯死等症状。

c. 改变代谢　病毒进入寄主细胞后，一方面关闭寄主细胞基因调控系统，篡夺细胞 DNA 的指导作用；另一方面改变寄主细胞的结构和功能，使之为病毒的合成服务，造成寄主代谢发生紊乱，不能正常生长发育，出现变色、畸形等症状。

d. 化学致病　化学致病主要指酶、毒素等对寄主的破坏作用。

酶：病原微生物产生的许多酶如角质酶、果胶酶、纤维素、木质素酶、蛋白酶、脂酶等，破坏分解植物表皮角质层和组织细胞壁，使其可以侵入寄主并引起组织细胞崩解。另外，一些酶还可参与寄主代谢，造成代谢异常，如病毒。

毒素(toxin)：是病原微生物产生的，很低浓度下对植物产生毒害作用的，除酶和生长调节物质外的次生代谢产物。毒素是一种非常高效的致病物质，能诱发植物产生病状，属于多糖、糖肽或多肽类化合物，许多真菌、细菌和一些线虫和病毒都可产生毒素。植物对毒素的敏感性与其抗病性可能不一致。

多糖类物质作用：一些病原微生物能分泌大分子的黏性多糖类物质，这些物质与寄主组织降解物一起堵塞维管组织，引起萎蔫、坏死、褪绿等症状。

【任务小结】

植物的抗病机制和病原物的入侵机制是一对相互矛盾却又高度相关的持续性的动态机制，两者的斗争结果直接关系到植物的健康状况(免疫还是感病，以及感病的程度)，了解这一对矛盾的动态机制有利于深刻了解植物发病进程。

【拓展提高】

朱玥妍，刘姣，杜春梅. 芽孢杆菌生物防治植物病害研究进展[J]. 安徽农业科学，2012(34)：16635 - 16638.

齐爱勇，赵绪生，刘大群. 芽孢杆菌生物防治植物病害研究现状[J]. 中国农学通报，2011(12)：277 - 280.

贾雨，贾丽苑，黄建新. 放线菌对植物病害的防治作用及应用[J]. 西安文理学院学报(自然科学版)，2012(3)：6 - 10.

叶云峰，付岗，缪剑华，等. 植物病害生态防治技术应用研究进展[J]. 广西农业科学，2009(7)：850 - 853.

许梦秋，钟增明，龚琰，等. 几丁质酶在植物病害生物防治中的应用[J]. 现代农业科技，2010(5)：122 - 123.

于汉寿，吴汉章，杨冰. 壳聚糖抑制植物病害的研究进展[J]. 天然产物研究与开发，2000(3)：94 - 97.

【复习思考】

试讨论植物的侵染性病害和非侵染性病害有何内在联系？

任务 1.3 病原物侵染过程认知

【任务介绍】

本任务对病原物进入植株体的过程进行了详细的分析和讲述，对各阶段病原物入侵过程中与植株的相互作用进行了介绍，同时对环境因素有利或不利于病原物的入侵等进行了分析，本内容将为后续的病害诊断和治疗打下良好基础。

【教学目标】

知识目标
1. 熟悉主要病原物入侵的主要过程及特点。
2. 了解环境条件对病原物入侵的影响。

技能目标
1. 掌握判断病原物入侵的不同阶段特点。
2. 能分析环境因素对不同病原物入侵的影响。

【任务实施】

1.3.1 侵染过程的认识

1.3.1.1 侵染过程现象和实质

病原物的侵染过程（infection process）是指病原物与寄主植物可侵染部位接触，并侵入寄主，在植物体内繁殖和扩展，使寄主显示病害症状的过程。对寄主植物而言，病原物的侵染过程，也是植物个体遭受病原物侵染后的发病过程，因而也称为病程（pathogenesis）。这种现象的实质是病原物的致病性克服了寄主植物抗病性的斗争过程。一方面病原物战胜寄主并实现定植和繁殖，另一方面寄主自身部分组织结构瓦解和生理程序出现紊乱。环境条件始终影响着侵染过程，环境因素包括物理、化学和生物等因素。

1.3.1.2 侵染过程

病原物的侵染过程是一个连续的过程。为了便于说明病原物的侵染活动，一般将侵染过程划分为侵入前期、侵入期、潜育期和发病期。

（1）侵入前期

侵入前期是指病原物侵入前与寄主植物存在相互关系并直接影响病原物侵入的时期。根据病原物是否与寄主植物接触，侵入前期可分为接触以前和接触以后两个阶段。许多病原物的侵入前期多从病原物与寄主植物接触开始到形成某种侵入程度为止，因而也称为接触期（contact period）。有些病原物在侵入前期过程是否能与寄主接触上并实现某种程度的侵入，首先接触寄主这一阶段对病原物的侵入也较为重要。侵入前期还要受到外界其他复杂因素的影响，如大气的温度、湿度、光照，叶面的温湿度及渗出物，由气孔排出的挥发性物质，还有叶面微生物群落对病原物的颉颃作用和刺激作用等因子的影响。

侵入前期以植物表面的理化状况和微生物组成对病原物影响最大。病原物接触寄主前，植物根分泌物能引诱土壤中植物线虫和真菌的游动孢子向根部聚集，促使真菌孢子和病原物休眠体的萌发。此外，接触寄主前，病原物还受到根围或叶围其他微生物的影响。这种影响包括微生物的颉颃作用和位置竞争作用。因此，在植物病害生物防治中，可应用具有颉颃作用的微生物施入土壤来防治土传病害，或应用对寄主植物有益的微生物在植物根围或体表定殖，从而使病原物不能在侵染部位立足。病原物与寄主接触后，在植物表面常常有一段生长活动阶段，如真菌休眠机构萌发所产生的芽管、菌丝的生长、细菌的分裂繁殖、线虫幼虫的蜕皮和生长等，这些生长是为病原物的侵入做准备。同样，病原物侵入前的这些生长活动也受到植物表面的理化状况影响。例如，植物气孔分泌的水滴可以诱使真菌的芽管和菌丝趋向气孔生长，以利从气孔侵入。植物体表的水滴和分泌物对真菌孢子的萌发和芽管的生长有一定的刺激作用。

侵入前期也是病原物与寄主植物相互识别的时期。病原物对感病寄主的亲和性和对抗病寄主的非亲和性反应，与其对应的寄主蛋白质、氨基酸等细胞表面物质的特异性识别有关，这已成为目前分子植物病理学研究的热门课题。

侵入前期的时间长短一般因病原种类而异。真菌的接触期的长短不一，一般说来，从孢子接触到萌发侵入，在适宜的环境条件下几小时就可以完成。病毒、类菌质体和类病毒的接触和侵入同时完成的。细菌从接触到侵入几乎是同时完成。

（2）侵入期

侵入期（penetration period）是从病原物开始侵入寄主到侵入后与寄主建立寄生关系的一段时间。

病原物侵入寄主植物通常有直接侵入、自然孔口侵入和伤口侵入三种途径。

植物的病原物除极少数是体外寄生外，绝大多数都是体内寄生物。病原物顺利地完成接触期，并通过一定的途径侵入到寄主植物体内。

①侵入途径

a. 直接侵入　是指病原物直接穿透寄主表面保护层的侵入。以真菌为例，直接侵入的典型过程是：附着于寄主表面的真菌孢子萌发形成芽管，芽管顶端膨大产生附着胞（appressorium），附着胞分泌黏液固定芽管并产生较细的侵染丝，以侵染丝直接穿透植物的角质层，再穿过细胞壁进入细胞内。也有的穿过角质层后先在细胞间扩展，再穿过细胞壁进入细胞内（图1-2）。侵染丝穿过角质层和细胞壁后变粗，恢复菌丝体原状。如白粉菌属（*Erysiphe*）就可以直接穿透寄主表皮而侵入寄主体内。

b. 自然孔口侵入　是指病原物从植物的气孔、水孔、皮孔、柱头、蜜腺等许多自然孔口的侵入，其中气孔侵入最为普遍。许多真菌孢子落在植物叶片表面，在适宜的条件下萌发形成芽管，然后芽管直接从气孔侵入。不少细菌也能从气孔侵入寄主。个别的可以从植物叶片的水孔侵入、树皮的皮孔、花的柱头或蜜腺侵入。

c. 伤口侵入　是指病原物从植物表面各种损伤的伤口侵入寄主。几乎所有的病原物都能从伤口侵入，一些病原物如病毒必须通过伤口才能侵入。除外因造成植物的机械损伤，还包括植物自身在生长过程中的自然伤口，如叶片脱落后的叶痕和侧根穿过皮层时所

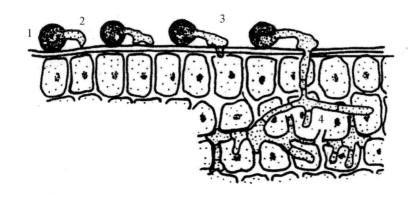

图 1-2　真菌孢子萌发后直接侵入寄主表皮(引自 Agrios,1988)
1. 孢子　2. 芽管　3. 附着胞　4. 侵染丝

形成的伤口等。植物病毒侵入比较特殊,它进入受伤细胞而且不死亡的轻微伤口。有些病原物还可以利用伤口的营养物质而侵入。各类病原物的侵入途径是不同的。病原真菌中,寄生性强的真菌以直接侵入或自然孔口侵入为主。具体不同病原菌类别在侵入的途径上有所不同:

真菌侵入途径还可通过植物体表的各种伤口侵入,如嫁接伤、修剪伤、冻伤、虫伤等,还可通过各种自然孔口,包括气孔、皮儿、水孔、蜜腺等途径侵入。

细菌侵入途径是自然孔口和伤口两种方式。

病毒、类病毒等病原必须通过伤口侵入才能达到寄主体内。

寄生种子植物线虫的侵入途径是多从植物的伤口、裂口或直接侵入。寄生性种子植物如桑寄生、槲寄生生和菟丝子都是可以通过伤口或直接侵入的.少数线虫通过自然孔口或从表皮直接侵入。

②影响侵入的因素　影响病原物侵入的因素多种多样,其中最重要的环境因素。侵入期能否顺利地完成,看是否有适宜的环境条件配合。

a. 湿度条件　湿度是病原物侵入的必要条件。大多数真菌孢子都必须在水滴中才能萌发,少雨于旱季节发的轻或不发的。但在植物上,个别种类如白粉菌虽然在低湿度的条件下也能萌发,但高湿度的条件对白粉菌孢子的萌发仍然是有利的。

b. 温度条件　可以促进促进真菌孢子的萌发,并缩短入侵所需的时间,但温度一般不是主要条件。好多孢子可以在很宽的温度范围内萌发。大多数真菌的适宜温度在 18~28℃,最佳温度 20~25℃。也有一些病原物对温度要求或高或低一些。因此温度不是严格限制病原物发展的绝对因素。

c. 其他条件　除湿度和温度外,还有光照、营养等因素也对侵入有一定的影响。

③潜育期　病原物与寄主建立寄生关系到寄主开始表现症状为止称潜育期。潜育期是病原物从寄主体内夺取营养、进行扩展、发育的时期,也是病原物与寄主进行激烈斗争和相互适应的时期。

病原物从寄主获得营养的方式大致有 2 种类型:一种是直接从寄主的活组织中吸取养分,病原物也只能在活组织中扩展,如锈菌、白粉菌、病猴等一类活养生物。这是一种典型的寄生关系。另一种是病原物先分泌有毒物质,杀死寄主组织,然后再进入死组织中吸取养分,如从葡萄孢、链格孢、丝核菌、炭疽菌等一类死养生物。这种营养方式实际上是腐生性。

对大多数真菌和细菌来说,在寄主体内的扩展范围,只限于侵染点附近,称为局部侵染,如叶斑病等。而病毒、植原体(类菌质体)、少数真菌和细菌等扩展的范围大,病原物侵入后能扩展到整个植株或植株的绝大部分,称为系统侵染,如翠菊黄化病、丁香花叶病等。

潜育的时间长短:各种病原的长短差异是很大的,主要决定于病原物的生物学特性。

④发病期　寄主表现症状以后到症状停止发展为止称发病期。经过潜育期后,从寄主植物出现症状开始即进入发病期。发病期是病斑不断扩展和病原物大量产生繁殖体的时期。随着症状的发展,如真菌病害往往在受害部位产生孢子,因而称为产孢期。病原物新产生的繁殖体可成为再次侵染的来源。孢子形成的迟早是不同的。有的在潜育期一结束便立即产生孢子,如锈菌和黑粉菌孢子几乎与症状是同时出现的。大多数真菌是在发病后期或在死亡的组织上产生孢子,其有性孢子的形成要更迟一些,通常要到植物生长后期或经过一段休眠期才产生或成熟。在发病期,寄主植物也表现出某种反应,如阻碍病斑发展、抑制病原物繁殖体产生和加强自身代谢机能等。

环境条件十分重要,温、湿度对症状出现后病斑扩大和病原物繁殖体形成影响很大。多数病原真菌产生孢子的最适温度为25℃左右,低于10℃孢子难以形成。

1.3.2　侵染循环的认识

1.3.2.1　病原物的越冬

病害侵染循环(disease cycle)是指病害从寄主植物的上一个生长季节开始发病到下一个生长季节再度发病的过程。主要涉及病原物的越冬(over wintering)和越夏(over summering)、病原物的传播(dissemination)、病原物的初侵染(primary infection)与再侵染(secondary infection)三个方面(图1-3)。不同的病害,其病害循环的特点不同。了解各种病害循环的特点是认识病害发生、发展规律的核心,也是对病害进行系统分析、预测预报及制定防治对策的依据。

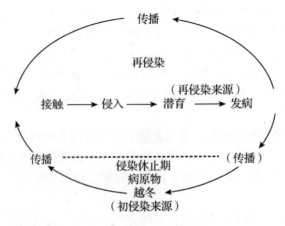

图1-3　侵染循环模式图

病原物的越冬和越夏是指病原物以一定的方式在特定场所度过不利其生存和生长的冬天及夏天的过程。热带和亚热带的病原物基本无越冬和越夏问题。但我国大多数纬度较高即温带地区或纬度低而海拔较高的地区，存在明显的四季差异。这些地区多数植物是冬前收获或冬季休眠的，所以越冬问题显得更为突出。

病原物越冬和越夏有寄生、腐生和休眠3种方式。各种病原物越冬或越夏的方式是不同的。活体营养生物如白粉菌、锈菌和黑粉菌等，只能在受害植物的组织内以寄生方式或在寄主体外以休眠体进行越冬或越夏。死体营养生物包括多数病原真菌和细菌，通常在病株残体和土壤中以腐生方式或以休眠结构越冬或越夏。植物病毒和植原体大都只能在活的植物体内生存越冬或越夏。病原线虫主要以卵、幼虫等形态在植物体或土壤中越冬或越夏。病原物的越冬和越夏场所一般也是下一个生长季节的初侵染来源。病原物越冬和越夏主要有5个方面：

(1) 种子、苗木和无性繁殖器官

种苗和无性繁殖器官携带病原物，往往是下一年初侵染最有效的来源。病原物在种苗萌发生长时，又无需经过传播接触而引起侵染。由种苗和无性繁殖材料带菌而引起感染的病株，往往成为栽植区的发病中心而向四周扩展。病原物在种苗和无性繁殖材料上越冬、越夏，有多种不同的情况（表1-3）。

表1-3 病原物越冬、越夏的不同的方式

病原物越冬方式	具体方式
休眠体混杂于种子中	病原物各种休眠体混杂于种子中。例如，菟丝子的种子可以混在一些草本花卉植物的种子里
眠孢子附着	病原物休眠孢子附着于种子或块茎、球根等表面。例如，一些种子在贮藏过程中，表面附着一些毛霉、青霉菌的孢子
病原物潜伏	病原物潜伏 病原物潜伏在种苗及其他繁殖材料内部。例如，病毒和植原体可在苗木、块根、鳞茎、球茎、插穗、接穗和砧木上越冬
内、外生的繁殖体	病原物既可以繁殖体附着于植物器官表面，又可以菌丝体潜伏于植物器官内部。例如，一些真菌病害以菌丝体潜伏在植物体内，又能以有性或无性孢子器附着在植物器官的表面越冬

(2) 病株及残体

有些活体营养病原物必须在活的寄主上寄生才能存活。例如，一些真菌、细菌、病毒、线虫、寄生性种子植物都能在发病的植株上越冬。有些病原物也可以在枯枝、落叶、落果和落皮等上越冬，翌年产生有性或无性孢子侵染寄主。

(3) 土壤

土壤是许多病原物重要的越夏、越冬场所。病原物以休眠机构或休眠孢子散落于土壤中，并在土壤中长期存活，如黑粉菌的冬孢子、菟丝子的种子、某些线虫的胞囊或卵囊等。有的病原物的休眠体，先存于病残体内，当残体分解腐烂后，再散于土壤中，如十字花科植物根肿菌的休眠孢子、霜霉菌的卵孢子、植物根结线虫的卵等。还有一些病原物，可以腐生方式在土壤中存活。以土壤作为越冬、越夏场所的病原真菌和细菌，大体可分为土壤寄居菌和土壤习居菌两类。土壤寄居菌只能在土壤中的病株残体上腐生或休眠越冬，当残体分解腐烂后，就不能在土壤中存活。土壤习居菌对土壤适应性强，在土壤中可以长期存活，并且能够繁殖，丝核菌（*Rhizoctonia*）和镰孢菌（*Fusarium*）等真菌都是土壤习居菌的代表。

(4) 粪肥

多数情况下,由于人为地将病株残体作积肥而使病原物混入粪肥中,这样病原物就可在粪肥中越冬或越夏。如果粪肥没有充分腐熟而施到栽培地时,病原物就会引起侵染。

(5) 昆虫或其他介体

有些的病毒可以在昆虫体内增殖并越冬或越夏。等到生长季节时靠昆虫取食植物而侵染植物。

1.3.2.2 病原物的传播

病原物从越冬、越夏场所到达寄主感病部位,或者从已经形成的发病中心向四周扩散,均需经过传播(dissemination)才能实现。病原物传播的方式和途径是不一样的。有些病原物可以由本身的活动,进行有限范围的传播,如真菌菌丝体和根状菌索可以随其生长而扩展,线虫在土壤中的移动,菟丝子茎蔓的攀缘等。但是,病原物传播中,主要还是借助外界的动力如气流、雨水、昆虫及人为因素等进行传播。不同的病原物由于它们的生物学特性不同,其传播方式和途径也不一样。病原真菌以气流传播为主,雨水传播也较重要;病原细菌以雨水传播为主;植物病毒则主要由昆虫介体传播。

(1) 气流传播

气流传播是一些重要病原真菌的主要传播方式。例如,白粉菌、煤污病、松落针病等。有时风雨交加会更有利于真菌的传播,甚至引起一些病原细菌及线虫的传播。

病原真菌小而轻,易被气流散布到空气中,犹如空气中的尘埃微粒一样,可以随气流进行远或近距离传播。气传真菌孢子传播距离的远近,与孢子大小和质量有关。但是,孢子可以传播的距离不一定是传播后能引起发病的有效距离。有的真菌孢子因不能适应传播进程中的环境而死亡,也有的因传播后接触不到感病寄主或接触后不具备侵染条件而丧失生活力。一般情况下,真菌孢子的气流传播,多属近程传播(传播范围几米至几十米)和中程传播(传播范围百米以上至几千米)。着落的孢子一般离菌源中心的距离越近,密度越大;越远,密度越低。经研究证实,实现远程传播,必须是菌源基地有大量孢子被上升气流带到千米以上的高空,再经水平气流平移,遇下沉气流或降雨孢子着落到感病寄主上,同时具备合适的条件而引起侵染。

(2) 雨水传播

植物病原细菌和产生分子孢子盘和分生孢子器的病原真菌,由于细菌或孢子间大多有胶质黏结,胶质只有遇水膨胀和溶化后,病原物才能散出,故这些病原物主要是雨水或露滴传播的。存在于土壤中的一些病原物,如软腐病菌及有些植物病原线虫,可经过雨水反溅到植物上,或随雨水或灌溉水的流动而传播。暴风雨能引起叶片擦伤,有利细菌传染和侵入,水中的细菌,可经排灌向无病区传播。因此,灌溉水也是重要的传播途径。

(3) 生物介体传播

昆虫是病毒和菌原体的主要传播者。如蚜虫、叶蝉和飞虱是植物病毒的主要传播介体。此外,有些病毒可经线虫、真菌(油壶菌类)和菟丝子传播。叶蝉也是类菌原体主要传播介体,侵染植物后,存在于寄主的韧皮部,是叶蝉取食存在于韧皮部筛管中的病原物而传播的。

（4）人为因素传播

带有病原物的种子、苗木和其他繁殖材料，经过人们携带和调运，可以远距离传播。农产品包装材料的流动，有时也能传播病原物。另外，人的生产活动，如嫁接、修枝等和远距离苗木运输均可引起病原物的不同范围传播。

1.3.3 初侵染与再侵染

越冬或越夏的病原物，在植物一个生长季中最初引起的侵染，称初次侵染或初侵染（primary infection）。初侵染植物上病原物产生的繁殖体，经过传播，又侵染植物的健康的植物，称为再次侵染或再侵染（secondary infection）。

只有初侵染，没有再侵染的病害，称单循环病害（monocyclic disease）。单循环病害在植物的一个生长季只有一次侵染过程，多为系统性病害，一般潜育期长，例如，郁金香碎锦病、松材线虫病等。对此类病害只要消灭初侵染来源，就可达到防治病害的目的。

除初侵染外，还有再侵染的病害，称多循环病害（polycyclic disease）。多循环病害在植物的一个生长季中有多次侵染过程，多为局部性病害，潜育期一般较短。这类病害一般初侵染的数量有限，只有在环境条件适宜、再侵染不断发生的情况下才会积累，导致发病程度加重、发病范围扩大而引起病害流行。此类病害中，有许多重要的流行病，如叶枯病、白粉病、锈病等。对此类病害的防治往往难度较大，一般要通过种植抗病品种、改善栽培措施和药剂防治来降低病害的发展速度。

【任务小结】

侵染循环是病原物对寄主植物从完成初侵染到第二轮再侵染的全过程，并且这个过程在适当的环境条件下会不断的持续下去。认识和了解侵染循环的全过程，对与认识林木病害的持续性、动态性有着深刻的意义，也进一步说明林木病害的防治是长期的、持续的系统性工程。

【拓展提高】

刘维志. 植物病原线虫的侵染循环[J]. 新农业，2008，09：46-47.

程中元，王青，王志强. 气象要素对植物病害侵染循环的影响[J]. 现代农业，2011，06：48.

陈璧. 植物保护基本知识 第三讲 植物侵染性病害的发生发展[J]. 河北农业科技，1985，03：35-36.

【复习思考】

1. 请思考一下环境因子和植物的侵染性病害有何内在联系？
2. 如何通过影响病原物的侵染循环来控制林木病害的发生？

任务1.4 森林病害的流行和预测

【任务介绍】

本章所讲的林木病害是指广义的林木病害,即包括了林木虫害在内的森林病害。林木病害的流行是一个极其复杂的生物学过程,是病原物群体(昆虫群体)在环境条件和人为干预下与植物群体相互作用的最终结果。森林病害预测预报就是在病害爆发发生之前,预先估测出其未来的发生期、发生量、对森林的危害程度以及分布、蔓延范围等。并在掌握一定时间、空间范围内害虫数量变动、病害流行规律的基础上,再进一步研究出便于掌握的可操作性强的测报指标和方法。这项工作很复杂,因为影响害虫种群数量变动,病害流行规律的因素很多。例如,森林病虫害自身内在的生物学因素,病害的病原物与寄主关系,外界环境因素以及人类活动。在外界环境因素中一般又可分为生物和非生物因素。生物因素如食物(寄主)、天敌等;非生物因素又包括气候因素和土壤等,其中气候因素中又包括有温度、湿度、光照、降水等。由此可见,森林病虫害预测预报工作也是一项技术性很强的工作,正确掌握病原物流行的规律,能为开展林木病害的预测提供相应的依据。

【教学目标】

知识目标
1. 熟悉植物病害流行的条件。
2. 了解病害流行的特征对病害预测的作用。

技能目标
1. 掌握分析病害流行的方法。
2. 能初步预测林木病害的爆发时间段。

【任务实施】

1.4.1 病害流行

植物病害在一定地区或在一定时间内发生普遍而且严重称为病害流行。植物病害流行的时间和空间动态及其影响因素是植物病害流行学的研究重点。病原物群体在环境条件和人为干预下与植物群体相互作用导致病害流行,因而植物病害流行是一个极其复杂的生物学过程,需要采用定性与定量相结合的方法进行研究。

近些年来我国人工造林面积增加,特别是单一品种的森林造成了病虫害的增加。主要原因是:第一,由于近些年来的干旱和暖冬的天气原因,森林病虫害向多样化以及复杂化的方向发展,危险性病虫害潜在威胁增大,使成灾害虫的种类增多,给森林病虫害的防治工作带来了比较高的难度;第二,林地与耕地交叉,使农作物害虫朝着林地发展,带来比较大的治理难度；第三，害虫出现变异，常造成顽固难治暴发现象发生，造成研制防治害虫农药也更加困难；最后，生态环境的破坏使害虫的天敌大量消失，造成生态治理的缺失。

温室效应不仅使全球沙漠化扩大和旱涝灾害频发，也为森林病虫害的发生提供了有利的环境。由于全球气候异常，使林木生长条件发生急剧变化，暖冬现象使森林病虫越冬基数增大，为灾害的大发生创造了适宜的环境。

林业生产环节脱节，造林、育苗、引种、规划设计等预防机制差，使病虫害防治处于被动局面。例如，不管是当地苗木种子的流动销售或者是外调种子，都没有"一签两证"，检疫工作不到位，一些产地检森林法疫跟不上。加上缺乏检疫检查站，调运检疫严重失控，控制危险性病虫害传播不力，致使外地病虫害随之而来，危险性病虫害潜在威胁增大。如监测跟不上，病虫害发生初期往往不能及时发现，到发现时已是危害严重的局面，造成防治相当被动。

1.4.1.1 病害流行的类型

依据菌量积累所需时间的长短和度量病害流行时间尺度的不同，将流行病害划分为两大类型，即单年流行病害（monoetic disease）和积年流行病害（polyetic disease）。有些病害介于"中间型"。

（1）单年流行病害

单年流行病害指在植物一个生长季节中，只要条件适宜，病原物数量会不断的积累，并导致病害流行成灾。度量病害流行进展的时间尺度，一般以"天"为单位。单年流行病害从其病害循环的特点看，又与多循环病害同义。单年流行病害有如下特点：①多数为局部侵染性病害；②病原物的繁殖率高，但对环境条件敏感；③病原物越冬率低且不稳定；④病原物传播距离较远。多靠气流、雨水传播。单年流行病害具有明显的由少到多、由点到面的发展过程，可以在一个生长季节内完成病原物量的积累，造成病害的严重流行。单年流行病害的防治策略，以种植抗病品种，采用药剂防治和栽培防治措施，控制或降低病害流行率。

（2）积年流行病害

积年流行病害是指病害从少量发生起，需要经过若干年间的病原物积累过程，才能造成危害的病害。度量病害流行时间尺度一般以"年"为单位。积年流行病害与单循环病害基本同义。积年流行病害有如下特点：①多数病原只有初侵染而无再侵染，个别病原虽有再侵染，但对病原物的积累所起作用很小；②多为种传或土传的全株性或系统性病害，其自然传播距离较近，传播效能较小；③病原物多以休眠体越冬，越冬存活率较高；④寄主的发病期较短，但病原的潜育期长，环境作用影响不大。病害流行程度主要取决于初始菌量。此类病害在一个生产季节中病原物量增长幅度虽然不大，但能逐年积累，稳定增长，若干年后将导致较大的流行。

积年流行病害的防治策略以控制每年初侵染数量和初始病情为主，繁殖材料上和土壤中病原数量常是预测预报的主要因子。

1.4.1.2 病害流行的因素

植物病害的流行是病原物群体、寄主植物群体在环境条件影响下相互作用并有利于病害在植物群体中发生与发展的结果。所以植物病害流行必须具备3方面因素：①大量的强致病力的病原物；②大面积集中栽培的感病寄主植物；③有利于病原物发生和繁殖的环境条件。三要素缺一不可，这些因素的相互作用决定了流行的程度。其病害流行主要因素分析如下：

(1) 寄主植物

①寄主植物的感病性　感病的野生植物和栽培植物都是广泛存在的。病原物在感病寄主上侵染力强，潜育期短，繁殖量大，病害循环周期短，一旦环境条件适宜，容易造成病害的流行。植物感病是病害流行的基本前提。

②寄主植物的大量栽培　在特定的地区经常会有大面积种植单一植物品种，从而为病原侵染寄生创造的基础，特别有利于病害的传播和病原物繁殖，常导致病害大流行。因此，合理的植物品种的配制和组合，可以起到减轻病害的作用。

③寄主植物抗病性的丧失　长期的育种实践中人为选择而逐渐失去了植物原有的非小种专化抗病性，致使抗病品种的遗传基础狭窄，易因病原物致病性变化而丧失抗病性，成为感病品种。寄主植物抗病性的丧失是病害大流行的重要原因。

(2) 病原物

①具有强致病力的病原物　许多病原物群体内部有明显的致病性分化现象，存在致病性强或弱的生理小种或菌株。当毒性菌株占优势就有利于病害大流行。

②病原物数量巨大　单年流行病害的病原物一般具有繁殖量大的特点，只要条件适宜，在较短期内就能繁殖达到病害流行的必要菌量，这类病害流行一般与初侵染的关系较小。但积年流行病害与初侵染数量关系密切，只要品种感病，一般初侵染数量越大，发病就愈重。对于生物介体传播的病害，传毒介体数量也是重要的流行因素。

(3) 环境条件

①环境条件　对病原物侵染寄主的各个环节都会发生深刻而复杂的影响，同一环境因素既影响病原物的致病性又影响寄主的抗病性。在具备强致病力的病原物和感病寄主的条件下，环境条件往往成为关系到病害流行与否以及流行程度轻重的主导因素。环境条件主要包括气象条件、土壤条件、耕作制度、栽培措施等，各因素间对病害流行还会出现种种互作或综合效应。就多数病害而言，影响最显著的是气象和耕作、栽培因素。

②气象因素　最主要的包括温度、水分(温度、雨量、雨日、雾和露)和日照等。气象条件既影响病原物的繁殖、传播和侵染，又影响寄主植物的抗病性，不同类型的病原物对气象条件的要求不同。如霜霉菌的孢子在水滴中才能萌发，而水滴对白粉病菌分生孢子的萌发不利。多雨的天气容易引起霜霉病的流行，而对白粉病却有抑制作用。

③耕作和栽培因素　耕作制度的改变会使生态系统中各组成成分的关系发生变化，从而改变某些病害的危害状况。各种栽培管理措施可以通过改变各项流行因素特别是寄主抗病性和栽植区小气候而影响病害流行。例如，长江中下游部分双季稻区，随着种植结构的调整，压缩了双季稻面积，扩大了一季稻的种植，形成早、中、晚混栽的种植制度，使有些地区已经被控制的水稻白叶枯病又在中稻上回升。近年来，稻田有机肥施用量急剧下降，氮素化肥用量剧增，不仅使水稻纹枯病的危害加重，还引起一些地方缺钾缺锌的生理性病害大面积发生。

1.4.1.3 病害流行的主导因素

对某一种或某一类病害的流行起主要作用的因素，称为流行的主导因素(key factors)。它们往往是病害流行必要因素中易变的和常处于病原物生理学要求的临界水平的因素。在其他条件基本满足的情况下，少数主导因素或大或小的变化可能导致病原物——寄主相互斗争的不同后果。"主导"是相对的，同一种病害，处于不同时间、不同地点可能会有不同的主导因素，需要对具体的病害系统作具体分析。

分析病害流行的主导因素，对于病害流行的预测预报甚为重要，因为病害流行的主导因素必然是病害预报的重要相关因子。

1.4.1.4 病害流行的时间动态

植物病害流行是一个发生、发展和衰退的过程。在这一过程中，病害在数量上或发病程度上随时间进展发生的变化，称为病害流行的时间动态(temporal dynamic of epidemic)。流行的时间动态可分为季节流行动态和逐年流行动态，季节流行动态主要研究病害在一个生长季节内的发生和发展情况，一般以"天"作为时间单位，涉及的因素主要包括寄主品种的抗性及抗性的阶段性变化、气候因素和栽培因素。逐年流行动态是研究病害在几年甚至数十年内病害的发展变化过程，一般以"年"作为时间单位，涉及的因素包括植物种类、品种、土壤、栽植方式等。

(1)病害流行的季节规律

在一个生长季中，如果定期系统调查栽植区发病情况，取得发病数量(发病率或病情指数)随病害流行时间而变化的数据，以时间为横坐标，以发病数量为纵坐标，绘制成发病数量随时间而变化的曲线，该曲线被称为病害的季节流行曲线(disease progress curve)。曲线的起点在横坐标上的位置为病害始发期，斜线反映了发生过程，曲线最高点表明流行程度。不同病害或同一病害在不同条件下，可有不同形式的季节流行曲线。

①"S"形曲线　这是最常见的一种形式。初始病情很低，以后病情随着时间不断上升，直至饱和点，且寄主群体不再增长。很多病害一年(季)中只有一个高峰，多属于这种"S"形曲线。如白粉病类、锈病类都属此种类型。

②单峰曲线　同为上述这类病害，如果后期或由于寄主抗病性增强，或由于气候条件已变为不利病害发展，而且寄主群体却仍在继续生长，则新生枝叶上发病轻微甚至无病，流行曲线大体上呈马鞍形，而有一个明显高峰。如桃缩叶病、幼苗猝倒病等。

③多峰曲线　一年之内病害出现两个或两个以上的高峰。病情的起落可以是因环境条件的变化所造成的。如杨、柳腐烂病，杨溃疡病等。

(2)病害流行的年份变化

病害流行不是一成不变的，而是随着季节、年份的变化而变化的。在同一个地区，一种病害在每一年里的季节性变化规律基本上类似。但是在不同的年份之间，病害流行的早晚、严重的程度却有所差别。这种不同年份间病害流行曲线的波动情况，称植物病害年份变化。变化的原因主要是不同年份间的气象条件，其中大气降水量的分布和数量影响最大。如月季黑斑病、丁香叶枯病等多在降水量大的年份的流行，而杨、柳溃疡病和腐烂病等，多在干旱少雨的年份流行。年气温对病害流行的也有很大作用，但不像降水量那样明显，某些生理性病害，温度因素往往成为决定病害年份间流行差异的主要条件。如银杏苗木茎腐病的流行，同当年夏季的高温有密切的联系。夏季长时间高温，会大量灼伤苗木根颈部皮层，造成病菌侵染的良好条件，引起茎腐病大流行，而在夏季气温温和的年份，发病率较低。也有些植物病害如花木腐朽病无明显的季节和年份变化。它们具有多年生性质，病害发展总是逐年稳步增长。如果经常清除感病花木，这类病害一般不会发展到流行程度。

1.4.2 病害流行的预测

植物病害的预测(disease prediction)是指依据病害发生发展和流行规律和必要的因素监测,结合历史资料进行分析研究,对未来病害的发展趋势和流行程度作出定性或定量估计的过程。通常称预测预报,为生产实践中,病害的防治决策、防治行动以及防治效益评估提供服务。

1.4.2.1 植物病原物监测

植物病原物监测分初侵染来源的监测、发生期病原物监测和再侵染来源的监测,服务于病害的预测预报和防治。病原物的监测总体包括如下几个方面的分析:

(1)最初侵染来源的分析

最初侵染来源的分析往往根据病害循环的特点及病原菌特性进行分析。包括种子、苗木及繁殖材料的带菌程度、病残体、病植株、土壤带菌和带菌介体等。

(2)最初感染量的分析

许多病原物造成的最初感染量是影响发病迟早和严重与否的关键。如小麦条锈和白粉病的发病中心多,秋季出现的早,在条件适宜的情况下,该病害会严重发生。

(3)发生期病原物监测

发生期病原物监测除了监测病株、病残体、病土外,还应监测此时病原物产孢量、孢子传播情况和病原物的致病性分化。病斑产孢量的测定:产孢量的测定通常采用套管法,即将产孢叶片插入开口朝上的大试管中或两头开口的"厂"形管中。调查前将叶片上的孢子抖落在管中,或用0.3%的吐温水洗下孢子,离心后,用血球计数板检查孢子的数量。空中孢子量的测定:对于气传病害的病原监测往往采用空中孢子量和叶面着落孢子量的监测。空中孢子量监测的方法很多,包括玻片法、培养皿法、旋转玻棒孢子捕捉器、车载孢子捕捉器等。最常用和最简单的是玻片法,即将凡士林涂在玻片上,平放在作物冠层内的不同高度,定时更换玻片,检查孢子数。

(4)病毒传染介体的监测

许多植物病毒病是由传毒介体传染的,在发生期统计传毒介体的数量可以为病害的预测提供依据。植物病原物的初侵染来源和传播方式是影响病害发生严重程度及病害在植物群体中发展的主要因子。不同病害的病原物初侵染来源和传播方式不同。

1.4.2.2 预测的类型

根据植物病害预测的有效期限,可区分为长期预测、中期预测和短期预测3种。

①长期预测 预测期限一般以生长季或年为单位。主要用于由种子、苗木、土壤或死残体等所传播的病害,以及历年发生发展有明显季节性或年份变化规律的某些气流传播的病害。主要依据为上一生长季或上年病害消长动态、品种布局以及病害循环特点和长期天气预报等分析作出。例如,在栽种以前检验种子。苗木的带菌或带毒情况,可以初步预测种苗传播病害将来的流行情况。长期预测需要以后用中、短期预测加以修订。

②中期预测 预测时限一般为一个月至一个季度,以旬或月为单位,用以指导栽培防病或做好化学防治的准备工作。主要根据田间菌量、品种抗病性、旬月天气趋势及病原物的再侵染特点分析作出。

③短期预测 预测时限在1周之内,以天为单位,主要用以指导药剂适时防治,是中

期预测的补充和校正。主要根据栽植区菌量积累的状况、短期天气预测及病原物侵染特点进行分析作出。多用于苗圃病害、草本花卉病害的预测。

1.4.2.3 预测的依据

病害流行预测的预测因子应根据病害的流行规律，从寄主、病原物和环境诸多因素中选取。一般来说，菌量、气象条件、栽培条件和寄主植物生育状况等是最重要的预测依据。

①根据菌量预测　单循环病害的侵染概率较为稳定，受环境条件影响较小，可以根据越冬菌量预测发病数量。多循环病害有时也利用菌量作预测因子，但更多是考虑其他因子来进行预测。

②根据气象条件预测　多循环病害的流行受气象条件影响很大，而初侵染菌源不是限制因素，对当年发病的影响较小，通常根据气象因素预测。有些单循环病害的流行也取决于初侵染期间的气象条件，可以利用气象因素预测。

③根据综合因素预测　可根据病原菌量、气象条件、栽培条件和寄主植物生育状况等中的多因素来考虑进行预测。一般可以选择其中二种或多种的因子来进行综合预测。

此外，对于昆虫介体传播的病害，介体昆虫数量和带毒率等也是重要的预测依据。

1.4.2.4 预测的方法

在实践中，病害预测的方法有以下四大类别。

(1) 综合分析法

测报工作者根据已有知识、信息和经验，权衡多种因素的作用效果，凭经验和逻辑推理做出判断。近些年来，特别是计算机技术发展，可以建立计算机专家系统预测方法。计算机专家系统是将专家综合分析预测病害所需的知识、经验、推理、判断方法归纳成一定规格的知识和准则，建立一套由完整算法逻辑构成的、多参数指标的应用软件。由于影响病害发生和进程的因素太多，这方面的研究目前尚处在发展中。现在主要用于问题复杂的极难以取得定量数据病害的预测或超长期病害预测上。

(2) 条件类推法

该法包括预测圃法、物候预测法、应用某些环境指标预测法等。一般是设置预测圃或物候观测点，根据预测圃中或物候情况病害发生发展情况，然后预测栽培区的病害发生发展可能，作出防治决策。指标预测法对一些以环境因素为主要条件的流行病，是一种常用的预测方法。条件类推法基本上属直观经验预测，往往适用于特定地域。

(3) 数理统计预测法

应用统计学的方法，对病害发生的历史资料进行统计分析，提取预测值与预报因子之间的关系，建立数学公式，然后按公式进行预测。又称整体模型法。在数理统计预测中，国内外应用最广的是回归分析法。因为病害流行受到多因素的影响，是多个自变量与一个因变量的关系，故一般应用多元回归分析。此外，还有人应用模糊聚类方法、条件判别法、同期分析、马尔科夫链等方法进行病害预测。数理统计法一般适用于影响的主导因素较少、有长期定量调查数据的病害。

(4) 系统分析法

将病害流行作为系统，对系统的结构和功能进行分析、综合，组建模型，模拟系统的变化规律，从而预测病害任何时期的发展水平。系统分析的过程大体是：先将病害流行过程分成若干子过程，如潜伏、病斑扩展、传播等，再找出影响每一个子过程发展的因素，组建子模型。最后按生物学逻辑把各个子模型组装计算机系统的模拟模型。模拟模型能反映病害流行的动态变化和内部机理，但模拟模型的组建比较复杂而且困难，生产应用上推广尚有一定距离。

【任务小结】

　　森林病虫害预测预报工作是一项技术性很强的工作，所以，要求从事害虫测报工作的人员不仅要有丰富的生态学基础知识，而且要有生理学、生物学和数理统计等方面的知识，以及与测报有关的生理、行为等学科的知识。对于从事病虫害测报工作的人员还要有植病流行学、病理学、生物学、生物数学、数理统计和农业气象学等有关知识。不仅如此，测报工作还要有连续性。因为对于森林病虫害来讲，它所处的是一个比较复杂而又十分特殊的生态系统中。我们说天气预测就够复杂的了，然而，天气只是森林病虫害预测中的一个因子。在实际工作中，了解某种森林病虫害自身的生物生态学习性，并非一朝一夕就能办到的，而掌握它的规律就更加不容易，有的病虫种类甚至于要连续观察几年，十几年，多者几十年。这也充分体现了测报工作的长期性，艰苦性。正因为这些原因，做好测报工作还必须有一套科学的管理机制，作为测报工作正常运行的保证。同时，还需要多与各级政府，社会各界进行充分的协调工作，提高全社会的保护森林，保护生态环境的意识，加强遵守《森林法》《森林植物检疫条例》以及《森林病虫防治条例》等相关法律法规的自觉性。

　　通过加强森林病害病原物的日常监测，可以使我们了解致病病源的动态情况，并结合当地气候和气象资料，提前预判并及时进行人为干预，使森林病害造成的损失降到最低。

【拓展提高】

　　樊晶，杨燕琼. RS 和 GIS 在森林病虫害监测的应用[J]. 广东林业科技，2015，03：118 – 122.

　　森林病虫害预测预报管理办法[J]. 森林病虫，1987，04：1 – 3.

　　孙晓莹. WebGIS 与知识库在森林病虫害预测中的应用[J]. 中南林业科技大学学报，2012，04：65 – 69.

　　王霓虹，李丹，潘华. 基于 WebGIS 的森林虫害预测信息服务平台[J]. Journal of Forestry Research，2009，03：275 – 278.

　　魏初奖，庄晨辉，蔡国贵，等. 森林病虫害灾区区划的原则与依据[J]. 中国森林病虫，2001，05：39 – 40.

　　肖育贵. 林木病害预测模型化及其应用[J]. 四川林业科技，1989，01：78 – 83.

　　肖纪浩. 非平稳时序列方差滤波在预测森林病虫害中的应用[J]. 辽宁林业科技，1993，03：43 – 47，55.

【复习思考】

　　1. 请思考一下怎样才能更精确地做好病害的预测和预报？

　　2. 除了检测病原物密度之外，还有哪些指标适合作为检测指标用于林木病害的病情预报？

项目 2
主要致病因素的分类

在复杂的森林生态系统中,树木受到各种致病因子的侵扰,包括生物因子和非生物因子,生物因子以细菌、真菌、病毒、植原体等为代表,非生物因子主要以常见的光、温、湿度为代表,这些致病因子虽不同,但是它们致病的根本原因都是对植物的生长施加了超过植物忍受极限的影响。植物病害的致病因子类型和特征决定了其病害防治的措施,只有在正确确认致病因子的前提下,才可能制订出正确的防治方案。因此,正确的判别病原物类型,是植物病害治理的前提。

任务 2.1　林木病原菌物识别

【任务介绍】

病原性菌物也叫病原性真菌,是植物最主要的病原之一,已知的侵染性病害中,超过 80% 都是由真菌入侵所引起的。病原性菌物引起的植物病害类型复杂,侵染和感病部位多样,发病时间多集中在春夏两季。本任务的重点和主要目的是分类认识主要的真菌型病原物,并掌握其典型的外部特征和生理习性,以及典型的发病症状。

【教学目标】

知识目标

1. 理解植物真菌型病害产生的原因和病原物致病的原因。
2. 掌握典型真菌型病原性真菌的特点。

技能目标

1. 能够识别主要常见林木的真菌病原和真菌病害。
2. 掌握真菌命名的基本规则。

【任务实施】

2.1.1　林木病原菌物识别

目前植物病理学教科书上大多用的还是 1973 年 Ainsworth 的系统,将真菌分为黏菌门和真菌门(包括卵菌)。近 20 年从超微结构、生物化学、分子生物学的研究结果证明传统真菌属多元化起源和演化的,卵菌和黏菌一样在生物演化的早期就与真菌有所分化,因此不属于真菌范畴,这在学术界已得到认可,在生物八界分类系统提出以后,原属于传统真菌的生物按其亲缘关系和系统发育关系被放入不同的界中,形成菌物多界系统。

菌物(union of fungi)是传统上由真菌学家们研究的一类生物,包括真菌、黏菌和卵菌等。菌物在自然界中分布广泛,数量庞大,在 30 000m 高空至海深 4km 范围的土壤、空气、水及动植物活体和死体上都有着广泛分布。根据 2001 年真菌辞典第九版对菌物数量的统计,至 2001 年已知菌物总计 80 657 种,目前已知菌物约 10 万种。Hawksworth 在 1991 年推算,全世界菌物估计种数应有 150 万种。大部分菌物是腐生的,少部分可以引起人、畜、植物的病害。植物病原菌物指的就是那些可以寄生于植物并引致病害的菌物。目前有 8 000 多种菌物引起的植物病害多达 30 000 余种,菌物病害约占已知植物病害的 70%~80%,几乎每种作物都有几种至几十种菌物病害。同样,在植物病害中,菌物病害种类最多,危害最大,直接影响到植物的生存、生长和观赏价值。但是,也有一些菌物对人类是有益的，例如，许多生防菌物、工业菌物、医药菌物和食用菌等。

菌物的主要特征是：①有真正的细胞核，故称为真核生物；②营养体简单，绝大多数菌物的营养体为菌丝体，少数为不具细胞壁的原生质团；③营养方式为异养型，包括腐生、共生和寄生三种类型；④典型的繁殖方式是产生各种类型的孢子。

2.1.1.1 菌物的基本形态

菌物在生长发育过程中，常常表现出多种的形态特征，一般分为两类：一类是在功能上履行营养机能的营养体；另一类是由营养体转变而成（或产生）形态结构复杂的各种繁殖体。

（1）菌物的营养体

菌物的营养体是菌物营养生长阶段所形成的结构，主要功能是吸收、输送和贮存营养，以满足菌物的营养生长同时为繁殖生长做准备。典型的营养体由纤细的丝状体构成，营养体上的单根细丝状的管状物称为菌丝（hyphae）。菌丝不断生长，分枝，许多菌丝相互交织聚集在一起而形成的菌丝集合体称为菌丝体（mycelium）。菌丝体呈辐射状延伸，在培养基上形成的圆形菌丝群落称为菌落（colony）。

菌丝最初是由成熟的孢子（spore）萌发而来。菌丝的生长是顶端延长，旁侧分枝，其每一部分都具有再生能力，任何一个小片段都可以发展成新的菌体。菌丝通常是圆管状，管壁（细胞壁）无色透明，细胞内有原生质、细胞核、液泡和油滴等内含物。原生质一般无色透明，所以菌丝通常是无色的，但在有些菌物的原生质内含有多种色素（特别是老菌丝），而使菌丝呈现不同的颜色。菌丝细胞的结构主要由细胞壁（wall）、细胞质膜（cytoplasm membrane）、细胞质（cytoplasm）和细胞核（nuclear）组成。菌丝细胞壁的主要成分是几丁质，而卵菌细胞壁的主要成分是为纤维素。不同菌物的菌丝大小差异较大，可以无限生长，其直径因各个种而不同，直径一般为 $1\sim30\mu m$ 或更粗，多数直径在 $5\sim10\mu m$ 之间，根据菌丝是否有隔膜（septum），可把菌丝分为无隔菌丝和有隔菌丝两种。低等菌物的菌丝一般是没有隔膜的，整个菌丝体为一无隔连通多核的细长单细胞，称为无隔菌丝；而高等菌物的菌丝具有许多横隔膜，成为有隔菌丝，因此菌丝是多细胞的，每个细胞内含一至多个核。虽然隔膜把菌丝分隔成许多细胞，但每个隔膜上都有微孔，使细胞质、细胞核、养分、信息能互相沟通（图2-1）。

（2）菌物营养体的变态与菌组织

菌物营养体为了保证营养生长和生殖生长而从基质中吸收、输送和贮存养分，有时为了适应环境和某些特殊功能，产生一些特殊变态类型或者形成一些菌组织。

①营养体变态

a. 吸器（haustorium） 一般是指以下4个方面。许多生长在寄主细胞表面的寄生菌物，从菌丝上产生变态旁支侵入寄主细胞内吸收养分，这种变态结构成为吸器。其形状各异，如丝状、指状、球状、掌状等。吸器的主要功能是增加寄生菌物吸收营养的面积，提高从寄主细胞吸取养分的效率（图2-2）。一般专性寄生菌物如锈菌、霜霉菌、白粉菌等都有吸器。

b. 附着胞（appressorium） 菌物孢子萌发形成的芽管或菌丝顶端的膨大部分，功能是牢固地附着在寄主体表，其下方产生侵入钉穿透寄主植物的角质层和表层细胞壁。

c. 假根（rhizoid） 有些菌物的菌丝体长出的根状菌丝，可以深入基质内吸取养分并

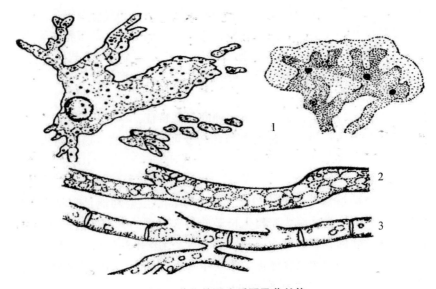

图 2-1　菌物的原生质团及菌丝体
1. 原生质团　2. 无隔菌丝　3. 有隔菌丝

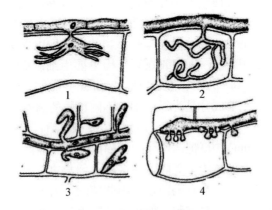

图 2-2　菌物的各种吸器
1. 掌状　2. 丝状　3. 指状　4. 球状

固着菌体。如根霉、芽枝霉等。

　　d. 菌环（snare）　一些捕食菌物可以产生各种类型的菌环（套）捕获线虫，以菌环的网状分枝从线虫体上吸取养分（图2-3）。

　　②菌组织（fungi tissue）　菌丝体一般是分散的，但高等菌物（如担子菌、子囊菌）在它们发育的一定阶段中，分散的菌丝体可以交织在一起而形成菌（丝）组织。菌组织有两种：一种是菌丝体疏松地交织在一起，能看到菌丝的长形细胞，这种组织称为疏丝组织（prosenchyma）；另一种是菌丝体交织得比较紧密，菌丝细胞变成近圆形或多角形，和高等植物的薄壁细胞组织相似，称为拟薄壁组织（pesudoparenchyma）。在一定条件下，菌组织可以形成特殊的结构，如菌核、子座、根状菌索等。这些结构都是由疏丝组织或拟薄壁组织所构成的。

　　a. 菌核（Sclerotium）　大小、形态、颜色各异，内外结构不同。典型菌核的内部为疏

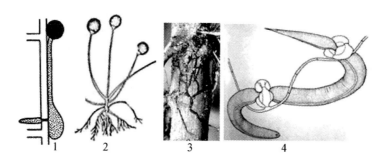

图 2-3 菌物的附着胞、假根、菌索和菌环

1. 附着胞 2. 假根 3. 菌索 4. 菌环

丝组织,颜色较淡,外部为拟薄壁组织,颜色较深。菌核对高温、低温和干燥等不良环境有较强的抵抗力,是渡过不良环境的休眠体。当环境条件适宜时,菌核可萌发产生菌丝体或直接形成繁殖结构。由菌组织和寄主组织结合在一起共同形成的菌核叫假菌核。

b. 子座(Stroma) 由菌组织形成的、产生子实体的座垫,叫子座。作用是产生繁殖体,也可渡过不良环境。有的子座是由菌组织和寄主组织结合形成的,叫假子座。

c. 根状菌索(Rhizomorph) 菌组织形成的绳索状结构,外形似植物根。作用是为寄主吸收水分和矿物质,渡过不良环境,还可以发展侵入树木寄主。

(3)菌物的繁殖体

菌物的营养体经过一定的营养生长后,便进入繁殖阶段。繁殖是指具有种的全部典型特征的新个体的形成,即孢子(spore),其功能相当于植物的种子。菌物一般有两种繁殖形式:无性繁殖和有性生殖,分别产生无性孢子或有性孢子。菌物进行繁殖时,其产果方式有两种:营养体全部转变为一个或多个繁殖体结构的称为整体产果式(holocarpic),所以在同一个体上不能同时存在营养阶段和繁殖阶段;在大部分菌物中,营养体仅部分转变为繁殖体,其余部分仍继续行使营养体功能的称为分体产果式(eucarpic)。

菌物在繁殖过程中形成的产孢机构,无论是无性繁殖或有性生殖、结构简单或复杂,通称为子实体(fruit body)。子实体的形状和结构是多种多样的,是菌物分类的重要依据之一。

①无性繁殖(asexual reproduction)及其孢子类型 无性繁殖是不经过性细胞或性器官的结合,营养体直接以断裂、裂殖、芽殖和割裂的方式直接产生后代新个体的繁殖方式。无性繁殖产生的各种孢子均叫无性孢子。因不经过核配和减数分裂,其细胞核不发生变化。常见的无性孢子有游动孢子、孢囊孢子和厚垣孢子(图2-4)。

a. 游动孢子(zoospore) 鞭毛菌的无性孢子,产生于游动孢子囊中的内生孢子。游动孢子囊由菌丝或子孢囊梗的顶端膨大而成。游动孢子无细胞壁,具1~2根鞭毛,释放后借水游动。

b. 孢囊孢子(sporangiospore) 接合菌的无性孢子,产生于孢子囊中的内生孢子。孢子囊由孢囊梗的顶端膨大而成。孢囊孢子有细胞壁,无鞭毛,释放后借风飞散。

c. 分生孢子(conidium) 半知菌、子囊菌和某些担子菌的无性孢子。产生于由菌丝分化而形成的分生孢子梗上,成熟后从分生孢子梗上脱落。分生孢子顶生、侧生、单生或串生,形状、颜色、大小多种多样。分生孢子梗分化程度不同,有的散生,有的聚生,有的着生在分生孢子盘上或分生孢子器中。

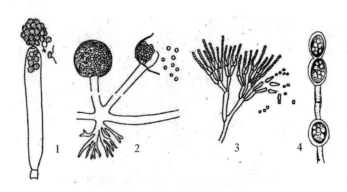

图 2-4 菌物的无性孢子类型
1. 游动孢子 2. 孢囊孢子 3. 分生孢子 4. 厚垣孢子

d. 厚垣孢子（chlamydospore） 有些菌物菌丝的细胞膨大变圆，原生质浓缩、细胞壁加厚而形成的厚壁的休眠孢子，能抵抗不良环境，条件适宜时又萌发形成菌丝。

②有性生殖（sexual reproduction）及其孢子类型 多数菌物生长发育到一定时期进行有性生殖。菌物的有性生殖是指通过性细胞或性器官的结合而产生孢子的繁殖方式，其性器官称配子囊，性细胞称配子，有性生殖产生的孢子称有性孢子。菌物有性生殖的过程可分为质配（plasmohgamy）、核配（karyogamy）和减数分裂（meiosis）三个阶段。质配是指两个性细胞的细胞质和细胞核融合在一个细胞中形成双核期（$n+n$）；核配是指在融合的细胞内两个单倍体的细胞核结合成一个双倍体的细胞核（$2n$）；减数分裂是指双倍体的细胞核经过两次的连续的分裂，形成四个单倍体的核（n），从而变成单倍体阶段。常见的有性孢子有 4 种类型（图 2-5）。

a. 卵孢子（oospore） 由两个异型配子囊（gametangium）——雄器和藏卵器结合而成。孢子在藏卵器中形成，是较高等鞭毛菌的有性孢子，而低等鞭毛菌的有性孢子为休眠孢子囊。

b. 接合孢子（zygospore） 由两个同型配子囊顶端融合成一个细胞，并在这个细胞中进行质配和核配形成二倍体厚壁孢子。如接合菌门的有性孢子。

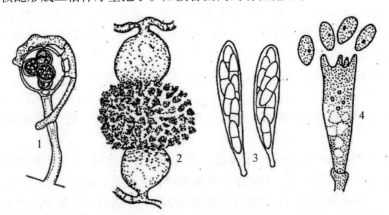

图 2-5 菌物的有性孢子类型（引自李怀方，2001）
1. 卵孢子 2. 接合孢子 3. 子囊孢子 4. 担孢子

c. 子囊孢子(ascospore) 由两个异型配子囊——雄器和产囊体结合而成。首先在产囊体上产生许多产囊丝,在产囊丝顶端形成子囊,子囊内通常形成8个子囊孢子。这种在子囊内形成的孢子称为子囊孢子。如子囊菌门的有性孢子。

d. 担子孢子(basidiospore) 高等菌物的双核菌丝顶端发育成棒状的担子,经过核配和减数分裂生成4个单倍体细胞核,通常在担子上生4个小梗,细胞核进入其中,发育为4个担子孢子。如担子菌门的有性孢子。

2.1.1.2 菌物的生活史

菌物的生活史是指菌物孢子经过萌发、生长和发育,最后又产生同一种孢子的整个过程。菌物典型的生活史包括无性繁殖和有性繁殖两大阶段。菌物无性繁殖阶段在它的生活史中往往可以独立地多次重复循环,而且完成一次无性循环的时间较短,产生的无性孢子的数量极大,对植物病害的传播和发展作用很大。在营养生长后期、寄主植物休眠期或环境不适情况下,菌物转入有性生殖产生有性孢子,这就是它的有性阶段,在整个生活史中往往仅出现一次。植物病原菌物的有性孢子多半是在侵染后期或经过休眠后才产生的,有助于成为翌年病害的初侵染来源。通常来说,无性阶段在生长季节时常发生,有性阶段在生长季节末形成,第二年是初侵染来源,易发生变异(图2-6)。

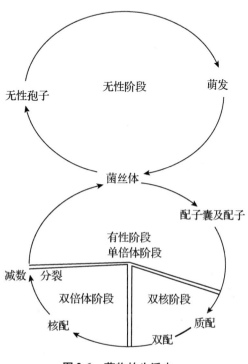

图2-6 菌物的生活史

许多菌物在整个生活史中可以产生2种或2种以上的孢子,这种现象称为菌物的多型现象(polymorphism)。如典型锈菌的生活史中可产生5种不同类型的孢子。在菌物的生活史中,多数植物病原菌物在一种寄主植物上就可以完成生活史称为单主寄生(autoecism);有的菌物不同的寄生阶段必须在两种亲缘关系不同的寄主植物上生活才能完成生活史,称为转主寄生(heteroecism)。

2.1.1.3 菌物的生理和生态

(1)菌物的生理特性

菌物的生理特性是研究菌物在生长发育过程中的生理状况及对外界环境条件要求的特殊性。菌物都是异养生物,它们不能利用无机碳合成有机碳化物,只能吸收现成的有机碳化物作为营养来源。除有机碳化物以外,菌物还需要氮以及微量的其他元素如钾、磷、硫、镁、铁等,有些菌物还需要维生素、氨基酸等物质。不同的菌物对物质的要求和利用能力不同。植物病原菌物从寄主获取养分有两种不同的方式。一种是活体营养,即寄生菌物从活的寄主获得养分,并不立即杀死寄主植物的细胞和组织,营这种生活方式的生物称活体寄生物;另一种是死体营养,即寄生菌先杀死寄主植物的细胞和组织,然后从中吸取养分,营这种生活方式的生物称死体寄生物。人们将只能活体寄生的寄生物称为专性寄生菌，而将兼具寄生与腐生能力的称为兼性寄生菌或兼性腐生菌，前者以寄生为主，后者以腐生为主。腐生菌物存在于动植物残体、土壤、粪便中，可导致木制品、纸张、棉纺织品、食品等的腐败。

菌物在新陈代谢过程中需要吸收氧气，排出二氧化碳，大多数菌物是好气性的，氧气对于孢子萌发较敏感。菌物进行代谢时同时分泌出许多物质，分泌物质以酶和毒素为主。

(2) 菌物的生态适应性

菌物的生态适应性包括对温度、湿度、光照、酸碱度和二氧化碳等环境条件的要求和适应水平上，这是菌物经过长期的系统进化的结果。

环境条件对菌物的生长发育有重要影响。较低等的菌物大多是水生的，逐步进化到两栖和陆生。陆生的菌物也要求较高的湿度，特别是在产生子实体和孢子萌芽的时候，更需要高湿度。大多数菌物的孢子萌发时的相对湿度在90%以上，也有少数菌物孢子（如白粉菌的分生孢子），在相对湿度很低时仍能萌发，在水滴中反而不利于萌发。水分的多少有时还决定孢子萌发的形式。

温度影响菌物孢子的萌发、菌丝的生长、孢子的形成和休眠等。菌物也同其他生物一样，有最低、最高和最适的温度范围。超出极限范围，菌物就停止生长。根据最适温度将真菌分为喜温菌、耐热菌和耐冷菌。植物病原真菌大多数为喜温菌，最适温度在20~30℃之间，最低湿度为2℃，最高湿度为40℃。一些耐冷真菌如败坏的冷藏食物上的枝孢霉（*Cladosporium* sp.）和侧孢霉（*Sporotrichum* sp.）能在 -8~-5℃下生长。菌物对低温的忍受力较强，对高温比较敏感。在生长最高温度之上，经过10min就能使菌物死亡的温度为致死温度。但是菌物的休眠体如菌核、厚垣孢子等对高温和低温的忍受力很强。温度对菌物繁殖的影响很大。通常在生长季节进行无性繁殖，在温度较低时进行有性繁殖。有些菌物的有性繁殖需要冰冻的刺激，有性孢子往往在越冬以后才产生。

光照对菌物菌丝体的生长有一定的影响。但大多数菌物在光照下和黑暗中生长一样好。只是在产生子实体时，有些菌物需要光照的刺激。紫外光的短时间照射常可促进人工培养下的菌物产生子实体。

一般菌物对酸度的pH值适应范围为3.0~9.0，最适pH值为5.0~6.0。菌物的孢子一般在酸性条件下萌发较好。在自然条件下，酸碱度不是影响孢子萌发的决定因素。

寄主植物是植物病原菌物最直接的小环境，特别是同它们的营养要求有密切的关系。不同的植物病原菌物对寄主植物的适应范围是不同的。一般来说专性寄生菌和强寄生菌的寄主范围较狭窄，仅仅侵染一定的物种或品种，弱寄生物的寄主范围较广，有的甚至能危害不同科属的数十种植物。

2.1.1.4 菌物的分类及主要类群

(1) 菌物的分类和命名

菌物分类学是研究植物菌物病害的基础。菌物种类繁多，为了识别鉴定和研究它们的特性，进行科学分类是非常必要的。菌物分类采取自然系统分类法，将亲缘相近的种类汇集在一起，菌物的分类阶梯有界、门（-mycota）、纲（-mycetes）、目（-ales）、科（-aceae）、属、种（Species）。种是菌物分类的基本单元，在种以下有时又依据形态差异和致病性的不同分为变种（variety）和专化型（forma specialis），缩写为（var. 和 f. sp.）。

菌物分类的体系随着相关科学和技术的不断发展和进步，也逐步趋于完善。菌物多界系统反映当前菌物研究的最新成果。首先简要介绍一下菌物在生物界的地位。长期以来，把生物界分为2个界：动物界和植物界，把菌物放入菌藻植物中。1969年，威特克（Whittaker）提出生物五界系统，即原核生物界（Monera）、原生生物界（Protista）、植物界（Plantae）、真菌界（Fungi）和动物界（Animalia）。此系统将真菌从植物界中分出来，成为一个独立的生物界——真菌界（Fungi）；将黏菌（myxomycota）和卵菌（Oomycota）置于真菌界中；将丝壶菌（Hyphochy tridiomycetes）和根肿菌（Plasmodio phoramycota）置原生动物界中。进入20世纪80年代，随着电子显微镜和分子生物学的发展，生物分类系统和理论也有了更新。1981年，卡佛利-史密斯（Cavaliaer-Smith）首次提出细胞生物八界分类系统，以后逐步完善，并得到多数菌物学家的认可。八界系统包括细菌界（Eubacteria）、古细菌界（Archaebacteria）、古动物界（Achezoa）、原生动物界（Protozoa）、植物界（Plantae）、动物界（Animalia）、真菌界（Fungi）和藻物界（Chromista）。《菌物辞典》（第八和九版）已接受并采纳了生物八界分类系统。超微结构、生物化学、分子生物学的研究证明传统真菌属多元化起源和演化，卵菌和黏菌一样在生物演化的早期就与真菌有所分化，因此不属于真菌范畴。

1992年，巴尔（Barr）建议把以前隶属传统真菌而目前分属于三个界的生物称为菌物（union of fungi）。菌物多界系统将归属于真核生物领域的菌物分为三个界：其营养方式为吞食的菌物属原生动物界（Protozoa）；营养方式为非吞食，游动孢子具有茸鞭，细胞壁成分为纤维素的菌物属藻物界（Chromista）；如有游动孢子，不具有茸鞭，细胞壁成分为几丁质的菌物属真菌界（Myceteae）。其中原生动物界包括集胞黏菌门（Acraciomycota）、网柱黏菌门（Dictyosteliomycota）、黏菌门（Myxomycota）和根肿菌门（Plasmodiophoromycota）。藻物界包括丝壶菌门（Hyphochytriomycota）、网黏菌门（Lacyrinthulomycota）和卵菌门（Oomycota）。真菌界包括子囊菌门（Ascomycota）、担子菌门（Basidiomycota）、壶菌门（Chytridiomycota）、接合菌门（Zygomycota）和无性态真菌（Anamorphic fungi）。

现代菌物分类方法除了形态特征外，其他的现代分类方法也越来越多的应用起来。主要包括数值分类法、亲和性与有性生殖法、生理生化和分子系统学方法（核酸技术如DNA – DNA 杂交、PCR、RAPD、RFLP、AFLP、核酸测序，脉冲电泳核型分析）等。

关于菌物的命名，按照国际植物命名法规中规定，一种菌物只能有一个合法名称，如果一种菌物的生活史中有有性阶段和无性阶段，有性阶段所起的名称是合法的。半知菌中的菌物未发现有性阶段或不产生有性阶段的菌物从实际出发和鉴别上的需要，给无性阶段一个独立的名称也是合法的。菌物的命名采用国际通用的双名法，前一个名称是属名（第一个字母要大写），后一个名称是种名，属名和种名均用斜体书写。种名后可加上定名人的姓以示纪念（可以缩写）。如有改名者，最初的命名人应加括号表示。例如，*Rhizopus stolonifer*（Ehrenb. ex Fr.）Lind（葡枝根霉）。

（2）与林木病害相关的主要类群

①腐霉属（*Pythium*） 孢子囊梗与菌丝无区别，孢子囊呈袋状。成熟时不脱落，萌发时形成泡囊，由泡囊产生游动孢子，有性生殖在藏卵器中形成一个卵孢子（图2-7）。腐霉多生于潮湿的土壤中，引起植物根腐和猝倒等病害。

②疫霉属（*Phytophthora*） 孢囊梗分化明显或不显著，游动孢子囊柠檬形、椭圆形、卵形具乳突，萌发直接产生游动孢子，不产生泡囊。有性生殖产生一个卵孢子，需异宗配合（图2-8）。寄生性较强可引起多种花木根腐和疫病。如翠菊根腐病、牡丹、杜鹃等疫病。

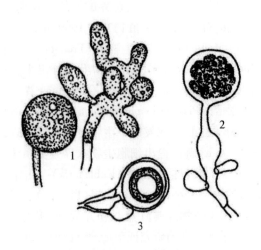

图 2-7 腐霉属（引自李怀方，2001）
1. 孢囊梗和孢子囊 2. 孢子囊萌发形成泡囊
3. 雄器、藏卵器和卵孢子

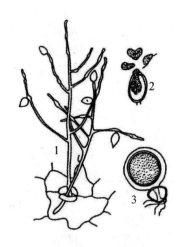

图 2-8 疫霉属
1. 孢囊梗 2. 孢子囊萌发形成
游动孢子 3. 卵孢子

③霜霉菌 霜霉是高等的卵菌，包括9个属，全都是植物的专性寄生菌，在寄主表面可形成白色霜状霉层，故称霜霉病。孢囊梗发达，不同的属有一定的分枝方式。孢子囊卵圆形、椭圆形或柠檬形，易脱落，萌发时产生游动孢子或直接生芽管。藏卵器内含1个卵孢子。霜霉菌主要包括霜霉属（*Peronospora*）、假霜霉属（*Pseudoperonospora*）、盘梗霉属（*Bremia*）和单轴霉属（*Plasmopora*）等菌物（图 2-9），可引起紫罗兰、葡萄、菊花、月季、二月兰等多种植物霜霉病。

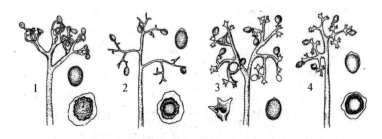

图 2-9 霜霉菌子孢囊梗、孢子囊和卵孢子
1. 霜霉属 2. 假霜霉属 3. 盘梗霉属 4. 单轴霉属

④白锈菌属（*Albugo*） 孢囊梗粗短，不分枝，棍棒状，在寄主表皮下排列成栅栏状，顶部产生串生的孢子囊，孢子囊球形或短圆筒形，无色或淡黄色。侵染寄主在病部形成白色症状的孢子囊堆，症状似锈病，但孢子囊堆白色，称白锈病（图 2-10）。常见的有紫罗兰、二月菊、牵牛花白锈病。

⑤根霉属（*Rhizopus*） 属接合菌门接合菌纲。菌丝体发达，有匍匐丝和假根，孢囊梗与假根对生（图 2-11）。配囊柄无附属丝，接合孢子表面有瘤状突起。大多异宗配合。仅性根霉（*Rhizopus sexualis*）为同宗配合菌。多腐生，少数寄生。主要引起成熟期和贮藏期种实、球茎、鳞茎等的腐烂病，如百合鳞茎软腐病。

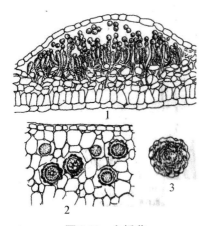

图 2-10 白锈菌
1. 寄主表皮下孢囊梗和孢子囊 2. 病组织中的卵孢子 3. 卵孢子

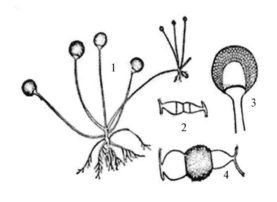

图 2-11 根霉属
1. 孢囊梗、孢子囊、假根和匍匐枝 2. 放大的孢子囊 3. 原配子囊 4. 接合孢子

⑥外囊菌属（*Taphrina*）　无子囊果，子囊由双核菌丝直接产生，在寄主角质层下排成一层，栅栏状，子囊长圆筒形，半子囊菌纲子囊菌门（图2-12）。子囊孢子单细胞，椭圆形或圆形，子囊孢子在子囊内可芽殖（唯一的无性繁殖），子囊内的孢子可变得很多，超过8个（图2-13）。外囊菌都是蕨类或高等植物的寄生物，引起叶片、枝梢和果实的畸形。如桃缩叶病、梅花缩叶病等。

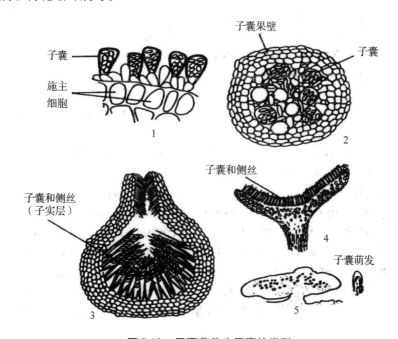

图 2-12 子囊菌着生子囊的类型
1. 无子囊果 2. 闭囊壳 3. 子囊壳 4. 子囊盘 5. 子囊腔

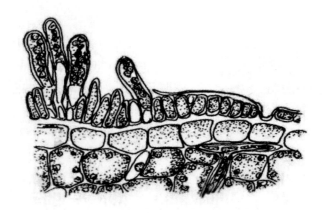

图 2-13　外囊菌属（裸露的子囊及子囊孢子）

⑦白粉菌属（*Erysipha*）　在整个白粉菌科中是最低等的一个属，白粉菌科的其他许多属都是直接地或间接地从它演化而来的（图 2-14，5）。因此，在这个属内包括一些形态上比较多变并与它自己属内的典型种稍有不同的类型是可以理解的和应该认为是合理的。

⑧单囊壳属（*Sphaerotheca*）　菌丝体表生，存留或消失；分生孢子串生，无色，单胞；Oidium 类型。子囊果球形，壁细胞较大，轮廓清晰，附属丝丝状，少数顶端不规则状分枝，有的种与菌丝体交织在一起；子囊单个；子囊孢子单胞（图 2-14，4）。

⑨叉丝单囊壳属（*Podosphaera*）　菌丝体表生，存留或消失；分生孢子无色，单胞，椭圆形、近球形，4~5 个串生在分生孢子梗上，子囊果球形、扁球形，暗褐色；附属丝生于子囊果的顶部或'赤道'附近，顶端 2~6 次双叉状分枝，全部或下部带褐色或浅褐色；子囊单个；子囊孢子单胞，无色（图 2-14，1）。

⑩球针壳属（*Phyllactinia*）　球针壳属闭囊壳内含多个子囊，附属丝刚直如长针，基部膨大呈半球形。分生孢子棍棒形，单生（图 2-14，2）。该属主要危害各种木本植物，如榛球针壳（*P. corylea*）危害桑、梨、柿、核桃等。

⑪钩丝壳属（*Uncinula*）　钩丝壳属是白粉菌目，白粉菌科，子囊菌纲的菌类。菌丝体表生，在寄主植物的表皮细胞内形成吸胞；分生孢子梗基部细胞大多直、少数弯曲或扭曲；分生孢子成串，个别单生，无色，单胞，往往含有纤维体；子囊果扁球形，无孔口；附属丝一般简单而不分枝，极个别至多分枝一次，顶端钩状或卷曲一至数圈；子囊多个；子囊孢子单胞，无色至淡黄色（图 2-14，3）。

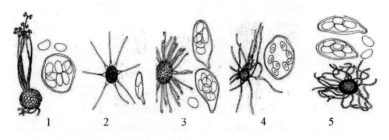

图 2-14　白粉病闭囊壳、子囊和子囊孢子（引自陆家云，2000）
1. 叉丝单囊壳属　2. 球针壳属　3. 钩丝壳属　4. 单囊壳属　5. 白粉菌属

⑫叉丝壳属(*Microsphaera*) 菌丝体表生,以吸器透入寄主细胞内,吸器球形或亚球形;分生孢子 Oidium 类型。子囊果球形或扁球形,褐色或暗褐色,壁细胞小;附属丝多生于子囊果的"赤道"上,顶部常双分叉多次;而将此属真菌装饰得十分绚丽,有时多个子囊果的附属丝钩联交接在一起,以利传播;子囊多个,成束,形状多样;子囊孢子 2～8 个,无色或浅色,单胞,多为椭圆形或卵形。

⑬小丛壳属(*Glomerella*) 子囊壳埋生于寄主组织内,成熟时突破表皮外露,深褐色,有喙,有的壳壁四周有毛,子囊棍棒形,子囊孢子单胞无色,弯曲。引起多种植物的炭疽病,如兰花炭疽病等(图 2-15)。

图 2-15 小丛壳属(引自许志刚,1997)
子囊壳、子囊和子囊孢子

⑭黑腐皮壳属(*Valsa*) 假子座发达,子囊埋生,孔口外露,子座与无病组织界线不明显,子囊棒状,柱状,子囊孢子大多无色单胞,腊肠状,无性态为壳囊孢属 *Cytospora*)。引起植物病害如杨、柳、松腐烂病等(图 2-16)。

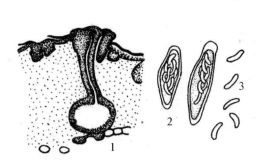 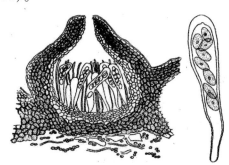

图 2-16 黑腐皮壳属　　　　　　　**图 2-17 囊孢壳属**
1. 子囊壳 2. 子囊 3. 子囊孢子　　　子囊壳、子囊和子囊孢子

⑮囊孢壳属(*Physalospora*) 子囊壳近球形,黑褐色,有短的孔口部,开始埋生寄主组织内,成熟时孔口外露,子囊主要在底部,平行排列,柱状,子囊孢子单胞,无色到艳色,椭圆形,或纺锤形,长度大于 20um,引起植物病害如海棠轮纹病等(图 2-17)。另外,长喙壳属(*Ceratocystis*)、赤霉属(*Giberella*)、小煤炱属(*Meliola*)等也是核菌中的重要病原菌物。

⑯亚球壳属(*Sphaerulina*) 子座埋生于植物组织中,含单个子囊腔,子囊孢子无色多胞,椭圆形,生于一些花卉上(图 2-18)。

⑰**球腔菌属**（*Mycosphaerella*） 子囊座生于表皮下，黑色，球形，顶消解为孔口，子囊孢子等大，双孢，淡黄褐色。能引起植物的叶斑病（图2-19）。

⑱**黑星菌属**（*Venturia*） 子座生于基物内，后外露。子囊腔孔口周围有刚毛。子囊棍棒形，平行排列，子囊间有拟侧丝，子囊孢子不等大，椭圆形，双孢，无色或褐色。引起杨树黑斑病（图2-20）。

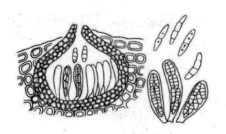

图 2-18 亚球壳属
假囊壳、子囊和子囊孢子

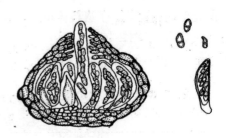

图 2-19 球腔菌属
假囊壳、子囊和子囊孢子

图 2-20 黑星菌属
具刚毛的假囊壳和子囊孢子

⑲**核盘菌属**（*Sclerotina*） 菌核块状，产生于寄主表面或茎腔中，萌发时产生漏斗状子囊盘，具长柄。子囊棒形排列成栅状，子囊间有侧丝。子囊孢子单胞、椭圆形。引起多种花木（一品红、紫罗兰、非洲菊等）的菌核病（图2-21）。

⑳**散斑壳属**（*Lophodermium*） 子囊座圆或椭圆形，黑色，膜质，一个子囊座含一个子囊盘，孢子长形或丝状，单孢。引起观赏五针松落针病（图2-22）。

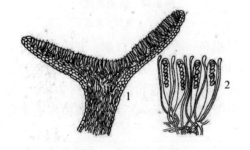

图 2-21 核盘菌属
1. 子囊盘　2. 子囊、子囊孢子和侧丝

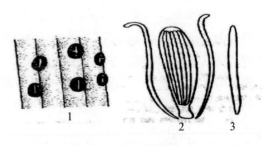

图 2-22 散斑菌属
1. 子囊盘　2. 子囊、子囊孢子　3. 侧丝

㉑胶锈菌属(*Gymnosporangium*) 0，Ⅰ大多生于蔷薇科植物，缺夏型，Ⅲ、Ⅳ多生于松柏科植物，冬孢子双孢柄细长，胶化，冬孢子堆胶质化，形成冬孢子角(图2-23，1)。引起梨—桧锈病、贴梗海棠锈病。

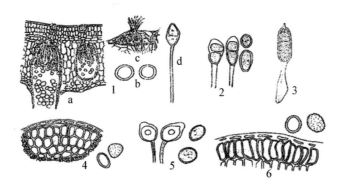

图2-23 引起植物锈病的重要病原属(李怀方，2001)
1. 胶锈菌属：a 锈孢子器；b 锈孢子；c 性孢子器；d 冬孢子
2. 柄锈菌属 3. 多胞锈菌属 4. 层锈菌属 5. 单胞锈菌属 6. 栅锈菌属

㉒柄锈菌属(*Puccinia*) 冬孢子双胞，有柄；夏孢子单细胞，有刺或瘤状突起(图2-23，2)。引起多种草坪植物锈病。

㉓多孢锈菌属(*Phragmidium*) 冬孢子多细胞，壁厚，表面光滑或具瘤突，柄基膨大(图2-23，3)。引起玫瑰和月季锈病。

㉔层锈菌属(*Phakopsora*) 冬孢子单细胞，无柄，不整齐地排列成数层；夏孢子表面有刺(图2-23，4)。引起葡萄和枣树锈病。

㉕单胞锈菌属(*Uromyces*) 冬孢子单细胞，有柄，顶壁较厚；夏孢子单细胞，有刺或瘤状突起(图2-23，5)。引起多种植物锈病。

㉖栅锈菌属(*Melampsora*) 冬孢子单细胞，无柄，排列成整齐的一层；夏孢子表面有疣或刺(图2-23，6)。引起垂柳病。

㉗柱锈菌属(*Cronartium*) 冬孢子无柄，单孢，长椭圆形或纺锤形，光滑，淡色，无休眠期，条件适合就萌发，柱状冬孢子堆，突破寄主表皮，刺毛状，肉眼可见。引起松芍锈菌。

㉘外担子菌属(*Exobasidium*) 可寄生在多种植物幼嫩的花果茎上，引起膨肿。如杜鹃外担菌(*E. rhododendri*)可引起杜鹃瘿瘤病(图2-24)。通常以双核菌丝在细胞间隙伸展，由菌丝上生出吸器伸入细胞中吸取养分。子实体平铺，担子在寄主角质层下形成，成熟时顶部外露，每个担子产生2~5个担孢子，单孢无色，或在成熟后形成隔膜。

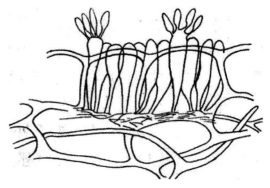

图2-24 外担子菌属(担子和担孢子)

㉙丝核菌属(*Rhizoctonia*) 菌丝淡褐色，

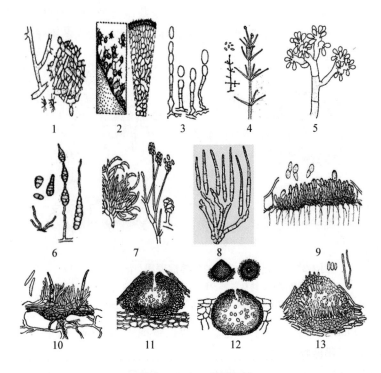

图 2-25 半知菌重要属
1. 丝核菌属　2. 小菌核属　3. 粉孢属　4. 轮枝孢属　5. 葡萄孢属　6. 链格孢属　7. 镰孢霉属
8. 尾孢属　9. 盘二孢属　10. 炭疽菌属　11. 叶点霉属　12. 茎点霉属　13. 拟茎点霉属

较粗，近直角分枝，分枝出缢缩，菌核球形，不规则形，以菌丝与基质相连（图2-25，1）。主要引起植物如草坪凸斑病，紫罗兰、菊花猝倒病、四季海棠茎腐病等。

㉚小菌核属（*Sclerotium*）　产生黑色坚实的菌核，球形，表面光滑，菌丝无色（图2-25，2）。一般导致植物根、茎、鞘腐。引起多种植物（牡丹、一品红、菊花）的白绢病等。

㉛粉孢属（*Oidium*）　产生分生节孢子，向基序列的孢子串生，单孢无色，严格的专性寄生菌（图2-25，3）。引起植物的白粉病。如大叶黄杨白粉病。

㉜轮枝孢属（*Verticillium*）　分生孢子梗呈轮状分枝，分枝（产孢细胞）细长瓶状；分生孢子无色，单胞，椭圆形或圆柱状，单生于瓶梗顶端，或于梗端集结呈球状（图2-25，4）。引起多种植物病害。如黄护枯萎病。

㉝葡萄孢属（*Botrytis*）　分生孢子梗粗大，顶部分枝，分枝末端膨大；从膨大体表面同时产生多数分生孢子，外观呈葡萄穗状；分生孢子单胞，椭圆形，无色，或淡色；许多种或分离系（isolates）产生黑色，坚实的小菌核（图2-25，5）。引起多种植物病害，如月季、仙客来、唐菖蒲的灰霉病等。

㉞链格孢属（*Alternaria*）　分生孢子具纵、横隔膜，褐色至暗褐色，卵形至倒棒状，有长喙或无喙，链生或有时单生，新生孢子可由成熟孢子的顶端部的孔中生出；分生孢子梗不分枝或偶有分枝，顶部随着产孢作合轴式延伸（图2-25，6）。可引起多种植物病害，如香石竹黑斑病、蜡梅花、荷花褐斑病。

㉟镰孢霉属（*Fusarium*）　在寄主植物上，分生孢子梗聚集在成垫状的分生孢子座上，

在人工培养时，菌丝上直接着生孢子梗，分生孢子梗形状大小不一。产生两种分生孢子，大型分生孢子多胞，无色，镰刀形；小型分生孢子单胞，无色，椭圆形(图2-25，7)。常引起香石竹、菊花等多种花木枯萎病。

㊱尾孢属(*Cercospora*)　分生孢子梗褐色，丛生于子座组织上，直或弯曲，有时呈屈膝状，孢痕加厚，明显；分生孢子多无色，或浅色，针形(鞭形)多分隔，常略弯(图2-25，8)。可引起多种植物病害如悬铃木霉斑病，一品红、丁香褐斑病。

㊲盘二孢属(*Marssonina*)　分生孢子盘小，生于叶的角质层下。分生孢子卵圆形至长圆形，无色，有一分隔，形成两个大小不等的细胞(图2-25，9)。如夹竹桃黑斑病。

㊳炭疽菌属(*Colletotrichum*)　分生孢子盘生于寄主表皮下，有时具褐色，分隔的刚毛。产孢瓶体简单，下部分枝或不分枝。分生孢子无色，单胞，长椭圆形或新月形(图2-25，10)。可引起多种植物如山茶、兰花、合欢、扶桑的炭疽病。

㊴叶点霉属(*Phyllosticta*)　分生孢子器褐色，球形或近球形；无梗，产孢细胞由内层器壁上产生；分生孢子无色，单胞，球形至卵圆形(图2-25，11)。可引起植物如凤仙花、广玉兰的斑点病。

㊵茎点霉属(*Phoma*)　分生孢子器埋生或半埋生，器壁薄；分生孢子梗罕生；产孢细胞安瓿瓶状至瓶形，无色，围领和产孢口均小，平周加厚明显；分生孢子无色，单胞，椭圆形，常含油球(图2-25，12)。可引起植物病害如羊蹄甲、文竹的枝枯病。

㊶拟茎点霉属(*Phomopsis*)　分生孢子器球形或扁球形；分生孢子梗分隔，分枝，无色，多数细长；产孢细胞无色，圆柱状；分生孢子无色，单胞，形态两型：a型：椭圆形；b型：细长，弯曲(图2-25，13)。可引起植物病害如石刁柏的茎枯病、栀子溃疡病。

2.1.1.5　菌物病害的症状

每一种菌物病害都有它特有的症状表现，是我们描述、命名、诊断和识别菌物病害的主要依据。菌物病害症状的主要病有坏死、腐烂和萎蔫，少数为畸形。坏死包括叶斑、叶枯、叶烧、猝倒、立枯和溃疡。腐烂包括干腐、湿腐和软腐，根据腐烂的部位有根腐、基腐、茎腐、果腐、花腐等。萎蔫分为生理性和病理性两种。

菌物病害在条件适宜的情况下，病原物在植物病部会表现出肉眼可见的具特征性结构的病症。因此有无病症是菌物病害区别于其他病害的重要标志，也是进行病害田间诊断的主要依据。菌物病害的病症主要有下面4种。

①霉状物　有霜霉、灰霉、青霉、绿霉、赤霉、黑霉等不同颜色的霉状物。

②粉状物　有白粉病、黑粉病、锈病。

③小黑点　包括分生孢子器、分生孢子盘、分生孢子座、闭囊壳、子囊壳等。

④菌核　菌物病害中丝核菌和核盘菌常见特征。颗粒较大、深色、属于休眠越冬结构。

在一般情况下，根据病害症状类型，可以判断菌物病害的类别。但是，必须指出有些病害有同原异症或同症异原现象，同时病部容易出现多种菌物，包括致病菌物和腐生菌物，对一些不熟悉的病害就很难确定哪种是真正的病原物。因此症状诊断只能做出初步的结论，许多疑难病害尚需通过柯赫氏法则进行验证。

【任务小结】

菌物病害是林木病害的主要类型，其病原物分布广泛，危害方式多样。由于真菌性病害的类型、种类繁多，引起的病害症状也千变万化。但是，凡属真菌性病害，无论发生在什么部位，症状表现如何，在潮湿的条件下都有菌丝、孢子产生。这是判断真菌性病害的主要依据。植物真菌性病害的病原类型和特征决定了其病害防治的措施，只有在正确确认致病因子的前提下，才可能制订出正确的防治方案。因此，掌握菌物的生物学特征对有效防治菌物病害的发生、传播具有积极意义。

【拓展提高】

陈万权，冯洁，秦庆明，等. DNA 分子标记在植物真菌病害研究中的应用[J]. 植物保护学报，1999，03：277-282.

冯金荣，惠丰立，文祯中. 真菌几丁质酶及其在植物真菌病害防治中的作用[J]. 河南农业科学，2006，08：83-86.

郭柏寿，潘学燕，宋继学. 抗植物真菌病害基因及其介导的抗性机理[J]. 中国农学通报，2005，09：354-355，364.

柯杨，李勃，齐凡. 芽孢杆菌在植物真菌病害防治中的应用[J]. 保鲜与加工，2012，05：39-43，47.

康振生. 我国植物真菌病害的研究现状及发展策略[J]. 植物保护，2010，03：9-12.

李雅娜. 园林植物真菌病害研究进展[J]. 北方园艺，2010，08：218-221.

桑维钧，徐芳玲，杨汝，等. 贵阳市园林植物真菌病害的初步调查[J]. 中国森林病虫，2006，06：22-25.

易茜茜，丁万隆，李勇. 木霉菌及其对植物真菌病害的防治机制[J]. 中国农学通报，2009，20：228-231.

【复习思考】

1. 病原菌物的生理生化特征以及生活史和相应的病害规律有何关联？
2. 主要常见的林木真菌型病原类型有哪些？

任务 2.2　林木病原细菌识别

【任务介绍】

在植物病害中，由真菌侵染引起的病害种类最多，其次是由细菌原引起的病害。细菌病害主要特点是——非专性寄生菌，与寄主细胞接触后通常是先将细胞或组织致死，然后再从坏死的细胞或组织中吸取养分,因此导致组织坏死、腐烂和枯萎,少数会引起肿瘤,这是分泌激素所致。初期受害组织表面常为水渍或油渍状、半透明,潮湿条件下有的病部有黄褐色或乳白色胶黏、似水珠状的菌脓;腐烂型往往有臭味。这是细菌病害的重要标志。

要有效地防治细菌性病害,必须了解细菌病害的特征,掌握正确的诊断和识别技术,才能做到对症下药,有效地防治林木的细菌性病害。

【教学目标】

知识目标
1. 理解细菌性植物病害产生的原因和细菌性病害的主要症状。
2. 了解细菌的典型结构。

技能目标
1. 能够识别典型细菌性病原的结构。
2. 能够根据症状识别主要常见的林木细菌性病害。

【任务实施】

2.2.1 林木病原细菌识别

在植物病害当中,植物病原细菌也是病害发生很普遍的一个类群,在迄今已鉴定出的1600多种细菌中,约有300种引起植物细菌病害(王金生,2000)。往往多数发生在被子植物上,而裸子植物上则很少发生。如在园林观赏树木或草本花卉植物中,有些发生了严重的细菌病害,并在生产实践中造成重大损失,是不可忽视的重要病害。如发生的非洲菊细菌斑点病、秋海棠细菌叶斑病、木麻黄的青枯病、球根花卉软腐病、杨树细菌溃疡病和多种花木的根癌病等。目前在我国发生普遍的有多种阔叶树细菌性穿孔病和根癌病,但对花木危害较大的是青枯病和根癌病。

2.2.1.1 植物病原细菌的一般性状

细菌(bacterium)在分类地位上属于原核生物界(Procaryotae),为单细胞生物,具有细胞壁,但无真正的细胞核(仅有核质而无核膜)。细菌本身不含叶绿素,绝大多数不能进行光合作用,是异养的,只有少数细菌能进行光合作用而自养。细菌多数是腐生的,少数具有寄生性能导致动物和植物病害。

(1)细菌的形态和结构

①形态　细菌的个体很小,肉眼看不见。其基本形态有球状、杆状和螺旋状。能引起植物病害的细菌大多是杆状菌,一般大小为$(1～3)\mu m ×(0.5～0.8)\mu m$;绝大多数体外长出特殊蛋白质构成的细长丝状鞭毛,在水中可以作为游动的工具。菌体通常的3～7根鞭毛,个别仅为1根。鞭毛着生的位置有2种,一种是多数生长在菌体一端或两端称极毛,另一种情况是着生在菌体周围的称周毛(图2-26)。鞭毛是细菌分类的重要依据之一。

②细菌的结构　细菌的构造简单(图2-27)。菌体最外层是有韧性和弹性起保护作用的细胞壁。个别种类的细胞壁外围通常围绕黏液物质——荚膜(capsule),其薄厚不等。在细胞壁内侧的是半透性的细胞质膜,主要成分是水、蛋白质和多糖类、类脂类等。细胞

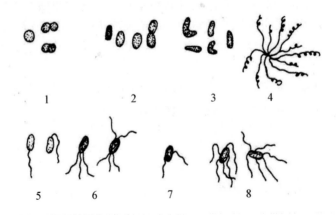

图 2-26 细菌的形态及鞭毛(引自许志刚，2002)
1. 球菌　2. 杆菌　3. 棒形菌　4. 链丝菌　5. 单极鞭毛　6. 极生多鞭毛　7. 双鞭毛　8. 周生鞭毛

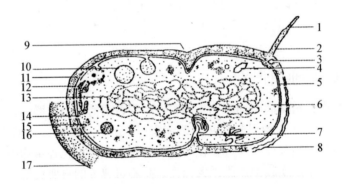

图 2-27 细菌的模式结构(引自宗兆锋，2002)
1. 鞭毛　2. 鞭毛鞘　3. 鞭毛基体　4. 气泡　5. 细胞质膜　6. 核糖体　7. 间体
8. G^-细菌细胞壁　9. 隔膜的形成　10. 液泡　11. G^+细菌细胞壁　12. 载色体
13. 核区　14. 核糖体　15. 聚糖体　16. 异染体　17. 荚膜

质膜是能量代谢的场所。菌体内部是细胞质，细胞质中含有颗粒体、核糖体、液泡、异染体等内含物，无线形体和高尔基体。菌体中心区的细胞核无核膜，这与真核细胞明显不同。细胞核是细菌遗传的物质基础，主要成分是脱氧核糖核酸。

多数植物病原细菌不产生芽孢(spore)，只有少数细菌产生芽孢。芽孢是细菌生长后期的内生孢子，是细菌特定时期的休眠体，在适宜的条件下可以重新转变成为营养态细胞；芽孢的有无、形态、大小和着生位置是细菌分类和鉴定中的重要指标。细菌芽孢也是整个生物界中抗逆性最强的生命体，是否能消灭芽孢是衡量各种消毒灭菌手段的最重要的指标。在消毒灭菌过程中，必须采取高压、高温处理或间歇灭菌，通常的煮沸不能达到杀菌的目的。

(2)细菌的繁殖、生理、生化和培养特性

①细菌的繁殖　细菌的繁殖一般都是采用裂殖的方式。即细菌的个体生长到一个程度时，菌体细胞伸展加长，在菌体的中部产生一隔膜，将细胞内的物质物质重新分为2个部分，随后分裂成2个基本相同的个体。细菌繁殖的速度很快，在适宜的条件下，可在1h

内分裂1次至多次。

②细菌的生理　在自然界中，植物病原细菌对营养、温度、pH值、氧气等条件要求不同。细菌的营养类型根据细菌所需要的能源、碳源的不同，可分为光能自养细菌、光能异养细菌、化能自养细菌和化能异养细菌四大类。绝大多数细菌的营养类型为化能异养型细菌。有机碳化物对这类细菌来说既是碳源也是能源。化能异养细菌又可分为腐生和寄生两类，在腐生和寄生之间存在着不同程度的既可腐生又可寄生的中间类型，称为兼性腐生或兼性寄生。造成植物病害的细菌属于化能异养细菌中的寄生型，对营养要求简单，很容易在普通培养基上培养。

植物病原细菌在温度为26~30℃范围内最适宜生长和繁殖，高于或低于这个温度范围生长发育就会受到明显抑制。细菌耐低温能力强，即使在冰冻条件下仍能保持生活力；大多细菌对高温敏感，在50℃条件下处理10min一般都会死亡，少数能产生芽孢的种类除外。pH的大小对细菌的生长速度有明显影响，一般是在微碱性或中性的营养环境中生长最好。植物病原细菌大多数都是好气性的，在无氧的条件下很难正常生长发育。

③细菌的生化特性　细菌在生命活动过程中，有多种酶参入代谢，对不同培养基和化学成分能产生多种生化作用。利用细菌对某种培养基或化学药品产生的生化反应，可作为鉴定植物病原细菌的依据。常用的生化反应试验有：糖类发酵的能力；水解淀粉的能力；液化明胶的能力；在石蕊牛乳培养基中对乳糖和蛋白质的分解利用情况；在蛋白胨培养液中测试其代谢产物，如硫化氢、氨和吲哚等；还原硝酸盐的能力；分解脂肪的能力。

染色鉴定：染色也是细菌的一种生化特性，因细菌个体很小，染色后在光学显微镜下能够观察到。染色对细菌有鉴别作用，革兰氏染色（Gram staining）反应是一种重要的染色法，即将细菌用结晶紫染色和碘液固定处理后，再用95%酒精或丙酮冲洗，不褪色的是革兰氏染色阳性反应，褪色的为革兰氏阴性反应。植物病原细菌中，仅棒杆菌属呈革兰氏阳性反应，其他是阴性反应。

④细菌的培养特性　植物病原细菌都能在人工培养基上繁殖。在固体培养基上可以形成各种形状和颜色的菌落。白色和黄色圆形菌落为多，也有褐色或形状不规则的。菌落的颜色与细菌所产生的色素有关。有的细菌能产生荧光性色素，有的可使培养基着色，也有的产生大量褐色色素。

2.2.1.2　植物病原细菌

植物病原细菌属原核生物，其分类，不仅根据培养形态、鞭毛的性状、革兰氏染色反应、生理生化反应，还必须结合细胞壁成分分析、蛋白质和核酸的组成、DNA-DNA杂交以及rRNA序列分析等内容。有关原核生物的分类系统还不完善，一般多采用伯杰氏（D. H. Beryey）提出的分类系统。原核生物界分为薄壁菌门、厚壁菌门、软壁菌门、疵壁菌门4个门，7个纲，35个组群，植物病原细菌主要有5个属，基本特征见表2-1。

近些年来，国内有关教科书、文献将植物病原细菌属增加至15~20个属。植物病原细菌属的急剧增加原因是新属的建立、某些种与其他属重新组合、原核生物新类型的发现、个别病原细菌是偶遇性病原菌等。无论何种原因，都是从原有5个属中衍生出来的。

表 2-1　植物病原细菌 5 个属的主要性状

性　状	棒形杆菌属（Clavibacterium）	假单胞杆菌属（Pseudomonas）	黄单胞杆菌属（Xanthomonas）	土壤杆菌属（Agrobacterium）	欧氏杆菌属（Erwinia）
菌体形状	棒状和不规则杆状	杆状	杆状	杆状	杆状
鞭毛	无或1根极毛	1根或几根极毛	1根极毛	1~4根周毛	多根周毛
革兰氏反应	阳性	阴性	阴性	阴性	阴性
好气或厌弃性	好气性(有的兼性厌气性)	好气性	好气性	好气性	好气性或兼性厌气性
代谢类型	呼吸型或兼有发酵型	呼吸型	呼吸型	呼吸型	呼吸型或发酵型
氧化酶反应	阴性	一般为阳性	阴性	阴性	阴性
过养化氢酶反应	阳性	阳性	阳性	阳性	阳性
DNA 中 G+C 含量	65~75	587~70	63.5~69.2	59.6~62.8	50~58
危害症状	萎蔫	叶斑、萎蔫、肿瘤	叶枯、叶斑	肿瘤或畸形	萎蔫、腐烂
发生部位	全株	叶或全株	叶	根或茎干	茎干或支

2.2.1.3　植物细菌病害的症状

植物细菌性病害的症状主要有 5 种类型，各属引起的症状有所不同（图 2-28）：

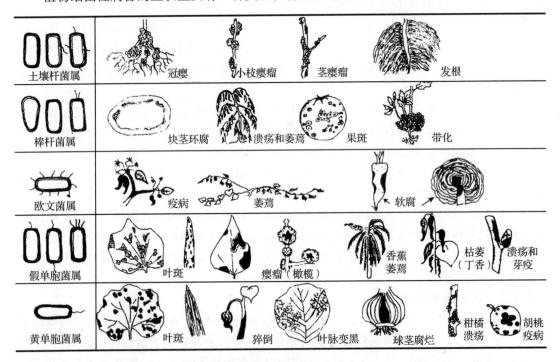

图 2-28　植物病原细菌引起症状类型（仿 G. N. Agrios，1999）

（1）斑点

可发生在叶片、果实和嫩枝上。常常引起植物局部组织坏死而形成斑点或叶枯。常见的病害如一品红角斑病、栀子花叶斑病和桃树穿孔病等。这种症状类型病害是由假单胞杆菌属和黄单胞杆菌属细菌引起。

(2)腐烂

植物幼嫩、多汁的组织被细菌侵染后组织解体,很快表现出腐烂的症状。常见的有花卉的鳞茎、球根和块根的软腐病。如鸢尾细菌性软腐病、仙客来细菌性叶腐病等。发生细菌软腐病的植株通常组织迅速解体,流出带有臭味的汁液。这类症状主要由欧氏杆菌属细菌引起。

(3)枯萎

细菌侵入植物维管束组织,在导管内扩展破坏了输导系统,引起植株萎蔫。萎蔫一般是全珠性的,也有局部性的。常见的有木麻黄、菊花和大丽花等。这种症状多由假单胞杆菌属细菌引起,但棒杆菌属也能引起枯萎症状。

(4)畸形

一些细菌侵入植物体后,引起根或枝干局部组织过度生长形成肿瘤,或致使新枝、须根丛生,或致使枝条带化等多种畸形症状。多种花卉与树木严重根瘤(癌)病就是由土壤杆菌属或假单胞杆菌属细菌引起的。各种带化病或畸形徒长病是由棒杆菌属细菌引起。

(5)溃疡

多发生植物枝、干部,造成局部性皮层腐烂坏死。坏死腐烂部位组织后期因失水而出现稍下陷,常常在病斑周围产生一圈愈伤组织。如杨树细菌溃疡病等,一般由欧文氏细菌属或黄单胞杆菌属引起。

【任务小结】

细菌性病原物是林木病害的主要病因,其导致林木多种病害,危害林业及花卉的生长,正确认识细菌病原物,对有效防治病害具有积极意义。细菌性病害是由细菌病菌侵染所致的病害,如软腐病、溃疡病、青枯病等。侵害植物的细菌都是杆状菌,大多数具有一至数根鞭毛,可通过自然孔口(气孔、皮孔、水孔等)和伤口侵入,借流水、雨水、昆虫等传播,在病残体、种子、土壤中过冬,在高温、高湿条件下容易发病。

细菌性病害主要表现为:坏死与腐烂,萎蔫与畸形。坏死、腐烂与畸形,都是细菌破了薄细胞壁细胞组织所导致的后果。在其网状叶脉的叶片上,病斑呈多角斑,病斑周围有黄色的晕环。在肥厚组织或果实上的病斑,多为圆形。在柔嫩肉、多汁的组织上,组织死亡易生腐烂。有的部位被害后发生促进性病变,形成肿瘤,这种现象多发生在根或茎上。萎蔫是细胞侵染维管束的结果,可局部或全部发生。维管束细胞被破坏后,水分、营养物质不能正常输送,会造成植株萎蔫死亡。细胞性病害没有菌丝、孢子,病斑表面没有霉状物,但有菌脓(除根癌病菌)溢出,病斑表面光滑,这是诊断细菌性病害的主要依据。若发病后期遇潮湿天气,在病害部位溢出细菌黏液,是细菌病害的典型特征。

【拓展提高】

李文红,程英,金剑雪,等.链霉素防治植物细菌性病害的历史与研究现状[J].湖北农业科学,2013(9):1985-1987.

罗正均,淮稳霞,赵文霞,等.我国木本植物根癌病检疫与防治问题思考[J].林业科技开发,2011(4):6-11.

徐益先.植物细菌性病害识别和常用药剂优缺点[J].河南农业,2011(21):29.

刘彬，赵斌，邢继红，等．植物病原细菌 *Pseudomonas syringae* pv. tomato DC3000 致病基因比较基因组及原核表达分析[J]．河北农业大学学报，2010(6)：47-50．

梁英梅，李有忠．植物细菌性病害检疫技术及其应用[J]．陕西林业科技，2001(1)：62-65．

李俊．柑橘溃疡病菌(*Xanthomonas axonopodis* pv. citri)对拌种灵抗性机制的研究[J]．南京农业大学，2007．

彭炜．植物细菌性病害和病原细菌分类研究进展[C]．公共植保与绿色防控，2010．

【复习思考】

1. 植物病害产生的原因和病原物致病的原因？
2. 主要常见的林木病原类型？

任务2.3　林木病原病毒和植原体识别

【任务介绍】

病毒和植原体是一类形体极小并且不具备典型细胞结构的生命类型，通常只能通过寄生的活体寄主体内才能完成繁殖过程。并且病毒和植原体的寄主具有高度的选择性，通常只能感染少数几种植物。

植物病毒性病害病在多数情况下以系统浸染的方式浸害植物并使受害植株发生系统症状产生矮化、丛枝、畸形、溃疡等特殊症状。植物病毒病的主要症状类型有花叶、变色、条纹、枯斑或环斑、坏死、畸形。病毒病害的传播、浸染和致害过程与细菌性病害和真菌性病害的表现有很大的区别。病毒病多为系统性侵染没有病征易与非侵染性病害相混淆往往需要通过一定方式的传染试验证实其传染性。本单元的任务是分类认识主要的病毒和植原体的类型，以及其发病典型症状。

【教学目标】

知识目标

1. 了解病毒和植原体的生物学特征。
2. 了解病毒性病害和植原体病害的典型发病症状。

技能目标

1. 能够识别典型的林木病毒性病原。
2. 能够识别主要常见的林木病毒性病害，并能做简单的应对处理。

【任务实施】

2.3.1　病毒简介

病毒(Virus)是颗粒很小(以纳米为测量单位)、结构简单、寄生性严格、以复制进行繁殖的一类非细胞型微生物。病毒是比细菌还小、没有细胞结构、只能在细胞中增殖的微生物。由蛋白质和核酸组成。多数要用电子显微镜才能观察到。

病毒由一种核酸分子(DNA 或 RNA)与蛋白质构成或仅由蛋白质构成(如朊病毒)的非细胞生物。病毒个体微小，结构简单，没有细胞结构，由于没有实现新陈代谢所必需的基本系统，所以病毒自身不能复制。但是当它接触到宿主细胞时，便脱去蛋白质外套，它的核酸(基因)侵入宿主细胞内，借助后者的复制系统，按照病毒基因的指令复制新的病毒。目前，科学界公认的对病毒的定义是只能在活着的宿主细胞内复制的感染源。完整成熟的具有侵染能力的病毒个体称为病毒粒体(Virion)。

2.3.1.1　植物病毒的主要性状

(1)病毒的形态和大小

植物病毒的基本形态为球状(sphaerical)、杆状(rod-shaped)和线条状(filamentous)(图2-29)。球状病毒的直径大多在20~35nm，少数可以达到70~80nm，球状病毒也称为等轴体(isometric)病毒或二十面体(icosahedral particle)病毒。杆状病毒多为(15~80)nm×(100~250)nm，两端平齐；少数两端钝圆，线状病毒多为(11~13)nm×750nm，个别可以达到2 000nm以上(图2-29)。

少数病毒与以上形态不同。如植物弹状(bullet-shaped)病毒，病毒粒子呈圆筒形，一端钝圆，另一端平齐，直径约70nm，长约180nm，略似棍棒。有的病毒看上去是两个球状病毒联合在一起，被称为双联病毒(或双生病毒，geminate)。还有的呈丝线状(thinfilamentous)、柔软不定形以及杆菌状(bacilliform)。

(2)病毒的结构和化学组成

病毒粒体的基本结构主要包括两部分，即中间由核酸形成的核酸芯(nuclear canal)和外部由蛋白质形成的衣壳(capsid shell)。

植物病毒基本化学是核酸和蛋白质，核酸5%~40%，蛋白质60%~95%；有的病毒粒体中还含有少量的糖蛋白或脂类，还有水分和矿物质等。

①病毒的核酸　核酸是病毒的遗传物质，是病毒遗传和感染的物质基础。一种病毒只含有一种核酸，DNA或者RNA。植物病毒的核酸大多为单链RNA，少数为双链RNA、双链DNA和单链DNA。核酸构成了病毒的基因组(genome)。

②病毒的蛋白质　蛋白质是病毒的另一类主要成分，组成蛋白质的氨基酸及顺序决定着病毒株系的差异，表现在免疫决定簇则决定其免疫特异性。病毒的蛋白质分为结构蛋白和非结构蛋白。结构蛋白：系指构成一个形态成熟的有感染性的病毒颗粒所必需的蛋白质，如植物病毒的衣壳蛋白(coat protein, CP)，是构成病毒粒体结构的蛋白质，由一条或多条多肽链折叠形成的蛋白质亚基，是构成壳体蛋白的最小单位。非结构蛋白：指由病毒基因组编码的，在病毒复制或基因表达调控过程中具有一定功能，但不结合于病毒颗粒中的蛋白质，如花椰菜花叶病毒科的病毒含有76ku的蛋白质，具有DNA聚合酶活性。

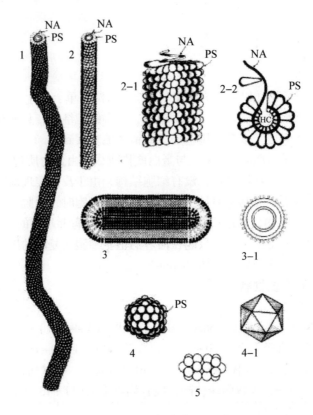

图 2-29 病毒的形态和结构
1. 长而弯曲的线状粒体　2. 杆状粒体　2-1. 杆状和线状病毒蛋白质亚基排列
2-2. 杆状和线状病毒核酸排列　3. 杆菌状粒体　3-1. 杆菌状粒体横切面
4. 多面体病毒粒体　4-1. 二十面体的等轴对称结构　5. 双联病毒粒体

用电镜观察发现病毒的结构呈现高度对称性，由蛋白质亚基构建成为螺旋对称（helical symmetry）、等轴对称（isometric symmetry）或者复合对称结构的病毒粒体。呈现杆状或线状的病毒粒子，其蛋白质亚基有规则地沿着中心轴呈螺旋排列，形成高度有序、对称的稳定结构，即螺旋对称。烟草花叶病毒（tobacco mosaic virus，TMV）是螺旋对称的典型代表。等轴对称，又称正二十面体对称结构，是多数球状病毒粒体的结构构型。它由20个等边三角形组成，具有12个顶角，20个面和30条棱，每个顶点由五个三角形聚集而成，这些边和点都是对称的。如芜菁花叶病毒（turnip yellow mosaic virus，TYMV）。复合对称是前两种对称的结合，即两种对称结构复合而成。植物病毒中一般具有多层蛋白的病毒属于此种结构。如弹状病毒科病毒。

病毒粒体无法用光镜观察到，但当它们大量聚集并使寄主细胞发生病变时，就形成了具有一定形态、构造并能用光镜加以观察和识别的特殊"内含体"（inclusion body）。

（3）病毒的增殖

病毒的繁殖方式与细胞生物不同。病毒是专性活细胞内寄生物，缺乏生活细胞所具备的细胞器，以及代谢必需的酶系统和能量。病毒增殖所需的原料、能量和生物合成的场所均由寄主细胞提供。在病毒核酸的控制下合成病毒的核酸、蛋白质等成分。然后在寄主细胞内装配成为成熟的、具有感染性的病毒粒子。病毒的这种增殖方式称为复制(replication)。植物病毒在入住宿主细胞后脱去蛋白质外壳。如 TMV 的衣壳粒以双层盘的形式组装成衣壳，pH 的改变、RNA 的嵌入对衣壳的装配起关键作用。病毒侵入后，蛋白质衣壳和核酸分开，核酸利用寄主细胞的物质和能量合成负模板，再利用负模板拷贝出大量 DNA，再转录成 mRNA，再翻译成蛋白质衣壳，最后组装成病毒粒子。

自然界中病毒能够发生变异，有自然突变和人工诱变的两类，X 射线、γ 射线、高温、亚硝酸等均可引起变异。病毒每个变异类群称为一个株系，是病毒种以下的分类单位。

(4) 植物病毒对外界环境影响的稳定性

植物病毒是活体内寄生生物，外界环境对植物病毒影响较大。温度、酸碱度、电离辐射、超声等均能够影响病毒的活力。因此，植物病毒在体外的存活能力是病毒的重要特征之一。

①稀释限点(dilution end point，DEP)　保持病毒侵染力的最高稀释度，用 10^{-1}，10^{-2}，10^{-3}……表示，它反映了病毒的体外稳定性和侵染能力，也象征着病毒浓度的高低。

②钝化温度(thermal inactivation point，TIP)　指处理 10min 使病毒丧失活性的最低温度。大多数植物病毒的 TIP 在 55～70℃ 之间，最低的是番茄斑萎病毒，只有 45℃；最高的是烟草花叶病毒，为 97℃。

③体外存活期(longevity in vitro，LIV)　在室温(20～22℃)下，病毒抽提液保持侵染力的最长时间。大多数病毒的存活期在数天到数月。

2.3.1.2　植物病毒的分类和命名

植物病毒的分类和命名工作是在国际病毒分类委员会(International Committee on Taxonomy of viruses，ICTV)的统一领导下进行的。到 1995 年，ICTV 发表《病毒分类与命名》第六次报告，在报告中，植物病毒与动物病毒和细菌病毒一样实现了按科、属、种分类。但不必使用所有单元。病毒的属(genus)是一群具有某些共同特征的种，属的词尾是"virus"。属下为典型(代表)种(type species)、种(species)和暂定种(tentative species)。株系(strain)为病毒种下的变种，具有生产上的重要性。

植物病毒的分类依据是病毒最基本、最重要的性质：①构成病毒基因组的核酸类型(DNA 或 RNA)；②核酸是单链(single strand，ss)还是双链(double strand，ds)；③病毒粒体是否存在脂蛋白包膜；④病毒形态；⑤核酸分段状况等。

植物病毒的命名目前不采用拉丁双名法，仍以寄主英文俗名 + 症状 + 病毒来构成。如烟草花叶病毒为 Tobacco mosaic virus，缩写为 TMV；黄瓜花叶病毒为 Cucumber mosaic virus，缩写为 CMV。

属名为专用国际名称，常由典型成员寄主名称(英文或拉丁文)缩写 + 主要特点描述(英文或拉丁文)缩写 + virus 拼组而成。如：黄瓜花叶病毒属的学名为 Cucu - mo - virus。

至 2005 年，ICTV 发布的最新病毒分类系统包括 18 个科、81 个属，由 17 个属尚无科的分类阶元。该报告收录植物病毒确定种 763 个，暂定种 279 个，科内未归属病毒 64 个，未分类病毒 16 个，共计 1 122 个。最新植物病毒分类系统将植物病毒划分为 5 个大类群：

①双链 DNA 病毒类群，包括花椰菜花叶病毒科的 6 个属，33 个确定种和 9 个暂定

种；②单链 DNA 病毒类群，包括双联病毒科的 4 个属 133 个确定种和 61 个暂定种，以及矮缩病毒科的 2 个属 4 个确定病毒种；③双链 RNA 病毒类群，包括呼肠孤病毒科和双分病毒科的 5 个属，32 个确定种和 12 个暂定种，以及未分科的内源病毒属的 4 个确定种；④单链负义 RNA 病毒类群，包括弹状病毒科的 2 个属 15 个确定种、布尼亚病毒科的番茄斑萎病毒属的 8 个确定种和 6 个暂定；⑤单链正义 RNA 病毒类群，包括 9 个科 41 个属和未分科的 13 个属，共 475 个病毒确定种和 183 个暂定种。

2.3.1.3 植物病毒病害的主要特点

（1）外部症状类型

病毒侵染植物后能够引起外部形态产生明显的病变特征，称外部症状；显微镜观察能够发现植物的细胞和组织的病变特征，称内部症状。

外部症状依据在组织上的分布情况，可分为局部症状（local symptoms）和系统症状（systemic symptoms）。局部症状是指将病毒接种植物叶片后，病毒沿侵染点周围产生斑点，分褪绿斑、坏死斑、环斑。系统症状是指病毒侵染寄主后能够在整个植株中运输并产生危害，在叶片、茎秆、果实等组织表现全株性症状。病毒病害的外部症状主要有：

①变色 包括不均匀变色和均匀变色两种类型。不均匀变色包括花叶（mosaic）、斑驳（mottle）类型。病毒侵染后引起叶片不均匀褪绿称为花叶症状；斑驳指病叶上有褪绿斑点，点较大，边缘不明显，分布不均匀。花叶症状的前期，往往先表现为叶脉透明称"明脉（vein cleaning）"。有时叶脉表现为"脉带（vein banding）"，是指沿叶脉变深绿色。有的在平行叶脉间，出现浅绿、深绿或者白色为主的长条纹（stripe）、线条（streak）与条点（striate）。如菊花脉斑驳病表现沿叶脉褪绿，出现明脉症状。山茶病毒病感染后叶片上出现一些黄色斑驳或褪绿斑，呈黄绿相间的花叶状。花叶是引起花卉产量和质量损失的主要原因。均匀变色主要表现为褪绿和黄化，全株或部分器官表现为浅绿色或黄色，黄化不像花叶那样普遍。

②坏死 病毒危害引起的坏死常发生于叶、茎、果实等部位，表现为坏死斑（necrotic spot）、坏死条纹（necrotic streak），叶片上出现同心纹形的斑称为"环斑（ring spot）"，有的环斑的环未封闭，成为环纹（ring line），有的在叶片上有很多线纹联结，在全叶形成橡树叶状轮廓的纹，称为"橡叶（oak line pattern）"。如美人蕉花叶病发病后沿叶脉产生黄色条纹，条纹逐渐变褐坏死，呈撕裂状；牡丹病毒 1 号在叶片上有环状和线状斑；水仙条纹病毒在叶子与茎上引起苍白或黄色的条纹及条斑。

③畸形 病毒侵染后容易引起植物畸形。有的表现为局部组织或器官的变形，如卷叶（leaf roll）、线叶（line leaf）、蕨叶（fern leaf）、叶片皱缩（shrink）、产生疱斑（puckered）、耳状突起（enation）增生等；有的表现为整个植株的矮缩（dwarf）、矮化（stunt）、丛簇（rosette）。如大丽花病毒病在叶子上引起淡绿色的环形斑，花叶畸形，节间缩短，而侧枝生长，引起丛生、矮化、花蕾极少或不开花等。

（2）内部症状类型

病毒侵染后的内部症状表现为植物生理、细胞和组织的变化。植物受到病毒侵染后，往往表现为呼吸强度的先上升后下降、光合作用下降、叶绿素受到破坏、淀粉在叶部积累、碳水化合物含量下降、内源激素水平失衡导致组织增生、维管束和薄壁组织坏死等特征。

某些植物被病毒侵染后,在病组织中产生的一种特殊结构,存在于细胞质或细胞核中,在显微镜下可以观察到,称内含体(inclusion body)。内含体是病毒侵染植物发病后的重要特征,分为不定型内含体X-体和结晶体。X-体无一定形状,半透明,通常外有一层膜是由病毒粒体和寄主物质构成。结晶体有六角形、长条形、正四面体形等,个别的还有皿状,无色透明,主要是由病毒粒体和寄主的蛋白质有规则地排列形成。并不是所有的病毒病都有内含体,有些必须发育到一定阶段才形成,同时一种病毒还可有多种形态的内含体。

植物病毒多表现为系统侵染(systemic infection),发病后表现为系统症状。系统侵染是指病毒从最初的侵染点,经过细胞间的胞间移动和通过韧皮部的长距离移动,运转到植物其他部位并建立侵染点的过程。对于大多数植物病毒,这一过程需要一种或几种病毒编码的特异蛋白的参与,这些蛋白称作移动蛋白(movement protein,MP)。

①潜伏侵染(latent infection)　病毒侵染后,在植物体内增殖,但植物不表现症状的现象称之为潜伏侵染。而受到侵染而不表现症状的植株,称为带毒者(symptomless carriers)。有些植物在病毒侵染表现症状后,因温度等环境条件变化而出现症状消失的现象,称为隐症(masked)。

②交叉保护　在植物病毒病害中,存在着交互保护作用(cross protection)现象,即:同一种病毒的弱毒株系先接种植物后,可以保护寄主免受病毒强毒株系的严重伤害,即先侵染的病毒可以保护植物不再受亲缘关系较近的另一种病毒的侵染。在生产上,可以利用交互保护作用防治植物病毒病害。

2.3.1.4　病毒病的侵染途径

病毒性病害的侵染来源主要包括:带毒的生病植株、植物繁殖材料和媒介昆虫。传播方式包括:接触传播,通过带病植株的汁液接触传播;嫁接传播;宿主动植物传播,主要通过具有刺吸式口器的蚜虫、叶蝉、粉虱等昆虫,也包括螨、线虫、菟丝子、真菌等。

2.3.2　植原体

植原体(phytoplasma)是一类引起植物"黄化类型"病害的非螺旋形菌原体。原称类菌原体(mytoplasma like organism,MLO)是植物筛管的专性寄生菌。自1967年,日本学者土居养二(Doi,Y)首先从桑萎缩病电镜切片中发现了类菌原体(MLO)以来,目前已报道约有700余种植物发生植原体病害,我国也已报道了100余种植物上发生与植原体相关的病害,很多植物发生植原体病害,危害严重。如泡桐丛枝病、凤仙花绿瓣病、仙人掌丛枝病、紫穗槐带化病、月季绿瓣病、长春花变叶病、翠菊黄化病、百合扁黄簇叶病等。

植原体原名类菌原体,是一类重要的植物病原物,归属于细菌,无细胞壁,专性寄生于植物韧皮部。在菌体大小、结构以及遗传进化上与菌原体、螺原体十分相似。世界范围内植原体已引起千余种植物病害,主要表现为丛枝、黄化、节间缩短等。植原体病原主要依靠吸食植物韧皮部的昆虫介体传播,如叶蝉、木虱等。

2.3.2.1　植原体的主要性状

(1)形态与大小

植原体的形态具多型性,基本形态为球形或椭圆形,繁殖期可以是丝状、哑铃状和多态不规则形,大小为50~1000nm,具有细胞结构,但没有细胞壁,被单位膜包裹,单位膜有

2层蛋白质膜和中间一层脂肪膜组成,厚度约为10nm(图2-30)。

(2)结构与成分

植原体的基因组包括染色体和染色体外(质粒)两部分,遗传物质为dsDNA,呈环状,基因组较小(800~1 050kb),估计编码650个基因,其基因组DNA中G+C含量较低,为23%~29.5%,A+T的含量较为丰富。

(3)繁殖和培养

以裂殖、出芽繁殖或缢缩断裂等多种方式繁殖。植原体目前尚不能人工培养,原认为能够培养成功,在固体培养基上形成煎蛋状的菌落,现已经证明是螺原体生长形成的菌落。由于尚不能在人工培养基上培养,许多性状不能测定。对于植原体病害的鉴定,可采用菟丝子介体接种到长春花上,证明其有无侵染性,从而完成柯赫氏法则的诊断程序。

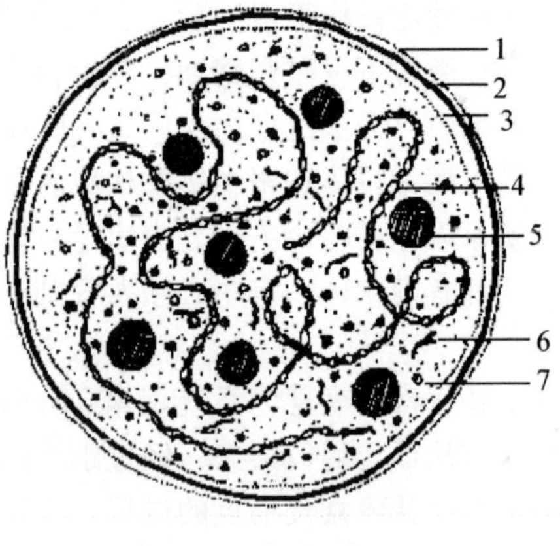

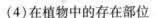

图2-30 植原体模式结构图

1、3.蛋白质层 2.脂质层 4.核酸链 5.核糖体
6.蛋白质 7.细胞质 1~3.为三层结构单位膜

(4)在植物中的存在部位

植原体主要寄生在植物韧皮部的筛管和伴胞细胞内,偶尔也在韧皮部的薄壁细胞中发现。

(5)对抗生素的敏感性

植原体无细胞壁,不会合成肽聚糖和胞壁酸,它对青霉素不敏感,而对四环素敏感,感病植株用四环素处理后,可产生症状减轻或者消失的现象。

(6)植原体的分类地位

根据伯杰氏细菌鉴定手册(第九版,1994)植原体属于原核生物界软(无)壁菌门、软膜菌纲。根据Kirkpatrick & Sears(1993)的建议,暂时将MLO归入候选属"Candidatus Phytoplasma"中。

早期的MLO分类和鉴定主要依据生物学特征,如寄主、症状、介体专化性等。近年来,分子生物学方法已广泛应用于此领域,使植原体的分类取得了很大进展。根据16SrRNA序列同源性和症状特征,植原体病害可以分为15个组。在植物上最常见的有以下几个组:翠菊黄化病组,引起叶片黄化,花变小或芽肿大,如翠菊黄化病、长春花变叶病;丛枝病组,引起丛枝,如泡桐丛枝病;桃X植原体,引起黄化、丛枝症状,如三叶草黄化病、一品红丛枝病;椰子致死黄化组,引起木本植物叶片黄化、丛枝、小叶等,如杨柳丛枝病、椰子致死黄化病。

2.3.2.2 植物植原体病害的特点

(1)症状类型

丛生、矮缩、小叶与黄化是植原体病害的重要症状。

①丛枝 植原体病害常见症状,顶芽受到抑制后,侧芽大量萌发,侧枝顶芽也受到抑制,引起次生侧芽大量萌发,枝和叶呈扫帚状丛生,如泡桐丛枝病、竹丛枝病。

②叶片黄化 常由叶片中间向叶缘变黄,出现不规则黄绿斑驳或全叶变黄,叶型变小,如苦楝丛枝病。

③矮缩　包括矮化，顶矮缩，卷叶等表现。
④花变叶　植原体病害特有症状，花色变绿，花瓣变成叶形，如月季绿瓣病。

(2)传染方式

其传播主要依靠韧皮部取食的昆虫，叶蝉和飞虱等刺吸式口器是主要媒介。也可经菟丝子和嫁接等人为传播。

昆虫介体在病株上吸食几小时至数天就能获的植原体，但不能直接传染，需要在昆虫体内经过10~45d的循回期后才能传染。循回期(Circulation period)是植原体在昆虫体内繁殖和扩展所需要的时间。介体昆虫获得植原体后，首先在肠细胞中存在，然后进入血淋巴和侵染内部器官，最后侵染脑和唾液腺。当植原体在唾液腺中达到一定浓度，就能够开始传染，并能够介体昆虫的一生中持续传病，但不能经卵传播。

【任务小结】

病毒性病害和植原体病害发病后的症状属于全株性症状的类型，也就是发病后的每个体细胞都是带毒的，这和真菌性病害和细菌性病害有所不同，其发病之后并不存在一个具体的发病部位，比如某几片叶片表现出病症和病状。其病状的体现是全株性的比如整株植物的叶片黄化，邹缩等。因此，病毒性病害的防治难度大大高于真菌性病害和细菌性病害，重点在于有效的日常监控，及早发现异常。

【拓展提高】

史晓斌，谢文，张友军. 植物病毒病媒介昆虫的传毒特性和机制研究进展[J]. 昆虫学报，2012，07：841-848.

郭柏寿. 植物病毒抑制物质及其研究进展[J]. 河北农业大学学报，1999，03：62-67.

洪健，陈集双，周雪平，等. 植物病毒的电镜诊断[J]. 电子显微学报，1999，03：14-29.

洪健，周雪平. ICTV第九次报告以来的植物病毒分类系统[J]. 植物病理学报，2014，06：561-572.

钱亚娟，徐毅，周琦，等. 利用深度测序技术发掘植物病毒资源[J]. 中国科学：生命科学，2014，04：351-363.

杜春梅，吴元华，赵秀香，等. 天然抗植物病毒物质的研究进展[J]. 中国烟草学报，2004，01：38-44.

栾军波，刘树生. 媒介昆虫-病毒-植物互作对生物入侵的影响[J]. 生物多样性，2010，06：598-604.

金羽，文景芝. 植物病毒检测方法研究进展[J]. 黑龙江农业科学，2005，03：37-40.

王健华，王运勤，吉训聪，等. 植物病毒检测技术研究进展[J]. 热带农业科学，2005，03：71-75.

李永，田国忠，朴春根，等. 我国几种植物植原体的快速分子鉴别与鉴定的研究[J]. 植物病理学报，2005，04：293-299.

苗洪芹. 植物病毒检测技术和防治策略[J]. 河北农业科学, 2005, 03: 103-106.

田国忠, 温秀军, 李永, 等. 枣疯病和泡桐丛枝病原植原体分离物的组织培养保藏和嫁接传染研究[J]. 林业科学研究, 2005, 01: 1-9.

付鸣佳, 谢荔岩, 吴祖建, 等. 抗病毒蛋白抑制植物病毒的应用前景[J]. 生命科学研究, 2005, 01: 1-5.

施艳, 王英志, 汤清波, 等. 昆虫介体行为与植物病毒的传播[J]. 应用昆虫学报, 2013, 06: 1719-1725.

【复习思考】

1. 植物病毒性病害的特点是什么？
2. 主要常见的林木病毒性病害有哪些？

任务2.4　林木病原线虫识别

【任务介绍】

线虫动物门是动物界中最大的门之一，为假体腔动物，有超过28 000个已被记录的物种，尚有大量种尚未命名。绝大多数体小呈圆柱形，又称圆虫（roundworms）。它们在淡水、海水、陆地上随处可见，不论是个体数或物种数都往往超越其他动物，并在极端的环境如南极和海沟都可发现。此外，有许多种的线虫是寄生性的（超过16 000种），包括许多植物及人类在内的动物的病原体。只有节肢动物比线虫更多样化。

线虫也是林木的主要病原物之一，根结线虫是最常见的植物线虫病害。本任务要求学生能够认识植物病原线虫的形态和结构、了解所致病害症状、掌握线虫主要类群及线虫致病机制。本任务的重点是植物病原线虫的形态，难点在线虫致病机制。完成本任务学生应具备识别植物线虫症状的基本知识和技能。

【教学目标】

知识目标

1. 了解植物病原线虫的主要特征。
2. 掌握植物线虫病害发生的原因和致病机制。

技能目标

1. 能够根据线虫形态辨别主要类群。
2. 能够识别主要常见的植物线虫病害症状。

【任务实施】

2.4.1 林木病原线虫的认知

线虫为动物界里的低等动物,属于线形动物门(Nemathelminthes)线虫纲(Nematoda)。外形蠕虫状。其种类多,广泛的分布在自然界中,有的在土壤和水中生活,一些种类寄生在人类、动物和植物上。植物线虫病是观赏植物病害的一类重要病原,根据取食习惯,线虫分为外寄生型和内寄生型两大类。我国植物线虫病害计有百余种,虽然只占病害总数的2%~3%,但在局部地区或某个植物品种危害严重。目前危害较严重的有:仙客来、牡丹、月季等草、木本花卉根结线虫病。菊花、珠兰等叶枯线虫病,水仙茎线虫病和20世纪80年代以来一直在我国江苏、安徽、广东地区日益蔓延的松树线虫病等。

线虫对植物的危害主要是用吻针刺伤寄主,或虫体在植物组织内穿行所造成的机械损伤。除此之外还能分泌含有各种酶和其他致病物质的唾液,抑制或刺激细胞分裂,造成病变。

线虫不但能直接引起严重的线虫病害,也能直接传播其他病原物。一些属是病毒病的传播者,如香石竹的萎蔫病就是由任何一种根结线虫和一种假单胞杆菌联合引起的。

2.4.2 线虫的一般形态和结构

寄生在植物上的线虫非常微小,多乳白色透明,体形圆筒状,细长不分节,两头稍尖。体长差异较大,一般体长在0.5~2 mm之间,宽为0.03~0.05mm左右。大部分线虫是两性异体,同形、少数线虫两性异形。雌虫在发育时呈梨形或近球形,雌幼虫和雄虫都呈线形。

线虫虫体形态分为头、颈、腹和尾4部分。头部有唇、口腔、吻针和侧器等。侧尾腺的有无通常是分类的重要依据(图2-31)。头部顶面观的典型模式是有一块卵圆形的唇盘,唇盘中央有一卵圆形的口孔,唇盘基部有6个唇片。

线虫的生活史分为卵、幼虫和成虫3个阶段。雌虫在土壤或植物组织内产卵。卵椭圆形,幼虫的形态和结构通常与成熟的线虫相仿,雌雄不易分辨。所有幼虫都有4个龄期,每一龄期终了蜕皮一次,经4次蜕皮后发育为成虫。线虫多数能在3~4周内完成整个生活史,1年可以繁殖几代。如果环境条件不利,如温度较低时可推迟生活周期,需3个月才能完成生活史。个别线虫的卵可在土壤中休眠多年。成虫可雌雄交配、雌雄同体或孤雌生殖产生可发育的卵。线虫一般以卵或幼虫在病植物组织内或土壤中越冬。传播的途径主要靠灌溉水、土壤、人为操作活动等。种子、球根及花木的调运可以远距离传播。

线虫的体腔无体腔膜,称为假体腔。体腔内有消化系统、生殖系统、神经系统等器官。线虫的体壁几乎是透明的,所以能看到它的内部结构。体腔是很原始的,其中充满了一种液体,即体腔液。体腔液湿润各个器官,并供给所需要的营养物质和氧,可算是一种原始的血液,起着呼吸和循环系统的作用。线虫缺乏真正的呼吸系统和循环系统。

2.4.2.1 消化系统

植物线虫的消化系统包括口孔、口针、食道、肠、直肠和肛门。线虫的消化系统是从口孔连到肛门的直通管道。口孔的后面是口腔。口腔后面是很细的食道,食道的中部可

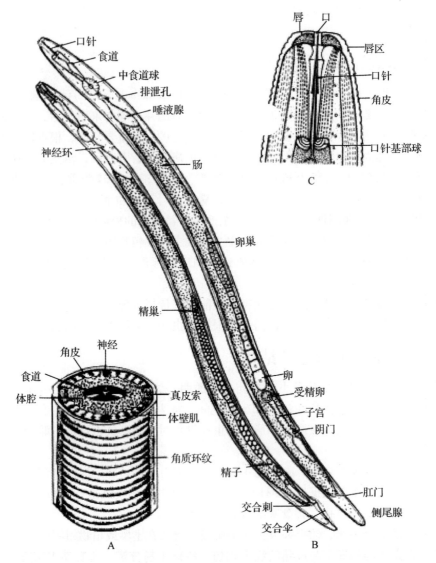

图 2-31 植物寄生线虫结构示意（引自 G. N. Agrios，1999）
A. 虫体横切面　B. 雌虫与雄虫的侧面　C. 头部侧面

膨大而形成一个中食道球。食道的后端为食道腺，一般是 3 个，它们的作用是分泌唾液或消化液，所以食道腺也称唾液腺。食道以下是肠，连到尾部的直肠和肛门。植物寄生线虫的口腔内有一个针刺状的器官称作口针，口针能穿刺植物的细胞和组织，并且向植物组织内分泌消化酶，消化寄主细胞中的物质，然后吸入食道。食道类型是线虫分类的重要依据，主要有：

①垫刃型食道（Tylenchoid oesophagi）　整个食道可分为四部分，靠近口孔是细狭的前体部，往后是膨大的中食道球，之后是狭部，其后是膨大的食道腺。背食道腺开口位于口针基球附近，而腹食道腺则开口于中食道球腔内；

②滑刃型食道（Aphelenchoid oesophagi）　整个食道构造与垫刃型食道相似，但其背、腹食道腺均开口于中食道球腔内；

③矛线型食道(Dorylaimoid oesophagi) 口针强大，食道分两部分，食道管的前部较细而薄，渐向后加宽加厚，呈瓶状。

2.4.2.2 神经系统

线虫的神经系统还是较发达的，中食道球后面的神经环比较容易看到。神经环是线虫的中枢神经节，在神经环上，向前有6股神经通到口唇区的突起、刚毛和侧器等，另外还有6股神经纤维向后延伸到其他感觉器官，如腹部和尾部的侧尾腺等。

2.4.2.3 排泄系统

线虫的排泄系统是单细胞的，在神经环附近可以看到它的排泄管和排泄孔。

2.4.2.4 生殖系统

线虫的生殖系统非常发达，有的占据了体腔的很大部分。雌虫生殖系统由卵巢、输卵管、受精囊子宫、阴道和阴门组成。有一个或二个卵巢，通过输卵管连到子宫和阴门，子宫的一部分可以膨大而形成受精囊。雌虫的阴门和肛门是分开的。雄虫生殖系统由睾丸、精囊、交合刺、引带和交合伞组成。有一个或一对精巢，但一般只有一个精巢。精巢连接输精管和虫体末端的泄殖腔。泄殖腔内有一对交合刺，有的还有引带和交合伞等附属器官。雄虫的生殖孔和肛门是同一个孔口，称为泄殖孔。

2.4.3 植物寄生性线虫的主要类群

关于植物寄生线虫目前全世界有260多个属5 700多种。在林业上危害花卉和树木的线虫主要有5属，从分类上都属于侧尾腺口亚纲(Phasmidia)中的垫刃目(Tylenchida)。常见几个重要属特征如下：

(1)根结线虫属(*Meloidogyne*)

雌雄异形。雌虫呈梨形，体长0.8mm，宽0.5mm，虫体有一个明显的颈。雄虫呈线形，体长1.0~2.0mm。根结线虫为内寄生型。由于线虫的刺激使根部肿大呈瘤肿，称为虫瘿。发生线虫的植株生长停滞，叶黄褪绿变黄早落，最后枯萎死亡。此时若剖根可见白色小颗粒状物，即为雌虫。我国常发生的有鸢尾、四季海棠、仙客来、鸡冠花、牡丹、月季、桂花、梓树、泡桐及柳树等多种花木根结线虫病。

(2)茎线虫属(*Ditylenchus*)

雌雄成虫均呈线形，体长2mm；雌虫体形非常肥胖。该属线虫为内寄生型，可危害植物的茎(包括球茎、鳞茎)、叶和花等器官。通常引起局部组织坏死腐烂或植株矮化变形。常见的有郁金香、水仙、福禄考等茎线虫病。

(3)滑刃线虫属(*Aphelenchoides*)

滑刃线虫属的雌、雄成虫外形均为细长的蠕虫状，体长短于1mm。本属内寄生型和外寄生型同时存在，但危害观赏植物的主要是内寄生型。主要侵害芽、花和叶片，能引起枯斑、凋萎、干枯和畸形。有的种危害植物的茎和根，使植株外形萎缩。常见的本属病害有菊花、珠兰、翠菊、大丽花、唐菖蒲、水仙、扶桑、杜鹃等多种花木线虫病。

(4)短体线虫属(*Pratvlenchus*)

两性成虫均为圆筒形，蠕虫状，体长小，短于1mm，广泛存在于土壤中。可在植物根内取食和繁殖，为内寄生型线虫。常引起植物根部细胞坏死。发病根外部症状表现为褐色，不规则的长形病斑。常见该属引起的病害有百合、水仙、百枝莲、金鱼草、蔷薇、樱花、鹅掌楸及仁果、核果类等多种花卉和树木根腐线虫病。

(5)伞滑刃线虫属(*Bursaphelenchus*)

雌雄虫均为蠕虫状,成虫体长约为1.0mm。雌成虫的阴门位于虫体3/4处阴门具阴门盖,尾部宽圆。雄成虫交合刺大,近端喙突明显,尖细,远端有清晰的盘状突起。该属线虫主要危害松、杉树木的木质部,引起树木针叶失绿,渐渐枯黄,最后枯萎死亡。如引起多种针叶树的松材线虫病(*Bursaphelenchus xylophilus*),线虫是通过松褐天牛为媒介从伤口进入木质部,寄生在树脂道中。在大量繁殖的同时,逐渐遍及全株,并导致树脂道薄壁细胞和上皮细胞的破坏和死亡,造成植株失水,蒸腾作用降低,树脂分泌急剧减少和停止。所表现出来的外部症状是针叶陆续变为黄褐色乃至红褐色,萎蔫,最后整株枯死。

2.4.4 植物线虫病的症状

2.4.4.1 线虫致病的原因

植物寄生线虫通过头部的化感器(侧器),接受植物根分泌的刺激,并且朝着根的方向运动。线虫一旦与寄主组织接触,即以唇部吸附于组织表面,以口针穿刺植物组织并侵入。

大多数线虫侵染植物的地下部根、块根、块茎、鳞茎、球茎。有些线虫与寄主接触后则从根部或其他地下部器官和组织向上转移,侵染植物地上部茎、叶、花、果实和种子。

线虫容易从伤口侵入植物组织内,但更主要是从植物的表面自然孔口(气孔和皮孔)侵入和在根尖的幼嫩部分直接穿刺侵入。

线虫的穿刺吸食和在组织内造成的创伤,对植物有一定的影响,但线虫对植物破坏作用最大的是食道腺的分泌物。食道腺的分泌物,除去有助于口针穿刺细胞壁和消化细胞内含物便于吸取外,大致还可能有以下这些影响:

①刺激寄主细胞的增大,以致形成巨型细胞或合胞体(syncytium);

②刺激细胞分裂形成瘤肿和根部的过度分枝等畸形;

③抑制根茎顶端分生组织细胞的分裂;

④溶解中胶层使细胞离析;

⑤溶解细胞壁和破坏细胞。由于上述各方面的影响,植物受害后就表现各种病害症状。

2.4.4.2 受害症状

植物地上部的症状有顶芽和花芽的坏死,茎叶的卷曲或组织的坏死,形成叶瘿或种瘿等。根部受害的症状,有的生长点被破坏而停止生长或卷曲,根上形成瘤肿或过度分枝,根部组织的坏死和腐烂等。根部受害后,地上部的生长受到影响,表现为植株矮小,色泽失常和早衰等症状,严重时整株枯死。

2.4.4.3 线虫致病机制

①机械损伤 由于取食或穿刺的机械作用而形成伤口;

②营养掠夺和营养缺乏 由于线虫取食夺取寄主的营养,或者由于线虫对根的破坏阻碍植物对营养物质的吸收;

③化学致病 线虫的食道腺能分泌各种酶或其他生物化学物质,影响寄主植物细胞和组织的生长代谢;

④复合侵染 线虫侵染造成的伤口引起真菌、细菌等微生物的次生侵染,或者作为真菌、细菌和病毒的介体导致复合病害。

受线虫侵害的植物,在根部和地上部表现不同的症状。地下根部症状:可能表现为根结或根肿、根痕、根的过度分枝及根尖损伤,以及当线虫侵染时伴随着致病性或腐生性的细菌和真菌感染而引起的根腐。地上植株症状:在这些根部症状出现的同时,植株地上部往往随之出现非特征性的症状,主要表现为生长的减退,与缺素症状相似的叶片发黄,整株萎蔫,枯萎死亡等。

【任务小结】

植物的寄生性线虫有几个会造成巨大经济损失的类型。最常见的几个属有:叶芽线虫(*Aphelenchoides*)、根结线虫(*Meloidogyne*)、胞囊线虫(*Heterodera*)、黄金线虫(*Globodera*)、根瘤线虫(*Nacobbus*)、根腐线虫(*Pratylenchus*)、茎线虫(*Ditylenchus*)、剑线虫(*Xiphinema*)、长针线虫(*Longidorus*)、毛刺线虫(*Trichodorus*)等。一些植物寄生线虫会破坏植物根的组织,并可能形成可见的虫瘿(根结线虫),这对它们的诊断是非常有用的指标。有些线虫会在它们以植物为食的时候传染植物病毒。其中一个例子是匕首线虫(*Xiphinema index*),葡萄扇叶病毒(grapevine fanleaf virus,GFLV),一种很重要的葡萄疾病的带菌者。其他的线虫会攻击树皮和森林中的树。这群线虫中最重要的代表是松材线虫(*Bursaphelenchus xylophilus*),常见于亚洲及美洲。

本单元主要介绍植物病原线虫的形态和结构、线虫所致病害症状特点、线虫主要类群及线虫致病机制。要求学生掌握植物病原线虫的形态及线虫所致病害症状特点。完成本任务学生应具备识别植物线虫症状的基本知识和技能。

【拓展提高】

边勇,刘奇志,赵纪文,等. 进口百合种球携入植物线虫数量风险初探[J]. 植物保护,2007(3).

陈成金,章霜红,张仁发. 花卉根部植物线虫调查[J]. 亚热带植物通讯,1997(1):20-24.

陈立杰,段玉玺. 植物寄生线虫虫种资源的分类鉴定[J]. 中国寄生虫学与寄生虫病杂志,2006(S1).

方羽生,尹淦镠. 广东林木线虫种类鉴定及其生物多样性研究[J]. 云南农业大学学报,1999(S1).

黄任娥. 木荷根围线虫的研究[D]. 福州:福建农林大学,2004.

黄耀师,梁震,李丽. 我国植物线虫研究和防治进展[J]. 农药,2000(2).

胡凯基,杨宝君,王秋丽,等. 四川省柑橘根际植物线虫种类调查[J]. 西南农业大学学报,1991(3).

金惺惺,谢辉,徐春玲,等. 来自西藏的中国植物线虫新记录种记述[J]. 西北农林科技大学学报(自然科学版),2010(9).

林永康,张绍升. 柰树根围植物线虫鉴定[J]. 福建果树,1999(2).

刘青娥,曹鹏飞. 植物线虫的研究和防治[J]. 安徽农业科学,2006(18).

刘伟，许艳丽．不同植被覆盖下植物线虫群落结构研究进展[J]．农业系统科学与综合研究，2010(2)．

卢明科，潘沧桑，李舟．厚垣轮枝孢菌(*Verticillium chlamydosporium*)防治植物线虫研究进展[J]．西北农林科技大学学报(自然科学版)，2004(4)．

孟凡祥，梁文举，欧伟，等．潮棕壤不同利用方式下植物线虫垂直分布研究(英文)[J]．Journal of Forestry Research，2005(1)．

唐崇惕．福建南部植物线虫的研究——Ⅰ．垫刃目的种类[J]．动物学报，1981(4)．

王明祖．湖北省栽培植物线虫种类的鉴定[J]．华中农业大学学报，1988(3)．

谢辉，冯志新．植物线虫分类系统概述[J]．云南农业大学学报，1999(S1)．

【复习思考】

1. 植物线虫的主要类群有哪些？
2. 植物线虫的致病机制是什么？

任务2.5 寄生性种子植物识别

【任务介绍】

寄生性植物是指通常是指由于缺少足够的叶绿体或某些器官退化而依赖他种植物体内营养物质生活的某些种子植物。主要属于桑寄生科、旋花科、列当科、玄参科和樟科等的，其中桑寄生科超过总数之半，主要分布在热带和亚热带。寄生性种子植物由于摄取寄主植物的营养或缠绕寄主而使寄主植物发育不良。有些寄生性种子植物如列当、菟丝子等有一定的药用价值。本学习任务是掌握主要的寄生性种子植物的特征和危害方式。

【教学目标】

知识目标

1. 理解寄生性植物危害寄主的原因。
2. 知晓寄生性植物入侵寄主的主要过程。

技能目标

能够识别主要的林木寄生性植物类型并能做适当处理措施。

【任务实施】

2.5.1 寄生性种子植物的一般特征

种子植物大多为自养生物，其中有少数因缺乏叶绿素或某种器官的退化而成为异养生物，在其他植物上营寄生生活，称为寄生性植物。大多数寄生性植物都是高等植物中的双子叶植物,也称寄生性种子植物。寄生性种子植物大多分布在热带及亚热带地区,少数如列当科植物主要分布在高纬度地区。寄生性种子植物多数寄生在山野植物和树木上,个别寄生在植物上。一些种类是引起观赏植物病害的重要病原。最常见的是菟丝子科和桑寄生科植物。

根据寄生性种子植物寄生于寄主的部位可分茎寄生和根寄生。根据它们对寄主的依赖程度,可以分为半寄生和全寄生两大类。半寄生指寄生性种子植物有叶绿素,能进行光合作用,自制养分,但无真正的根,以吸根伸入寄主木质部,与寄主的导管相连,吸取寄主的水分和无机盐,如桑寄生属和槲寄生属植物。全寄生指寄生种子植物无叶,或叶片退化成鳞片状,没有足够的叶绿素,不能自营光合作用,也没有根,以吸器伸入寄主体内,并与寄主的导管和筛管相连,以吸取寄主植物的无机盐类、水分和有机营养物质,如菟丝子属和列当属植物等。

寄生性种子植物对寄主的主要干扰是抑制和影响生长,通常都有一定的致病性,一般是全寄生类的致病性要强。草本植物受害则表现为植株矮小、黄化,严重时枯死;木本植物受害则表现出叶小、开花迟或不开花、结实少或不结实、落叶、落果、顶枝或侧枝枯死、或在寄生处极易造成风折,最终会导致树木死亡。

2.5.2 寄生性种子植物的传播

寄生性种子植物有的是其种子混杂于种子中被播入,条件适合时萌发,缠绕寄主后产生吸盘,如菟丝子。有的是其果实被鸟类啄食后,种子被吐出或经消化道排出黏在树皮上,条件适宜时萌发,胚根接触寄主形成吸盘,溶解树皮组织;初生根通过树皮的皮孔或侧芽侵入皮层组织形成假根并蔓延;之后产生次生吸根,穿过形成层至木质部,如桑寄生、槲寄生等。有的寄生植物从寄主自然脱落后,在遇到适宜的寄主植物时又能寄生,如列当等。

2.5.3 寄生性种子植物的特性

寄生性种子植物对寄主有一定的选择性。玄参科独脚金属($Stria$)中的亚洲独脚金($S.\ asiatica$),主要寄生在禾本科作物的根部,如高粱、陆生稻等,有些种类还能寄生在双子叶植物的根上。桑寄生属($Loranthus$)的桑寄生($L.\ parasiticus$)多危害柑橘、茶树等,以中国云南、贵州、四川等地较常见。长江下游各省发生的樟寄生($L.\ yadoriki$)主要危害樟树、杨树等。槲寄生($Viscum\ coloratum$)和樟科的无根藤($Cassytha\ filiformis$)危害多种树木。在非绿色寄生性种子植物的列当属($Orobanche$)中,中国新疆等地的埃及列当($O.\ aeyptiaca$)主要寄生于哈密瓜,也寄生于玉米和向日葵。长江以南各省所常见的中国野菰($Aeginetia\ sinensis$)、印度野菰($A.\ indica$),多寄生在甘蔗和禾草类植物的根部。菟丝子($Cuscuta\ chinensis$)寄生于多种植物。

2.5.4 寄生性种子植物的一般类群

寄生性种子植物都是双子叶植物,全球有12个科,估计在2 500种以上。其中最常见并危害重的有桑寄生科(Loranthaceae)、菟丝子科(Cuscutaceae)和列当科(Orobanchaceae)。此外,还有樟科(Lauracea)、檀香科(Santalaceae)等。危害植物的寄生性种子植物主要是桑寄生、菟丝子和槲寄生。

(1) 桑寄生属(*Loranthus*)

分布我国南方。植物株高1m左右,茎褐色;叶对生、轮生或互生,全缘;两性花,果实为浆果状的核果。我国常见的种有桑寄生(*L. raraslticus*)和樟寄生(*L. uadoriki*)。前者常寄生于石榴、木兰、蔷薇、梧桐、榆、山茶和山毛榉等30余科植物上。后者多寄生在蔷薇、金缕梅、杨、柳、山茶等11科植物上。

(2) 菟丝子属(*Cuscuta*)

全国分布。为一年生攀缘草本植物,没有根和叶,或叶片退化成鳞片状,茎黄色细丝状,无叶绿素,花小,多半排列成球形花序,蒴果球形,内有种子2~4枚。种子很小,卵圆形,稍扁,种胚没有子叶和胚根。我国有10多种菟丝子,以中国菟丝子(*C. chinensise*)和日本菟丝子(*C. japonica*)最常见。中国菟丝子主要危害草本植物,以豆科植物为主,还寄生于菊科、黎科等植物。日本菟丝子主要寄生在木本植物上,常危害杜鹃、六月雪、山茶花、紫丁香、榆叶梅、珊瑚树、银杏、垂柳、白杨等多种花灌乔木。

菟丝子是一种全寄生性攀缘寄生的草本植物,没有根、叶退化成鳞片状或没有叶片,藤茎丝状,不含叶绿素,不能进行光合作用,可以以种子或茎段进行繁殖、扩散。落入土中的种子,在漫漫温湿度适宜时,即可发芽,生出幼茎,遇到寄主时缠绕寄主危害;其茎段只要同寄主接触,即可继续产和分枝,生长、蔓延、缠绕,继续危害。

常见菟丝子有两种:一种是中国菟丝子,其茎很细,黄色,种子比较小,多危害草本植物,如危害早菊等花卉;另一种日本菟丝子,茎较粗,紫红色,种子较大,主要危害木本植物,如危害丰花月季、黄刺玫等花灌木。

(3) 槲寄生属(*Viscum*)

南北均有分布。半寄生小灌木,茎有明显的节,圆柱或扁平。叶对生具基出脉,或退化呈鳞片。浆果红色,靠鸟类取食传播。我国有10多种,常见种有槲寄生(*V. coloratum*)在东北、内蒙古地区多见寄生于杨、柳、榆、桦、栎、梨、李、苹果、枫杨、赤杨、椴等多种大龄树木上。

(4) 独脚金属(*Striga*)

属玄参科,约20种,我国有独脚金(*S. asiatica*)、大独脚金(*S. masuria*)和密花独脚金(*S. densiflora*)3种,产于我国西南部和南部,独脚金为民间草药之一,味淡,性平,煎汁饮,除小儿黄气、五腑虫癥。又为甘蔗和坡禾的有害寄生小草,因这些作物的根部受这种植物寄生后常致全株干枯,广东南部和海南常有这种现象发生,故农民称它为干草。矮小草本,常寄生于它植物的根上;叶下部的对生,上部的有时退化为鳞片;花无柄,单生于叶腋或排成顶生的穗状花序;萼管状,5~15脉,5齿裂;花冠管纤弱;中部或中部以上弯曲,裂片稍二唇形;雄蕊4,内藏,花药1室,顶端有突尖,基部无距;蒴果直,室裂;种子多数,卵状或长圆形,种皮有网纹。

独脚金(*Striga asiatica*),一年生寄生性草本植物,主要分布在我国南方地区,也叫"疳积草",为一年生小草本,半寄生,高6~25cm,全株粗糙,且被硬毛;茎多少呈四方形,有2条纵沟,不分枝或在基部略有分枝。叶生于下部的对生,上部的互生,无柄,叶片线形或狭卵形,长5~12mm,宽1~2mm,但最下部的叶常退化成鳞片状。花有白色花、粉色花、黄色花和红色花,4~10月间开花,花单生于上部的叶腋;小苞片2枚,线形或披针形,长2~4mm;萼筒状,肉质,长6~7mm,萼齿线状披针形,长2~2.5mm,花冠黄色或有时带粉红色,长约1.3cm,花冠管狭窄,被短腺毛,上部突然向下弯;冠檐二唇形,上唇较短,顶端微缺或2裂,下唇3裂,上唇长约为下唇之半;雄蕊4枚,内藏,花药1室;花柱顶端棒状。蒴果长卵形,长约3mm。

危害方式是以根尖端小瘤状突出的吸器附在寄生植物根上窃夺寄主的营养物质和水分,造成作物干枯死亡。玉米、高粱、甘蔗、稻等被独脚金寄生后,养料和水分大量被窃夺,虽然土壤湿润,但被害作物都表现好似遭遇干旱一样,生长发育受阻,植株纤弱,即使下雨或灌溉也不能改善作物的生长状况,重者终于枯黄死亡。在海南地区独脚金有"火草"之称。

2.5.5 寄生性种子植物的防治措施

寄生性种子植物一旦大规模发生,治理比较困难。因此,林间的日常巡视和管理很重要,在发生寄生性植物发生的初期连同被寄生的枝条一同砍去并焚毁是最有效的措施。

日常管理上,宜结合耕作栽培技术,根据寄生植物的特点进行。如菟丝子的防治主要靠播种前清除混杂在作物种子中的菟丝子种子,或在菟丝子开花前割除其植株并深埋。桑寄生的防治应在寄主植物果实成熟前铲除寄主上的吸根和匍匐茎。列当可通过禾本科作物与其他作物轮栽换茬来防治,并应严格执行检疫制度。

独脚金属的防治。目前通常采用田间管理和化学防治相结合的方法。耕作上采用"捕捉植物"(如作物诱发独脚金萌发生长,结合种前犁翻,以压低田间独脚金基数)。化学防治:目前主要使用2,4-D(2,4-二氯苯氧乙酸)、敌乐胺、丁块毒草胺、氟乐灵等也有一定的效果。此外,在独脚金发生地区,应调换没有刺茄混杂的种子播种。有独脚金发生的地方,可在开花时将它销毁,连续进行2~3年,即可根除。

【任务小结】

寄生性植物也是林木的常见有害生物之一。由于其在长期进化中形成的寄生关系,因此寄主相对稳定。寄生性植物发生的区域主要在某些容易被寄生的林木类群或者曾经发生或寄生性种子植物灾害的区域之类。因此,良好的日常管护和及时的田间巡视是预防寄生性植物发生的主要手段,除了少数寄生性植物有较好的防治药物之外,绝大部分寄生性植物还没有特效的防治用药,爆发之后只能采取人工物理防治措施,成本较高且效果不太好。因此,主要的应对措施是防范于未然,加强巡护,一旦发现及时连同寄主一起消灭,杜绝传播。

【拓展提高】

陈爱华. 山地茶园寄生性植物病害的防治[J]. 农村经济与技术,2002,03:43.

陈永伶. 桉树的细菌性和生理性、寄生性种子植物病害及其防治[J]. 中南林业调查规划,1984,03:21-23,34.

范志伟,沈奕德. 植物诱导抗性与寄生性杂草防除[J]. 杂草科学,2007,01:10-12.

方天松,叶燕华,冯莹,等. 典型寄生性植物——菟丝子类的风险分析[J]. 广东林业科学技术,2013,05:49-52.

高国平. 我国针叶树上的寄生性种子植物[J]. 森林病虫通讯, 1990, 03: 34-36.
郭志荣. 植物寄生性线虫防治方法[J]. 广西园艺, 2002, 01: 17-18.
韩珊, 朱天辉, 李姝江, 等. 枯斑盘多毛孢及其诱变生物型对寄生性种子植物和杂草的防除潜力[J]. 林业科学, 2009, 04: 95-99.
胡继飞. 寄生性种子植物[J]. 生物学教学, 1990, 04: 35.
吴少华. 植物寄生性线虫对柑橘的影响[J]. 浙江柑橘, 1986, 03: 46.
肖枢, 陈云勇, 喻盛甫, 等. 99昆明世博会国外参展植物寄生性线虫的检疫研究报告[J]. 西南农业大学学报, 2000, 01: 53-58.

【复习思考】

1. 什么是半寄生植物和全寄生植物？
2. 解释一下寄生性种子植物危害寄主的机制。

任务 2.6　其他生物性病原识别

【任务介绍】

侵染性病害由微生物侵染而引起的病害称为侵染性病害。由于侵染源的不同，又可分为真菌性病害、细菌性病害、病毒性病害、线虫性病害、寄生性种子植物病害等多种类型。植物侵染性病害的发生发展包括以下三个基本的环节：病原物与寄主接触后，对寄主进行侵染活动(初侵染病程)。由于初侵染的成功，病原物数量得到扩大，并在适当的条件下传播(气流传播、水传播、昆虫传播以及人为传播)开来，进行不断的再浸染，使病害不断扩展。由于寄主组织死亡或进入休眠，病原物随之进入越冬阶段，病害处于休眠状态。除了以上主要侵染性病害还有一些相对发病较少，但仍属常见的侵染性病害类型，本任务将一一介绍。

【教学目标】

知识目标

1. 掌握真菌、细菌、病毒之外，另外几种常见的生物性病原的特征。
2. 理解上述病原物对植物危害的机制。

技能目标

1. 能够识别侵染性病害和非侵染性病害。
2. 能够识别主要常见的林木病原类型。

【任务实施】

2.6.1 螨类

植物病原螨类在分类地位上属于节肢动物门、蛛形纲、蜱螨亚纲、真螨目、海殖螨科、瘿螨总科(Eriophyes)，俗称壁虱、红蜘蛛。从形态上看，虫体很微小，长0.1~0.8mm，多为蛆状。通常成螨有4对足，生于近头部处。虫体可分为喙、头胸部(前半体)和腹部(后半体)3部分。幼虫比成虫小，有3对足，卵球形。螨类虫体大多在螨瘿中匿居，肉眼很难观察到。

主要危害植物的叶、茎、花等，刺吸植物的茎叶，初期叶正面有大量针尖大小失绿的黄褐色小点，后期叶片从下往上大量失绿卷缩脱落，造成大量落叶。有时从植株中部叶片开始发生，叶片逐渐变黄，不早落。在植物上造成的瘿螨可以产生各种畸形症状，有虫瘿、毛瘿(毛毡)、疱瘿、丛生等，还会引起器官变色。多种树木可以发生瘿螨害，如榆、椴、核桃楸、三角枫、枫杨、香樟、垂柳、丁香、海棠、柑橘、荔枝等。其分类介绍放在虫害部分。

2.6.2 藻类

在藻类植物中，少数种类是引起植物病害的病原。如绿藻纲橘色藻科(Trentepohliacea)中头孢藻属(*Cephaleuros*)，藻体绿色到橘红色，内生，由双叉分枝的藻丝组成1至多层的盘状细胞板。有多细胞的毛伸出叶面角质层外，另一种直立枝顶端形成孢子囊，产生游动孢子。以不规则分枝的单细胞的假根伸入寄主植物叶表皮细胞间。该属主要分布在热带和亚热带地区，为叶生藻类。引起叶斑、落叶或顶枯，通常称藻斑病。藻斑病主要分布在长江以南地区，其中重要种如头孢藻(*C. virescens*)，广泛分布，造成茶、玉兰、梅、含笑、阴香、冬青、海南红豆、白兰花、梧桐等多种植物病害。

藻类病害的防治主要采用栽培技术为主，栽培要合理密植，适当通风透光，增施肥料促进生长，增强寄主的抗病力。及时搞好田间卫生，早期摘除带病枝叶。严重时兼用喷施波尔多液和石硫合剂等杀菌剂进行防治处理。

2.6.3 类病毒

类病毒是指无外壳蛋白包被的小分子环状单链RNA，能自我复制，单独具侵染性。是最简单、最小的致病因子，它没有蛋白质外壳，只有裸露的低相对分子质量核糖核酸，这些核糖核酸是含有很高碱基配对的单链闭合环形杆状分子。类病毒核酸的相对分子质量很小，约为$1×10^5$U。

1971年，Diener首次描述马铃薯纺锤体块茎病(SPTVD)的病原时，使用了类病毒(Viroid)一词。之后陆续在一些植物体内发现这类小分子核酸寄生物。已发现的菊花褪绿斑驳病(CHCMV)是典型的类病毒危害。

类病毒的传播很简单，主要通过嫁接、接触、种子或无性繁殖材料带毒传染，某些菟丝子也可以传染。类病毒是系统侵染，感病植物通常是全株带毒，所以种子带毒率达85%以上。

类病起引起植物的主要表现为植株矮化、簇顶、叶(花)变小、黄化或斑驳、卷曲等，但一般植物被侵染后，多为隐症现象。防治上可参考病毒的防治方法。

2.6.4 类立克次氏体

类立克次氏体(Rickettsia)是介于最小细菌和病毒之间的一类独特的微生物，它们的特点之一是多形性，可以是球杆状或杆状，还有时是长丝状体。立克次氏体长$0.3\sim0.8\mu m$，宽$0.3\sim0.5\mu m$，丝状体长可达$2\mu m$。一般可在光学显微镜下观察到。

类立克次氏体是一类严格的活细胞内寄生的原核细胞型微生物。它的许多生物学性状接近细菌，比如：有与细菌相似的细胞壁结构，也是一个分成两个，两个分成4个的二分裂方式繁殖，它有比较复杂的酶系统，对多种抗生素敏感等。部分能引起人类疾病，如引起斑疹伤寒、斑点热、恙虫病等；它与一些昆虫关系密切，如森林蜱、体虱，都可以是立克次体的宿主或储存宿主，通过它们作为传播媒介而感染人。

类立克次氏体简称RLO(Rickettsia-like organism)或简称RLB(Rickettsia-like bacteria)。这类病原形态结构与立克次氏体很相似，故称类立克次氏体。它和细菌同属一纲，为木质部小菌属(*Xyella*)，也可称为类细菌。类立克次氏体能引起30多种植物病害，主要侵染韧皮部和木质部，并造成重大经济损失。

通常呈杆状，长$1\sim3\mu m$，直径$0.2\sim0.5\mu m$。此外，还有球状、纤维状等多种形态。有坚实的细胞壁有时呈波纹状，厚度$20\sim30\mu m$。类立克次氏体以二均裂方式繁殖，可在一般细菌培养基上生长。对抗生素反应都比较敏感，因而防治上可用抗菌素来进行，如土霉素、四环素等。

类立克次氏体病害症状按寄生的部位分两种类型：

①寄生在木质部　其症状类似维管束萎蔫病。能破坏寄主植物的输导组织，出现活力衰退，叶缘坏死，叶片焦枯，果少而小，最终全株死亡。

②寄生在韧皮部　症状类型与类菌原体病相似，植株表现为黄化型。如植株矮缩，嫩叶黄化，叶片卷曲和扭曲，花瓣变绿，整株过早死亡。

【任务小结】

以类病毒、藻类、螨类、类立克次氏体等为代表的几类生物性病原，虽在植物病害的总类型中，所占比例不高，但仍属于比较常见的一些类型。其发病病症和病状相对更接近于病毒性病害的发病症状(螨类除外)。因此，掌握这一类群的植物病害特征和发病规律，以及对应病原物的生物学特性，有助于提高林木病害诊断的准确性。

【拓展提高】

郭瑞. 几种园艺植物上发生的类病毒的种类鉴定及序列多样性分析[D]. 北京：中国农业科学院，2006.

贾生平. "类立克次氏体"对果树的危害[J]. 山西果树，1990，02：31.

李桂芬，李明福，张永江. 植物类病毒检测技术概述[J]. 河南农业科学，2007，03：19-21.

林晓婷，汪岷. 鱼立克次氏体的研究进展[J]. 中国水产科学，2005，06：141-151.

庞义，叶育昌，蒲蛰龙. 感染赤眼蜂的类立克次氏体病研究[J]. 自然杂志，1979，07：12.

Robert P. Kahn，相宁. 林木是螺旋质体、类菌质体和类立克次氏体的传播介体[J]. 植物检疫，1988，S1：54-61.

王惠杰，林木兰，龙云学. 漆树黄化病病原类立克次氏体类型及超微结构[J]. 林业科学，1991，03：292-294.

王国平，洪霓，Ahmed Hadidi. 中国果树类病毒的发生及其研究进展（英文）[J]. 果树学报，2005，01：51-54.

易湘艳. 橡胶树死皮病防治技术[J]. 农村实用技术，2014，02：28.

张志想. 啤酒花矮化类病毒寄主适应性和致病性研究[D]. 北京：中国农业科学院，2012.

郑冠标，陈慕容，陈作义，等. 橡胶树褐皮病传染病因研究初报[J]. 热带作物学报，1982，02：57-62.

朱本明. 类立克次氏体植物病原[J]. 上海农业科技，1983，04：29-31.

朱本明. 类立克次氏体对植物的危害及防治[J]. 上海农业科技，1983，05：36-38.

【复习思考】

1. 类病毒的含义？
2. 类立克次氏体病害症状按寄生的部位分哪两种类型？

任务2.7　非侵染性病害识别

【任务介绍】

在复杂的森林生态系统中，树木受到各种不利的环境因子的侵扰，包括生物因子和非生物因子。生物因子以细菌、真菌、病毒、植原体等为代表；非生物因子主要以常见的光照、温度、湿度为代表，这些不利因子虽不同，但是它们致病的根本原因是对植物的生长施加了超过植物忍受极限的影响。

植物的非侵染性病害（noninfectious diseases）是由于植物自身的生理缺陷或遗传性疾病，或由于在生长环境中有不适宜的物理、化学等因素直接或间接引起的一类病害。它和侵染性病害的区别在于无病原生物的侵染，在植物不同的个体间不能互相传染，所以又称为非传染性病害或生理病害。环境中的不适宜因素主要分为化学因素和物理因素两大类。植物自身遗传因子或先天性缺陷引起的遗传性病害，虽然不属于环境因子，但由于无侵染性，也属于非侵染性病害。不适宜的物理因素主要包括温度、湿度和光照等气象因素的异常；不适宜的化学因素主要包括土壤中的养分失调、空气污染和农药等化学物质的毒害等。这些因素有的单独起作用，但常常是配合起来引起病害。化学因素大多是与人类的生产、生活活动密切相关的。随着科学的发展，人类对物理和化学因素的控制能力也将越来越强，许多非侵染性病害将被控制。本单元的任务是分类认识典型的非侵染性病害。

【教学目标】

知识目标
1. 理解非侵染植物病害产生的原因。
2. 理解植物侵染性病害和非侵染性病害的主要差异。

技能目标
1. 能够识别侵染性病害和非侵染性病害。
2. 能够识别主要常见的林木非侵染性病害。

【任务实施】

2.7.1 非侵染性病害的病原的类型

植物对环境条件的反应是不同的，在相同的环境条件下，只有那些对不利因素较为敏感的植物才会发病，表现出病状。因此，非侵染性病害发生的原因是两方面的，即不利的环境因素和植物本身对这些因素的反应。

2.7.1.1 气候因素

(1) 低温与冻害和霜害

普遍认为低温造成伤害的主因在于植物细胞内含物结冰而使细胞膜，特别是质膜受伤，其共同信号是组织渗透，从细胞中渗出离子，有人曾提出，当结冰时，水与膜之间的附着力会大大增加，继而由于递增的冰冻造成膜的破裂。这种植物体内的有害变化在外部形态上可表现为组织变色、坏死、芽枯、顶枯或落叶。

霜害：可表现春季的晚霜危害和秋季的早霜危害，常常使花木幼芽、新叶、花芽、花蕾、嫩梢坏死，新梢枯萎。如米兰冷害在冬春季节，新叶和幼芽变黑褐色枯死；一品红冷害在冬季应开花时，生长点萎缩，幼叶及苞叶干枯；长寿花冷害症，冬季低温花蕾变苍白枯萎；香龙血树冷害，其新叶从叶尖开始，出现焦边，叶片逐渐枯黄。

冻害：为植物组织直接受低温影响所引起的。冻害不仅幼嫩组织，如芽、叶、新梢等遭受危害，而且常常导致树干的开裂和树皮的脱离。如北方地区普遍发生的毛白杨破腹病，树干开裂发生于温度骤然下降的情况下，此时由于树木外层的收缩大于内层，造成树皮崩裂。

预防霜害、冻害可在露地栽培花木的苗床上搭棚保温，庭园、行道树及风景林的树干冻裂可采取树干刷白或包扎稻草进行防治，但根本途径是选育抗寒品种。

(2) 高温与日灼

夏季高温能破坏植物正常生理生化程序，造成茎、叶、果的伤害，称日灼。日灼症常发生在植物树干的南面或西南面，表现出不同的伤斑或其他异常变化。如鹅掌柴日灼症，叶片发黄，极易脱落；常春藤日灼症，叶变浅灰色，逐渐枯萎、落叶；一叶兰日灼症（淡白色伤斑）；印度橡皮树日灼症（初为褐色，后呈灰白色伤斑）；山茶日灼症，按受害程度，叶片出现淡灰白色、淡黄色、淡黄色、黑褐色伤斑。

(3) 光照不适宜

光照过弱可影响温室和温床栽培的花卉的叶绿素形成和光合作用的进行，受害花木叶色发黄，枝条细弱，花芽分化率低，更易受病原物侵染。光照过强对植物也有不良影响，但很少单独引起病害，强光照射常与高温干旱结合引起日灼病。如君子兰在夏季强烈日光直射下，叶面会产生灰褐色斑纹出现日灼症。

2.7.1.2 土壤因素

(1) 营养贫乏和营养过剩

植物生长所必需的营养元素有氮、磷、钾、钙、镁及微量元素铁、锰、硼、铜、锌、钼、氯。缺乏这些元素或没有足够量存在时，就会出现"缺素症"；植物缺乏营养元素首先在叶片上表现出来，当缺乏氮、磷、钾、镁、锌等元素时，下部的老叶最先表现症状，而且受害最重；缺乏钙、硼、铜、锰、硫、铁等元素时，则新叶最先表现症状。缺乏症一般表现为植物生长不良，叶变小、变黄，全面黄化或斑块、红褐色、紫色，顶芽枯死、丛生等。某种元素过多，也会影响植物，特别是花卉的正常生长和发育而表现营养过剩症状或肥害，如使用尿素追肥后，尿素液常常停留在真叶顶部，会造成子叶基部和幼嫩的真叶逐渐萎蔫坏死，最后变成灰黑色。幼苗被喷洒尿素液后，若立即用清水喷苗，洗去残留的尿素就不会发生肥害，有些植物氮肥过多，出现徒长，脆弱，易受冻害而形成枯梢。表2-2、表2-3列举了香石竹、菊花营养缺素症与过剩症的病状。

表2-2 香石竹营养缺素症与过剩症

类型	病状特点
缺氮症	从下叶叶色开始变淡绿，后变黄。渐向上叶发展，生长差
缺磷症	下叶发黄，而上叶保持较绿色，但生长停滞
缺钾症	下叶的叶缘产生不规则的白斑，后向上叶发展，生长衰弱
缺镁症	下叶变淡黄绿色，上叶淡绿色
缺钙症	顶叶的叶尖生长点发育受阻，生长点枯死
缺铁症	上叶的叶色叶脉浅绿，叶脉间淡绿
缺锌症	顶端叶淡绿，同时从叶尖或叶缘开始枯死
缺硼症	叶往外侧卷，叶尖变黄，顶端叶生长不良，整株易发黄
铜过剩症	叶上有不规则形黄斑，外观很难看
锌过剩症	新叶的叶缘黄至褐色，叶上有不规则形斑点，生长发育衰弱
锰过剩症	叶脉淡绿至黄色，叶发生不规则形的褐色斑
硼过剩症	从下叶的叶尖变褐，逐渐向上叶波及

表2-3 菊花营养缺素症与过剩症

类型	病状特点
缺氮症	生长差，水培时上叶发黄
缺磷症	叶保持绿色，停止生长
缺钾症	下位叶的叶缘变褐，生长势弱，与硼过剩症相似
缺铁症	上叶全叶淡绿，后变黄绿色

(续)

类　型	病状特点
缺钙症	顶端叶生长发育不良并枯死，上叶的叶脉间变黄并有褐色斑
缺锌症	茎叶略僵硬，叶易外卷。上叶的叶脉间变黄并产生褐色斑
缺硼症	顶端叶黄白色，有坏死斑。与缺钙症状相似，但顶部黄化明显且茎叶发硬
缺铜症	顶部叶开始向内侧卷，接着枯死。上部叶淡绿
缺锰症	中上部叶的叶脉间淡绿
缺镁症	一般下叶的叶脉间变黄，并向上叶发展
铜过剩症	生长发育不良，顶端叶呈黄绿色，与缺铁症相似
锰过剩症	下叶的叶脉间为淡红褐色，同时，上叶淡绿呈缺铁症状
锌过剩症	生长发育不良，顶端易出现缺铁症状
硼过剩症	下叶的叶缘呈带状褐变，逐渐向上叶蔓延

(2) 水分失调

水分不仅是植物细胞的重要组成部分，而且是植物生长发育的基本条件之一。但水分失调超过植物，特别是花木的忍受范围时，水分因素就上升为病原，导致植物发生病害。

水分过多，土壤积水、板结，易出现水涝现象，造成土壤氧气缺乏，根系呼吸作用受阻，甚至发生烂根现象，地上部分叶片变色、枯萎、造成落叶落果乃至全株死亡。如菊花立枯病主要在水分过多，盆内积水，表土板结时发生，病株在接近地面的根茎部位出现水渍状腐烂，叶片失水下垂，根部变黑枯死。

大气湿度低、土壤水分不足或高温时过强的蒸作用，植物生长势弱，表现出生理性枯萎现象，叶片黄化凋萎，花芽分化少，早期落叶落果。许多花卉苗木常出现立枯而死亡。

水分失调对植物的影响，因植物的种类、植物的发育期、土壤因子、失调的时间等条件不同而有差异。一般来说，草本花卉易受涝害；植物幼苗期对水涝较敏感；木本植物中的加拿大杨、乌桕、榆树、刺槐、小叶女贞等较耐干旱。

2.7.1.3　中毒

(1) 空气污染与烟害

大气中有毒物质以二氧化硫（SO_2）、氯化氢（HF）、氯气（Cl_2）、氟化氢（FH）、臭氧（O_3）、硫化氢（H_2S）、二氧化氮（NO_2）等为主。这些污染物常使植物受到损害，称为烟害。当有害气体浓度很高时，在短期内（几天、几小时，甚至几分钟）便会破坏植物的叶片组织，产生明显症状，甚至整个叶片枯焦脱落，生长发育受到明显影响，称为急性伤害。植物长期接触低浓度的有害气体，叶片逐渐黄化，生长发育不良，称为慢性伤害。

大气污染物不仅使植物，特别是花卉的叶片出现伤斑，影响其观赏价值，并且会造成枝条短缩，生长减弱，叶面积减少，以及不开花、少开花、迟开花等现象。

不同的有害气体因危害植物的方式和机理不完全相同，所以产生的伤害症状也有区别。污染物浓度和接触时间的联合作用，称为"剂量"。能引起植物伤害的最低剂量，称为临界剂量或伤害阈值。不同污染物危害植物的临界剂量是不同的，同一污染物危害不同种类的植物，由于植物敏感程度的不同，临界剂量也是不同的。

①二氧化硫　急性伤害症状是脉间呈现点状或块状不规则黄白色或褐色的坏死斑，如

矮牵花二氧化硫害；而白兰受害后叶小变黄、新枝变短、花朵少。悬铃木、大叶黄杨、柽柳、夹竹桃、月季 SO_2 伤害临界剂量（6h）分别为 0.5mg/L、1mg/L、2mg/L、3mg/L、1.83mg/m³。

②氟化氢　氟化氢的毒性比 SO_2 大 10~100 倍，不同植物种类，对氟的敏感性不同，有些植物种类，长期暴露于较低浓度的含氟大气中，会引起叶的变态，如卷缩、畸形、叶形逐渐变小等。较低浓度的氟化物进入叶片后，并不立即使植物造成伤害，随蒸腾流转移到先端和边缘后，在那里积累到一定的浓度时才使叶片组织遭到破坏，海桐、蒲葵、榕树、九里香、米兰的伤害临界值为 1.5mg/m³（8h）。

③氯气　氯气对植物的毒性要比 SO_2 大 3~5 倍，对叶肉细胞有很强的杀伤力，能很快破坏叶绿素，使叶片产生失绿漂白的伤斑，严重时，使叶漂白脱落。白兰、女贞、矮牵牛、米兰、蒲葵的伤害临界量（4h）分别为 0.2mg/L、0.3mg/L、0.8mg/L、1mg/L、4mg/L。例如，在江苏一排放氯气的化工厂 100m 内的悬铃木全部死亡，150m 的植株濒临死亡，叶片变小，受害叶面积达 70%~90%。

④臭氧　臭氧是由氮氧化物和碳氢化合物在阳光作用下形成的二次污染物，是光化学烟雾中的主要成分。臭氧对植物的伤害，大多数种类的症状出现在叶的上表面，受害症状表现多样，有棕色、褐色的色素斑或漂白斑等。

⑤二氧化氮　在高浓度时叶片会出现急性受害伤斑，伤斑不规则形，主要分布于叶脉间，开始呈水渍状，以后转为黄色或黄褐色，与二氧化硫引起的伤斑相似，而长时间低浓度二氧化氮引起的伤斑，则与臭氧引起的伤斑相似，即深褐色的细密斑点。

⑥氯化氢　使叶片边缘或叶脉间产生不规则带状或块状坏死伤斑，黄棕色、棕色、红棕色甚至黑色，伤斑周围往往漂白成乳白色或纯白色，有时会在叶片上表面出现红棕色坏死斑。菊花伤害临界量（3h）为 4~9mg/L。

⑦硫化氢　在幼嫩叶片危害最重，甚至生长点枯死，脉间产生白色或黄褐色失绿斑。唐菖蒲、月季的伤害临界量（5h）在 86~860mg/L 之间。

⑧乙烯　玫瑰对乙烯的反应是幼叶偏上生长（向下弯曲）、老叶脱落、花瓣脱落、芽提早萌发、枝条生长受阻、侧芽大量萌发。

⑨酸雨　酸雨是二氧化硫和氮氧化物在大气水滴中转化为硫酸和硝酸所致，酸雨对植物的影响，可以分为直接影响和间接影响。直接影响主要为植物角质层的破坏妨碍了孔道细胞的正常机能，酸性物质对细胞的毒害作用阻碍了受精和发育等过程。间接影响则表现在干燥等其他环境因素变化的敏感性的提高。

特别值得注意的是许多观赏树木不但对这些有毒物质有一定抗性，还能够通过枝、叶吸收有毒物质后，再经过体内新陈代谢活动而自行解毒，故可降低有毒成分在大气中的含量，减轻危害。具有代表性的抗污染植物有：苏铁、银杏、罗汉松、榕树、荷花、玉兰、山茶、圆柏、悬铃木、樱花、海桐、紫薇、蒲葵、柽柳。

在植物配置时常利用植物对污染物特别敏感的特性以监测空气污染，这些植物对污染物反应灵敏，受害症状明显，干扰症状少，生长期长，能不断抽发新叶，栽培管理粗放，成本低，有一定经济与观赏价值，例如，监测二氧化硫的植物有紫丁香、茉莉、美国凌霄、雪松、侧柏、白兰花、月季、羊蹄甲；监测氟化物的植物有杜鹃、月季、榆叶梅、葡萄、雪松；监测氯化物的植物有海棠花、榆叶梅、垂柳、水杉、桃、雪柳、女贞、石榴、臭椿、竹类；监测光化学气体植物的有牡丹、丁香、杜鹃、八仙花、大花栀子、垂柳。

(2) 土壤污染

土壤中的水污染及土壤残留物的污染也引起植物的非侵染性病害，我国城市土壤污染物以各种重金属元素居多，这些污染物往往使植物根系生长受抑制，影响水分吸收，叶片褪绿，影响生理代谢，植物易死亡。迄今为止，关于重金属污染物对植物伤害症状的研究，多侧重于土壤或培养液中的过剩重金属对植物的影响，而大气中重金属污染物对植物的伤害症状，目前国内外研究很少。大气重金属污染物（铅、镉、铜、锌）也可对植物造成急性伤害，表现为酶系统紊乱，同化器官叶片现伤害症状，生长发育受抑，叶片的受害症状是鉴别植物耐性的重要依据之一。它们与土壤中相同污染引起的急性伤害有差别。

(3) 药害

在植物经营管理过程中，化学农药选用不当、浓度过高或使用方法不对，都能使植物，特别是花卉、苗木发生药害，出现枯斑或全叶受害症状。药害的症状表现分为急性药害、慢性药害和残留药害。

①波尔多液药害　波尔多液在潮湿多雨条件下，有些植物由于对铜敏感而易产生药害。在高温干旱时使用，有增加植物的蒸腾作用，使植物过度失水而萎蔫。石灰用量过多或石灰质量差的波尔多液，会在叶上积有一段段石灰层，叶呈淡黄绿色，后变暗褐色枯焦。

②硫酸亚铁药害　一般易发生在植物幼苗上，当硫酸亚铁浓度过高或喷洒后没有清水淋洗时，植物表现暗色斑点或不规则枯死斑，快速干枯死亡。

2.7.2　非侵染性病害与侵染性病害的关系

非侵染性病害与侵染性病害的病原虽然不同，但两类病害之间的关系非常密切，在一定条件下可以相互影响。不适宜的非生物因素不仅使植物本身发生非侵染性病害，而且也可以为侵染性病害的病原物创造侵入途径。受害植物或其个别器官降低了抵抗力，易受病原物的侵染或使已经潜伏在其体内的病原物大量繁殖，因此非侵染性病害常常诱发侵染性病害，是侵染性病害的先驱。例如，银杏茎腐病常因高温灼伤根颈造成侵染性病原的侵入而致。

大气污染能使树木的生长势减弱，因此易于感染病害。二氧化硫等有害气体能使郁金香叶片的气孔开张度增加，从而使一些病原菌易从气孔侵入，暴露在大气污染物中的树木，易感染根腐病。

非侵染性病害的发生是由于生长条件的不适宜或环境中有害物质的影响。因此，非侵染性病害的防治应从栽培技术措施着手，在了解气候、土壤、树种等各方面特性和状况的基础上，做到"适地适树，因地制宜"的合理配置，预防和减轻这类病害的发生。

【任务小结】

植物病害的致病因子类型和特征决定了其病害防治的措施，只有在正确确认致病因子的前提下，才可能制订出正确的防治方案。因此，在采取正确针对植物治理的措施之前必须亲临现场调查采样，观察植物发病的病症和病状，并结合病原物分析采取有效的措施。

而非侵染性病害是由非生物因子引起的病害，如营养、水分、温度、光照和有毒物质等，阻碍植株的正常生长而出现不同病症。有些非侵染性病害也称植物的伤害。植物对不利环境条件有一定适应能力，但不利环境条件持续时间过久或超过植物的适应范围时就会对植物的生理活动造成严重干扰和破坏，导致病害，甚至死亡。这些由环境条件不适而引起的植物病害不能相互传染，故又称为非传染性病害或生理性病害。这类病害主要包括营养不足（如缺素症）、营养过度和有毒物质影响。

【拓展提高】

本刊编辑部．非侵染性病害及其诊断［J］．广西园艺，2004(4)．

陈卫新．正确区分作物侵染性和非侵染性病害［J］．农技服务，2007(7)．

李淑恩，靳爱荣．苹果树的营养病非侵染性病害［J］．河北果树，1998(S1)．

李涵．什么是果树的非侵染性病害［J］．烟台果树，1986(1)．

刘平生．小麦非侵染性病害三例［J］．山西农业科学，1985(8)．

王秀．浅谈园林植物病害的诊断方法［J］．安徽农学通报（下半月刊），2012(24)．

赵严，赵薇，徐衍武．引起林木非侵染性病害的原因分析［J］．林业勘查设计，2012(2)．

【复习思考】

1. 霜害、冻害、缺素症的具体含义是什么？如何应对？
2. 请思考一下植物的侵染性病害和非侵染性病害有何内在联系？

项目 3
林木病害的诊断和防治

　　植物发生病害有一定病理变化的程序。首先，在受害部位发生一些外部观察不到的生理活动的变化，细胞和组织随后也发生变化，最后发展到从外部可以观察到的病变，通常称为症状。识别症状对植物病害的诊断有很大意义。一般来说，根据症状可以确定植物是否生病，并且可以作出初步诊断，但是病害的症状并不是固定不变的。同一种寄生病原物在不同的植物上或者在同一植物的不同发育时期，以及受到环境条件的影响，都可表现出不同的症状。相反，不同的寄生病原物也可能引起相同的症状。因此，单纯地根据症状作出诊阶并不完全可靠，必须进一步分析发病的原因或鉴定病原物，才能作出正确的诊断。

　　在对林木病害的防治上，其核心问题就是综合治理。由于植物病害，尤其侵染性病害流行成灾是由小到大，从少至多的发生、发展过程，因此充分掌握植物病害流行规律是综合治理的前提。植物病害综合治理关键在于从提高寄主抗病力，防止病原物的传播、蔓延和侵染寄主，创造有利于植物而不利于病原物的环境条件三方面着手，全面预防植物轻度受害，积极消除中度危害，以达到综合治理植物灾害性病害目的。

任务 3.1 林木病害诊断

【任务介绍】

植物诊断是检查病害发生的原因。确定病原的种类，只有正确的论断，查明了病原，才能根据病原特性和发病规律提出对策，及时地收到良好的防治效果，因此，正确的诊断是搞好植物病害防治的前提。确定林木的病害关键是要对其病症和病状仔细考察，结合病原物分析，最终找到有效的治疗手段。但是，由于病原物的复杂性和多样性，以及不同的危害部位，必须通过细致的现场调查才能获取准确的诊断信息。在获取正确的病害信息基础之上，才能做出正确的判断。

在一般情况下，根据病害症状类型，可以判断真菌病害的类别。但是，必须指出，有些病害"同原异症"或"同症异原"，导致症状诊断也有一定的局限性。同时，病部出现的真菌不一定都是致病真菌，组织坏死后也极易招致腐生真菌污染。所以，许多疑难病害尚需通过人工诱发试验和其他方法诊断。

【教学目标】

知识目标

掌握林木病害诊断的基本原理。

技能目标

1. 掌握植物病害诊断的基本程序。
2. 掌握林木病害诊断的主要技术手段。

【任务实施】

3.1.1 诊断的程序

（1）田间观察

各种病害在田间的发生和发展都有一定规律，在发病现场调查病害在田间的分布、病株的发生与病害情况和发病条件等，可初步做出病害类别的判断。

（2）症状鉴别

症状通常是指植物受害后形态上所产生的不正常表现，这些表现是病原物与寄主植物相互作用的反应。由于各种病原物的生理生化特性各不相同，各种寄主植物的生理生化特性也各不相同，因此，不同的病原物在不同的寄主上引起的症状就各有其特定的表现，所以常见病和多发病一般通过症状的观察，便可做出病害类型、由什么病原引起的结论。

（3）病原鉴定

有些病害通过田间观察和症状鉴别后尚不能做出肯定的结论时，就必须进一步作病原鉴定。不同的病原其特性不同，因此在进行病原鉴定时，除用显微镜外，还需要采用一些特殊诊断方法。

3.1.2　各类病害的诊断方法

植物病害分为传染性病害和非传染性病害两大类。这两类病害的病原和防治措施均不相同。论断时应首先确定病害类别，然后再作进一步鉴定。

3.1.2.1　侵染性病害

侵染性病害在林间的分布，初期往往是点发性的，有明显的发病中心和扩展趋势，一般常见病及多发病通过田间观察及症状观察后便可得出诊断结论，但遇"同原异症"和"异原同症"情况，难以诊断，需借助显微镜观察。但镜检遇到腐生菌类和次生菌类干扰，所观察到的菌类是否是真正的病原菌就难以确定，这种情况下，则使用诱发试验的手段。这种手段是确定病原、诊断病害的最可靠方法。适用新的疑难病害的诊断。人工诱发试验即被怀疑为病原的菌类从受病组织中分离出来，人工接种到健康植株上，如果被接种的健康植株发生同样症状，并能再一次分离出相同的病菌，这种病菌就可确定为该病害的病原菌。这个检验过程就是所谓柯赫（Koch）假定。柯赫假定包括病菌分离培养、接种和再分离三个程序。侵染性病害的各类病原，其特征均不同，因此，在病原鉴定时所用的方法也各有不同。

（1）真菌病害

真菌病害的主要病状是坏死、腐烂和萎蔫，少数为畸形。特别是在病部常常有霉状物、粉状物、粒状物等病症，真菌病害早晚最终病原物要表现出特征，因此，有无病症是真菌病害区别于其他病害的重要标志，也是进行病害田间诊断的主要依据。

（2）细菌病害

诊断是从症状或表型特征来判断其病因，确定病害种类。植物细菌病害的病症不如真菌病害明显，通常只有在潮湿的情况下，病部才有黏稠状的菌脓溢出。细菌性叶斑病的共同特点是：病斑受叶脉限制多呈多角形，初期呈水渍状，后变为褐色至黑色，病斑周围出现半透明的黄色晕圈，空气潮湿时有菌脓溢出。枯萎型的病害，在茎的断面可看到维管束组织变褐色，并有菌脓从中溢出。切取一小块病组织，制成水压片在显微镜下检查，如有大量细菌从病组织中涌出，则为细菌病害。根据这一症状特点，可以植物细菌病害做出初步的诊断。

根据症状特点诊断细菌病害的方法是可靠的。若进一步鉴定细菌的种类，除要观察形态和纯培养性状外，还要研究染色反应及各种生理化反应，以及它的致病性和寄主范围等特性。

（3）病毒病害和植原体病害

病毒病害和植原体病害在某些方面具有很多相似之处，当从症状上难以区分病毒或植原体病害时，可采用以下方法进行诊断：

①病毒粒子和植原体的检查　在电镜下观察病毒粒子和植原体的形态，如为病毒病害，在患病植物叶、茎表皮细胞的细胞质中可观察到晶状体或X-体的内含体，而植原体一般分布在维管束或韧皮部薄壁细胞及未成熟的筛管内。

②四环素药物诊断　植原体对四环素族的抗菌素很敏感，对病毒则不起作用，用四环

素族的抗菌素处理植原体病株可以抑制症状发展或使症状暂时消失,以此可区别病毒病和植原体病害。

③特因斯(Dienes)染色法　一般徒手切片,在片上滴上染色液(亚甲基蓝2.5g、天青Ⅱ号1.25g、麦芽糖10g、碳酸钠0.25g、蒸馏水100mL配成原液,应用时浓度配成0.3%),在普通显微镜下观察,如为植原体病害,则患病植物韧皮部呈蓝色。

(4)线虫病害

一般线虫病害的诊断,主要是检查病部有无线虫,然后根据线虫的形态特征能及寄主范围等确定其分类地位,作出诊断结果。线虫病害常见的一种症状是在病部形成肿瘤,因此在诊断时,可以切开肿瘤部分,挑取病组织及线虫制片镜检,但有很多线虫病不形成肿瘤,从病部较难见虫体时,一般可采用漏斗法(松材线虫病)或叶片染色法等检查。诊断时应注意排除腐生线虫的干扰,必要时应人工接种,通过致病性测定后再确诊。

(5)寄生性植物引起的病害

在寄主植物上或根际可以看到寄生植物,如桑寄生、槲寄生、菟丝子。

(6)复合侵染的诊断

某植物上有两种或两种以上的病原物侵染时,可能产生两种或两种以上的病原物侵染时,可能产生两种完全不同的症状,如花叶和斑点、肿瘤和坏死等。首先要确认或排除一种病原物,然后对第二种做鉴定。两种病毒或两种真菌复合侵染是常见的,可以采用不同介体或不同鉴别寄主地筛方法的方法将其分开。

3.1.2.2　非侵染性病害

非侵染性病害最普遍的表现是黄化、花叶、落花、落果、畸形、萎蔫、枯枝、枯斑,没有病症出现,除个别因高温、药害等因素引起的局部病变外,均表现全株性病状。这些症状特点易与病毒病害、类菌质体病害较相混淆。非侵染性病害是由不适宜的生长条件和有害物质引起的,它的发生往往与特殊的土壤条件、气候条件和栽培措施有联系,它在林间的分布往往是成片的,发病范围比较稳定,扩展趋势不显著,植株间差异不大。

(1)化学诊断和药物治疗试验

主要用于营养缺乏症及盐碱害。分析病植株组织或土壤中的化学成分和含量,并与健康植株的正常值比较,从而查明过多或过少的成分,确定病原;利用所缺元素的盐类水溶液,喷洒、注干或灌根治疗,并观察治疗后的病株是否完全恢复健康或其症状是否减轻。

(2)人工诱发试验

根据综合分析提出的可疑病因,人为地提供类似发病条件(药害、肥害、烟害),对健康植株进行处理,并观察其发病后的症状是否与供诊断的病株相同。

(3)指标植物鉴定法

用于鉴定植物缺素症。在确定病因后,可选用对该元素最敏感,症状表现最明显而稳定的植物种植在病株附近,观察其症状反应,借以鉴定该病株是否为该种元素的缺乏症。如缺氮或钙,采用花椰菜、甘蓝;缺钾,用马铃薯、蚕豆;缺铁,用甘蓝、马铃薯;缺硼,用甜菜、油茶。

【任务小结】

从现代分类学的观点来看,主要林木病原物有真核生物、原核生物和无细胞生物三大类。在真核生物中,植物界引起林木病害的主要是寄生性种子植物,如菟丝子、桑寄生、槲寄生等。动物界引起病害的主要是瘿螨类和线虫类,如毛毡病和松材线虫病等。原生动物界主要是寄生在植物根部细胞内部引起根部肿胀,如桤木根肿病等。假菌界主要引起苗木猝倒病和木本植物的霜霉病等。菌物界则是木本植物的最主要的病原菌,大到多孔菌和蘑菇,小到肉眼看不见的土壤中的镰刀菌都可引起树木病害,如世界上著名的三大树木病害——榆树枯萎病、板栗疫病和松疱锈病等。在原核生物中主要是细菌和植原体,比较常见的有树木的根癌病和泡桐丛枝病等。无细胞生物主要包括病毒和类病毒,它们都是严格的细胞内寄生物,林木的病毒病害如杨树花叶病毒病等,类病毒病害如柑橘裂皮病等。

野外诊断是通过树木上有无患病症状、症状特征和周围环境的仔细观察和判断,初步确定发病原因的实践。主要包括两方面内容。

(1)症状观察

植物得病后的不正常表现称为症状。由真菌引起的病害在寄主患病部位表面有明显的粉状物、霉状物或子实体,由细菌、病毒、线虫和真菌等微生物引起的病害在寄主上亦有斑点、丛枝、流胶、腐烂、枯萎等症状。由土壤缺乏某种元素、气候环境条件不适合等非生物因素引起的生物性病害不出现上述症状,受害林分中的林木往往表现均匀一致的叶片边色矮小等症状。

若遭受昆虫危害的树木,其叶片上有明显的缺损,枝干有坑道、蛀孔或蛀屑。蚜虫、介壳虫、螨类等刺吸性口器造成的叶片褪色、卷叶,也可借助手持放大镜在树上找到虫体和叮咬的痕迹,与病害造成的卷叶、褪色有明显不同。

(2)病树林间分布判断

林间病株的分布暗示着相应的各种病因可为诊断提供分析的线索。由生物引起的传染性病害发病初期为点片状,零星分布,健康树和病树混杂存在。由环境条件不适引起的生理性病害在某种树上表现的症状相同,病株在林间成片发生,树木受害均匀一致。如林缘发病严重,表明邻近有病害的侵染源或虫源,因此要调查邻近的作物、树木上的病虫害。此外,必须了解林木的种源、栽培管理过程中的技术环节气候是否反常等情况,以有助于病虫害的诊断。当然,确切的诊断还必须采集标本进行室内分析,通过显微镜镜或解剖镜仔细观察,进行病原或病害名称鉴定,病原物还有进行分离培养和人工接种试验等,才能得出确切的结论。

【拓展提高】

丁志烽,陆恒,孙思. 林木病害远程诊断中的专家诊治——几个重要问题的探讨[J]. 安徽农业科学,2013(10):4379-4380.

端家平. 林木病害症状观察在诊断上的作用[J]. 安徽林业,2007(02):42.

奉孝恩. 森林病害的防治[J]. 中南林业调查规划,1984(04):22-24.

傅和玉. 林木病害早期诊断技术的研究[J]. 北京教育学院学报(自然科学版),2006(01):30-34.

郭美云. 林木病害基础知识(一)[J]. 山西林业科技,1984(02):35-39.

李会平,吕晶,黄大庄,等. 林木病理学教学标本数字化资源库的构建[J]. 中国林业教育,2008(05):52-54.

赵本忠. 谈谈林木病害的诊断[J]. 云南林业, 2002(05): 18-19.

【复习思考】
1. 指标植物鉴定法的意义？什么叫复合侵染的诊断？
2. 植物病害诊断所遵循的逻辑顺序是什么？
3. 应当如何避免林木病害的误诊？

任务3.2 林木病害防治

【任务介绍】

　　林木病害的爆发是一个持续的积累过程，从病原物的入侵，繁殖，潜伏，发病，到爆发和新一轮侵染，有着特定的时间周期。因此，在植物病害爆发以前，及时采取措施，减缓植物的发病症状和减少病害损失是森林保护从业者努力追求的目标。要在林木病害大规模爆发前做出相应干预措施，必须搞好日常林木病害的巡视和检测工作。

　　但林木病害类型多样，不同病原物产生的症状复杂多样，本任务要求学生能够认识和理解造成林木病害的根本原因和造成病害流行的基本条件，能够辨识主要类型的侵染性病害和非侵染性病害的典型症状和致病原因，为后续的病害诊断和治疗打下良好基础。

【教学目标】

知识目标
1. 了解林木病害防治的概念及特点。
2. 掌握林木病害防治的基本流程和主要技术要点。

技能目标
能应对本地区典型常见的林木病害的防治。

【任务实施】

3.2.1 植物病害防治策略的形成与发展

　　植物病害的种类很多，发生和发展的规律不同，防治方法也因病害性质不同而异。防治病害的措施很多，按照其作用原理，通常区分为回避(avoidance)、杜绝(exclusion)、铲除(eradication)、保护(protection)、抵抗(resistance)和治疗(therapy)六个方面。一百多年来，世界上植物病害防治的理论和策略经历了单一防治，综合防治，综合治理，植保系统工程几个阶段，这些发展阶段反映了人们对植物病害防治重要性认识的加深过程。

　　(1)单一防治

　　早期以化学防治为主的单一性防治(single control)措施，在一段时期内对病害的控制发挥了重要作用,由于单项防治技术的局限性,特别是在分析了化学防治中出现的各种矛盾和问题后,人们逐渐认识到病害不能,也没有必要以"消灭"为目标,防治病害不仅涉及病害本身,同时,还涉及其他生物、环境和生态系,以及农、林业投入收益的经济学问题,因而,病害防治不应该固定使用某类技术。

(2) 综合防治

综合防治(integrated control)早在20世纪50年代初期就开始应用于我国植物病害防治的实践中。其基本含义是采用多种防治手段,相互协调地防治某种植物病害,可以起到取长补短的作用,将大为提高防治效果,无疑这是合理运用防治技术的一种进步,由于采取的措施既注意当前的实际防治效果,也考虑今后的实际影响,防效持续稳定,因而综合防治这一思想和策略在植物病害防治上,至今仍占有重要地位。

(3) 综合治理

综合治理始于20世纪60年代后期,国际上提出了"有害生物综合治理"(integrated pest management,IPM)的概念,即:"有害生物综合治理是一套有害生物治理系统,它依据有害的种群动态及其相应的环境,利用所有适当的技术,以尽可能互相协调的方式,把有害生物种群控制在经济损害水平之下"(联合国粮农组织的定义),从而发展了"综合防治"的概念。

综合治理的概念在病害上的解释可以为:根据生物动态平衡原理,在生物生态系中,正确地调整(或协调)形成病害的各种因素及其相互关系,使其不利于病害的发生或将病害控制到经济上能忍受的最低水平,而对生态系又无不良影响,是防治病害最理想而又持久的一种方法。

20世纪80年代,邱德勋、陈守常提出了生态防治的新思想,它是病害综合治理的深入和发展,在概念上与综合治理有些相似,但又有差异。其主要区别是:综合治理是以防治植物病害为出发点和归宿的,以综合防治措施防治病害为特征,而生态防治则以恢复和保持植物的生态平衡为出发点,以控制或抑制病灾为目的,调整或协调生态平衡的措施才是生态防治的特征。生态防治是技术措施与经营管理有机结合的防治植物病害的系统工程,不是对植物病害一时的打击性措施,它贯穿于植物生产的全过程,因此生态防治的主要内容应包括植物培育技术措施、生物控制及经营管理等三个重要方面。在生态防治中培育技术措施是基础,生物控制是核心,经营管理是保证,同时它们又是相互结合的,互为补充的,不可分割的整体。

(4) 植保系统工程

有害生物综合治理涉及生物群落、种群动态、环境、社会、经济学等各方面,需要一门最适于处理复杂事物的系统工程科学技术,因此,20世纪80年代中期曾士迈提出植保系统工程(plant protection systems engineering),其基本内容为:植保系统工程是在系统科学的理论和方法指导下,组织三元系统,即管理系统(主体);标的系统(客体)——管理的对象,期望生效的客体系统;环境系统——自然、社会、经济、技术的广义环境。植保系统工程是植物保护工作的发展趋势,这一新的探索有待不断认识、不断实践和不断发展,随着现代科学技术的进步,作为植物综合治理的基本技术也在发展。

综上所述,从目前的防治水平而言,植物病害的防治应贯彻"预防为主、综合治理"的方针,建立和完善综合治理的技术体系和植物保护系统工程,切实将植物病害控制在经济损害水平之下。据此,植物病害应将战略防治与战术防治有机结合起来,提高病害综合治理水平,以促进植物生产更大发展,所谓战略防治是指:①普遍性植物病害,应从全局出发、统筹安排、因地制宜、控制灾害;②区域性植物病害,应积极消除、开展协作、因地制宜、防止蔓延;③局部性植物病害,应组织调查、加强试验、改进技术、提高防效。这里讲的战术防治是提高植物营林技术水平、合理使用高效、低残留的化学杀菌剂和坚持生物防治方向。植物病害综合治理的基本方法包括植物检疫、植物栽培技术防治、抗病育种、生物防治、物理防治、外科治疗及化学防治。

3.2.2 植物病害防治的技术体系

3.2.2.1 植物检疫

植物检疫(plant quarantine)又称为法规防治,是一项世界性的工作,从国际来说,多数国家开展了植物检疫,并从卫生防疫发展为今天的动物和植物检疫。早在1660年农业上开始立法,当时法国里昂地区禁止传入小麦秆锈病,提出铲除转主寄主小檗植物的醋栗。1907—1914年美国、加拿大、英国、日本先后制定了"危险病虫法案""植物检疫法案""进口植物管制法"等。我国早在1935年10月根据《商品检疫法》制定了《植物病虫害检疫实行细则》。1949年后,植物检疫有了更大的发展,特别是《中华人民共和国进出境动植物检疫法》(1992)颁布和实施,标志着我国植物检疫检疫工作进入了新阶段,对防止危险性病虫的传入传出起了积极作用。

(1)植物检疫的目的

植物检疫的基本属性是强制性和预防性,其主要目的,是防治危害性植物病虫以及其他有害生物通过人为活动进行远距离传播,特别是本国、本地区尚未发生或者虽已发生,但仍局限在一定范围的危害性病虫。以此来达到保护本国、本地区植物生产的安全和植物生态系统的稳定。植物检疫如同一个"过滤器",既要把植物及其产品传带的危害性病虫检查出来处理干净,又要让人们生产、生活所必需的植物及其产品正常流通,二者必须统筹兼顾,不可偏废。

(2)植物检疫对象

植物检疫所针对的有害生物,只是众多有害生物当中的一部分,在国内植检工作中确定的原则,《植物检疫条例》第四条有明确规定:"凡局部地区发生的危险性大、能随植物及其产品传播的病、虫、杂草,应定为植物检疫对象。"这个规定概括了制定检疫对象的三个基本条件:①必须是目前还在局部地区发生的危险性病虫;②必须是能对农林生产造成严重危害的病虫;③必须是主要随同植物及其产品进行距离传播,适生力强,防治困难的病虫。在我国植物检疫工作中,主要有农业部发布的《进境植物检疫危险性病、虫、杂草名录》中危害植物及其产品的种类,林业部发布的国内森林植物检疫对象和各省、自治区、直辖市人民政府公布的补充检疫对象,以及对外签订的植物检疫协定、协议、贸易合同中规定的应检病虫。

根据农业部(1995年)、林业部(1996年)颁布的全国植物检疫对象名单,与植物病害有关的检疫对象如下:番茄溃疡病(*Clavibacter michiganensese* subsp. *mishiganen*)、柑橘黄龙病(*Citrus* Huanglungbin)、柑橘溃疡病(*Xanthomonas citri*)、香石竹枯萎病(*Fusarium oxyspoyum*)、菊花叶枯线虫病(*Aphelenchoides ritzemabosi*)、杨树花叶病毒病(Poplar mosaic virus)、松疱锈病(*Cronartium ribicola*)、松针红斑病(*Dothistroma pini*)、松针褐斑病(*Lecanosticta acicola*)、板栗疫病(*Cryphonectria parasitica*)。

与植物病害有关的进境检疫名单(农业部，1992年)：栎枯萎病菌(*Ceratocystis fagacearum*)、榆枯萎病菌(*Ceratocystis ulmi*)、橡胶南美叶疫病菌(*Microcyclus ulei*)、咖啡美洲叶斑病菌(*Mycena citricolor*)、梨火疫病菌(*Erwinia amylovora*)、可可肿枝病毒(Cacao swollen shoot virus)、椰子致死黄化类菌原体(Coconut lethal yellowing, MLO)、番茄环斑病毒(Tomato ring-spot virus)、椰子死亡类病毒(Coconut cadang-cadang viroid)、香石竹环斑病毒(Carnation ring-spot virus)、椰子红环腐线虫(*Rhadinaphelenchus cocophilus*)、鳞球茎茎线虫(*Ditylenchus dipsaci*)、松材线虫(*Bursaphelenchus xylophilus*)，后两种也属国内检疫对象。

(3)植物检疫的内容

①对外检疫 由口岸动植物检疫局负责实施。主要包括进境检疫、出境检疫、过境检疫、旅客携带物检疫、国际邮包检疫等。

②国内检疫 主要包括产地检疫、调运检疫和邮包检疫三项内容。根据现行植检法规，国内的森林植物(植物)检疫工作由各省、地、县林业主管部门所属的森林植物病虫防治检疫站负责。

3.2.2.2　植物栽培技术防治

在生物生态系中形成的植物群落，与其孕育的各种病菌种群是一个相互制约的对立统一体，在环境因素影响下，植物和病菌这一对矛盾，互相斗争而又互相转化。掌握这三者之间的辩证关系，防治工作的出发点，既可以从加强植物方面着想，也可以从削弱病菌方面着手。植物栽培技术防治即通过合理的培育技术和经营管理方法达到既丰产又防病的目的，其实质是通过调整或协调植物生态系使其不利于病原物的致病和有利于植物抗病而实现的，这种措施贯穿于植物生产各个环节之中，是经济、持效、稳定的方法。如植物的枝干腐烂病、溃疡病、日灼病等的发生，往往与植物的生长势衰弱有关，如果以改善生态环境，促使植物生长旺盛，这类病害就不发生或严重程度大幅度降低。

一般而言，病害防治工作与植物生产相比，前者是薄弱环节；而在防和治的关系中，预防，尤其以培育技术措施作为预防的重要内容，往往没有给予应有重视，作为从业者，须从病害发生规律及其若干生态特点出发，重视林木栽管理的基础作用，以期发挥其控制病灾的最大效能。

(1)优选圃地，精选繁殖材料，培育壮苗

圃地与植物病害：植物苗木病害如猝倒病、茎腐病、菌核性根腐病，都和苗圃位置不当、前作感病植物、土壤黏重、排水不良、苗木过密、管理粗放等有密切关系。因此，选择苗圃地时除要注意土壤质地、苗圃位置和排水灌溉条件外，还要考虑土壤中病原物的积累问题。一般长期栽培蔬菜及感病植物连作地，积累的病原物较多，不宜用来育苗。否则，土壤就要彻底消毒。

轮作与植物病害：在同一苗圃地上进行连作，往往使病原微生物逐渐积累，发病率高，特别是曾经根病严重的旧地更是如此，如温室中香石竹的多年连作，促进了镰孢菌枯萎病的发生，杜鹃疫根霉病、植物猝倒病，由于多年连续种植，病害逐年加重，实行轮作可减轻病害的发生，其防病依据在于：①轮作改变了寄主范围，使病原物无法完成寄生而死亡；②轮作有利于土壤中有益微生物的繁殖，促进病原物的死亡。轮作的中心问题是轮作的植物种类和时间，轮作的植物不能是感病植物、中间寄主、生物介体寄主，同时该植物对土壤中有益微生物有利，对土壤有改善作用；轮作时间视病菌而定，如鸡冠花褐斑病实行 2 年轮作即有效，而胞囊线虫则时间要长。防治土壤寄居菌，轮作时间短，效果好，防治土壤习居菌，轮作时间长，且效果较差。

繁殖材料与植物病害：选用健康无病的繁殖材料是植物栽培技术防治的重要组成部分。花木中病毒病发生普遍，很多苗木及繁殖材料都是带毒的，如唐菖蒲花叶病，生产中只有使用脱毒苗的组培苗才能减少病毒病的发生。观赏植物的不少病害是由种子传播的，如仙客来病毒病，必须从健康植株上采种，才能减轻或避免这种病害的发生。

苗木是植物重要的繁殖和观赏材料，苗木的品质好坏与植物生产密切相关，特别是某些植物病害往往是苗期病害的继续和发展，因此，选择适宜的苗圃地，精选繁殖材料，加强苗木管理，培育壮苗，尽最大可能地控制苗木病害的发生和蔓延，对植物的培育有重要的意义。

（2）适地适树适种源

在适宜的生态条件下，植物能保持抗性，使病原物处于劣势，侵染机会减少。植物培育贯彻适地适树适种源，就是合理利用气候、土壤、植物等自然资源，使培育的植物品种适合该地区自然条件，把植物品种选择和场圃（或林地）选择结合起来，以满足培育品种生物学和生态学特性的要求，促进植物生长发育，提高抗病力。如樱花褐斑病在风大、多雨的地区发病严重，根据适地适树原则，不在风口区栽植樱花，发必要时设风障保护；又如花木藻斑病在潮湿、贫瘠的立地条件下易发生和流行，而培育在地势开阔、排水良好、土壤肥沃地块上的花木，植株生长健壮，抗病力强，不易发生此病。

（3）植物的合理配置

无论是根部、枝干或叶部病害，不同种类植物的合理配置可以起到某种屏蔽作用，如黄栌白粉病，黄栌与油松等树种混植比黄栌纯林发病轻。植物配置时，除考虑植物间的生态、生物学特性、观赏效果外，应注意以下几个方面的问题：①混植的植物不能是感病植物、中间寄主、病原生物介体寄主。②混植植物数量和间隔要真正起到阻止病菌的传播作用，一般可根据病害传播的"有效距离"来确定间隔距离、数量。③防治叶部病害的混植树种或灌木必须有繁茂的枝叶，每年能大量落叶，落叶的时间要在病叶脱落之后，以便起到覆盖作用。④混植树种的体表和根系分泌物最好对病菌不利，对抗生菌有利。否则，在园林布景与绿地植物栽植中，忽视植物病害的相互传染，会人为地造成某些病害的发生和流行。例如，在园林风景区，海棠等仁果类阔叶树和松属、柏属的针叶树，都是相互混交栽植，虽达到美化效果，但却造成了海棠锈病的发生与流行；又如，黄瓜花叶病毒能侵染 40~50 种花卉，多种花卉的混栽会加重病毒病的发生。合理的植物配置与布局不仅可以充分利用土地资源，发挥其生产潜能，提高观赏效果，同时对控制病害的发生与流行具有重要意义。

（4）植物的科学管理

①场圃卫生管理 主要是清除场圃内或林地内的病害及其滋生场所，改善植物生态环境，减少病害的发生危害。观赏植物的修剪、刮老树皮，枯枝落叶、病叶、落果、病枝等植物残余物及病土的清除，均可将部分病残体带出场圃，减少侵染来源。除草要及时，场圃或林地杂草往往是病害的野生过度寄主或越冬场所，如车前草等杂草是根结线虫的野生

寄主，在造林地和风景林区，反顾马先蒿、穗花马先蒿和其他杂草是松疱锈病的转主寄主，杂草寄主增加了病害病原物的来源，杂草丛生提高了植物小气候的湿度，有利于病原物的侵染。因此，清理场圃或林地，尤其是冬季场圃的清理，已成为一项有效的病害防治措施。

②水肥管理　排灌不仅可以有效地改善土壤的水、气条件，满足植物，特别是观赏植物生长发育的需要，尤其灌溉技术，包括灌溉方法、浇水量和时间，都影响着病害的发生和发展。灌水方式要适当，喷灌和"滋水"等方式往往加重叶部病害的发生，最好采用沟灌、滴灌或沿盆钵的边缘浇水。浇水要适量，水分过大往往引起植物根部缺氧窒息，轻者植物生长不良，重者引起根系腐烂，尤其是肉质根等器官。叶部病害发生时，浇水时间最好选择晴天的上午，以便及时地降低叶片表面的湿度；收获前不宜大量浇水，以免推迟球茎等器官的成熟，或窖藏时因含水量大，造成烂窖现象。

施肥在防治病害中的作用主要表现在三个方面：

a. 改善植物的营养条件，提高其抗病和耐病力，若使用无机肥，氮、磷、钾的比例要合理，适量地增施、钾肥，能提高寄主抗病性，大量使用氮肥，促使植物幼嫩组织生长，往往导致白粉病、锈病、叶斑病等的发生；

b. 可以改变土壤的性状和土壤微生物群落结构，恶化土壤中病原物的生存条件，如施入某些有机改良剂，刺激病原繁殖体提前萌发或溶解，而使某些植物根部病害错过感病期；

c. 充分腐熟的有机肥可把某些病原物直接杀死，如在观赏植物白粉病的防治中，用稀释腐熟粪汁喷叶，具有追肥灭菌作用。

③环境条件的改善　环境条件主要是指栽植场圃中的温度和湿度。场圃积水、苗木过密会提高场圃湿度，有利于炭疽病、灰霉病、锈病、根腐病等的发生。因此，场圃应适时注意排溉、苗木过密时要及时间苗或适当剪叶，使植物通风透光，减轻病情，特别是温室栽培植物，要经常通风透气，降低温度，以减少花卉灰霉病等的发生发展，冬季温室要合适，不要忽冷忽热；积分盆花摆放密度也要适宜，以便通风透气。天气干旱、地表温度高、苗木易发生灼伤，导致茎腐病的发生。因此，采取溉水、搭荫棚、行间覆草等措施就能防止本病的蔓延。

3.2.2.3　抗病育种

选育抗病品种(plant resistant varieties)防治植物病害是一种经济有效的措施，特别对那些无可靠防治措施的毁灭性病害，一个抗病品种的选育成功就能从根本上得到解决。抗病育种对环境影响较小，有较强的后效应，也不影响其他植物保护措施的实施，在病害治理中具有良好的相容性。目前在观赏花木上已培育出菊花、香石竹、金鱼草等抗锈病的新品种，也育出了抗紫菀萎蔫病的翠菊品种，抗菊花叶线虫的菊花品种，而在一般的城市绿地植物上主要是针对松疱锈病、榆枯萎病和几种杨树病害，也有不少成功的例子。

(1)抗病育种的方法

抗病育种的方法包括传统方法、诱变技术、组织培养技术和分子生物学技术。一般需要根据抗源材料和育种条件进行选用。

①传统的抗病育种　主要是利用引种、系统选育或具有抗病性和优良园艺性状品种资源的杂交和回交选育。引种就是从国内外直接引进现成的抗病品种和亲本材料，这种方法

简便。系统选育是在某种病害发病盛期,从大量群体中选择抗病性的类型或单株,连续在它的后代中加以定性培育,选出抗病的品种或品系,这种抗病性一般比较稳定,是目前抗病育种中应用比较普遍的一种方法。杂交通常是利用具有优良性状的植物品种为母本,与抗性品种或近缘种进行杂交选育。有时将表现较好的杂交后代进一步与母本回交,从而将抗性性状转入具有优良性状的品种内,形成优良的抗性品种。

②诱变技术 在诱变源(γ射线、X射线、秋水仙素)的作用下,诱导植物产生遗传变异,再从变异个体中筛选抗病性个体。这种方法比较随机、无定向性。

③组织培养技术 组织培养可以快速克隆不易经种子繁殖的抗病性植物;也可以与诱变技术相结合分离抗病性突变体;还可以利用花粉、花药选育单倍体植株,再经染色体加倍形成抗病性同源植株;并且通过原生质融合技术将不同抗病性品种或种的遗传性状相结合,克服杂交困难,培育高抗和多抗品种。这种技术在花木,特别在草本花卉的抗病性选育上有重要的应用价值。

④分子生物学技术 分子生物学技术使抗病育种产生了革命性的发展。首先,分子生物学通过克隆抗病性基因,利用载体导入或基因枪注射,可以将各种生物的抗病性基因转入目标植物品种内,解决了传统育种技术无法克服的远源杂交问题。第二,分子生物学可以通过植物的基因改造,创造新抗源。目前,植物抗病基因工程育种的策略和方法主要有:

a. 植物抗病毒基因工程 所选用的目的基因主要有:卫星 RNA、外壳蛋白质基因、反义 RNA、PR 蛋白基因、中和抗体基因、干扰素基因等,其技术路线在实验研究中都取得了一定成功。

b. 植物抗真菌病害的基因工程 主要目标是提高植物对病原真菌致病因子的解毒能力,提高植物获得性系统抗性能力和对病原的免疫能力等,采用的目的的基因主要有:植物内、外源的病原菌的颉颃蛋白质和毒蛋白基因、几丁质酶基因、病原菌特异性激发子的编码基因等,但这些研究工作尚无突破性进展。

c. 植物抗细菌性病害的基因工程 主要是通过病原细菌毒素的解毒活性的目的基因转化植物,从而获得转基因抗病植株,目前在马铃薯、烟草等植物中已有一些成功的报道。

综上所述,植物抗病基因工程育种中还存在许多困难,如外源抗病基因在植物中的稳定和高效表达,转基因再生植株困难,转基因植株对其他优良性状的影响,受体植物获得性遗传不够等。只有在加强基础研究的前提下,通过筛选有效的目的基因,进行巧妙地加工,通过适当转化手段,使其能避开植物体内的限制系统,按照所预定的方位插入植物基因组中并在抗病反应的关键时间和空间稳定性表达,从而提高植物抗病育种的成功率。

(2)抗病性鉴定

植物抗病育种应包括抗病性的鉴定和筛选,在了解病原菌生物学和病害发生特点的基础上,选用适当的方法,进行筛选鉴定,可以有效提高抗病育种的效率。

①抗病性鉴定方法

a. 野外抗病性测定 将测定的品种或植株移植在病害流行区,不经过人工接种观察它的抗病性(自然感染法)或根据病害发生规律,在发病期人为地接上病菌,测定初选植株或其子代的抗病性(人工接种感染法)。野外测定最好是将自然感染法和人工接种感染法结合起来,就能比较全面、客观地反映出品种的抗病性水平。

b. 室内抗病性测定　通常以幼苗作为材料，所以亦称为苗期鉴定或幼苗鉴定，一般是在温室或其他控制条件下进行。植物树种或品种抗病性测定，不论采取哪种方法，测定时均要以易感病的品种或历史病株作为对照。

②抗病性标准　测定植物树种或品种抗病性强、弱的标准，一般要根据病害的性质而定，常用的表示方法有：发病率或病情指数；病斑扩展情况；潜育期长短；过敏性反应；产量或生长量损失；生化反应。

抗病品种的育成需要较长的时期。特别注意的是，一个抗病品种，不论是原有的或新选育的，都可能由于自身的退化，或因栽培不当、环境的变化及病原物的新种或生理小种的产生而抗病力减弱或丧失。

3.2.2.4　生物防治

(1) 生物防治的概念及特点

生物防治(biological control)通常可以从广义和狭义两方面来理解。广义的生物防治是"通过自然调节，或对环境、寄主或颉颃体的操纵，或大量引入一种或多种抗生体，使病原物的接种体密度或病害产生的活动得以减轻"。这就包括颉颃体、抗病植株和环境的改善等方面，现已被广泛承认。简言之就是通过调整环境和寄主植物以及人以外其他生物来减轻病原物的接种体密度(不是消灭病原物)或病害产生的活动(不是消灭病害)。不论通过上述的哪种途径，都应当是由于生物因素的影响而对病原物或病害的防治起作用的，这才是生物防治的实质。狭义的生物防治是指用生物制剂(有益微生物)来防治植物病原物或植物病害。

按照生态环境保护和可持续发展观点，生物防治是最好的防治技术之一，如生物防治对人、畜安全，不存在残留和环境污染问题；活颉颃体对病菌有长期控制的作用，而不产生抗药性；生物防治的自然资源丰富，易于开发，且防治成本相对较低。但从目前研究水平来看，生物防治有较大的局限性，如生物防治的作用效果缓慢，病害大发生后常无法控制，特别是生物防治通常只能将病害控制在一定的危害水平，在短期难于达到防治的理想值；防治效果不稳定，易受地域生态环境的限制。总的来说，面对21世纪人类面临的环境和可持续发展问题，生物防治措施与生态环境保护具有"相融性"，与农业可持续发展具有"统一性"，以生物防治占主导地位的综合治理体系将在植物病害控制中发挥重要作用。

(2) 生物防治的机理

生物防治的机理包括有重寄生、抗生物质的作用、竞争、捕食。有的抗生体具有一种或一个以上的颉颃现象。

①重寄生或超寄生(hyperparasitism)　重寄生就是抗生的微生物寄生在病原物上的现象，这种寄生在病原物上的微生物叫重寄生物或超寄生物。如木霉菌、绿黏帚霉对立枯丝核菌缠绕、寄生。

②抗生物质(antibiotic)的作用　抗生体所产生的有毒的代谢产物包括挥发性的和非挥发性的两大类，可抑制或破坏病原物，例如，绿黏帚霉(*Gliocladium viride*)产生的挥发性物质抑制 *Rhizoctonia solani* 菌丝的生长和菌核的形成。*G. viride* 产生的非挥发性的 gloitoxin 抑制并杀死 *R. solani*。此外，放线菌和细菌产生抗生物质的现象也比较普遍。

③竞争(Comptition)　抗生体同病原物争夺营养、空间、水分，抢先占领基物，而排

挤病原物。如一些荧光假单胞杆菌和芽孢杆菌，施入土壤根际后，由于繁殖很快，很快布满植物的根部表面，从而达到防治土传根病的目的。

④菌丝干扰（hyphal interference） 一种抗生真菌的菌丝同病原真菌菌丝相接触，使病原真菌菌丝的细胞膜透性改变、细胞失去膨压，最后死亡。例如，Peniophora gigantean 同 Heterobasidion annosum 菌丝相遇就是这种情况，菌丝的干扰已广泛用于生物防治。

⑤捕食（predation） 捕食线虫的真菌的捕食器官有黏性菌丝、黏性分枝、黏性网、黏性球、非收缩环和收缩环等。捕食线虫的真菌在寄主线虫的诱导下产生捕食性器官，捕食器官上有凝集素，线虫表面具有相应的糖蛋白受体，彼此相互识别后进入机体，消解线虫，使虫体瓦解。

⑥溶解（lysis） 是生物材料的破坏、消解或分解的普通术语。可以分为：内溶（edolysis）：细胞内原生质体的溶解现象。外溶（exolysis）：细胞壁和细胞膜溶解，从而导致细胞内含物的外溢。如 G. virens 和 Trichoderma spp. 分泌的 β-1,3-葡聚糖酶、几丁酶和纤维素酶分解 R. solani 菌丝的细胞壁的现象。

⑦免疫作用（immunological reaction） 包括交叉保护和诱发抗性，产生这种作用的小种是不致病的、弱致病的或侵染其他寄主同类组织的病原物，它们同病原物竞争相同的营养，适宜于与病原物相同的环境，或激发保卫反应。

（3）生物防治在植物病害中的应用

生物防治在植物病害中的应用不外乎以下三个途径：

①接种体的生物破坏 抗生的微生物直接施入土中或植物体表，破坏或消除病原物的接种体，并使抗生体在土壤中或体表保持优势。如用绿黏帚霉（Gliocladium viride）、哈茨木霉（Trichoderma harzianum）对幼苗猝倒病、茉莉白绢病（Sclerotinia rolfsi）的防治；紫霉菌（Tuberculina maxima）在松疱锈病、桧柏梨锈病的性子器上的寄生；不规则节从孢（Arthrobotrys irregularis）、单顶孢霉属（Monacrosporium）、小指孢霉属（Dactylelia）施入土壤中对根结线虫的生物破坏，都是这类生物防治的成功事例。

②植物体表生物保护 用抗生体保护侵染点防治病原物在寄主上定殖。施用特点在于生物制剂在病原接种体侵入前使用。如用大隔孢伏革菌（Peniophora gigantean）接种到伐桩上后，能够迅速生长并占领伐桩，可有效防治松白腐病（Heterobasidion annosum）；用枯草芽孢杆菌防治香石竹茎腐病，或利用假单胞杆菌（Pseudomonas spp.）浸泡云杉种子、枯草芽孢杆菌（Bacillus subtilis）的 PRS5 菌株处理雪松能降低种腐，提高出苗率，也是成功的范例。

③无（弱）毒菌系的利用 用非病原物或病原物的无毒系事先接种寄主植物，以防治病原物的侵染或病害发生的交叉保护。在巴西用柑橘黄化病毒的弱毒株接种可防治强毒株的侵染；美国用弱毒株防治可可肿枝病有取得了一定效果。特别是用无致病力的野杆菌放射菌株 84（Agrobacterium radiobacter strain 84）处理种子、插条、裸根苗、接穗对多种植物细菌性根癌病（A. tumefaciens），如樱花根癌病、月季根癌病、桃树根癌病的效果更为明显。一般来说，从同一寄主上获得的弱毒株交叉保护效果最好，但接种时要避免其他病原物的混合侵染。

在植物病害防治中，已有一些成功的生物防治实例，但大多数还处在研究阶段，特别是有关病害防治的转基因生物农药起步更晚，生物制剂商品化生产在国内很少，离大规模推广应用尚有一段距离。

3.2.2.5 物理防治

物理防治（physical control）是通过热力、冷冻、干燥、电磁波、射线、机械阻隔等措施抑制、钝化或杀死病原物，达到控制植物病害目的的一种方法。这种技术通常比较费工，效率较低，但在某些条件下也可取得良好效果，一般只作为一种辅助防治措施。

（1）温控防病

病原物对环境温度有一个适应范围，过高或过低都会导致死亡或失活。温控法就是利用高温或低温来控制或杀死病菌的一类物理防治技术。

①土壤的热处理

a. 火烧法　主要用于育苗时，高温杀灭土壤中的猝倒病菌。将枯枝干草堆放在准备播种的苗床上，撒上细土，用火烧法土壤消毒，既可灭菌又可增加肥料，苗木猝倒病少，根系发育好。

b. 太阳能热处理　伏天高温季节，通过闷棚、覆膜，可以将地温提高到60~70℃，从而杀死多种土传病害的病原物。覆膜前浇水、覆膜期间保证有10~15d的晴天是这种措施的关键。

c. 蒸汽热处理　在发达国家，蒸汽热处理已成为常规管理。现代温室通常用90~100℃蒸汽处理土壤30~60min，可杀死绝大多数病原菌。蒸汽热处理可大幅度降低由镰孢菌引起的香石竹枯萎病、菊花枯萎病的发生。

②繁殖材料热处理　这是利用种子、种苗与附在其外表，或侵入内部的病原物对温度耐力的差异来杀死病原物的方法，该技术常需严格掌握处理温度和处理时间，以免对植物繁殖材料造成伤害。

a. 温汤浸种　常用来处理带病的种子、苗木、接穗等繁殖材料。一般用40~50℃温水浸泡10min至3h，如唐菖蒲球茎在55℃水中浸泡30min，可以防治由镰孢菌引起的干腐病；水仙1年生病鳞在43.5℃的温水中浸泡3h可防治水仙黄条斑病，处理水温和时间因鳞茎年龄而不同；感染有水仙根结线虫的球茎在46.6℃水中浸泡60min或48.9℃浸泡30min，可防线虫病的发生。

b. 湿热处理　其杀菌有效温度与种子受害温度的差距较干热灭菌和温汤浸种大，对种子发芽的不良影响较小，湿热处理休眠器官较安全。利用湿热空气杀死带病植物苗木或其他繁殖材料内部病原物的直接证据较少，但据报道，与观赏园艺植物相关的带有黄龙病的柑橘苗或接穗芽条，用48~51℃的湿热空气处理45~60min，能使它成为不带病的植株或繁殖材料。

c. 干热处理　主要用于种子，对多种传病毒、细菌和真菌都有防治效果，一般用35~40℃的热风处理带病种子或苗木1~4周，如感染矮化病的菊花在36℃的热风中处理4周可康复。

d. 繁殖材料冷处理　利用低温防治植物病害的直接证据较少，但用冷处理治疗类病毒病害显示出一定潜力。如根据类病毒适宜于30~35℃高温下繁殖的特点，将马铃薯的茎尖在4℃低温下培养2~3月，则可以脱掉马铃薯纺锤形块茎类病毒。

（2）机械阻隔作用

机械阻隔是根据病原物的侵染和扩散行为，设置物理性障碍，阻止病菌的危害或扩展的措施。如覆膜增产防病增产是一个不争的事实，其防病的原因是膜对病原物的传播有机械阻隔作用；覆膜后土壤温度、湿度提高，加速病残体的腐烂，减少了侵染来源。如防治花木叶斑病时，栽培地早春覆膜后可大幅度地减少叶病发生，特别是芍药地覆膜后，芍药叶斑病成倍减少；前面所介绍的植物混交，二者互为机械屏障，也属物理防治的范畴。

（3）射线物理法

射线物理法是利用各种射线对病原物的抑制或杀灭作用的一种物理防治技术。国外已在某些植物病害上有成功的实例。用400Gy/min 的 γ 射线处理柑橘果实，当照射总量达到 1 250Gy 时，可以有效防治柑橘贮藏期的腐烂病；应用400Gy/min 的 γ 射线处理桃子，当总剂量达1 250～1 370Gy 时，能防止腐烂。总的来说，用 γ 射线、超声波处理防病仍处在实验阶段，但有较高的开发价值，特别在鲜切花的保鲜方面，有广阔的应用前景。

3.2.2.6 外科治疗

外科治疗(surgical operation)是一种针对名贵或古稀植物枝干病害的修复和镶补技术。在历史悠久的风景区，在古建筑群或历史名城中生长着许多古树名木，如黄葛树、榕树、楠木、银杏等，它们是重要的历史文化遗产和旅游资源，由于古树历经苍桑，多数树体已形成大大小小的疮痕和树洞，严重者，树体腐朽破烂不堪，濒临死亡。对损害的树体必须实行修复、镶补术后才有可能健康地生长。外科治疗实际上是园艺措施与化学防治相结合的整治技术。

（1）表皮损伤的治疗与修复

表皮损伤的治疗与修复是指古树名木树皮损伤面积直径在10cm 以上的伤口的处理技术。基本程序包括：

①伤口清洗　用清水对树体上的伤疤清洗；

②伤口消毒　化学农药处理伤口，一般采用30倍的硫酸铜溶液间隔30min 喷涂2次；

③伤口封闭　硫酸铜溶液晾干后，用高分子化合物—聚硫封闭剂封闭伤口，密封效果与气温有关，一般在21～25℃气温下操作为宜；

④外表装修　按伤口大小粘贴原树皮，修复外表，使其外观与原树一致。

四川广安、南充城区内的榕树和黄葛树在1999—2000 年突发烂皮病，受害树木枝、干皮层组织坏死腐烂，造成大量罹病树木枝梢或整株枯死，部分未死亡感病植株树皮损伤面积直径达15～20cm，通过上述方法的治疗与修复，使一部分榕树和黄葛树在病后得以健康生长。

（2）树洞的填充与修补

①树洞的清理与消毒

a. 树洞的清理　清除树洞内的杂物，包括正生长着的腐朽菌，并刮除洞壁上的腐烂层，必要时用水作一次清洗；

b. 洞壁消毒　用化学农药杀虫灭菌，一般用30倍的硫酸铜溶液间隔30min 喷涂树洞消毒2次，若洞壁上有虫孔，可注射50倍氧化乐果等杀虫剂。

②树洞的填充与修饰　树洞的填充与修补技术在生产实践中已广泛应用，在四川重庆等地的部分古稀树木的抢救过程中发挥了很好的疗效。主要有以下两种措施。

a. 假填充法修补　当树洞边材完好时，采用此法。即在洞口上固定钢板网，其上铺10～15cm 厚的水泥砂浆，如沙、水泥、107 胶、水分别按4:2:0.5:1.25 比例配制的水泥砂浆为常用类型，外层用聚硫密封剂密封，再黏帖树皮。

b. 实心填充法　当树洞大，边材部分损伤，则采用此法。即在树洞中央立支撑物（质地较硬的树桩或水泥柱），并在其周围固定填充物。填充物和洞壁之间的距离以5cm左右为宜，树洞灌入聚氨酯，使填充物和洞壁黏连成一体，再用聚硫密封剂密封，最后黏树皮进行外表修饰。修饰的基本原则是随坡就势，因树作型，修旧如故，古朴典雅。

3.2.2.7　化学防治

用化学农药防治植物病害的方法称为化学防治(chemical control)，用来防治植物病害的化学农药主要有杀菌剂和杀线虫剂，它是在一定量或一定浓度下起杀菌作用的物质。化学防治在植物病害综合治理中占有重要地位，使用方法简单、效率高、见效快。当病害大发生时，化学防治可能成为唯一的有效手段。

(1) 化学防治的内涵

①化学保护　在病原物侵入寄主以前使用化学药剂保护植物或其周围环境，杀死或阻止病原生物侵入，从而起到防治病害的作用，称为化学保护作用。有两类杀菌剂属此：

②化学治疗　当病原物已经侵入植物或植物已发病时，使用化学药剂处理植物，使体内的病原物被杀死或抑制，或改变病原物的致病过程，或增强寄主的抗病能力，使植物恢复健康的作用，称为化学治疗作用。用作化学治疗的药剂，一般具有内吸性能，称为内吸剂，这是20世纪60年代后期才普遍使用的新兴杀菌剂，其特点是能在植物体内输导、存留、扩散，杀死或抑制植物体内的病原物。这类杀菌剂已占杀菌剂很大比例，如甲霜灵类、萎锈灵类、苯莱特类和许多甾醇抑制剂等。

③化学免疫　化学药剂进入健康植物体内，以增强植物对病原物的抵抗力，从而起到限制或消除病原物侵染的作用。诱导寄主产生有杀菌或抑菌作用的植物保卫素，改变寄主的形态结构使之不利于病原物的侵染或扩展等是化学免疫作用的主要机制。

④钝化作用　有些金属盐、氨基酸、维生素、植物生长素和抗菌素等进入植物体内后，能影响病毒的生物学活性，起到钝化病毒的作用。病毒被钝化，其侵染力和繁殖力降低，危害性也减轻。

(2) 杀菌剂的毒力

①杀菌剂对病菌的影响　杀菌剂使菌类中毒后的各种表现通常是菌丝生长、孢子萌发、各种侵染结构的形成受到影响或导致细胞膨胀、原生质体和线粒体的瓦解以及细胞壁、细胞膜的破坏等。这些中毒症状都是杀菌剂直接作用于菌体使菌中毒后在生理上和生化上产生变化的结果。解释这些变化的原因就是杀菌剂的杀菌作用机制，是属于生化水平或分子生物学水平的理论性问题。例如，甲霜灵在生理上是抑制菌丝生长，在生化上是影响RNA的合成。

②杀菌作用与抑菌作用　二者一般来说是有明显区别的，从中毒表现来看，杀菌作用主要表现为孢子不能萌发，而抑菌作用则表现为孢子萌发后的芽管或菌丝不能继续生长；从菌中毒后体内代谢过程的变化来看，杀菌作用多数中影响生物氧化，而抑菌作用多数是影响重复合成。不过，这两种作用也不能截然分开，许多时候一种药物的作用性质不是固定不变的，要受许多因素的影响，主要是药剂的种类、使用浓度和作用时间。

(3) 杀菌剂的使用

①种苗消毒　主要是针对种苗及其他繁殖材料传播病害的一种施药方式。常用的方法有种子、球茎等器官的浸泡或浸根处理，选择的药剂、处理浓度、时间既要能杀死病菌，

又不影响种子萌发或其他繁殖材料的生活力。常用药剂有硫酸铜、高锰酸钾、升汞、托布津、福尔马林，处理后种苗应水洗。

②土壤消毒　主要是针对土传病害的一种施药方式。特别适用于盆栽、苗床、树穴、根际土壤消毒，常用药剂有石灰、硫黄、五氯硝基苯、硫酸亚铁、福尔马林、溴甲烷。

③喷雾　主要是针对气流和雨水传播的病害的一种施药方式。在病菌侵入前喷洒，能起到保护作用，在病害盛发前夕使用，能有效控制病害的蔓延。雾滴细小、喷雾均匀，以使植物表面充分湿润为宜，杀菌剂中的绝大多数都可用于喷雾。

④淋灌或注射　主要是针对维管束病害的一种施药方式。由于内吸性杀菌剂能在植物体内扩散或转移，用淋灌法使药剂从根部吸收，或在植物茎部注射后由木质部向上传导追踪杀菌，如萎锈灵、多菌灵、托布津、抗生素。

⑤烟雾法　指利用烟剂或雾剂防治病的方法，其扩散能力强、只在大棚和密闭的温室中应用。

【任务小结】

IPM 理论是林木病害治理的核心思想，实施林木病害治理和防护的过程中，在兼顾防治效率的同时，充分利用一切对环境无害的非化学因素，特别是天敌等生物因子来防治病原物的繁殖和入侵，从而达到既保证治理效果又兼顾生态环境的目的。

综合治理的概念在病害上的解释可以为：根据生物动态平衡原理，在生物生态系中，正确地调整（或协调）形成病害的各种因素及其相互关系，使其不利于病害的发生或将病害控制到经济上能忍受的最低水平，而对生态系又无不良影响，是防治病害最理想而又持久的一种方法。

【拓展提高】

第三讲　林木病害的防治[J]. 林业科技通讯，1977，04：19－20.

韩英. 基于林木病害防治的基本原理浅述其防治方法[J]. 农民致富之友，2013，21：138.

胡炳福. 两种抗生细菌防治林木病害研究初报[J]. 生物防治通报，1988，04：172－175.

阙文光. 杀菌烟剂防治几种林木病害的药效试验[J]. 农药，1986，06：51－53.

邵敏丽. 五大连池风景自然保护区林木病害的防治[J]. 南方农业，2016，03：114－115.

沈伯葵. 林木病害的生物防治[J]. 森林病虫通讯，1992，01：42－46.

宋清梅，薄峰. 林木病害的防治[J]. 养殖技术顾问，2009，05：47.

叶建仁，任嘉红，李浩，等. 洋葱伯克霍尔德氏菌及其在林木病害防治中的应用[J]. 南京林业大学学报（自然科学版），2013，04：149－155.

张旭东，徐霞，李凯峰，等. 林木病害防治技术[J]. 中国西部科技，2008，10：53,52.

赵英杰，王秀丽. 具体问题具体分析：林木病害防治技术[J/OL]. 中国果菜，2016－03－04，11：43（网络优先出版）.

【复习思考】

怎样利用有利的生物因子来达到治理病害的目的？

任务3.3　林木真菌病害防治

【任务介绍】

林木的真菌性病害是侵染性病害的典型代表，也是最主要的林木病害类型，真菌性病害占到了植物病害的80%以上。真菌性病害的发病部位多样，寄主类型复杂，病症和病状千变万化。常见症状有霜霉、白粉、白锈、黑粉、锈粉、烟霉、黑痣、霉状物、磨菇状物、棉絮状物、颗粒状物、绳索状物、黏质粒和小黑点等。大的病征可用肉眼直接观察到。病症的出现与寄主的品种、器官、部位、生育时期、外界环境有密切关系。如不少叶斑病菌一般在寄主生育后期才产生病征，甚至在落叶上才形成小黑点；有的菌核病要在寄主某一特定部位才形成颗粒状的菌核；银叶病要在寄主的死亡部分才长出蘑菇状的产孢结构；根肿病要在肿瘤很深的位置才能观察到病原菌。甚至还有许多真菌病害在环境条件不适宜时完全不表现病征。

真菌病害的症状与病原真菌的分类有密切关系，如白绢病菌在许多不同作物上均造成症状相似的白绢病，霜霉菌产生霜霉状物，黑粉菌产生黑粉状物等。

【教学目标】

知识目标

1. 了解林木真菌病害防治的基本程序和措施。
2. 掌握当地主要真菌性病原物的特征。

技能目标

1. 能应对本地典型的林木真菌性病害。
2. 能分离本地典型真菌性病害的病原物。

【任务实施】

3.3.1　山茶炭疽病

（1）发病症状及规律

该病发生普遍，是山茶的重要病害。主要侵染叶片及嫩枝梢。老叶最敏感。病斑多发生在叶尖和叶缘。发病初期，在叶缘或叶尖部着生褐色斑，扩展后呈半圆形或不规则形病斑，褐色；发病后期病斑中央为灰白色或浅褐色，斑缘褐色，其上散生黑色小点粒，近斑缘有轮状皱缩线纹。在湿度大的条件下，从黑色颗粒内溢出粉红色孢子团。枝条发病：在叶柄基部及分枝处有凹陷溃病斑,绕枝一周后其上枝叶枯萎。主要以分生孢子盘或菌丝体在病组织上越冬。翌年春,当气温上升到20℃左右时,病菌产生分生孢子,借风雨传播,遇雨天,空气湿度大时孢子萌发,自伤口侵入叶片组织。通过反复侵染,病势扩展加剧。病菌生长发育的适宜温度为25℃左右。高温、高湿、多雨有利于炭疽病的发生。土壤贫瘠、偏施氮肥、通风不良、光照不足均能加重炭疽病的发生。一般5~6月间开始发病,7月初达盛期,9月以后逐渐停止发病(图3-1)。

（2）病原物

图3-1　山茶炭疽病

无性态真菌山茶炭疽菌(*Colletotrichum camelliae*),属半知菌亚门、腔孢菌纲、黑盘孢目、炭疽菌属。分生孢子盘直径150~300μm;刚毛暗褐色,有1~3个隔膜,大小(30~72)μm×(4~5.5)μm;分生孢子梗无色,柱状。分生孢子长椭圆形,两端钝,单细胞,无色,大小(10~20)μm×(4~5.5)μm。分生孢子萌发最适宜的温度为24℃(20~32℃),最适pH值为5.6~6.2;病原菌生长最适宜的温度为27~29℃(图3-2)。营无性繁殖和有性繁殖。无性繁殖可多次循环,且循环时间短,无性孢子数量大。当在营养生长后期、寄主植物休眠期或环境不适的情况下,菌物转入有性生殖产生有性孢子。

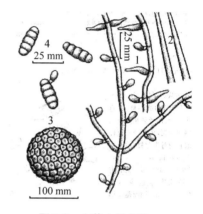

图3-2　山茶小煤炱菌

（3）防治措施

①栽培技术防病　科学的肥水管理：倒盆时土内施入有机肥,适量增施磷钾肥,不偏施氮肥；上午浇水,一次浇透,盆土不干不湿；栽培基质应疏松、肥沃、易排水、微酸性；冬天接受全日照,夏季放入阴棚内,避免日灼。

②化学防治　在发病初期,每隔半个月以等量式150倍波尔多液、65%代森锌600~800倍液,或70%甲基托布津1 000倍液喷施1次,连喷2~3次。

3.3.2　松树疱锈病

松疱锈病又称五针松疱锈病、五针松干锈病,通常以五针松受害最为普遍而严重。从幼龄幼苗到成熟林分均可感病,但以20年生以下的中幼林感病最重。严重发病林分的发病率可达70%以上。感病红松当年松针长度减少30%,颜色变浅成灰绿色或无光泽,绝对干重减少27%;主梢生长量减少82%~94%,树高显著降低,仅为健树的3/5~4/5,且逐年递减使树冠变为圆形,3~5年后干枯死亡。西南地区的华山松人工林感病后,轻病林分发病率一般为5%左右重病率区常达30%以上,严重发病的林分可高达90%。1984年、1996年均被列入全国森林植物检疫对象名单。

（1）发病症状及规律

松疱锈病发病初期树干的皮层略显肿胀变软,在干部和枝条上可见到黄白色疱囊(锈孢子器),病树会连年发病,直至死亡,并侵染别的松树。性孢子于秋季(8~9月)出现在罹病松树枝干皮层，呈泪滴状，口感有甜味而有"蜜滴"之称。初期为白色，2~3d 后渐变为黄色或黄褐色，6~8d 后干枯，留下"血迹"状斑点。3~5 月在上一年产生"蜜滴"的松树病部产生具疱膜的黄色囊状锈孢子器，内含大量锈孢子，以后多年可持续产生锈孢子器。5~7 月在马先蒿等转主寄主植物叶背产生夏孢子堆，夏孢子堆为带油脂光泽并具包膜的橘黄（红）色丘疹状突起，夏孢子堆中产生大量橘黄色夏孢子进行重复侵染。7~9 月从夏孢子堆中（旁）生出冬孢子柱，冬孢子柱毛刺状，黄褐色至红褐色，成熟后萌发产生担子，每个担子可产生 4 个无色的担孢子。

病原以担孢子和锈孢子靠风吹雨溅的方式自然传播；远距离传播主要靠感病松苗、幼树、小径材及新鲜带皮原木的调运。7 月下旬至 9 月，冬孢子成熟后不经过休眠即萌发产生担子和担孢子。担孢子主要借风力传播，接触到松针后即萌发产生芽管，大多数芽管自针叶气孔、少数从韧皮部直接侵入松针。侵入后 15d 左右即在针叶上出现很小的褪色斑点，在叶肉中产生初生菌丝并越冬。翌年春天随气温升高，初生菌丝继续生长蔓延，从针叶逐步扩展到细枝、侧枝直至主干皮层，因树龄不同该过程一般需要 3~7 年，甚至更长。

病菌侵入 2~3 年后，可在枝干上出现病斑，产生裂缝，并在秋季（8 月下旬至 9 月）渗出蜜滴，为性孢子和蜜滴的混合物。翌年春季（3~5 月）在病部产生具疱膜的黄色锈孢子器，内含大量锈孢子，以后每年都可产生锈孢子器。锈孢子借风力传播到转主寄主叶上，萌发后产生芽管，由气孔侵入叶片，经过 15d 左右的潜伏期，即可产生夏孢子堆（5~7 月），夏孢子堆中生出冬孢子柱，冬孢子柱成熟后萌发产生担子和担孢子，担孢子借风力或雨水传播到松针上再进行侵染。

（2）病原物

茶藨生柱锈菌（*Cronartium ribicola*）。茶藨生柱锈菌是一个杂生同苞菌（需要两个宿主来完成其生命周期），也是一个大型环状锈菌。这种真菌的两个宿主分别是松属（*Pinus* spp.）植物和茶藨子属（*Ribes* spp.）植物。春季时被感染的松树上的孢子由风感染给糖茶属植物。秋季时被感染的茶藨子属植物上的孢子也经由风感染给松树。台风等大型气候事件会带来潮湿的环境，增加孢子长距离旅行感染的机会（图3-3）。

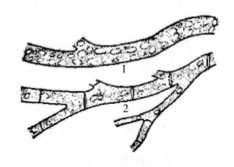

图 3-3 松疱锈病病原物
1. 无隔菌丝 2. 有隔菌丝

松疱锈病菌属长循环型生活史，共产生 5 种孢子，即性孢子、锈孢子、夏孢子、冬孢子和担孢子。其中，性孢子、锈孢子阶段寄生于松树枝干皮层，夏孢子、冬孢子和担孢子阶段寄生于转主寄主叶背。

（3）防治措施

严格检疫，防止病情蔓延。产地检疫中发现的染疫苗木应就地拔除销毁。发病立木病级 2 级以下的，修除病枝或刮除病部皮层后涂刷柴油或柴油加粉锈宁混合液（含粉锈宁有效成分 1.5%~2.5%）；发病 3 级以上植株应予伐除。

4~7 月，对发生疫情的种苗繁育基地及林分周围 500m 以内的转主寄主植物实施人工清除，或用 5% 莠去净等除草剂处理。在春季或秋季，先将患病的部位沿上下方向划破，在病部涂抹上松焦油或粉锈宁药剂，具有一定防治效果。秋季对感病的幼林进行人工修除树干下部 2~3 轮枝可明显降低疱锈病的发病率，平均降幅达 69.6%。

【任务小结】

植物的真菌性病害种类繁多，寄主复杂，症状多样。坏死是一种常见的真菌病害症状，它表现为局部细胞和组织的死亡；如山茶炭疽病、棉花立枯病都造成叶片或根部坏死，严重时导致死亡；腐烂是在细胞或组织坏死的同时伴随着组织结构的破坏，如核桃黑斑病、银杏茎腐病、板栗疫病等。其症状都是腐烂；萎蔫症状是植物由于受到病原体的侵染造成根部坏死或造成植株维管束堵塞而阻止水分的向上运输，使植物缺水而引起植株萎蔫，这种萎蔫往往经过几次反复而使植株死亡，而有的症状轻微的则可缓和。真菌病害造成的症状主要有以上这三种。其他真菌病害发生之后，除了以上这些症状之外，通常还出现其特定的病症，也即病原物在病部组织上的特殊表现。

【拓展提高】

顾焕先，张国辉，侣胜利. 桂花病害的种类调查和病原鉴定[J]. 浙江农业科学，2016，06：888-890.

刘丽洁，秦德志. 杨树叶部常见真菌病害及防治[J]. 内蒙古林业科技，2010，01：36-38.

宋瑞清，黄永青. 红松树栖真菌群落中物种多样性与病害关系(Ⅵ)[J]. 东北林业大学学报，2001，01：123-125.

宋瑞清，黄永青. 红松树栖真菌及引起的重要病害[J]. 东北林业大学学报，2000，03：64-67.

徐同，葛起新. 杭州园林花卉真菌病害初报[J]. 浙江农业大学学报，1985，04：61-70.

杨传波，黄敬林，李宝年，等. 樟子松树栖真菌群落物种多样性及其与病害的关系[J]. 东北林业大学学报，2004，05：94-96.

张步伟. 杨树真菌性溃疡病及防治[J]. 农业装备技术，2013，05：45-46.

赵桂华，李德伟，吴玉柱，等. 长喙壳 Ceratocystissensu lato 真菌引起的杨树病害[J]. 中国森林病虫，2005，06：31-34.

【复习思考】

1. 简述山茶炭疽病的防治方法。
2. 简述火炬松松疱锈病的发病症状。

任务3.4　林木细菌病害防治

【任务介绍】

细菌性病害是由细菌病菌侵染所致的病害，如软腐病、溃疡病、青枯病等。侵害植物的细菌都是杆状菌，大多数具有一至数根鞭毛，可通过自然孔口（气孔、皮孔、水孔等）和伤口侵入，借流水、雨水、昆虫等传播，在病残体、种子、土壤中过冬，在高温、高湿条件下容易发病。细菌性病害症状表现为萎蔫、腐烂、穿孔等，发病后期遇潮湿天气，在病害部位溢出细菌黏液，有明显恶臭味，是细菌病害的特征。植物受细菌性病害侵染后产生的病状有：斑点型、叶枯型、青枯型、溃疡型、腐烂型、畸型。本任务以杨树冠瘿病和槐树烂皮病为例介绍了典型的林木细菌性病害的防治。

【教学目标】

知识目标
1. 理解植物细菌性病害侵染机制和病原物致病的原因。
2. 知晓细菌的典型结构。

技能目标
1. 能够识别本地典型的林木细菌性病害。
2. 能够识别常见的细菌病原。

【任务实施】

3.4.1　杨树冠瘿病

（1）发病症状及规律

杨树冠瘿病又称根癌病、根瘤病。发病部位通常位于根茎、枝条部位。该病危害61科140属，以杨柳科、蔷薇科受害最重。苗木、幼树、大树都可发病，主要发生于根茎处，以及主根、侧根、主干、枝条上。苗木感病后发育受阻，生长缓慢植株矮小，严重时叶片萎蔫、早衰，甚至死亡。大树受害，树势衰弱，生长不良，提前落叶，果实变小，树龄缩短。主干受害降低材质及工艺价值。受害处形成大小不等、形状各异的瘤。开始近圆形、淡黄色、表面光滑，质地柔软。渐变为褐色至深褐色，质地坚硬，表面粗糙龟裂，瘤内组织紊乱。后期肿瘤开放式破裂，坏死，不能愈合。受害株上的瘤数多少不一，当瘤环树干一周、表皮龟裂变褐色时，植株上部死亡（图3-4）。

病原在癌瘤组织的皮层内或土壤中越冬，在土壤中存活2年以下。借灌溉水、雨水、嫁接工具、机具、地下害虫等传播，苗木调运是远距离传播的主要途径。伤口侵入，潜育期几周至1年以上。碱性、黏重、排水不良的土壤比酸性、砂壤土排水良好的土壤发病

图 3-4 病害图片

图 3-5 根癌土壤杆菌

重。芽接比切接发病少。根部伤口多少与发病率成正比。毛白杨比加杨、钻天杨发病重,沙兰杨、大官杨很少发病。

(2) 病原物

病原为根癌农杆菌(*Agrobacterium tumefaciens*),土壤杆菌属,细菌性病原物,专性活细胞内寄生。革兰氏阴性菌,无芽孢,短杆状,大小$(0.6~1.0)\mu m \times (1.5~3.0)\mu m$,以1~6根周生或侧生鞭毛运动,好气性,代谢为呼吸型,最适生长温度为25~28℃,最适酸碱度为pH6.0。菌落通常为圆形、隆起、光滑、白色至灰白色,半透明(图3-5)。

当病原细菌从寄主伤口侵入后,其染色体外的 Ti 质粒中的一个片段转移并整合到寄主细胞染色体中,具有编码合成生长素和细胞分裂素及冠瘿碱的基因。植物激素合成的基因表达,导致植物肿瘤发生。根癌病菌在土壤中和病瘤组织的皮层内越冬,在土壤中能长期存活。雨水和灌溉水是传病的主要媒介。带菌苗木是远距离传播的重要途径。病菌主要通过嫁接口、昆虫或农事操作所造成的伤口侵入寄主。

(3) 防治措施

① 严格苗木检疫 发现病苗烧毁。可疑病苗用 0.1% 高锰酸钾溶液或 1% 硫酸铜溶液浸 10min 后用水冲洗干净,然后栽植。无病区不从疫区引种。

② 选用未感染根癌病、土壤疏松、排水良好的砂壤土育苗 如圃地已被污染,用不感病树种轮作或用硫酸亚铁、硫黄粉 75~225kg/hm² 进行土壤消毒。

③ 加强栽培管理,注意圃地卫生 起苗后清除土壤内病根;从无病母树上采接穗并适当提高采穗部位;中耕时防止伤根;及时防治地下害虫;嫁接尽量用芽接法,嫁接工具在75% 酒精中浸 15 min 消毒;增施有机肥如绿肥等;珍贵苗木花卉早期发现癌瘤后,用利刀将其切除,然后用 1% 硫酸铜溶液、2% 石灰水或 50 倍抗菌剂 402 溶液消毒切口,再涂波尔多液保护,切下的瘤烧掉。用甲醇 50:冰醋酸 25:碘片 12 混合液或木醇 80:二硝基邻甲酚钠 20 的混合液,涂抹肿瘤数次,瘤可消除。

④ 生物防治 利用根癌病菌的邻近菌种不致病的放射土壤杆菌 AK84 制剂,用水稀释为 10^6/mL 的浓度,用于浸种、浸根、浸插条。

3.4.2 槐树烂皮病

该病有两种症状类型,分别有两种病原菌引起。

由镰刀菌引起的烂皮病多发生在 2~4 年生苗的绿色主茎及大树的 1~2 年生色小枝上。病斑初为水渍状,黄褐色,近圆形,后发展成梭形,长径 1~2cm 左右,较大的病斑中内稍下陷，较腐，有酒味，呈现典型的湿腐状，病斑尚未环切树干，则当年病斑均能愈合，以后一般不再发展。但个别病斑由于愈合很差，则翌春由老斑处周围继续扩展。这样的病斑周围没有隆起的愈合组织。

由小穴科菌所致的烂皮病状与前者相似，病斑初呈现圆形，黄褐色，但色较浅，边缘紫红色或黑褐色，病部下陷或开裂，当年一般不再发展，但四周很少产生愈合组织，翌年仍有复发现象。

(1)发病症状及规律

分布河北、河南、江苏等地。危害槐树和龙爪槐。发病严重时，能引起幼苗和幼树枯死及大树枯枝(图3-6)。槐树烂皮病在3月中旬至4月末为发病盛期。此时病害发展迅速。直径1~2cm茎或枝，可在半个月左右被病斑所环切，5~6月病部产生近橘红色分生孢子座。至6~7月病斑一般停止发展，并形成愈合组织，从孢子堆出现，到病斑完全愈合组织所覆盖，约需1个月。在5~6月时，虽有大量分生孢子产生，但未发现有新的侵染发生。由小穴壳菌引起的腐烂病、发病较晚。病菌主要从因某种原因而坏色的皮孔处侵入，亦可从断枝、残枝、叶蝉危害的伤口、死芽等处侵入，潜育期约1个月。

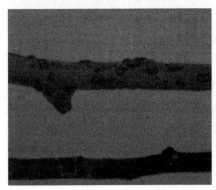

图3-6　槐树烂皮病

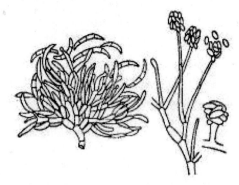

图3-7　槐树烂皮病病原
1. 成熟菌丝　2. 成熟孢子

(2)病原物

①槐树镰刀菌(*Fusarium tricinctum*)　属半知菌亚门丝饱纲瘤座孢目瘤座科镰刀菌属。分生孢子具2~5个分隔，老熟孢子中部细胞成厚垣孢子，孢子无色，大小为(36~46)μm×(4.5~5.6)μm。我国尚未发现其有形态。子座组织褐色，埋生于寄主皮层组织中。分生孢子器圆形，有孔口，单细胞，椭圆或端部较细，有明显油球(图3-7)。该菌的有性态为葡萄座腔菌属的一种菌。在北京，9月下旬在病部分生孢子器部位或其附近有大量子囊腔产生。

②槐树小穴壳菌(*Dothiorella gregaria*)　属半知菌类球壳孢目小穴壳属。目前相关研究较少。

(3)防治措施

对叶蝉发生危害期，喷施40%乐果乳油1 000倍液，以防虫造成侵染的伤口；及时剪除病死枯枝，刮除主干上的病斑并且在伤口上涂以0.1%升汞液进行消毒，然后再涂以白涂剂以保护伤口；此病主要危害长势弱的树，在治疗干腐病时，建议树木复壮与治病同时进行，复壮可选用复混肥料"雨阳"或氨基酸水溶肥"跟多"。干部杀菌时建议先刮掉腐烂部位，再用国光松尔+糊涂搅拌匀后涂刷在新鲜伤口上，次法有杀菌促伤口愈合之效。对易发病的树，建议在3月初用涂白剂涂刷，可阻止其侵染危害。

【任务小结】

细菌病害的最大的特点，是多数必须由伤口侵入，如果植物本身没有伤口，病菌很难侵入。而且病菌会侵入弱植株。植物本身生长比较健壮的情况下，病菌很难侵入。

斑点型和叶枯型细菌性病害的发病部位，先出现局部坏死的水渍状半透明病斑，在所候潮湿时，从叶片的气孔、水孔、皮孔及伤口上有大量的细菌溢出黏状物——细菌脓。如水稻白叶枯病、细菌性条斑病等的确诊，就依据菌青枯型和叶枯型细菌病害的确诊依据，用刀切断病茎，观察茎部断面维管束有否变化，并用手挤压，即在导管上流出乳白色黏稠液——细菌脓。利用细菌脓有无可与真菌引起的枯萎病相区别。鉴别茄子青枯病和枯萎病就可用此法区别。

腐烂型细菌病害的共同特点是，病部软腐、黏滑、无残留纤维，并有硫化氢的臭气。而真菌引起的腐烂则有纤维残体，无臭气。如鉴别白菜软腐病和菌核病常用此法。

细菌性病原的镜检：遇到细菌病害发生初期，还未出现典型的症状时，需要在低倍显微镜下进行检查，其方法是，切取小块新鲜病组织于载玻片上，洋小点水，盖上玻片，轻压，即能看到大量的细菌从植物组织中涌出云雾状菌泉涌出。

【拓展提高】

曹静. 桂花常见病害的发生及防治[J]. 现代农业科技，2009，03：135.

郭成亮，宋志刚. 杨树细菌溃疡病及其检疫重要性[J]. 吉林农业大学学报，1998，S1：128.

顾焕先，张国辉，侣胜利. 桂花病害的种类调查和病原鉴定[J]. 浙江农业科学，2016，06：888-890.

廖正乾. 杨树主要病害及防治措施[J]. 湖南林业科技，2007，05.

李英，王钧. 致癌土壤杆菌K-8菌株的分离和几株致癌土壤杆菌的初步鉴定[J]. 云南植物研究，1982(01).

倪大炜，沈杰，张炳欣. 日本樱花根癌病病原菌的鉴定及其防治[J]. 微生物学通报，1999(01).

田国忠，朱水芳，罗飞，等. 根癌农杆菌对感染植原体的泡桐组培苗症状的影响[J]. 林业科学研究，2001(03).

田国忠，张锡津，朱水方，等. 间接免疫荧光显微术检测泡桐丛枝病原MLO的研究[J]. 林业科学研究，1996(01).

田国忠，李永，朱水芳，等. 我国木本植物致病性土壤杆菌的分子检测和比较鉴定[J]. 林业科学，2006，02.

张静娟，周娟，相望年. 中国毛白杨根癌土壤杆菌的类型和对土壤杆菌素敏感性的研究[J]. 微生物学报，1988(01).

【复习思考】
1. 简述杨树冠瘿病防治途径。
2. 简述槐树烂皮病的发病特点。

任务3.5 林木病毒病害和植原体病害防治

【任务介绍】

生物因子以细菌、真菌、病毒、植原体等为代表，非生物因子主要以常见的光、温、湿度为代表，这些致病因子虽不同，但是它们致病的根本原因都是对植物的生长施加了超过植物忍受极限的影响。病毒性病害和植原体病害通常引起枝条丛生、花器变态、叶片黄化、树皮坏死，以及生长衰退和死亡等病害症状。主要依靠叶蝉和飞虱等从韧皮部取食的刺吸式昆虫及植物营养繁殖材料传播，也可由菟丝子和人工嫁接等传播。由于这种类型的病害确诊起来相对困难且容易误诊，加之高效的药物相对较少，因此其应对措施还是以预防和检疫为主。

植物病毒性病害主要表现在叶片上，发病部位出现褪绿，逐渐呈黄、绿相间的斑驳，严重时叶片畸形(扭曲或线叶)，植株长势变弱。本单元的任务是了解典型的林木病毒类、植原体病害。

【教学目标】

知识目标
1. 认识植物病毒性病害的典型症状。
2. 理解植物病毒性病害和植原体病害的全株性带毒的特性。

技能目标
能够识别本地典型的林木病毒类、植原体病害。

【任务实施】

3.5.1 泡桐丛枝病

泡桐丛枝病危害泡桐的树枝、干、根、花、果。幼树和大树发病，多从个别枝条开始，枝条上的腋芽和不定芽萌发出不正常的细弱小枝，小枝上的叶片小而黄，叶序紊乱，病小枝又抽出不正常的细弱小枝，表现为局部枝叶密集成丛，外观似鸟巢，冬季落叶后呈扫帚状。病株上有时发生花器变型，花瓣变叶状，花柄或柱头生出小枝，小枝上的腋芽又抽出小枝，花瓣变成小叶状，最后花器亦形成簇生小丛枝状。还有花萼变薄，花托多裂，花蕾变形等症状。

有些病树多年只在一边枝条发病，没有扩展，仅由于病情发展使枝条枯死。有的树随着病害逐年发展，丛枝现象越来越多，最后全株都呈丛枝状态而枯死。病树根部根系也表现丛生状，须根明显减少，并有变色现象。一年生苗木发病，表现为全株叶片皱缩，边缘下卷，叶色发黄，叶腋处丛生小枝。发病苗木当年即枯死（图3-8）。

图3-8　泡桐丛枝病病枝

(1) 发病症状及其规律

此病害能随发病泡桐种根、苗木和幼树传播；在泡桐植株之间，由刺吸式口器昆虫传染，如蝽、叶蝉。中国拟菱纹叶蝉吸食枣疯病原以后，在泡桐实生苗上，传毒14个月后，可以发病；修剪过渡或机械伤严重的泡桐容易发病；泡桐病树种子育成苗木幼树未见发病，无病实生苗的根育苗，也未见发病，但繁殖代数愈多，发病也愈多；兰考泡桐、楸叶泡桐、绒毛泡桐发病多；南方的白花泡桐、川泡桐发病少。

植原体在泡桐病株上，大量存在于韧皮部疏导组织的筛管内，在病株内类菌质体主要通过筛板孔移动，而侵染到全株。据观察，类菌质体在寄主体内运行，有秋季随树液流向根部，春季又随树液流向树体上部的规律，现已证明烟草盲蝽和茶翅蝽是传播病害的介体昆虫。带病种根和苗木的调运是病害远程传播的重要途径。

(2) 病原物

泡桐丛枝病病原是植原体（*Phytoplasma*），圆形或椭圆形，直径为200～820nm（图3-8）。存在于泡桐韧皮部筛管细胞中，通过筛板移动，能扩及整个植株。植原体也称类菌原体（mycoplasma like organism，MLO），是一类尚不能人工培养的植物病原菌。为无细胞壁、仅由三层单位膜包围的原核生物，专性寄生于植物的韧皮部筛管系统。引起枝条丛生、花器变态、叶片黄化、树皮坏死，以及生长衰退和死亡等病害症状。植原体主要依靠叶蝉和飞虱等从韧皮部取食的刺吸式昆虫及植物营养繁殖材料传播，也可由菟丝子和人工嫁接等传播（图3-9）。

(3) 防治措施

①从无病树上采根繁殖，或用种子及实生苗根繁殖，培育优质壮苗；采根后，用40～50℃温水浸根30min，或1 000mg/L的土霉素液浸根12h，再晾根2d后育苗，有较好的防治效果。

②及时修除病枝，抹除病芽，挖除重病苗木和幼树，发病轻的病株，春、夏修剪病枝，连同部分健康枝条锯掉；在泡桐展叶前，在病枝基部进行环状剥皮，宽度为所剥部分

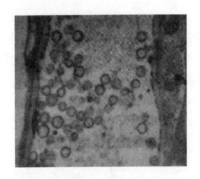 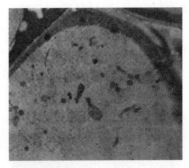

图 3-9　泡桐丛枝筛管中的植原体

枝条直径的 1/3 左右，以阻止类菌质体在树体内运行。

③5~6 月对传病媒介昆虫如蜡象、叶蝉等刺吸式害虫进行药剂防除。

④泡桐发病后，可用四环素等抗生素治疗，其方法如下所示。

a. 髓心注射　1~2 年生幼苗或幼树髓心松软，可用针管插入髓部，徐徐注入 10 000~20 000mg/L 的四环素液或 5% 硼酸钠溶液；大树可先在干基部或丛枝基部打洞，深至髓心，用注射器将兽用土霉素碱溶液徐徐注入。一般在夏季注射效果好；

b. 断根吸收　即在距树干基部 50cm 处挖开土壤，在暴露的根中选 1cm 粗细的截断，将药液装在瓶内再把根插入瓶，瓶口用塑料布盖严，经一定时间后，药液就被吸入树体；

c. 叶面喷洒　在苗木生长期间用 200 单位的土霉素溶液喷洒 1~2 次可收到较好的效果。

3.5.2　杨树花叶病毒病

杨树花叶病毒病是一种世界性病害，主要危害幼苗、幼树，致使幼苗高生长、径生长受阻，幼树生长量至少降低 30%。严重发病的植株木材结构异常，密度和强度降低，使用价值降低。一旦发病很难防治。该病最早于 1935 年在保加利亚的香脂美杨（*Populus balsamifera*）上发生，到 20 世纪 60 年代发现有 50 余种栽培的杨树种或杂种可感染此病毒。此病广泛分布于欧洲杨树栽植区，并在许多地区造成严重的病害。此病于 1972 年随引进的 Havard（I-63/51）、Lux（I-69/55）和 Onda（I-72/51）等意大利品种的种苗（插条）而传入我国。

（1）发病症状及其规律

病叶片上出现花叶，呈橘黄色线纹或斑点；边缘褪色发焦，沿叶脉为晕状透明；主脉或侧脉及叶柄呈现紫红色坏死斑，叶柄基部隆起，有褐色坏死斑。在检疫时应特别注意区分花叶毒病与普通花叶病之间的症状差异（图 3-10）。二者区别如下：

杨树花叶病毒病的叶部症状呈橘黄色线纹或斑点；在麦格隆息丰烟（*Nicotiana megalosiphon*）上叶部的症状呈叶脉坏死、系统花叶状；发病盛期在 8 月底以后。普通花叶病其叶部症状呈浓淡相间的花叶或斑驳；在麦格隆息丰烟上叶部不表现症状；发病盛期在 5 月下旬至 6 月期间。

该病初期于 6 月上、中旬在有病植株下部叶片上出现点状褪绿，常聚集为不规则少量橘黄色斑点，至 9 月，从下部到中上部叶片呈明显症状。边缘褪色发焦，沿叶脉为晕状，

图 3-10　杨树花叶病病叶

叶脉透明，叶片上小支脉出现橘黄色线纹，或叶面布有橘黄色斑点；主脉和侧脉出现紫红色坏死斑(也称枯斑)。叶片皱缩、变厚、变硬、变小，甚至畸形，提早落叶。叶柄上可见紫红色或黑色坏死斑点，叶柄基部周围隆起。顶梢或嫩茎皮层常破裂，发病严重植株枝条变形，分枝处产生枯枝，树木明显生长不良。高温时叶部隐症。

杨树花叶病毒的自然寄主为杨树(*Populus* spp.)，包括黑杨派和青杨派的美洲黑杨(*Populus deltoides*)、黑杨(*P. nigri*)、莱比锡杨(*P.* × *canadensis* cv.'Leipzig')、健杨(*P.* × *canadensis* cv.'Robusta')、I-214 杨(*P.* × *canadensis* cv.'I-214')、I-262 杨(*P.* × *canadensis* cv.'I-262')、沙兰杨(*P.* × *canadensis* cv.'Sacrau-79')、毛果杨(*P. trichocarpa*)等。另外，杨树花叶病毒自然宿主广泛，人工接种可侵染 20 种双子叶植物。

目前已知杨树花粉种子不带病毒，杨树花叶病病毒可以通过嫁接传染，公认插条带毒传播，插条浸出液同样传病。嫁接、根接和修枝，都会扩散病害。已知下列蚜虫不传毒：杨黑毛蚜、桃蚜、豆卫矛蚜、扁豆蚜、马铃薯长管蚜及杨纹翅大蚜。其他昆虫是否传病尚待证实，菟丝子也不传病。

据调查，在北京地区一般 6~7 月病害开始发生，8~9 月病情发展较快。在长江流域，扦插苗于 4 月底零星发病，6 月中旬大量发生，当夏季气温升高到 32℃ 以上时，病树症状隐潜，秋季气温降低后症状又显现出来。

杨树因品种差异、杂交组合或无性系对此病毒的抗性差异很大。抗病性鉴定结果显示，抗病类型表现出对病毒的免疫，虽然接种时可引起叶绿体细胞的畸形，但在组织中检测不到病毒粒子，耐病类型可感染病毒，但不表现症状或症状很轻，感病类型则表现出明显的叶部症状和生长衰退，病组织中含有较高浓度的病毒粒体。一般来说，黑杨派受害较严重，而青杨派受害较轻。I-63 杨、I-69 杨、I-72 杨易感病，107 杨等品种较抗病。

不同树龄发病情况也不相同，病毒对杨树的影响和树龄成反比，即树龄越小症状越重，造成的损失也越大。1 年生苗木、幼树发病重，大树症状则不明显。此外干旱贫瘠的地块，特别是多年重茬地发病严重，而土壤肥沃湿润地段则发病较轻。

(2) 病原物

该病的病原为(poplar mosaic virus, PopMV)，也称加拿大杨花叶病毒(Canadian poplar mosaic virus)，分类地位属于香石竹潜隐病毒属(*Carlavirus*)。

基因组单分子单链 RNA，正链，2.7MD。衣壳蛋白相对分子质量 32kD。病毒粒子线条状，$(600 \sim 1\,000)\,\mu m \times (10 \sim 14)\,\mu m$，核衣壳为螺旋状，无包膜。分为加拿大株系、荷兰株系和德国株系。

该病毒有耐高温的特性，致死温度在 $75 \sim 80\,℃$，稀释终点 10^{-4}，体外存活时间不超过 7d（以病毒粗提液在室温下保存）。在杨树体内为系统感染，杨树的所有组织如形成层、韧皮部和木质部等均受侵染，发病后难以防治。

此病毒与同属的忍冬潜隐病毒（honeysuckle latent virus）（HnLV）有血清关系，但与同组的其他病毒无血清学关系，如豌豆线条病毒（pea streak virus）（PeSV）、马铃薯 S 病毒（potato virus）S（PVS）、马铃薯 M 病毒（potato virus M）（PVM）和菊花 B 病毒（chrysanthemum virus B）（CVB）等。

（3）防治措施

①在产地检疫中，发现疫情，应对病株喷施 0.1%～0.3% 硫酸锌溶液，用药量为 $0.75 \sim 2.25\ kg/hm^2$ 或将感病植株周围 $1 \sim 3m$ 范围内的植株全部拔除销毁。

②严禁从疫区或疫情发生区调运寄主苗木、插条，进入非病区，发现染疫的苗木等繁殖材料要销毁。

③有条件的苗圃可用组织培养方法进行茎尖脱毒，培育无毒组培苗及选用抗病品种。

④把好产地检疫关，将防治重点放在育苗阶段，对插条苗要精选种条；对平茬苗和生产苗应严格检查；严禁用病苗育种、造林。

【任务小结】

病毒性病害种类少，危害大，轻则长势不良，重则引起植株死亡，为毁灭性病害；而且分布广几乎所有植物都有病毒病；预防难，无特效药。危害植株顶部嫩叶的病毒性病害有 3 种外部表现：①花叶表现为叶片皱缩，有黄绿相间的花斑。黄色的花叶特别鲜艳，绿色的花叶为深绿色。黄色部位都往下凹，绿色部位往上凸。②厥叶表现为叶片细长，叶脉上冲，重者呈线状。③卷叶表现为叶片扭曲，向内弯卷。危害果实的毒性病害，主要表现在成熟期果实上有条斑。

【拓展提高】

丁世民. 浅谈花卉病毒病的识别与防治[J]. 广东园林, 2000, 02: 46-47.

董小军, 路雪君, 廖晓兰. 植物植原体病害及其防控措施[J]. 农药科学与管理, 2010, 08: 48-50.

耿显胜, 舒金平, 王浩杰, 等. 植原体病害的传播、流行和防治研究进展[J]. 中国农学通报, 2015, 25: 164-170.

胡佳续, 宋传生, 林彩丽, 等. 4 种植物病害植原体病原质粒全序列测定及分子特征[J]. 林业科学, 2013, 04: 90-97.

解灵军, 贾晓梅, 韩晓. 河北省部分地区花卉病害初步调查[J]. 安徽农业科学, 2010, 15: 7942-7943.

康克功, 孙丙寅, 段宏斌, 等. 进境植物检疫性病害的疫情评述[J]. 西北林学院学报, 2004, 04: 103-108.

李正男. 陕西省四种植原体病害的分子鉴定[D]. 杨凌：西北农林科技大学，2010.

李正男. 西北地区常见植物植原体病害分子鉴定及株系多样性研究[D]. 杨凌：西北农林科技大学，2015.

刘永光. 山东省桑萎缩、枣疯病、竹丛枝及三种新植原体病害分子检测与鉴定[D]. 泰安：山东农业大学，2009.

卢宝云. 桑树黄化型萎缩病植原体致病相关蛋白基因的克隆及致病性分析[D]. 泰安：山东农业大学，2012.

马友信，贾明贵. 国外引种植物检疫情况与分析[J]. 陕西农业科学，1997，02：37-39.

田国忠. 北京地区木本植物植原体病害发生及防治对策[J]. 北京农业科学，1999，06：25-28.

王洁. 泡桐丛枝病植原体延伸因子 tuf 基因分析及其他寄主植物的检测[D]. 泰安：山东农业大学，2008.

薛金坡. 花卉常见寄生性病害防治方法[J]. 河北农业科技，2008，03：22-23.

于少帅，徐启聪，林彩丽，等. 植原体遗传多样性研究现状与展望[J]. 生物多样性，2016，02：205-215.

周琦. 进口花卉种苗生长期检疫病害调查[J]. 植物检疫，1992，05：331-332.

【复习思考】

1. 简述泡桐丛枝病防治方法。除了泡桐丛枝病外还有哪些植物容易发生丛枝病？
2. 简述杨树花叶病毒病的发病症状。

任务3.6 林木线虫病害防治

【任务介绍】

线虫（nematodes）又称作蠕虫，是一类低等无脊椎动物，在自然界分布广泛，种类约有2 600多种。一般生活在土壤、淡水、海水中，绝大多数种类寄生在人、动物和植物体内引起病害。其中植物上寄生性线虫约有2 000种，线虫种类不多但危害十分严重。

寄生在植物上的线虫，体型较小，大约0.5~3mm，多数雌雄同型呈线性或圆筒状，两端稍尖，个别种雌虫膨大成梨型或肾型，如根结线虫。线虫的头部有唇和口腔，口腔内有管状口针或轴针，其基部与食道相连。消化系统由口腔、食道、肠组成；生殖系统较为发达，占体腔很大部分，雌虫生殖系统包括两条卵巢、输卵管和子宫，通过阴道开口与阴门，雄虫生殖系统由精巢、输精管和一对交合刺组成。口针是寄生线虫的最主要标志，尾部侧尾腺口是否存在是线虫分类的重要依据。

线虫生活史分为卵、幼虫和成虫三个阶段，卵孵化为幼虫，幼虫经过四次蜕皮发育成成虫。一龄幼虫在卵内发育，二龄幼虫难辨雌雄，雄虫交配后不久就死亡，个别种雌虫可以孤雌生殖。线虫繁殖能力极强。一头雌虫可产卵500~3 000头，大多数种线虫一年可繁殖多代，每代历期因环境条件而定，一般时间约30d，代数也因线虫种类、环境、条件而不同，例如：月季胞囊线虫在河南一年2代，但在南方一年会发生4代。

本任务以松材线虫病和桂花根结线虫病为典型案例，引领学生掌握林木典型线虫病害的发病规律及防治方法。

【教学目标】

知识目标

1. 了解林木病原线虫的症状特点。
2. 掌握林木病原线虫的生活史、发病规律及防治方法。

技能目标

1. 能够根据线虫形态进行病原确定。
2. 识别松材线虫病、桂花树根结线虫病病害症状。

【任务实施】

3.6.1 松材线虫病

松材线虫病又称松树萎蔫病。是松树的一种毁灭性流行病。在我国松褐天牛(*Monochamus alternatus*)是它的主要传媒昆虫。该病在日本、韩国、美国、加拿大、墨西哥等国均有发生，但危害程度不一，其中以日本受害最重。此病1982年中国在南京市中山陵首次发现，又相继在安徽、广东、山东、浙江等省(自治区)局部地区发现并流行成灾，导致大量松树枯死。

松材线虫病已经对各地的松林资源、自然景观和生态环境造成严重破坏，而且有继续扩散蔓延之势。致病力强，寄主死亡速度快；传播快，且常常猝不及防；一旦发生，治理难度大。已被中国列入对内、对外的森林植物检疫对象。

松材线虫的感染对象众多，很多松科植物都可以危害。在日本主要危害赤松(*Pinus densiflora*)、黑松(*P. thunbergii*)、琉球松(*P. luchuensis*)、日本五针松(*P. pentaphylla*)。另外，在德国鱼鳞松、雪松、日本落叶松上也曾监测到松材线虫。在美国主要危害南欧黑松(*Pinus nigra*)、赤松(*P. densiflora*)、欧洲赤松(*P. sylvestris*)、火炬松(*P. taeda*)、湿地松(*P. elliottii*)等。在中国主要危害黑松、赤松、马尾松(*P. massoniana*)、海岸松(*P. pinaster*)、火炬松、黄松(*P. thunberigii* × *P. massoniana*)等植物。

（1）发病症状及其规律

松树发病后体现的外部症状是针叶陆续变为黄褐色乃至红褐色，萎蔫，最后整株枯死，发病进程很快，最快从发病到松树整株死亡只需要40d左右。

松材线虫侵入树木后，外部症状的发展过程可分为四个阶段：

①外观正常，树脂分泌减少或停止，蒸腾作用下降。

②针叶开始变色，树脂分泌停止，通常能够观察到天牛或其他甲虫侵害和产卵的痕迹。

③大部分针叶变为黄褐色,萎蔫,通常可见到甲虫的蛀屑。

④针叶全部变为黄褐色,病树干枯死亡,但针叶不脱落。此时树体上一般有次期性害虫栖居。因松材线虫侵染而枯死的树木,由于青变菌的寄生,木质部往往呈现青灰色,产生所谓的"蓝变"。

由于松材线虫运动能力十分有限,只能借助其中间寄主松墨天牛的迁飞完成传播,因此此病的爆发地点有一定的随机性。该病的发生与流行与寄主树种、环境条件、媒介昆虫密切相关。低温能限制病害的发展,干旱可加速病害的流行。从罹病树中羽化出来的天牛几乎100%携带松材线虫。天牛体中的松材线虫均为耐久型休眠幼虫,主要分布在天牛的气管中,且以后胸气管中线虫量最大,此外也会附着在体表及前翅内侧。一只天牛可携带上万条松材线虫,据报道多的可达28万条。

松墨天牛在华东地区一般为1年1代;广东1年2~3代,以2代为主。中国南京地区松褐天牛每年发生1代。于5月下旬至6月上旬羽化。在1年1代的地区,春天可见松材线虫分散型3龄虫明显地分布在松墨天牛蛀道周围,并渐渐向蛹室集中。这主要是由于蛹室内含有大量的不饱和脂肪酸,如油酸、亚油酸、棕油酸等对线虫产生趋化活性。

当松墨天牛即将羽化时,分散型3龄虫蜕皮形成休眠幼虫,通过松墨天牛的气门进入气管,随天牛羽化离开寄主植物。松材线虫对二氧化碳有强烈的趋化性,天牛蛹羽化时产生的二氧化碳是休眠幼虫被吸引至气管中的重要原因。当松褐天牛补充营养时,大量的休眠幼虫则从其啃食树皮所造成的伤口侵入健康树。松墨天牛在产卵期线虫携带量显著减少,少量线虫也可从产卵时所造成的伤口侵入寄主。休眠幼虫进入树体后即蜕皮为成虫进入繁殖阶段,大约以4d一代的速度大量繁殖,并逐渐扩散到树干、树枝及树根。被松材线虫侵染了的松树大抵是松墨天牛产卵的对象。翌年松墨天牛羽化时又会携带大量线虫,并将其传染到其他树上。如此循环,导致松材线虫的传播十分迅速(图3-11)。

(2)病原物

该病为松材线虫(*Bursaphelenchuh xylophilus*)引起。属于线形动物门(Nemathelminthes)线虫纲(Nematada)垫刃目(Tylenchida)滑刃科(Aphelenchoididae)。

成虫体细长约1mm,唇区高,缢缩显著,基部略微增厚。中食道球卵圆形,占体宽的2/3以上。食道腺细长,叶状,覆盖于肠背面。排泄孔的开口大致与食道和肠交接处平行。半月体在排泄孔后约2/3体宽处。雌虫尾部亚圆锥形,末端钝圆,少数有微小的尾尖突。卵巢前伸,卵呈单行排列。阴门开口于虫体中后部体长的73%处,上覆以宽的阴门盖。雄虫交合刺大,弓形,喙突显著,远端膨大如盘状。尾部似鸟爪,向腹部弯曲,尾端为小的卵形交合伞包裹。

(3)防治措施

①清除松墨天牛　在晚夏和秋季(10月以前)喷洒杀螟松乳剂(或油剂)于被害木表面(每平方米树表用药400~600mL),可以完全杀死树皮下的天牛幼虫;在冬季和早春,天牛幼虫或蛹处于病树木质部内,喷洒药剂防治效果差,也不稳定。伐除和处理被害木,残留伐跟要低,同时对伐根进行剥皮处理,伐木枝梢集中烧毁。原木处理可用溴甲烷熏蒸或加工成薄板(2cm以下)。原木在水中浸泡100d,也有80%以上底杀虫效果。这些措施都必须在天牛羽化前完成。在天牛羽化后补充营养期间,可喷洒0.5%杀螟松乳剂(每株2~3kg)防治天牛,保护健树树冠。

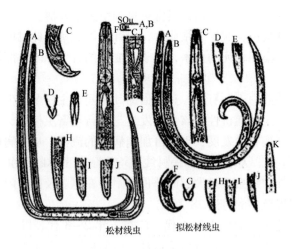

图 3-11　松材线虫

②药物防治　在确认松树未被线虫侵染的条件下，用丰索磷、乙伴磷、治线磷等内吸性杀虫和杀线剂施于松树根部土壤中，或有丰索磷注射树干，预防线虫侵入和繁殖。采用内吸性杀线剂注射树干，能有效地预防线虫地侵入。

③砍除病树　新发现的感病松林，要立即采取封锁扑灭措施。小块的林地要砍除全部松树；集中连片的松林，要将病树全部伐除，同时刨出伐根，连同病树的枝干一起运出林区，进行熏蒸或烧毁处理。

④药剂熏蒸　感病的原木及加工制品，可进行熏蒸处理，但必须在松褐天牛羽化前完成。在自然界用溴甲烷进行帐幕熏蒸，5~10℃时，68~83g/熏蒸72h；11~21℃时，42~56g熏蒸72h。

⑤水浸处理　在有条件的地方可将应处理的松木沉于水塘中浸泡，浸泡期间木材不得长期露出水面，要定期进行翻动，浸泡时间必须达到5个月以上。

⑥集中烧毁　对利用价值不大的松木、枝条、伐根及其他松木加工制品，可集中烧毁，在焚烧过程中要加强防火管理，特别是余火的处理。

3.6.2　桂花树根结线虫病

(1) 发病症状及其规律

多发生在桂花树扦插苗木中，尤以1~2年生苗发病严重，有时发病率高达90%以上。寄主范围广泛，受害植物达千种以上，除桂花外，还侵染海棠、仙客来、牡丹、菊花等多种观赏花卉。

线虫通常在土中越冬，借水流、病肥、病种苗及农事作业传播，病土和病残体是主要侵染来源，幼虫侵入幼根后固定寄生，刺激组织膨大形成根结。

典型病症是根部产生小瘤状根结，初为淡黄色、光滑坚硬，后变深色，剖开小瘤内有一白色粒状物雌成虫体。影响根部吸收，使地上部生长受阻，逐渐枯死。

病根发育不良，比正常根要短，须根和根毛减少。病树受害轻时，地上部分一般不表现症状；随栽培年限延长或线虫数量增加，病树表现出长势衰退、黄化、矮小等症状，与缺肥和干旱的症状相似，因此常被误认为缺水、少肥所致。病树在干旱条件下易枯死。

(2)病原物

桂花根结线虫主要危害植物根部,最初形成许多大小不等的根瘤。小根上的瘤直径 1~2mm,大根上的瘤可达 1~3mm。有时根瘤连结成串,使根部形似肿根。根瘤初期黄白色,逐渐变成褐色。切开根瘤在显微镜下可见到白色微小粒状物,是根结线虫的雌虫虫体。

(3)防治措施

①严格植物检疫制度,严禁从发病地区引种苗木。

②加强栽培管理,包括增施有机肥料、苗圃实行三年以上的轮作、选用抗病砧木、促进天敌繁育措施等,都可收到良好的预防效果。

③对可疑的苗床土壤,用10%克线丹颗粒剂防治,每公顷用有效成分6kg;施药时,先扒去树冠下3~5cm深的土层,均匀地施入药剂,随即覆土。在生长期,每 hm^2 施用10%力满库颗粒剂45~75kg,施在根际周围,可以沟施、穴施或撒施。在选用杀线虫剂时应注意,有的药剂可以在桂花树种植后或生长期使用,有的只能在种植前使用,并需间隔15~30d后才能种植桂花树,以免发生药害。

【任务小结】

线虫的危害原理。线虫对寄生植物的致病性表现,首先是通过口针或轴针对寄主细胞或组织直接穿刺吸食造成创伤,后由于食道腺的分泌物(酶和毒素)对寄主细胞造成重要影响,引起细胞增大,形成肿瘤,抑制顶端分生组织分裂,融解细胞壁造成细胞组织坏死等。因此病状表现为:肿瘤、茎叶卷曲、根坏死腐烂、整株植株早衰、生长不良、叶色灰暗枯萎,严重时整株死亡。

植物病原线虫大多是专性寄生,只能在活的植物细胞或组织内取食和繁殖,在植物体外就只能依靠体内储存养分存活或休眠,而且某一类线虫只有专一的寄主植物。土壤线虫主要集中在根系密集分布的耕作层即土表下10~20cm土层中,30cm以下土层中很少有。

线虫可以寄生植物的各个部位,如地下的根、鳞茎、块茎;地上的叶、芽、花。在寄生方式上可分为三种。①内寄生。除卵、一龄幼虫和雄成虫在土壤中外,2~4龄幼虫和雌成虫均在植物组织内,从植物细胞内获取营养。如根结线虫、胞囊线虫等;②外寄生。线虫生活在土中,只用口针穿刺植物根或地下茎表面取食;③半内寄生。介于内外寄生之间,线虫以头颈进入植物体内取食。

【拓展提高】

陈品三. 主要杀线虫剂在我国的应用研究进展[J]. 农药市场信息,2002,02:8-9,21,2.

黄文坤,占丽平,吴青松,等. 植物对线虫病害的诱导抗性及其生理生化机制[J]. 农业生物技术学报,2015,11:1501-1508.

柯云. 园林植物根部寄生线虫种类鉴定及植物源杀线剂的研究[D]. 厦门:厦门大学,2007.

李海燕,刘润进,束怀瑞. 丛枝菌根真菌与葡萄南方根结线虫的相互作用及其对寄主的影响[J]. 园艺学报,2002,06:510-514.

李海燕. 丛枝菌根(AM)真菌诱导植物抗/耐线虫病害机制的研究[D]. 泰安：山东农业大学, 2002.

李娟, 张克勤. 食线虫微生物防控病原线虫的研究[J]. 中国生物防治学报, 2013, 04：481-489.

林茂松. 植物线虫病害的生物防治[J]. 世界农业, 1992, 01：43-44.

刘存信. 国内近年栽培植物线虫病害概述[J]. 植物检疫, 1987, 01：5-12.

逯宇婷. 植物寄生线虫的习性和致病性[J]. 科技风, 2015, 21：90.

梅眉. 利用 RNAi 获得植物对南方根结线虫抗性的研究[D]. 长沙：湖南农业大学, 2014.

彭德良, 郑经武, 廖金铃, 等. 重要植物线虫致病相关基因研究进展[A]. 中国植物病理学会. 中国植物病理学会 2006 年学术年会论文集[C]. 中国植物病理学会, 2006：10.

彭德良. 我国植物线虫病害发生趋势及控制对策[C]. 中国科学技术协会、四川省人民政府. 加入 WTO 和中国科技与可持续发展——挑战与机遇、责任和对策(上册). 中国科学技术协会、四川省人民政府, 2002：1.

武修英. 植物线虫研究方法简介[J]. 植物保护, 1985, 06：18-19.

卓侃, 廖金铃. 植物线虫分子鉴定研究进展[J]. 植物保护, 2015, 06：1-8.

【复习思考】

1. 简述松材线虫病病原形态，以及主要症状特点和防治方法。
2. 简述桂花树根结线虫病病原形态，以及主要症状特点和防治方法。

任务 3.7 林木其他病原所致病害防治

【任务介绍】

生物因子以细菌、真菌、病毒、植原体等为代表，非生物因子主要以常见的光、温、湿度为代表，这些致病因子虽不同，但是它们致病的根本原因都是对植物的生长施加了超过植物忍受极限的影响。本单元的任务是认识林木其他病原所致病害。

【教学目标】

知识目标

了解常见的寄生性植物的危害机制。

技能目标

能够识别本地常见的寄生性植物病害和非侵染性病害。

【任务实施】

3.7.1 桑寄生

(1)发病症状及其规律

桑寄生(*Taxillus sutchuenensis*),别称桃树寄生,苦楝寄生等。灌木,高0.5~1m;嫩枝、叶密被褐色或红褐色星状毛,有时具散生叠生星状毛,小枝黑色,无毛,具散生皮孔。半寄生、寄生性灌木,亚灌木,寄生于乔木或灌木的茎或枝上,叶互生或近于对生,革质,叶片全缘,倒卵形,椭圆形至长圆披针形,长5~8cm,宽3~4.5cm,顶端圆钝,基部近圆形,上面无毛,下面被绒毛;侧脉4~5对,在叶上面明显;叶柄长6~12mm,无毛。花两性或单性,雌雄同株或异株穗状花序腋生或顶生,具苞片,花被片3~6,黄绿色,子房下位,球形浆果,种子1枚,无种皮。

总状花序,1~3个生于小枝已落叶腋部或叶腋,具花(2~)3~4(~5)朵,密集呈伞形,花序和花均密被褐色星状毛,总花梗和花序轴共长1~2(~3)mm;花梗长2~3mm;苞片卵状三角形,长约1mm;花红色,花托椭圆状,长2~3mm;副萼环状,具4齿;花冠花蕾时管状,长2.2~2.8cm,稍弯,下半部膨胀,顶部椭圆状,裂片4枚,披针形,长6~9mm,反折,开花后毛变稀疏;花丝长约2mm,花约长3~4mm,药室常具横隔;花柱线状,柱头圆锥状。果椭圆状,长6~7mm,直径3~4mm,两端均圆钝,黄绿色,果皮具颗粒状体,被疏毛。花期6~8月。

树木遭桑寄生害后变小,发叶迟,落叶早,不开花或推迟开花、花少,易落果或不结果。被寄生处枝干肿胀,出现裂缝或空心,易风折,严重受害时整枝或全株枯死(图3-12)。

(2)病原物

桑寄生种子的主要传播者是鸟类。桑寄生春季开花,秋季结果产生大量浆果。果实成熟时呈鲜艳红褐色,招引雀鸟啄食。种子能忍受鸟体内高温及抵御消化液的作用,不被消化,随鸟粪排出后即黏附于花木枝干上。在适温下吸收清晨露水即萌发长出胚根,先端形成吸盘,

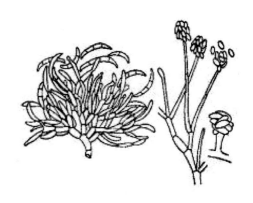

图3-12 梧桐桑寄生

然后生出吸根,从伤口、芽眼或幼枝皮层直接钻入。侵入寄主植物后在木质部内生长延伸,分生出许多细小的吸根与寄主的输导组织相连,从中吸取水分和无机盐,以自身的叶绿素制造所需的有机物来发展茎叶部分。同时也直接夺取寄主植物的部分有机物。所以寄主植物被侵害后生长势逐渐减弱,枝干逐渐萎缩干枯,最后甚至整株死亡。

(3)防治措施

①秋后果实成熟前,冬天寄主植物落叶后全面剪除桑寄生植株(从吸根侵入部位往下30cm修剪),并烧毁。

②用硫酸铜和2,4-D进行防治。

3.7.2 杏芽瘿病

(1) 发病症状及其规律

杏树仅芽苞受害。由于瘿螨的刺激危害，芽苞初变黄褐色，芽尖略红，鳞片增多，质地较软，包被不紧。以后芽苞周围芽丛不断增多，形成大小不等的刺状瘿瘤。一个瘿瘤内可有多个芽丛。瘿螨在幼嫩的鳞片间隙危害，晚期瘿瘤变褐，质地变脆，用手触压，易于破碎，瘿瘤形成后，多年不易死亡。瘿瘤的直径多为1～2cm，在一些大枝及主干上，最大的达8.3cm。重病株上瘿瘤密集，绕茎而生，在长60cm、直径约7cm的大枝上，可产生26个直径约5～6cm的瘿瘤。树势显著衰弱，开花迟，枝叶稀疏，结果很少。更重者整株枯死。除危害杏树外，还危害樱桃李、扁桃、梅、洋李等。

(2) 病原物

梅下毛瘿螨在树皮、树皮缝隙内无虫，在干枯的瘿瘤芽丛内亦无虫，仅在瘿瘤的活芽内有越冬虫，特别是在芽丛中部的鳞片内数量甚多，虫体外常黏附有小蜡珠，常多个群聚在一起。自9月下旬起，成虫便很少产卵，所以主要以抱卵成虫越冬，并有少量若虫和卵。越冬成虫体内有1～3粒卵。体色略红至暗红，呈僵死状，提上环纹明显。翌年春季气温高于10℃时产卵，17～20℃室温下卵期4～6d，成虫期3～4d，若虫期5～6d，完成1代历时12～16d。成虫在瘿瘤内外均可爬动，喜在晴天及雨后的中午活动，不仅虫口数量大，且爬行特活跃，该虫能直立活动，雨后晴天中午，在瘿瘤及附近枝条上有很多成虫爬行扩散，侵入刚形成的芽苞中，进行传播。

(3) 防治措施

①选用抗病的品种。

②修剪或采收时，随手刮除瘿瘤，是有效的防治方法。

3.7.3 美国红枫螨虫

(1) 红枫螨虫生物学特性

美国红枫属于槭树科槭树属，原产于北美，红枫螨虫是危害它的主要害虫之一。它是螨类的一种，虫体很小，需要镜检。喜欢在树叶的背面活动，身体显红色，尾部带有一黑点。

每年3月中下旬开始孵化，6～7d一代，夏季的卵3d一代，可以四代同堂。据观察没有发现雄螨。它的天敌为蛭水螨，每10个螨虫里有1个蛭水螨即可有效控制黑螨的数量。每年的危害高峰期在5月和7月。

黑螨虫虫体很小，初孵幼虫透明渐淡黄色，虫体椭圆形，颜色逐渐转为深褐色，肉眼很难识别，喜欢在叶脉的基部取食，需要镜检（30倍放大）。螨虫孤雌生殖，目前为止没有发现雄螨，夏季在叶背产卵，夏季卵无色透明。卵在树木的生长季节为略显灰色。成虫喜欢在树木的分枝点集中产卵过冬。如果树木危害严重，黑螨没有取食的树叶时可以立即产越冬卵，越冬卵颜色为马红色。

(2) 防治措施

①适当加大植株的间距，一般在5m左右，可防止树与树之间的幼虫传播。

②注重氮磷钾肥料的使用并结合修剪，使红枫树生长旺盛，抵抗病虫害。

③早春树木发芽前用机油乳剂一百倍液喷树干,或晶体石硫合剂 50~100 倍液喷树干,以消灭越冬卵。

④危害严重时,用三唑锡、灭扫利、扫螨净 1 500~2 000 倍液防治,白红螨净 2 000 倍液防治等。并且要时时观察叶背面的螨虫,具体施药时间和条件参照上述提供的各地区的时间段,即在 23~33℃高温高湿时活动最猖獗。注意这遍药尤为重要,如果红枫树密集建议连续喷两次,上封顶下到基部。在以后的时间里勤观察。

【任务小结】

相互协调地防治某种植物病害,可以起到取长补短的作用,将大为提高防治效果,无疑这是合理运用防治技术的一种进步,由于采取的措施既注意当前的实际防治效果,也考虑今后的实际影响,防效持续稳定,因而综合防治这一思想和策略在植物病害防治上,至今仍占有重要地位。

【拓展提高】

李静,陈秀龙,李志阳,等. 木薯单爪螨发生与生物防治研究进展[J]. 农学学报,2013,06:39-44.

历建华,郭喜华. 使用杀螨剂应注意的问题[J]. 农业与技术,2002,04:83-89.

林金盛,宋金俤,李辉平,等. 金针菇工厂化袋栽几种常见病虫害的预防[J]. 浙江食用菌,2010,03:52-53.

刘孝纯,吴孔明. 不同寄主植物对朱砂叶螨种群增殖作用研究[J]. 华北农学报,1988,04:86-91.

吕文明,楼云芬. 不同茶树种质材料对茶橙瘿螨的抗性[J]. 中国茶叶,1991,05:8-9.

王梅玉,王冬生,洪晓月,等. 番茄叶片理化性质差异与抗番茄刺皮瘿螨性[J]. 昆虫知识,2008,06:904-908.

闫文涛,仇贵生,孙丽娜,等. 7 种新型果树杀螨剂简介[J]. 中国南方果树,2014,03:124,130.

杨希,黄金水,范弘达,等. 松枯死木中几种线虫及与螨虫关系的研究[J]. 中南林业科技大学学报,2012,11:34-36,46.

于力耕. 张家口地区蜂群发生螨害的原因及其防治措施[J]. 蜜蜂杂志,1993,04:17.

周春来,吴小芹,吉静,等. 南京地区竹类病害发生状况及防治对策[J]. 南京林业大学学报(自然科学版),2011,01:127-131.

【复习思考】

1. 简述桑寄生害的防治方法和杏芽瘿病的防治方法。
2. 结合书本知识,实际调查本地还有哪些螨类病害?

单元 2
林木虫害防治

项目 4　林木虫害认知
项目 5　昆虫的分类与识别
项目 6　林木虫害的诊断及防治

森林是人类社会赖以生存的生态基础,在国民经济的可持续发展及提高人类生活质量中的地位日益重要,但是,林木常因遭受各种森林虫害的危害而遭受巨大的生态及经济效益损失,据国家林业局统计,截至 2003 年 6 月末,全国主要林业有害生物发生面积 840×10^4 hm² 多,其中森林虫害 700×10^4 hm² 多,森林虫害防治已成为整个林业生产经营和生态建设的核心任务,是确保木材生产和维护生态系统健康稳定的重要方面。

据估计,我国森林虫害发生面积从 20 世纪 50~90 年代上升速度平均为每年 25%,每年因虫害的经济损失达 50 多亿元,对我国森林生产危害并造成经济损害的害虫达千余种,其中危害最大的有十多种。每年森林虫害发生面积占总森林面积的 8.2%,占人工林面积的 23.7%,虫害的发生已成为制约中国林业可持续发展的重要因之一。如松毛虫每年使松树的受害面积约为 206×10^4 hm²,仅松毛虫一害,全国每年累计损失木材将达到 500×10^4 m³;造成松树枯死的主要害虫小蠹虫类年发生面积达近 53×10^4 hm²,天牛类年成灾和毁林面积分别达到 100×10^4 hm² 和 1×10^4 hm² 以上;光肩星天牛等杨树天牛在三北防护林工程体系涉及的 500 多个县(市)中,目前已在 300 多个县(市)成灾,受害树木超过 4×10^8 株,三北防护林的一期工程已基本被虫害毁掉;检疫性害虫美国白蛾自 1976 年传入我国后,年发生面积达到 20×10^4 hm²,已造成近 5×10^8 元的直接经济损失。据估算,森林害虫在全球所造成的各类损失(包括各种林产品),年平均近 20 亿美元。

我国森林虫害的发生特点可总结为:常发性森林虫害发生面积居高不下,总体呈上升趋势;偶发性森林虫害大面积暴发,损失严重;危险性害虫和外来入侵种不断出现并暴发成灾,扩散蔓延迅速,对我国森林资源、生态环境和自然景观构成巨大威胁;多种次要害虫在一些地方上升成为主要害虫,致使造成重大危害的种类不断增多;经济林虫害日趋严重,严重制约着山区经济的发展和林农脱贫致富的进程。因此,森林昆虫的研究和害虫的治理在森林培育和经营管理中具有十分重要的意义。

项目 4
林木虫害认知

　　昆虫的形态及其特征具有一套系统而规范化的科学定义和名称，不同昆虫不仅外部形态差别很大，而且内部结构和生殖、个体的生殖发育过程以及由此而衍生的各种现象也各不相同。

　　本部分主要介绍昆虫与其他动物的区别特征，昆虫头部、胸部、腹部的基本结构，以及昆虫口器、足、翅、外生殖器的结构、类型和演化特征；对昆虫的内部组织、器官、系统以及整体的构造和机能进行概述，以了解昆虫生命活动的基本规律；介绍昆虫与环境间的相互关系，森林昆虫种群、种群动态及动态机制，昆虫地理分布、区划，昆虫群落的组成、结构和演替，生物多样性与害虫控制以及森林害虫预测预报等内容，有利于了解虫害发生的规律，寻找合适的控制方法。掌握昆虫的外部形态特征、内部基本结构、生殖和发育以及生态学特征，对于识别昆虫，了解昆虫的生活习性、生态环境和害虫防治，都具有极其重要的作用。

任务 4.1　昆虫的形态结构与功能认知

【任务介绍】

昆虫种类繁多，形态各异由于适应环境和进化过程中的自然选择，即使是同种昆虫，因发育阶段、性别、地理分布及生物学特性等不同，形态结构也有所变化。但是，不管昆虫的形态如何变化，他们的基本结构具有一致性，形态上的差异只不过是基本结构的特化，形态结构的特化和多样性是适应环境与生活机能需要的结果。昆虫形态学是研究昆虫的结构、功能、起源、发育及进化的科学，昆虫的形态及其特征具有一套系统而规范化的科学定义和名称，是学习和认识昆虫的基础。本任务内容主要介绍昆虫与其他动物的区别特征，昆虫头部、胸部、腹部的基本结构，以及昆虫口器、足、翅、外生殖器的结构、类型和演化特征。本章介绍昆虫的外部形态特征和内部器官及其功能，为学习昆虫分类及对其科学管理奠定基础。

【教学目标】

知识目标
1. 了解昆虫与其他节肢动物门动物的异同。
2. 掌握昆虫外部形态特征及其基本结构的特化类型。
3. 熟悉昆虫各部位的名称和科学定义。

技能目标
1. 能正确区分昆虫与其他动物的主要外部形态特征。
2. 能通过昆虫基本结构特征对不同种类昆虫进行分类。

【任务实施】

4.1.1　昆虫的体躯

昆虫属于动物界 Animalia 节肢动物门 Arthropoda 昆虫纲 Insecta，是动物界中最大的一个纲。节肢动物的共同特征是体躯左右对称，具有外骨骼的躯壳；体躯由若干体节组成；有些体节上有成对的分节附肢，故名"节肢动物"。

昆虫纲除具有节肢动物门的特征外，其成虫还具有以下特征（图 4-1）。体躯分成头、胸和腹部 3 个明显的体段。头部是取食与感觉的中心，具有口器和 1 对触角，还有 1 对复眼和 0~3 个单眼。胸部是运动与支撑的中心，分为前胸、中胸和后胸 3 个胸节，各节有足 1 对，中、后胸一般各有 1 对翅。腹部是生殖与代谢的中心，大多数由 9~11 个体节组成，末端具有肛门和外生殖器，有的还有 1 对尾须。

掌握以上特征，就可以把昆虫与节肢动物门的其他常见类群分开（图 4-2）。如重足纲（Diplopoda）（马陆等）体节除前方三四节及后方一两节外，每一可见背板下由 2 节合并而成，

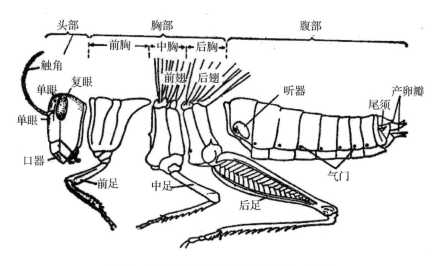

图 4-1　昆虫的外部形态（引自武三安，2007）

所以大部分体节有 2 对行动足；唇足纲（Chilopoda）（蜈蚣、蚰蜒等）胴部每 1 体节具 1 对足，其中，第 1 对足特化成毒爪，生殖孔位于体末第 2 节上；甲壳纲（Crustacea）（虾、蟹、鼠妇、水蚤等）体分头胸部和腹部 2 个体段，触角 2 对，足至少 5 对，无翅；蛛形纲（Arachnida）（蜘蛛、蜱、螨、蝎等）体分头胸部、腹部或颚体与躯体 2 个体段，无触角而有须肢 1 对，成虫有足 4 对，无翅。节肢动物门中几个比较重要的纲与昆虫纲的比较见表 4-1。

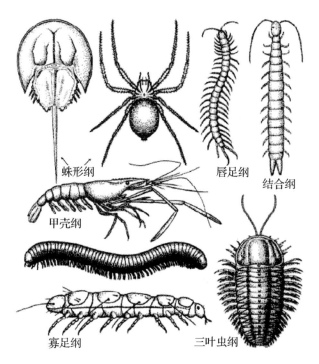

图 4-2　节肢动物门常见类群

表 4-1 节肢动物门中几个重要纲的特征比较

	昆虫纲	蛛形纲	甲壳纲	唇足纲	重足纲
体躯分段	头、胸、腹三段	头胸、腹部两段	头胸、腹部两段	头胸、胴部两段	头胸、胴部两段
头部	明显	不明显	明显	明显	明显
触角	1对	无	2对	1对	1对
足	3对	4对	至少5对	每体节1对	每体节2对
生活环境	陆生或水生	陆生	水生	陆生	陆生
呼吸方式	气管	肺叶或气管	鳃	气管	气管
代表	蝗虫	蜘蛛	虾	蜈蚣	马陆

注：引自李孟楼，2010。

4.1.2 昆虫的头部

头部是昆虫体躯的第一个体段，由数个体节愈合而成，以膜质的颈与胸部相连。头壳表面着生触角、复眼、单眼等感觉器官和取食的口器，所以，头部是昆虫感觉和取食的中心。

昆虫的头部由若干体节愈合而成(图4-3)。学者们多认为由6个体节构成，也有认为由4个体节构成，但其分节现象，仅在胚胎发育期才能见到，至胚胎发育完成，各节已愈合成为一个坚硬头壳而无法辨别。昆虫的头壳表面由于有许多的沟和缝，从而将头部划分为若干区；各区的形状与位置随种类的不同而变化，但相对位置基本不变。这些沟、缝和区都有一定的名称。

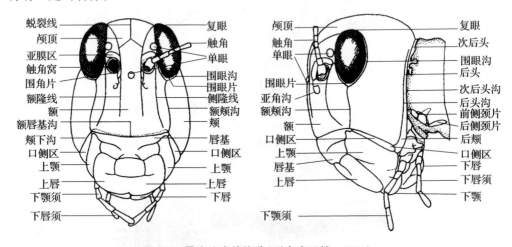

图 4-3 昆虫头壳的构造(引自李孟楼，2010)

昆虫由于取食方式的不同，口器的形状与着生的位置也出现了明显变化，根据口器着生的位置，可将昆虫的头部形式分为3类(图4-4)。

①下口式 口器着生在头部的下方，头部纵轴与体躯纵轴几乎成直角。大多见于植食性昆虫，如蝗虫等；以及一少部分捕食性昆虫，如虎甲等。

②前口式 口器着生在头的前方，头部纵轴与体躯纵轴近于一直线。大多见于捕食性昆虫，如步甲等。

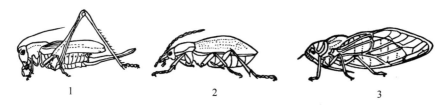

图 4-4 昆虫的头式(仿祝树德)
1. 下口式(蝗虫)　2. 前口式(步甲)　3. 后口式(蚜虫)

③后口式　口器从头的腹面伸向体后方,头部纵轴与体躯的纵轴成锐角。多见于刺吸植物汁液的昆虫,如蝉、蚜虫等。

4.1.3　昆虫的触角

昆虫中除原尾目外,所有种类均具有 1 对触角,一般位于头部前方或额的两侧,其形状构造因种类而异。触角的基本构造由 3 部分组成(图 4-5):

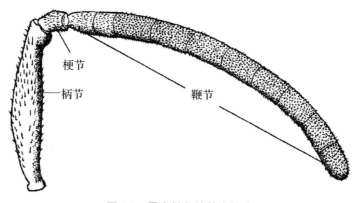

图 4-5　昆虫触角的基本构造

①柄节　为触角连接头部的基节,通常粗短,以膜质连接于触角窝的边缘上。

②梗节　为触角的第 2 节,一般比较细小,除弹尾目和双尾目昆虫外,大部分昆虫的梗节内均有江氏器。

③鞭节　为触角的端节,通常由若干形状基本一致的小节或亚节组成,此节在不同昆虫中变化很大。

触角的形状随昆虫的种类和性别而变化,其变化主要在于鞭节。常见的有 12 种类型(图 4-6)。

①刚毛状　触角很短,基节与梗节较粗大,鞭节纤细似刚毛。如蝉和蜻蜓的触角。

②线状　又称丝状,除基部两节稍粗大外,其余各节大小相似,相连成细丝状。是昆虫触角最常见的类型。如蝼斯类、天牛类的触角。

③念珠状　基节较长,梗节小,鞭节各节近似圆珠形,大小相似,相连如串珠。如白蚁、褐蛉等的触角。

④栉齿状　鞭节各亚节向一边作细枝状突出,形似梳子。如部分叩甲及豆象雄虫的触角。

⑤锯齿状　鞭节各节近似三角形,向一侧作齿状突出,形似锯条。如部分叩甲、芫菁

雄虫等的触角。

⑥棒状　又称球杆状，基部各节细长如杆，端部数节逐渐膨大，以至整个形似棍棒。如蝶类和蚁蛉的触角。

⑦锤状　基部各节细长如杆，端部数节突然膨大似锤。如郭公虫等一些甲虫的触角。

⑧具芒状　触角短，鞭节仅1节，但异常膨大，其上有刚毛状的触角芒。为蝇类所特有。

⑨鳃片状　触角端部数节扩展成片状，相叠一起形似鱼鳃。如金龟甲的触角。

⑩羽状　又称双栉状，鞭节各亚节向两侧作细丝状突出，形似鸟羽。如很多蛾类雄虫的触角。

⑪肘状　又称膝状，柄节特长，梗节细小，鞭节各节大小相似与梗节成膝状屈折相接。如蜜蜂类、蚁类等的触角。

⑫环毛状　鞭节各节都具1圈细毛，愈近基部的毛愈长。如雄蚊的触角。

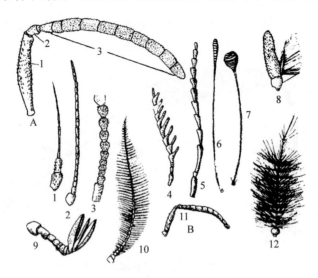

图4-6　昆虫的触角构造及类型（引自仿周尧）

A. 触角的构造：1. 柄节　2. 梗节　3. 鞭节　B. 触角类型：1. 刚毛状　2. 丝状　3. 念珠状　4. 栉齿状　5. 锯齿状　6. 棒状　7. 锤状　8. 具芒状　9. 鳃片状　10. 羽状　11. 肘状　12. 环毛状

触角是昆虫重要的感觉器官，具有嗅觉、触觉与听觉的功能。由于触角上有种类繁多和数量极大的感觉器，因此，它不仅能感触物体，且对外界环境中的化学物质具有十分敏锐的感觉能力，借此可以找到所需要的食物或异性。例如，二化螟凭借稻酮的气味可以找到水稻，菜粉蝶根据芥子油的气味可以找到十字花科植物；许多蛾类、金龟甲雌虫分泌的性激素可以引诱数里外的雄虫前来交配。所以，触角对昆虫的取食、求偶、选择产卵场所和逃避敌害都具有十分重要的作用。有些昆虫的触角还有其他的功能。如雄蚊的触角具有听觉的作用；雄芫菁的触角在交配时，可以抱握雌体；魔蚊的幼虫利用触角可以捕获猎物；水龟虫成虫的触角能吸取空气；仰泳蝽的触角具有保持身体平衡的作用。

4.1.4　昆虫的眼

眼是昆虫的视觉器官，在栖息、取食、繁殖及决定行为方向等活动中起着重要的作用。昆虫的眼一般有复眼（compound eyes）和单眼（ocellus）2种。

(1) 复眼

成虫和不全变态的若虫或稚虫都具有复眼，着生在头部的两侧上方，多为圆形、卵圆形或肾形。也有少数种每一复眼又分离成两部分的。善于飞翔的昆虫复眼比较发达；低等昆虫、穴居昆虫及寄生性昆虫，复眼常退化或消失。

复眼由许多小眼组成。小眼数目因昆虫种类而异。如家蝇的一个复眼有 4 000 多个小眼，蜻蜓的一个复眼的小眼数多的达 28 000 多个。一般小眼数目越多，其视力也越强。

复眼是昆虫的主要视觉器官。昆虫的复眼不但能分辨近处物体的物像，特别是运行着的物体，而且对光的强度、波长和颜色等都有较强的分辨能力，能看到人类所不能看到的短光波，尤其对 330～400nm 的紫外光有很强的反应，并呈现正趋性。很多害虫有趋绿习性，蚜虫有趋黄特性。总之，复眼是昆虫的主要视觉器官，对昆虫的取食、觅偶、群集、避敌等都起着重要的作用。

(2) 单眼

成虫和若虫、稚虫的单眼常位于头部的背面或额区上方，称为背单眼。完全变态昆虫幼虫的单眼位于头部的两侧，称为侧单眼。背单眼通常 3 个，但有的只有 1～2 个或无。侧单眼一般每侧各有 1～6 个。单眼的有无、数目以及位置等常是有些类群分科或分亚科的特征。

4.1.5 昆虫的口器

口器（mouthparts）又叫取食器，是昆虫取食的器官，位于头部的下方或前端。由属于头壳的上唇、舌以及头部的 3 对附肢，即上颚、下颚和下唇共 5 个部分组成。

昆虫由于食性和取食方式不同，因而口器在外形和构造上也发生相应的特化，形成各种不同的口器类型。一般分咀嚼式和吸收式两类。后者又因吸收方式不同可分为刺吸式、虹吸式和锉吸式等几种主要类型。

(1) 咀嚼式口器

咀嚼式口器（chewing mouthparts）在演化上是最原始的类型，其他不同类型的口器都是由这种类型演化而来。它为取食固体食物的昆虫所具有。如蝗虫的口器（图 4-7），由以下 5 部分组成：

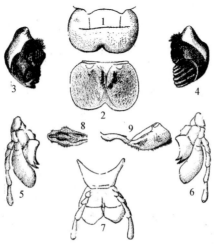

图 4-7　昆虫的咀嚼式口器（仿祝树德）

1. 上唇正面　2. 上唇腹面　3. 上颚正面　4. 上颚腹面　5. 下颚正面　6. 下颚腹面
7. 下唇外面　8. 舌的正面　9. 舌的侧面

①上唇　是衔接在唇基下方的一个双层薄片，能前后活动，其外壁骨化，内壁为柔软而富有味觉器的内唇，能辨别食物味道。它盖在上颚前面，能关住被咬碎的食物，以便把食物送入口内。

②上颚　在上唇的后方，由头部1对附肢演化而来，是1对坚硬不分节、呈倒锥形而中空的结构，其上有切区和磨区。昆虫取食时，即由两个上颚左右活动，把食物切下并予磨碎。

③下颚　是1对位于上颚之后下唇之前协助取食的构造，也由头部1对附肢演化而来，但结构较复杂，由轴节、茎节、内颚叶、外颚叶和下颚须5个部分组成。其中外颚叶和内颚叶具有握持和撕碎食物的作用，协助上颚取食，并将上颚磨碎的食物推进口内。下颚须具有触觉、嗅觉和味觉的功能。

④下唇　位于口器的后方或下方，可分为后颏、前颏、中唇舌、侧唇舌和下唇须5个部分。下唇的主要功能是托持切碎的食物，协助把食物推向口内。

⑤舌　位于口器中央，为一狭长囊状突出物，唾腺开口于后侧。舌具味觉作用，还可帮助运送和吞咽食物。

咀嚼式口器具有坚硬的上颚，能咬食固体食物，其危害特点是使植物受到机械损伤。有的沿叶缘蚕食呈缺刻；有的在叶片中间啃成大小不同的孔洞；有的能钻入叶片上下表皮之间蛀食叶肉，形成弯曲的虫道；有的能钻入植物茎秆、花蕾、铃果，造成作物断枝、落蕾、落铃、枯心、白穗；有的甚至在土中取食刚播下的种子或作物的地下部分，造成缺苗、断垄；有的还吐丝卷叶，躲在里面咬食叶片。

(2)刺吸式口器

刺吸式口器(piercing-sucking mouthparts)为吸食植物汁液或动物血液的昆虫所具有。如同翅目、半翅目、蚤目及部分双翅目昆虫的口器(图4-8)。刺吸式口器由于适应需要而具有特化的吸吮和穿刺的构造。它和咀嚼式口器的主要不同：下唇延长成管状分节的喙，喙的背面中央凹陷形成一条纵沟，以包藏由上、下颚特化而成的两对口针，其中上颚口针较粗硬包于外面，尖端有倒齿，为主要穿刺工具，里面一对为下颚口针，较细；两根下颚口针内面相对各有2条纵沟，当左右2根口针嵌合时，形成2个管道，粗的为食管，细的为唾液管。

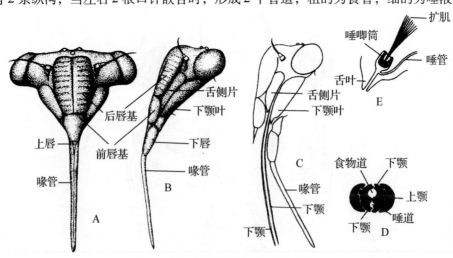

图4-8　蝉的刺吸式口器(仿管致和 等)
A. 正视图　B. 侧视图　C、D、E. 口器结构示意

具有刺吸式口器的昆虫，其危害的特点是被害的植物外表通常不会残缺、破损，一时难于表现，但在吸食过程中因局部组织受损或因注入植物组织中唾液酶的作用，破坏叶绿素，形成变色斑点，或枝叶生长不平衡而卷缩扭曲，或因刺激形成瘿瘤。在大量害虫危害下，植物由于失去大量营养物质而导致生长不良，甚至枯萎而死。许多刺吸式口器昆虫，如蚜虫、叶蝉、蚊虫等于取食的同时，还传播病毒病，使植物或动物遭受到更严重的损失。

(3) 虹吸式口器

虹吸式口器(siphoning mouthparts)为蛾、蝶类所特有(图4-9)。其主要特点是下颚的外颚叶极度延长形成喙。此外，除下唇须仍然发达外，口器的其余部分均退化或消失。喙平时卷藏在头下方两下唇须之间，取食时伸到花心取食花蜜。这类口器除少数吸果夜蛾类能穿破果皮吸食果汁外，一般均无穿刺能力。

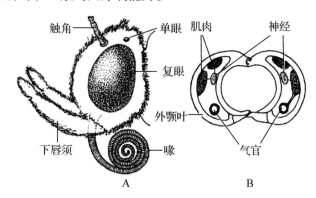

图4-9 鳞翅目虹吸式口器(仿彩万志，Eidman)

A. 侧面观 B. 喙的横切面

(4) 锉吸式口器

锉吸式口器(rasping mouthparts)为缨翅目蓟马所特有的口器类型。其上唇、下颚的一部分和下唇形成圆锥形的短喙，内藏舌和3根口针。口针是由左上颚和下颚的内颚叶特化成的，而右上颚完全退化，形成不对称口器。取食时，左上颚口针锉破植物组织表皮，随即注入唾液，然后以喙端吸取汁液。被害植物常出现不规则的失绿斑点、畸形或叶片皱缩卷曲等症状。

此外，还有双翅目蝇类幼虫的刮吸式口器，能刮破寄主组织，然后吸吮流出来的血液；蝇类所特有的舐吸式口器，能吸取暴露在外的液体食物或微粒固体物质；蜜蜂等的嚼吸式口器，具强大的上颚，可以咀嚼固体食物，又有适于吸吮花蜜的构造；脉翅目幼虫所特有的捕吸式口器，有成对的上、下颚分别组成一对刺吸构造因而又有双刺吸式口器之称。

了解昆虫口器的构造，除能够判别昆虫的进化地位外，在识别与防治害虫上也具有很大的意义，如可以根据口器类型判断被害症状，亦可根据被害症状确定害虫类型，选用合适的药剂进行防治。

4.1.6 昆虫的胸

胸部是昆虫的第二个体段，由膜质的颈部与头部相连。胸部由3个体节组成，目前向后依次称为前胸、中胸和后胸。每个胸节下方各着生有1对足,分别称为前足、中足和后足。许多种类的中胸和后胸背面两侧,各着生1对翅,分别称为前翅和后翅。足和翅是昆虫的主要运动器官。所以,胸部是昆虫的运动中心。

(1)胸部的基本构造

昆虫胸部发达程度与其所负担的运动机能相关,前胸无翅、较不发达,前翅为主要飞行器的则中胸较后胸发达,后翅是主要飞行器的则后胸发达,前足发达则其前胸也很发达。每一胸节都由背板、侧板、腹板所组成,各骨板因承受机械运动的需要又发生加强强度的沟、缝而被分割成小骨片,其名称按所在胸节命名(图4-10、图4-11)。

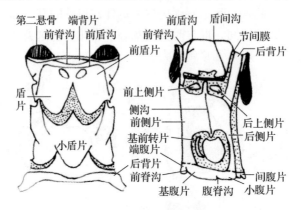

图4-10 蝗虫背板及侧板模式结构
(引自李孟楼,2010)

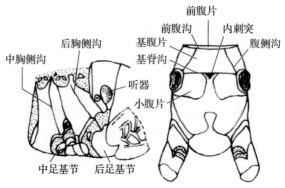

图4-11 一种蝗虫侧板及中、后胸腹板
(引自李孟楼,2010)

(2)胸足的基本构造和类型

胸足是昆虫体躯上最典型的分节附肢,由下列各部分组成(图4-12,A)。

①基节 为连接胸部的一节,形状粗短,但捕食性的种类前足基节却很长,如螳螂和部分猎蝽的前足基节。

②转节 为各节中最小的一节,少数昆虫又分为2节,形状呈多角形,可使足的行动转变方向。

③腿节 又称股节,它为最粗大的一节,能跳跃的腿节特别发达。

④胫节 通常细长,与腿节呈膝状相连,常具成行的刺,有的在端部具有能活动

的距。

⑤跗节　通常分为1~5个亚节。附节数目、形状和功能的变化，也是识别昆虫的特征之一。

⑥前跗节　是胸足的最末端构造，通常包括1对爪和1个膜质的中垫，有的在两爪下方各有1个瓣状爪垫，中垫则成为1个针状的爪间突，如家蝇。爪和中垫是用来抓住物体。

(3) 胸足的类型及其功能

昆虫的足大多用来行走，有些昆虫由于生活环境和生活方式不同，胸足构造和功能发生了相应的变化，形成各种类型的足(图4-12，B)。

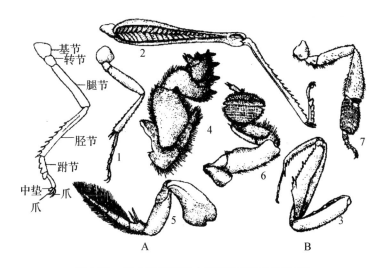

图 4-12　昆虫胸足的基本构造和类型(仿周尧)

A. 足的基本构造　B. 足的类型

1. 步行足　2. 跳跃足　3. 捕捉足　4. 开掘足　5. 游泳足　6. 抱握足　7. 携粉足

①步行足　各节均较细长，宜于行走，如步甲、虎甲、叶甲等。

②跳跃足　这类足的腿节特别发达，胫节细长，适于跳跃。如蝗虫和蟋蟀的后足。

③捕捉足　基节特别长，腿节的腹面有沟槽，胫节可折嵌其内，腿节和胫节常还有刺列，适于捕捉小虫。如螳螂和猎蝽的前足。

④开掘足　胫节粗短扁壮，末端具齿，跗节呈铲状，便于掘土。如蝼蛄的前足。

⑤游泳足　腿节、胫节及附节长而扁平，胫节和跗节有细长的缘毛，适于在水中游泳。如龙虱等。

⑥抱握足　跗节特别膨大，具有吸盘状的构造，交配时借以抱握雌体，称为抱握足。如雄性龙虱的前足。

⑦携粉足　其特点是后足胫节端部宽扁，外侧平滑而稍凹陷，边缘具长毛，形成携带花粉的花粉篮。如蜜蜂的后足。

4.1.7　昆虫的翅

昆虫是动物界中最早具有翅的类型，也是无脊椎动物中唯一有飞行能力的类型。除了原始的无翅亚纲昆虫无翅和某些有翅亚纲昆虫因适应生活环境翅已退化或消失外,绝大多数昆虫都具有2对翅。由于昆虫有翅能飞,不受地面爬行的限制,所以翅对昆虫觅食、求偶、繁衍、避敌以及扩散等方面带来了极大的好处。

(1)翅的发生和构造

昆虫的翅一般多呈三角形,具有3缘3角。其中,位于前方的边缘称为前缘,后方的称为后缘或内缘,外面的称外缘。与身体相连的一角称为肩角,前缘与外缘所成的角为顶角,外线与后缘间的角为臀角(图4-13)。

昆虫的翅由于适应飞行和折叠,翅上生有褶纹,从而将翅面划分为若干个区。在翅基部有基褶,把基部划出一个三角形的腋区。从翅基到臀角有一臀褶,臀褶之前的部分为臀前区,臀褶之后的部分为臀区。有些昆虫在臀区的后方还有一条轭褶,轭褶的后方有一个小区为轭区(图4-13)。

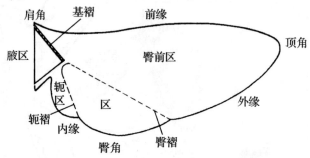

图4-13　翅的基本构造(仿Snodgrass)

(2)翅脉

翅脉在翅面上的分布方式称为脉相或脉序。不同种类的昆虫,翅脉的多少和分布形式变化很大,而在同类昆虫中则十分稳定和相近似,所以脉相在昆虫分类学上和追溯昆虫的演化关系上都是重要的依据。昆虫学家们在研究了大量的现代昆虫和古代化石昆虫的翅脉,加以分析比较和归纳概括后拟出模式脉相,或称为标准脉相(图4-14),作为比较各种昆虫翅脉变化的依据。

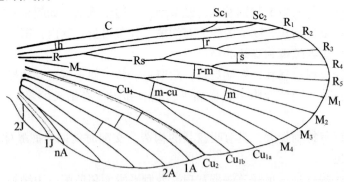

图4-14　翅的假象脉序(仿Snodgrass)

模式脉相的翅脉主要有纵脉和横脉两种,由翅基部伸到边缘的翅脉称为纵脉,连接两纵脉之间的短脉称为横脉。模式脉相的纵、横脉都有一定的名称和缩写代号(纵脉缩写首字母大写,横脉缩写字母全部小写)(图4-14)。

翅脉又把翅面划分成若干小区，称为翅室。若翅室四周全为翅脉所包围，称为闭室；如有一边无翅脉而达翅缘，则称开室。昆虫的翅脉和翅室所以予以命名，是由于它在分类中占有重要的地位。

（3）翅的变异

昆虫的翅一般为膜质，用做飞行。但是，不少昆虫在进化过程中，由于适应特殊的生活环境，翅的功能、形态、发达程度、质地和表面被覆物发生许多变化。归纳起来有以下几种类型（图 4-15）。

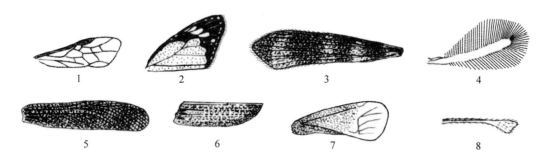

图 4-15　昆虫翅的类型
1. 膜翅　2. 鳞翅　3. 毛翅　4. 缨翅
5. 复翅　6. 鞘翅　7. 半鞘翅　8. 平衡棒

①膜翅　翅膜质透明，翅脉明显，为昆虫中最常见的一种类型。如蜻蜓、蜂类、甲虫的后翅等。

②鳞翅　翅膜质，多不透明，翅面上覆一层鳞片。如蛾、蝶类的翅。

③毛翅　翅膜质，翅面密生细毛而不透明。如石蛾的翅。

④缨翅　翅膜质，狭长而翅脉退化，边缘着生很多细长的缨毛。如蓟马的翅。

⑤复翅　翅革质，半透明，仍然保留翅脉，兼有飞翔和保护作用。如蝗虫、蝼蛄、蟋蟀、蜚蠊、螳螂的前翅。

⑥鞘翅　翅角质，坚硬，翅脉消失，主要用于保护身体和后翅的作用。如鞘翅目昆虫的前翅。

⑦半鞘翅　翅的基半部革质，端半部膜质。如蝽类的前翅。

⑧平衡棒　翅退化成很小的棍棒状，飞翔时用以平衡身体。如双翅目昆虫和介壳虫雄虫的后翅等。

（4）翅的连锁与飞行

蜻蜓、蜉蝣等昆虫在飞翔时，前、后翅均用于飞行，彼此不相关连。但大多数昆虫在飞行时，前后翅借各种特殊构造以相互连接起来，使其飞行动作一致，以增强飞行效能。这种连接构造统称翅的连锁器。常见的连锁器有以下几种类型（图 4-16）。

①翅钩型　后翅前线有 1 列小钩，用以钩住前翅后缘的卷褶。如膜翅目昆虫。

②翅褶型　前翅后缘卷褶向下，后翅有一段短而向上的卷褶。如同翅目昆虫。

③翅轭型　前翅后缘的基部有一指状突出物，称为翅轭。飞翔时翅轭挟持后翅前缘。如蝙蝠蛾。

④翅缰型　后翅前线的基部具有 1 根或几根鬃状的翅缰（通常雄蛾只 1 根，雌蛾多至

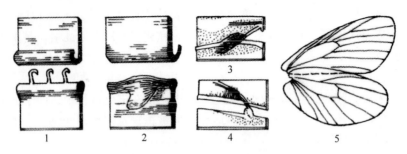

图 4-16　昆虫前后翅的连锁方式
1. 翅钩型　2. 翅褶型　3. 翅轭型　4. 翅缰型　5. 翅贴型

3 根,可用以区别雌雄),在前翅反面的翅脉上(多在亚前缘脉基部)有 1 簇毛状的钩,称翅缰钩。飞翔时翅缝插入钩内,使前后翅连接一起。如多数蛾类。

⑤翅贴型　后翅肩区扩大,贴附于前翅后缘下,也称抱翅型。如枯叶蛾、天蚕蛾及蝶类。

4.1.8　昆虫的腹

腹部是昆虫的第 3 体段,以节间膜与胸部紧密相连。在有翅亚纲成虫中,一般无分节的附肢,仅在腹端都有附肢特化成的外生殖器,有些昆虫还有尾须。腹内包藏着各种内脏器官和生殖器官,腹部的环节构造也适于内脏活动和生殖行为,所以腹部是昆虫新陈代谢和生殖的中心。

(1)腹部的基本构造

昆虫的腹部近纺锤形或圆筒形,一般由 9~11 节组成。腹部的体节只有背板和腹板而无侧板。背板与腹板之间以侧膜相连。由于背板常向下延伸,侧膜常被掩盖。各腹节间以环状节间膜相连,相邻的两节常相互套叠。由于腹节间和两侧均有柔软宽厚的膜质部分,致使腹部有很大的伸缩性,便于呼吸、交配和产卵等行为。如蝗虫产卵时腹部可延长 1~2 倍,有利于卵产于土中。腹部 1~8 节的侧面有椭圆形的气门,着生在背板两侧的下线,是呼吸的通道。

(2)外生殖器的构造

昆虫的外生殖器是用来交配和产卵的器官,由腹部第 8~9 节的附肢特化而成。不同种类的外生殖器显著不同,因此常作为鉴定种的重要根据。

(3)雌性外生殖器

雌虫的外生殖器称为产卵器,常为管状构造,由 3 对产卵瓣组成。在腹面的 1 对称腹产卵瓣(第 1 产卵瓣),由第 8 腹节附肢形成;内方的 1 对产卵瓣为内产卵瓣(第 2 产卵瓣),由第 9 腹节附肢特化而成;背方的称为背产卵瓣(第 3 产卵瓣),是第 9 腹节肢基片上的外长物(图 4-17)。

产卵器的构造、形状和功能,常随昆虫的种类而异。如蝗虫产卵器是由背产卵瓣和腹产卵瓣所组成,内产卵瓣退化成小突起,背腹 2 对产卵瓣粗短,闭合时呈锥状,产卵时借 2 对产卵瓣的张合动作,致使腹部逐渐插入土中而后产卵。同翅目等昆虫,产卵时用矛状或锯状产卵器把植物组织刺破,将卵产于其中,由此而给植物造成伤害。蜜蜂和胡蜂的毒刺(螫针)为腹产卵瓣和内产卵瓣特化而成,内连毒腺,成为自卫或进攻猎物的工具。如

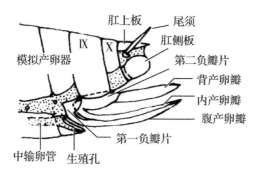

图 4-17　雌性昆虫产卵器构造(仿 Snodgrass)

蛾蝶等许多昆虫没有附肢特化形成的产卵器,产卵时把卵产于植物的缝隙、凹处或直接产在植物表面,一般没有穿刺破坏能力,但也有少数种类如实蝇、寄生蝇等,能把卵产入不太坚硬的动植物组织中。

(4) 雄性外生殖器

雄虫的外生殖器称为交配器,主要包括将精子送入雌虫体内的阳具和交配时挟持雌体的抱握器。阳具由阳茎及辅助构造组成,着生在第 9 腹节腹板后方的节间膜上,是节间膜的外长物,此膜内陷为生殖腔,阳具平时隐藏于生殖腔内。阳茎多为管状,射精管开口于其末端。交配时借血液的压力和肌肉活动,将阳茎伸入雌虫阴道内,把精液排入雌虫体内(图 4-18)。

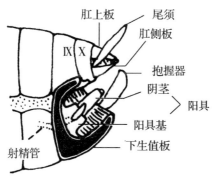

图 4-18　雄性昆虫外生殖器构造(仿 Weber)

抱握器是由第 9 腹节附肢所形成,其形状、大小变化很大。一般有叶状、棒状和弯臂状,雄虫在交配时用以抱握雌虫,以便将阳茎插入雌虫体内,一般交配的昆虫多具抱握器。

(5) 尾须

尾须是由第 11 腹节的 1 对附肢演化而成。部分低等昆虫中尾须较普遍,且尾须的形状、构造等变化也大。有些昆虫尾须很长,如蝗虫、蚱蜢;有的无尾须,如蝶、蛾、蜉象、甲虫等。尾须上有许多感觉毛,是感觉器官。但在双尾目的铗尾虫和革翅目中,尾须硬化,形如铗状,用以御敌以及捕获猎物;蠼螋的铗状尾须还可帮助折叠后翅。

(6) 幼虫的腹足

鳞翅目的蝶、蛾幼虫和膜翅目的叶蜂幼虫,皆有行动用的腹足。其中蝶、蛾类幼虫腹足有2~5对，通常为5对，着生在第3至第6和第10腹节上。第10腹节上的1对又称臀足。腹足由亚基节、基节和趾节所组成，趾节腹面称跗掌，外壁稍骨化，末端有能伸缩的泡状结构，称为趾。趾的末端有成排的小钩，称趾钩。趾钩数目和排列形式种类间常有所不同，是鳞翅目幼虫分类的常用特征。叶蜂类幼虫一般有6~8对腹足，有的可多达10对，从第2腹节开始着生。腹足的末端有趾，但无趾钩，由腹足数及无趾钩可与鳞翅目的幼虫相区别。这些幼虫的腹足亦称伪足，到幼虫化蛹时便退化消失。

【任务小结】

不管昆虫的形态如何变化，他们的基本结构具有一致性，形态上的差异只不过是基本结构的特化，形态结构的特化和多样性是适应环境与生活机能需要的结果，这类变异的性质与程度是区别不同昆虫类群乃至种的依据，也是昆虫分类和识别的重要基础，只有在充分了解了昆虫的外部形态特征和内部器官及其功能，才能更好的针对其特征提出相应的防治方法。

【拓展提高】

北京农业大学. 昆虫学通论[M]. 北京：中国农业出版社，1997.

彩万志，庞雄飞，花保祯，等. 普通昆虫学[M]. 北京：中国农业大学出版社，2001.

西北农学院. 农业昆虫学(上、下册)[M]. 北京：人民教育出版社，1977.

【复习思考】

1. 试比较节肢动物门的几个主要纲的特征。
2. 触角的基本构造与功能是什么？举例说明昆虫的触角有哪些类型？
3. 比较咀嚼式口器、刺吸式口器、虹吸式口器的构造及取食特点。
4. 昆虫足的基本构造是什么？举例说明昆虫胸足的类型及其特点。

任务4.2　昆虫的内部解剖与器官功能认知

【任务介绍】

昆虫的生命活动和行为与内部器官的生理功能，关系十分密切。昆虫不仅外部形态差别很大，而且内部结构也各不相同，不同昆虫虽然在体内器官结构、组织、机能上有着众多的差别，但其基本结构与功能均存在同源关系。因此，本任务依据模式构造明确其变异程度、演化规律、构造和功能间的基本关系。对昆虫的内部组织、器官、系统以及整体的构造和机能进行概述，以使读者了解昆虫生命活动的基本规律，为科学制定害虫防治方案的奠定基础。

【教学目标】

知识目标
1. 了解昆虫内部器官的位置和科学定义。
2. 掌握昆虫内部器官主要功能。
3. 熟悉不同昆虫内部结构的差异。

技能目标
1. 能正确区分不同昆虫内部器官特征。
2. 能正确掌握各器官的功能。

【任务实施】

4.2.1 体腔与内部器官的位置

昆虫体躯的外面为一层含有几丁质的躯壳,即体壁。而体壁包围体内的器官和组织形成一个纵贯的腔称体腔。由于昆虫的背血管是开放式的,血液就在体腔内流动,所以昆虫的体腔又叫血腔。体腔内充满着流动的血淋巴,所有的内脏器官和组织皆浸浴其中。

昆虫的体腔由肌纤维和结缔组织构成的隔膜在纵向分隔成 2~3 个小腔,即血窦。位于腹部背面、背血管下面的一层膈膜称背隔,背隔背面的体腔称背血窦,由于背血窦内有心脏又称围心窦。位于腹部腹面、消化道下方还有一层隔膜称腹隔。腹隔与背隔间的体腔内因有消化道、排泄器官、内生殖器官和脂肪体等大部分内脏故叫围脏窦。腹隔腹面的体腔叫腹血窦。由于腹血窦内有腹神经索亦称围神经窦。除蝗虫等少数昆虫的背隔上面无孔隙外,绝大多数昆虫在背隔和腹隔的侧缘常有孔隙,为血淋巴流动的通道(图4-19)。

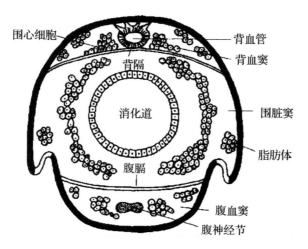

图 4-19 昆虫腹部横切面的模式图(仿 Matheson)

在昆虫体腔中央,有一条纵贯的管道是消化道。其前端开口于头部的口前腔,后端开口于肛门。在消化道中,位于中肠与后肠交界处有一至多条细长的盲管称马氏管,具排泄作用。在消化道的背面,有一根前端开口的细管称背血管,为血液循环的主要器官。在消化道的腹面,有纵贯于腹血窦的腹神经索,与脑组成昆虫的中枢神经系统。在消化道的两侧、背面和侧面的内脏器官之间，分布着担负呼吸作用的主气管和支气管。主气管以气门开口于体躯两侧与外界进入气体交换；支气管再以微气管伸入各器官和组织中进行呼吸代谢。位于消化道中肠和后肠的背侧面，有1对雌性卵巢与侧输卵管或1对雄性睾丸与输精管，经后肠腹面的中输卵管或射精管以生殖孔开口于体外，构成昆虫的生殖系统。在背血窦和围脏窦中，包围在内脏器官周围的组织是脂肪体，起到贮存和转化作用。在昆虫体壁的内表面、内脊突上、内脏器官表面、附肢和翅的关节处，着生着起牵引作用的肌肉系统。此外，在昆虫的头部还有心侧体、咽侧体和唾腺，胸部前胸气门附近有前胸腺，腹部有生殖附腺等，具有一定的分泌功能（图4-20）。

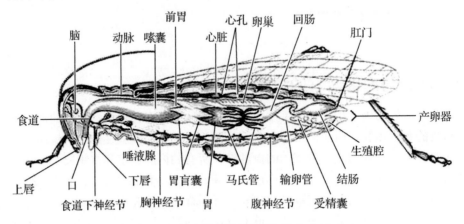

图4-20　蝗虫腹部纵切面（仿Matheson）

4.2.2　昆虫的体壁

昆虫的体壁（integument）是体躯最外层的组织，是骨化的皮肤，包裹着整个体躯，而肌肉却着生在骨骼的里面，所以昆虫的骨骼系统称为外骨骼。体壁具有构成昆虫体壳、着生肌肉、保护内脏、防止体内水分的过量蒸发、阻止微生物及其他有害物质的侵入等功能。

（1）体壁的构造和特性

体壁由外向内可以分为表皮层、皮细胞层和底膜3部分（图4-21）。底膜是紧贴在皮细胞层下的双层结蹄组织。皮细胞层为一单的活细胞层，虫体上的刚毛、鳞片、刺、距，都是由皮细胞特化而来。表皮层是皮细胞向外分泌的非细胞层，体壁的特性和功能，主要与表皮层有关。

表皮层是由皮细胞分泌的异质的非细胞层。由上表皮、外表皮和内表皮3层组成。上表皮是表皮的最外层，覆盖昆虫的体表、气管壁及化学感受器表面，厚1~4μm，不含几丁质。又可分为表皮质层、蜡层和护蜡层。外表皮位于内表皮之外，厚3~10μm，含骨蛋白、几丁质和脂类，是表皮中最坚硬的一层。昆虫在蜕皮时，外表皮全部脱去。内表皮是表皮中最厚的一层，厚10~200μm，主要成分是几丁质和蛋白质复合体。因此，使得表皮层具有特殊的弯曲和伸展性能。皮细胞层是排列整齐的单层活细胞，有较活泼的分泌机能，位于底膜与表皮层之间。覆盖在皮细胞层外面的表皮层就是皮细胞层的分泌物。昆虫体表的刚毛、鳞片、刺、距以及陷入在体内的各种腺体，还有视觉器、听器、感化器等感

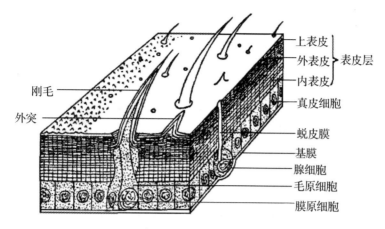

图 4-21　昆虫体壁的模式结构(仿 Hackman)

觉器官,都是由皮细胞特化而成。底膜是体壁的最里层,在皮细胞之下,直接与体腔中的血淋巴接触,成分为中性黏多糖。底膜具有选择通透性,能使血液中的部分化学物质和激素进入皮细胞。

(2)体壁的衍生物

昆虫体壁的衍生物有非细胞性和细胞性两种(图4-22)。

①非细胞性外突　完全为表皮突起,没有细胞参与。如小刺、微毛、脊纹等。

②细胞性外突　突起部分有细胞参与,可分为单细胞与多细胞的两种突起。单细胞突起是由1个细胞特化形成的突起,如刚毛、鳞片、腺体等。刚毛是由1个原细胞和1个膜原细胞所构成。毛原细胞与感觉神经相连,则此毛为感觉毛,如与1个毒腺相通则为毒毛,鳞片则是毛原细胞突起呈扇平、囊状,其表面有脊纹,常因折光作用产生各种色彩。多细胞突起是由一部分体壁向外突出而成,突起中含有1层皮细胞。通常基部不能活动的称刺,基部有卫圈膜质而能活动的称距。

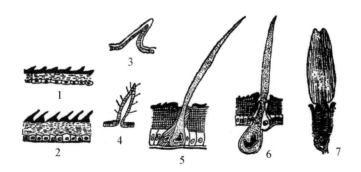

图 4-22　昆虫体壁的衍生物

1、2.非细胞表皮突　3.刺　4.距　5.刚毛　6.毒毛　7.鳞片

(3)昆虫的体色

昆虫的体色可分为色素色、结构色和结合色三类。色素色亦称化学色,是由于虫体一定部位存在某些化合物而产生。这些物质吸收某种光波,反射其他光波而形成各种颜色。结构色亦称物理色,发生于表皮。由于昆虫表皮结构性质不同,而发生光的干涉、衍射而

产生各种颜色。用化学药品或热水不能使其褪色或消失。结合色又称合成色，是一种昆虫普遍具有的色彩，是由色素色和结构色混合而成。如蝶类的鳞片既有色素，又有能产生色彩的脊纹。

4.2.3 昆虫的内部器官

4.2.3.1 消化系统

昆虫的消化系统包括一条自口腔至肛门、纵贯于血腔中央的消化道以及与消化有关的唾腺（图4-23）。消化系统的主要功能是摄食、吞咽、消化、吸收和排泄，并兼有调节体内水分和离子平衡的作用。昆虫消化道根据其发生来源和机能的不同，可分为前肠、中肠和后肠3个部分。在前肠与中肠之间有贲门瓣，用以调节食物进入中肠的量；在中肠与后肠之间有幽门瓣，控制食物残渣排入后肠。

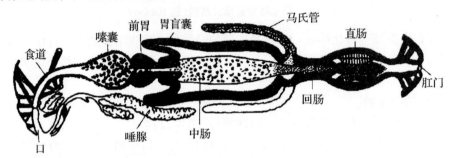

图4-23 昆虫消化道示意（仿Weber）

（1）前肠

前肠由外胚层内陷形成，主要功能是摄食、吞咽、磨碎和暂时贮藏食物。前肠由前往后常分为咽喉、食道、嗉囊、前胃和贲门瓣5个部分。

（2）中肠

中肠由内胚层形成，主要功能是分泌消化液、消化食物和吸收养分。因此，昆虫的中肠又称为胃。在许多昆虫中肠肠壁前端，常向外突出成囊状或管状的构造称为胃盲囊，其主要功能是增加中肠的表面积，以利于分泌消化液和吸收营养物质。此外，还有扩大容积和滞留共生物的作用。

（3）后肠

后肠由外胚层内陷形成，主要功能是排除食物残渣和代谢废物。同时，从排泄物中吸收水分和无机盐。后肠由前往后分为幽门瓣、回肠、结肠、直肠和肛门5个部分。在回肠与直肠的交界处常有一圈由瓣状物形成的直肠瓣，以调节残渣进入直肠。许多昆虫的直肠常特化成卵圆形或长形的垫状内壁或圆锥状突起称直肠垫。垫上的内膜特别薄，主要功能是回收残渣中的水分和无机盐，以维持体内水分的平衡。

（4）唾腺

唾腺是由外胚层内陷形成的一类多细胞腺体，开口于口腔中。按开口的位置，昆虫的唾腺可分为上颚腺、下颚腺和下唇腺，以下唇腺最常见。鳞翅目和膜翅目叶蜂幼虫的下唇腺特化为丝腺，上颚腺则代替唾腺作用。唾液的主要功能是润滑口器、溶解食物和分泌消化酶。

4.2.3.2 排泄系统

昆虫的排泄系统是指排除体内废物的构造,包括马氏管、消化道、体壁、脂肪体、围心细胞等,但其中最主要的是马氏管。昆虫的排泄系统除完成排弃代谢废物外,还有维持昆虫体内盐类和水分的平衡、保持内环境稳定的作用。

(1) 马氏管

马氏管(malpighian tubules)是基部着生于中肠与后肠交界处,端部封闭,游离在体腔内的血液中,或与直肠结合形成隐肾复合体。由意大利解剖学家 Malpighi 于 1669 年在家蚕体内首先发现而得名。马氏管的主要功能是以尿酸结晶排泄氮素废物,有时也可以有少量尿素或尿囊素。按照马氏管与直肠的结构,常将其区分为直翅目型、鞘翅目型、半翅目型和鳞翅目型。

(2) 体壁

体壁通过扩散的方式排出体外的物质包括 CO_2、多余的 H_2O,蜕皮前未被吸收的外表皮与几丁质、蜡质、部分氮素化合物及无机盐、钙盐等;皮细胞腺向外分泌的胶质、丝、蜡等实质上也是一种排泄。

(3) 脂肪体

脂肪体是由成团脂肪细胞组成的组织,黏附于体壁、内部器官表面或分散于血腔内,呈片状、网状、叶状、块状或条带状等,多为浅黄色、乳白色或绿色。脂肪体的主要功能是贮存营养物质,进行中间代谢和蛋白质合成等。

(4) 围心细胞

围心细胞(pericardial cell)是指排布在背血管、背膈或翼肌表面的一群细胞。主要功能是进行蛋白质的中间代谢作用,从血液中吸收那些不能被马氏管吸收的胶体颗粒成为细胞内含物。

4.2.3.3 循环系统

昆虫的循环系统是将消化吸收的营养物质运送至各组织以提供能量的器官系统。主要包括推动血液循环的背血管、辅搏器、背膈和腹膈。主要功能是运输养料、激素和代谢废物,维持正常生理所需的血压,渗透压和离子平衡,参与中间代谢,清除解离的组织碎片,修补伤口,对侵染物产生免疫反应,以及飞行时调节体温等。

(1) 背血管

背血管(dorsal vessel)是位于昆虫的背壁下方,纵贯于背血窦中央的 1 条前端开口的细长管道,由肌纤维和结缔组织构成,是血液循环的主要搏动器官。背血管可分为动脉和心脏两部分。背血管在构造上大致可以分为直管型、球茎型和分枝型 3 类。

(2) 辅搏器

辅搏器是指昆虫体内位于触角、胸足或翅等器官基部的一种肌纤维膜状构造,具有辅助心脏促进血液在这些远离心脏的器官内循环的作用,从而保持血腔中各部位的血压平衡。

(3) 背膈与腹膈

背膈与腹膈分别紧贴于心脏的下方和腹神经索的上方,通过自身的搏动使血液向后方和背方流动,促进血液在体腔内的循环。在背膈和腹膈两侧常有许多窝状细孔,可使各血窦间的血液交流。

(4) 血液

昆虫的血液由血细胞和血浆组成,除双翅目摇蚊幼虫等少数昆虫因含有血红素而呈红色外,大多数昆虫的血液为无色、黄色、绿色、蓝色或淡琥珀色,比重为 1.01~1.05,多为微酸性。昆虫的血液兼具脊椎动物的血液和淋巴液的功能。

4.2.3.4 呼吸系统

昆虫的呼吸系统是由外胚层内陷形成的管状气管系统,昆虫通过这一管状气管系统直接将氧气输送给需氧组织、器官或细胞,再经过呼吸作用将体内贮存的化学能以特定形式释放,为生命活动提供所需要的能量。

昆虫的气管系统包括气门、气管、气囊和微气管。气门是昆虫气管系统在体外的开口,位于胸部侧板和腹部背板两侧或侧膜上,每体节最多只有1对气门。气管是昆虫体内具螺旋丝内壁且富有弹性的呼吸管道,由外胚层内陷形成,在活体内呈银白色。气囊是指许多有翅亚纲昆虫的气管,常局部膨大成壁薄而柔软的囊状结构。微气管是气管由粗到细的分支。当分支到直径 2~5μm 时便伸入掌状的端细胞,然后再形成一组直径在 1μm 以下、末端封闭的极其细小的气管,伸到组织内或细胞间,这就是微气管。微气管一般仅分布在组织和细胞间,而不穿入细胞内。

4.2.3.5 神经系统

昆虫的神经系统由外胚层细胞特化形成,属腹神经索型。包括中枢神经系统、周缘神经系统和交感神经系统3部分(图4-24)。神经系统是昆虫保持与外界联系,传导各种刺激,保障各器官系统产生协调反应的结构。其基本单元是神经元。

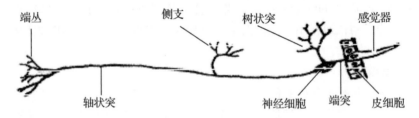

图 4-24　昆虫的中枢神经系统(仿 Horridge)

(1) 中枢神经系统

昆虫的中枢神经系统包括位于头腔内咽喉背面的脑和位于腹腔内消化道腹面的腹神经索,是神经冲动和内分泌控制的中心。脑与腹神经索之间以围咽神经索相连。连接前后神经节的神经称为神经索,横连的神经称为神经连锁。脑联系着头部感觉器官的感觉神经元,以及口区、胸部和腹部的所有运动神经元,是昆虫主要的联系和协调中心,其相对体积的大小与昆虫行为的复杂性密切相关。昆虫的脑分为前脑、中脑和后脑。腹神经索位于消化道的腹面,包括头部的咽下神经节,胸部和腹部的一系列神经节,以及连接前后神经节的成对神经索所组成。腹神经索最多有12对神经节。

(2) 交感神经系统

昆虫的交感神经系统包括口道神经系、中神经和腹部最后1个复合神经节(同属于中枢神经系统)。口道神经系包括1个额神经节、1个或1对后头神经节和1个或1对嗉囊神经节及其发出的神经纤维。中神经普通存在于昆虫的幼体内,位于腹神经索前后两个神经节的两条神经索之间,起源于前一神经节内,其中含有两根很细的感觉神经纤维和两根较粗的运动神经纤维。腹部最后1个复合神经节在结构上属于中枢神经系统的腹神经索，发出的侧神经分布到后肠、生殖器官、气门和尾须，是控制这些器官活动的神经中心。另外，还发出神经通向胸部，联系着尾须的感觉神经元和胸部的运动神经元，可产生急速反应。

（3）周缘神经系统

周缘神经系统包括除去脑和神经节以外的所有感觉神经元和运动神经元所形成的神经传导网络，分布于昆虫体壁底膜下、肌肉组织中，或别的器官表面，连接着中枢神经系统与交感神经系统。

4.2.3.6 内分泌系统

昆虫的内分泌系统分泌调节其体内生理机能的重要物质即激素，但不同发育阶段其分泌活动有较大的差别，主要的分泌器官有脑神经分泌细胞、心侧体、咽侧体、前胸腺（图4-25）。

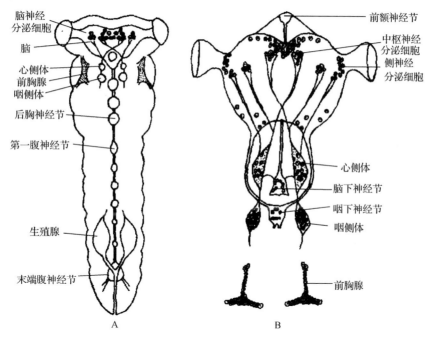

图4-25 昆虫内分泌器官位置模式图（仿郭郛）
A. 模式结构　B. 头部和胸部内分泌器官足分泌细胞模式图

（1）内分泌系统

昆虫体内能够分泌特殊的具有生理活性的激素来调节昆虫的生长、发育、蜕皮变态、生殖、滞育等重要的生命过程，这些分泌激素的器官所组成的发育调控系统称内分泌系统。内分泌系统也是昆虫活动的调节系统，同时内分泌器官分布有大量的神经，因此内分泌系统受神经系统调控。

（2）内分泌器官

①脑神经分泌细胞　昆虫脑背面的大型神经细胞，通常排列成两组，位于前脑两叶近中沟的脑间部，其分泌的脑激素为蛋白质类，又称活化激素BH。脑激素激发前胸腺分泌

蜕皮激素，刺激咽侧体分泌保幼激素，还有促进呼吸代谢的作用。

②心侧体　位于脑后方、食道和背血管的两侧，为光亮乳白色的小球体。心侧体除了贮存脑神经分泌细胞分泌的促前胸腺激素外，也能分泌脂动激素、促心搏激素、利尿激素、抗利尿激素和高海藻糖激素等。

③咽侧体　位于心侧体下方，食道两侧附近，椭圆形，通过神经与心侧体相连。咽侧体是分泌保幼激素的中心，当咽侧体受到促前胸腺激素的刺激，即分泌保幼激素 JH。幼虫期保幼激素的作用是保持幼期的形态和结构，抑制"成虫器官芽"的生长和分化；成虫期则可刺激卵巢发育和卵黄形成，活化雌虫的性附腺产生卵壳所必需的物质。

④前胸腺　位于昆虫近前胸气门气管上的 1 对带状透明的细胞群体，有神经与咽下神经节和胸部神经节相连。前胸腺存在于昆虫的幼体和蛹以及无翅亚纲成虫，有翅亚纲成虫无前胸腺。其分泌的激素为蜕皮激素 MH，是一种参与控制昆虫的蜕皮与变态的激素。

4.2.3.7　生殖系统

昆虫的生殖系统包括外生殖器和内生殖器官两部分。主要功能是繁殖后代，延续种族。昆虫雌、雄性成虫的内生殖器官构造不同。

(1) 雌性生殖器官

雌性生殖器官包括 1 对卵巢、1 对侧输卵管、1 根中输卵管及生殖腔所组成。大部分昆虫种类还有 1 个接受和贮藏精子的受精囊和 1 对雌性附腺。生殖腔在多数昆虫中为管状，称为阴道，但在鳞翅目等一些昆虫中为囊状称交配囊（图 4-26）。

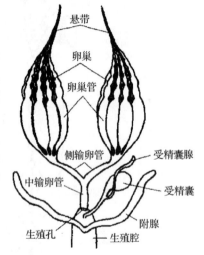

图 4-26　昆虫雌性生殖系统
模式构造图

(仿 Snodgrass)

①卵巢　通常成对，各由一组数目不等的卵巢管组成，是卵子发生和发育的场所。卵巢管的数目与昆虫的种类、生活方式和个体大小有关。例如，鳞翅目卵巢管一般 8 根，膜翅目和双翅目可达 100~200 根。

②侧输卵管　是连接卵巢和中输卵管的 1 对管道，其前端与卵巢管连接处常膨大呈囊状，可暂时贮存卵子。

③中输卵管　中输卵管前端与两根侧输卵管相接，后端开口于生殖腔内。中输卵管的后端开口称为生殖孔，是排卵的通口。中输卵管延伸到第 8 腹节后，一般不直接开口于体壁外面，而开口于隐藏在第 8 腹板内陷形成的生殖腔内。生殖腔后端的开口称为阴门，是交配和产卵的通口。大多数昆虫的阴门位于第 8 腹节的后端或第 9 腹节上，同时具有交配和产卵的功能，称为单孔类。多数鳞翅目昆虫第 8 腹节后端和第 9 腹节上各有 1 个开口，各自担负着交配和产卵的功能，分别称为交配孔和产卵孔，称为双孔类。

④受精囊　绝大多数昆虫的生殖腔与 1~3 个作为暂时贮存精子的受精囊相通。受精囊上常有受精囊腺，其分泌的液体可保藏接受的精子。多数昆虫的生殖腔还与成对的雌性附腺相通，其功能是分泌胶质使虫卵黏着于物体上或形成卵块，还可形成覆盖卵块的卵鞘等。

(2)雄性生殖器官

雄性生殖器官包括1对精巢、1对输精管、1根射精管和雄性附腺组成,有些昆虫的输精管基部膨大成贮精囊(图4-27)。

①精巢 是由一组精巢小管组成,呈椭圆形、叶状或相互分散,借气管和脂肪体固定在消化道背面或侧面,是精子发生和发育的场所。精巢小管的数目在鞘翅目肉食亚目中仅1条,而在蝗科中可多达100多条。

②输精管 是连接精巢和射精管之间的1对管道,其下段常膨大成囊状以贮藏成熟的精子团,称作贮精囊。

③射精管 是由两条输精管汇合而成的细长单导管,与阳茎相连接,开口于第9腹板与第10腹板间的节间膜上,精液经此射入阴道内。

④雄性附腺 是指雄性生殖系统的附腺,包括输精管上的中胚层附腺和射精管上的外胚层附腺,一般位于输精管和射精管交界处,呈长形囊状或管状。附腺分泌的黏液主要作用是浸浴和保存精子,或产生包囊以包裹精子形成精珠。

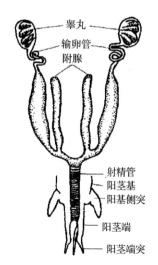

图4-27 昆虫雄性生殖系统模式构造图
(仿Weber)

【任务小结】

本任务在对昆虫体腔和内部器官的位置进行介绍的基础上,重点对昆虫体壁的组成及特性、衍生物和体色进行了概述,同时,分别就昆虫消化系统、排泄系统、循环系统、呼吸系统、神经系统、内分泌系统和生殖系统等内部器官进行了详细介绍,使读者了解昆虫生命活动的基本规律,为后面相关章节知识和其他课程的学习打下基础。

【拓展提高】

管致和. 昆虫学通论(上)[M]. 北京:中国农业出版社,1990.

郭郛,等. 昆虫的激素[M]. 北京:科学出版社,1979.

刘惠霞,李新岗,吴文君. 昆虫生物化学[M]. 西安:陕西科学技术出版社,1998.

Elzinga R. J. Fundamentals of entomology(6th editon)[M]. London:Prentice-Hall,1978.

【复习思考】

1. 昆虫主要有哪些内部器官系统?其功能是什么?
2. 简述昆虫消化器官的结构和功能。
3. 昆虫的体壁由哪几部分组成?各层有什么主要功能?
4. 简述昆虫血液的主要功能和循环途径。

任务 4.3　昆虫生物学认识

【任务介绍】

昆虫生物学主要是研究和描述昆虫生命活动、生殖与个体发育特征等各种生物现象，以深入了解昆虫的生物学特性和生长发育规律，是学习和认识昆虫应掌握的重要基础知识，为虫害的防治和昆虫利用提供依据。本任务主要介绍昆虫的生殖、个体生长发育过程，从昆虫的生殖、胚胎发育、胚后发育，直至成虫各时期的生命特征，以及由此而衍生的各种现象，其中蜕皮和变态是昆虫生命活动中的显著特点。

【教学目标】

知识目标

1. 了解昆虫的生殖类型及卵和胚胎发育规律。
2. 熟悉昆虫胚后发育各阶段的主要特征。
3. 掌握昆虫年生活史的概念和意义。

技能目标

1. 能制作和解读昆虫的年生活史图或表。
2. 能根据昆虫的生物学特性，正确制定虫害防治措施。

【任务实施】

4.3.1　卵的构造和类型

（1）卵的结构

卵是一个大型细胞（图 4-28），外面被有一层坚硬的卵壳，有保护和防止水分过量蒸发，保证胚胎正常发育的作用。卵壳内有一层薄的卵黄膜，卵内除原生质和核外，大部分是作为营养物质的卵黄。未受精的卵细胞位于核中央。紧贴着卵黄膜下的原生质中没有卵黄的这部分原生质称为周质。卵的前端有一个或若干个小的精孔，是雄虫精子进入卵内的通道。精孔附近为卵孔区，常有各种各样的刻纹。可作为识别卵的依据。

（2）卵的类型和产卵方式

昆虫的产卵量多在 10 至几千粒的范围，卵的长度在 0.02～7mm。直翅目、双翅目、膜翅目的卵为卵圆形，部分膜翅目为肾形，蝽类为桶形，粉蝶和部分叶甲为瓶形，部分蝇类为纺锤形，介壳虫为球形，蛾类为半球形，草蛉为附柄形，蚜螨为附丝状等（图 4-29）。

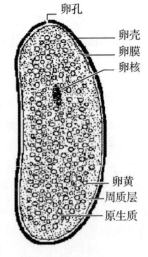

图 4-28　昆虫卵的结构

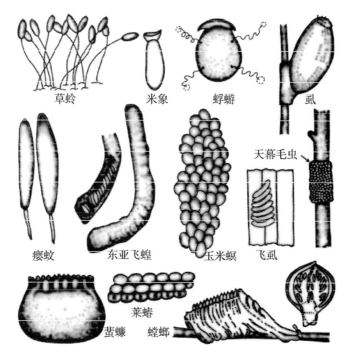

图 4-29 昆虫卵的类型(引自李孟楼，2010)

产卵方式是指昆虫产卵时所选择的产卵场所、卵的分布及母体对卵的保护方法。产卵场所有两大类，卵产于物体表面即裸产，卵产于土内、树皮缝内、寄主组织内等为隐产。成虫的产卵方式也不一。天蛾、透翅蛾等散产，每处 1~2 粒；松毛虫等将卵成堆成串的产下；很多昆虫产卵成块状，每块数百粒至上千粒，如杨黄卷叶螟等；有些昆虫的卵块上被有鳞毛或其他覆盖物，如毒蛾、灯蛾等；有的卵则具有卵囊或卵鞘，如蝗虫、螳螂等。产卵部位不一，很多昆虫将卵产于植物的表面或树缝中，如柳天蛾、枣镰翅小卷蛾等；也有的昆虫则产卵于植物组织内，如叶蝉、盲蝽；很多天牛类蛀干害虫，往往将卵产于枝干皮层内；金龟类地下害虫则产卵于土中。成虫产卵部位往往与其幼虫的生活环境相近，即使一些捕食性昆虫也是这样。如捕食蚜虫的瓢虫、草蛉等常将卵产于蚜虫群落之中。

4.3.2 生殖方式

（1）两性生殖

两性生殖(sexual reproduction)又称卵生，是昆虫最常见的生殖方式。经过雌雄两性交配，雄性个体产生的精子与雌性个体产生的卵子结合，雌虫产下的受精卵发育成新个体。如蛾、蝶类、天牛类等昆虫。

（2）孤雌生殖

孤雌生殖(parthenogenesis)也称单性生殖。有的昆虫无或有极少量雄虫，卵不经过受精也能发育成正常的新个体。又分为 3 种情况：

①偶发性孤雌生殖(sporadic parthenogenesis) 即在正常情况下营两性生殖，偶尔出现未受精的卵发育为新个体的现象，如家蚕。

②专性孤雌生殖(constant parthenogenesis)　正常情况下营孤雌生殖,偶尔发生两性生殖,如膜翅目昆虫(蜜蜂)中,未经交配或未受精的卵发育为雄虫,受精卵发育为雌虫。还有一些昆虫如某些蚧、粉虱、蓟马、小蜂等在自然情况下雄虫极少,有的甚至还未发现过雄虫,因而进行经常性孤雌生殖。

③周期性孤雌生殖(cyclical parthenogenesis)　孤雌生殖和两性生殖随季节变迁而交替进行,也称为世代交替。例如,蚜虫在秋末产生雄蚜,进行两性交配,产受精卵越冬;从春季到秋季期间几乎没有雄蚜,而进行孤雌生殖。

(3) 多胚生殖

多胚生殖(polyembryony)是一个成熟的卵发育为2个或多个新个体的生殖方式,该生殖是寄生物对寄主的一种适应,可保证一旦找到寄主后就可产生较多的后代。如小蜂、小茧蜂、姬蜂等将卵产于寄主体内后,受精卵以多胚生殖的方式发育为雌蜂,非受精卵则发育为雄蜂。

(4) 卵胎生

卵胎生(viviparity)多数昆虫为卵生,但一些昆虫的胚胎发育是在母体内完成的,卵在母体内孵化,由母体所产出来的不是卵而是幼体,这种生殖方式称为胎生。例如,麻蝇科、寄蝇科、虱蝇科、蛛蝇科、蜂蝇科的一些种类。

(5) 幼体生殖

幼体生殖(paedogenesis)是指昆虫处于幼虫期时、母体尚未达到成虫阶段就进行生殖的想象。凡进行幼体生殖的昆虫,产出的都不是卵而是幼虫,所以幼体生殖可以认为是胎生的一种形式。既然幼体生殖的母体都没有发育到成虫阶段,当然也谈不到两性交配,所以幼体生殖又可看成孤雌生殖的一种类型。

4.3.3　变态与生长发育

昆虫自幼虫从卵内孵化开始至成虫性成熟为止的发育过程为胚后发育。但对于胎生昆虫而言,完成胚胎发育与破卵而出的时间并不相同,所以有人把胚后发育称为卵后发育(postovarian development)。

4.3.3.1　孵化

胚胎发育完成后,幼虫(若虫)突破卵壳而出称为孵化(hatching)。卵从母体产下到幼虫(若虫)孵化为止的历期称卵期。即将孵化的新个体必须首先突破卵壳。蛾蝶类幼虫多以上颚直接咬破卵壳;蝽类孵化时则靠若虫肌肉收缩的压力自卵顶缝处顶开卵盖而出。初孵幼虫(若虫)体小抗药力弱,一般是防治的关键时期。

4.3.3.2　蜕皮与虫龄

昆虫在幼虫期都大量取食,以获得和积累更多的营养,供身体各部分生长发育的需要。虫体不断增大,旧的表皮(外骨骼)成为了限制虫体增大的障碍,要继续发育和生长则必须脱去旧表皮、形成新表皮,这种现象称为蜕皮(moulting)。蜕皮的次数因虫种而异,一般3~12次,如鳞翅目昆虫多数为5龄,鞘翅目、同翅目昆虫发育龄期较少,多为3龄。根据蜕皮的次数将幼虫划分为若干龄和龄期。龄是虫态,初孵幼虫为第1龄,第1次蜕皮后为第2龄……,这就是虫龄(instar);每两次蜕皮之间的时间称为龄期。幼虫生长到最后一龄时,再蜕皮后老熟幼虫就变成了蛹,老熟若虫则变成了成虫(图4-30)。

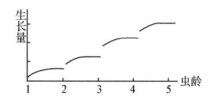

图 4-30　幼虫的生长曲线模式（仿李孟楼，2010）

4.3.3.3　变态及其类型

昆虫个体生长发育包括从卵到成虫性成熟的整个生命过程，在该过程中要发生一系列外部形态和内部器官的变化，所以将胚后发育过程中同一虫体从幼期的状态改变为成虫状态的现象称为变态（metamorphosis）。昆虫经过长期的演化，随着成、幼虫态的分化，翅的获得，以及幼期对生活环境的特殊适应，形成了各种变态类型（图 4-31）。

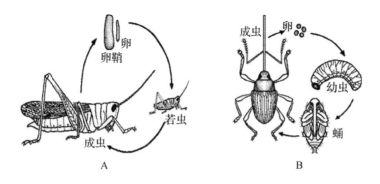

图 4-31　不完全变态（A）与完全变态（B）的区别

（1）不完全变态（incomplete metamorphosis）

不完全变态包括 3 种亚型：

①渐变态（paurometamorphosis）　成虫、幼虫在体型上很相似，生活习性相近，生境与食物相同，但幼虫的翅未长成，性器官不成熟，其幼虫称为若虫（图 4-32，A）。属渐变态类的昆虫有直翅目、等翅目、纺足目、半翅目、大部分同翅目等。

②半变态（hemimetamorphosis）　近似渐变态，成虫陆生，但幼虫水生，具直肠鳃等临时器官，且幼体在体型、取食器官、呼吸器官、运动器官及行为习性等方面均与成虫有明显的分化现象，因而这种幼虫称为稚虫（图 4-32，B）。属半变态类的昆虫有蜻蜓目、襀翅目等。

③过渐变态（hyperpaurometamorphosis）　在幼虫至成虫期有一个不食不动的类似蛹期的静止时期，即前蛹期，该类变态是由不全变态向全变态过渡的中间类型。如缨翅目、同翅目粉虱类和雄性介壳虫的变态属此变态类型。

（2）完全变态（complete metamorphosis）

完全变态为昆虫纲中最进化的变态类型。完全变态具有 4 个发育虫期（图 4-33）幼虫期、蛹期、成虫期。全变态的幼虫不仅外部形态和内部器官与成虫很不相同，在生活习性上也有很大差异。鳞翅目、鞘翅目、膜翅目、双翅目等均属该类变态类型。

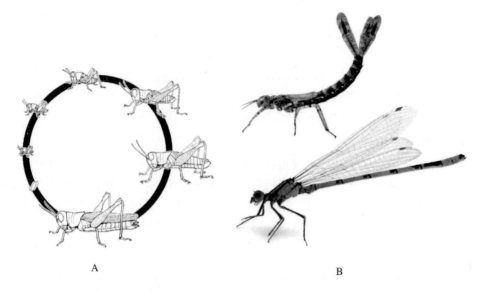

图 4-32 不完全变态
A. 渐变态(直翅目)　B. 半变态(蜻蜓目)

①完全变态的幼虫类型　完全变态昆虫的幼虫,不论在外形上或内部构造上以及生活环境、习性等都与成虫有很大的差异。幼虫的器官及构造需全部改造经过一个蛹期才能变为成虫。由于完全变态类昆虫种类繁多,生境、食性、习性等差别很大所以幼虫的形态远比若虫、稚虫等复杂。根据幼虫足的多少及发育情况可分为以下4种类型(图4-34):

a. 原足幼虫(protopod larvae)　幼虫在胚胎发育早期孵化,虫体的发育尚不完善,胸部附肢仅为突起状态的芽体,有的种类腹部尚未完全分节,如膜翅目的寄生蜂类幼虫。

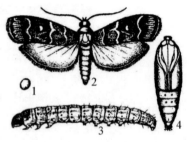

图 4-33 完全变态昆虫
1. 成虫　2. 卵　3. 幼虫　4. 蛹

b. 多足型(potypod larvae)　除3对胸足外还有2~8对腹足,大部分鳞翅目幼虫和膜翅目叶蜂科幼虫属此类。

c. 寡足型(oligopod larvae)　具有发达的胸足而无腹足,如鞘翅目金龟甲科、叶甲科等的幼虫。

d. 无足型(apodous larvae)　既无胸足也无腹足,如天牛、蝇类、象甲等的幼虫。

②蛹及其类型

a. 蛹(pupae)　为全变态昆虫由幼虫转变为成虫过程中所必须经过的一个虫期。末龄幼虫蜕皮化蛹前停止取食,不再活动,身体缩短,寻找化蛹场所吐丝作茧或作土室,这个时期称为前蛹期。当脱去末龄幼虫皮变为蛹,这一现象称为化蛹。蛹的类型有以下3种(图4-35)。

b. 裸蛹(exarate pupae)　又称离蛹,其特征是附肢和翅不贴附于蛹体上,可以活动,同时腹节间也能自由活动,甲虫、膜翅目的蜂类的蛹均属此类。

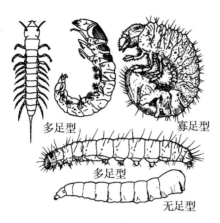
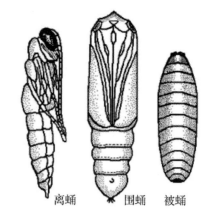

图 4-34　昆虫幼虫的类型（仿周成刚等）　　　图 4-35　昆虫蛹的类型

c. 被蛹（obtect pupae）　附肢和翅均紧贴在蛹体上，不能活动，腹节多数或全部不能扭动，如鳞翅目的蛹。

d. 围蛹（coarctate pupae）　围蛹本身是离蛹，只是被有老龄幼虫所蜕皮共同构成的蛹壳所包围，从外观上看不出任何附肢，如蝇类的蛹。

4.3.4　昆虫的成虫

（1）成虫的羽化和性成熟

成虫从它的前一虫态蜕皮而出的现象称为羽化（emergence）。羽化后常爬向高处，借助空气压力将翅展开。昆虫性成熟所需营养的积累主要在幼虫阶段，所以一般昆虫的成虫羽化时性已发育成熟，不需再取食，即可交配产卵。此类昆虫的成虫寿命较短，有的甚至口器退化，不会造成危害。但有些昆虫，由于在幼虫阶段所获得的营养还不能满足性发育的需要，生殖细胞尚未成熟，故成虫羽化后还需取食，这种为满足性成熟而进行的取食活动称为补充营养。此类昆虫的补充营养会给植物造成一定的危害。成虫羽化到开始产卵这段时间称为产卵前期；从产卵开始到产卵结束称为产卵期。在防治成虫时，应注意在产卵前期的诱杀和防治。

昆虫交配产卵次数因种类而不同，有的一生只交配一次，有的可进行两次或多次交配。一般雌虫寿命长于雄虫，交配后，雄虫不久死亡，雌虫则多在产卵结束后死去。

雌、雄个体数量之比称为性比。一般情况下，雌雄性比接近1∶1。但有些昆虫雄多雌少，如部分蚧虫。也有些昆虫性比受外界环境的影响而经常变动的，如鳞翅目中的食叶害虫。昆虫生殖力的大小取决于种的遗传性和生活环境两个基本因素。昆虫卵巢管的数量是昆虫潜在生殖能力的物质基础，只有适宜的环境条件才能发挥其生殖最大潜力。

（2）雌雄二型现象

昆虫雌雄个体之间除内、外生殖器官（第一性征）不同外，许多种类在个体大小、体型、构造等（第二性征）方面也常有很大差异，这种现象称为雌雄二型（sexual dimorphism）（图 4-36）。蝉科的雄虫在第一腹节腹面有一鸣器而能发出鸣声，雌虫则无；蓑蛾及部分尺蛾的雌虫无翅，雄虫则具有发达的2对翅。

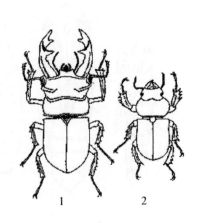

图 4-36 雌雄二型现象(仿周成刚 等)
1. 锹形甲雄虫 2. 锹形甲雌虫

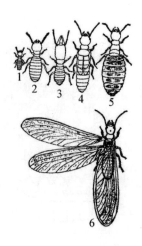

4-37 性多型现象(白蚁)(一)
1~5. 无翅型 6. 有翅型

(3)性多型现象

性多型现象是指同种昆虫在同一性别的个体中出现不同类型分化的现象(polymorphism)(图 4-37、图 4-38)。这种现象主要出现在成虫期,但有时也出现在幼虫期。例如,蚜虫雌虫的有翅蚜、无翅蚜;蜜蜂雌蜂的工蜂、蜂后等。

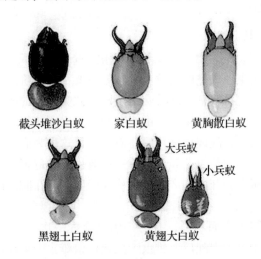

图 4-38 性多型现象(白蚁)(二)

4.3.5 昆虫的生活史及主要习性

(1)昆虫的世代

昆虫自卵(伪胎生者为幼虫或若虫)产下开始,至成虫性成熟产生后代时为止,称为一个世代(generation),简称为一代或一化,即昆虫发育的全过程。昆虫一年中发生的世代数主要取决于遗传性,但也受外界环境条件的影响,如温度、湿度、光照、食物等。

昆虫世代的划分均从卵开始,按一年内先后出现的世代顺序依次称第 1 代、第 2 代……但应注意跨年度虫态的世代划分,习惯上凡以卵越冬的,越冬卵就是翌年的第1代卵。例如,梧桐木虱当年秋末产卵越冬,其越冬卵即翌年第1代卵。以其他虫态越冬的均不是翌年的第1代,二是前一年的最后一代,称为越冬代。例如,马尾松毛虫当年11月以4龄幼虫越冬,该越冬幼虫称为越冬代幼虫,翌年越冬代成虫产下的卵才是第1代的卵。

(2)世代重叠

成虫寿命和产卵期长者,同一代早产的卵与晚产的卵孵化进度不一,幼虫生长发育参差不齐,而形成前后各代相互交叉。这种同一时期有两代及两代以上发育处在同一虫期的现象称为世代重叠(generation overlapping)。一年发生多代的昆虫,世代重叠现象尤为明显。例如,蚜虫、叶蝉、粉虱、蚧类及叶螨等。

(3)世代交替

一年中,有性世代与无性世代交替发生的现象称为世代交替(alternation of generations)。例如,有许多蚜虫在春、夏季行孤雌生殖,到秋末冬初时产生有雄蚜,进行两性交配,产越冬卵。

此外,还有局部世代现象(partial generation),即某一世代的个体有一部分继续发育而产生下一世代,另一部分的个体则停止发育,进入越冬状态。例如,桃小食心虫、桑螟等。

4.3.6 昆虫的年生活史

昆虫在一年中发生经过的状况称为年生活史(annual life history)或生活年史,简称生活史。一般包括一年内发生的代数,越冬虫态、越冬后开始活动的时期,各代历期,各虫态历期,或成虫羽化的始、盛、末期等。

昆虫的生活史是昆虫生物学研究的最基本的内容之一。描述昆虫在一年中的生活史特征常采用各种图、表、公式来表达(表4-2)。

表4-2 昆虫生活史图

	4	5	6	7	8	9	10	11-3
	上中下	上中下	上中下	上中下	上中下	上中下	上中下	上中下
越冬代	———	——— ooo	——— ooo + + + +	+				
第1代		ooo +	+ ……… ———	……… ——— ——— oo +	——— ooo + + + +	+ ……		
第2代					……… ——	——	———	(-)(-)(-)

注:.:卵;-:幼虫;(-):越冬幼虫;O:蛹;+:成虫。

(1)休眠

休眠(dormancy)是由不良环境条件(如高温或低温等)引起的,当不良环境条件消除时便可恢复生长发育,如东亚飞蝗以卵越冬,多种食蚜蝇和家蝇以成虫越冬等属于休眠越冬。此外，休眠可以发生在不固定的虫态，如小地老虎在江淮流域以南以成虫、幼虫或蛹均可休眠越冬。

(2) 滞育

滞育(diapause)是昆虫长期适应不良环境而形成的种的遗传性。在自然情况下，当不良环境到来之前，生理上已经做好了准备，一旦进入滞育必须经过一定的物理或化学的刺激，否则即使给予适宜环境条件也不能恢复生长发育。每种昆虫一般有其固定的滞育虫态，但种间差异较大，有的以卵滞育，如草履蚧；有的以幼虫滞育，如松毛虫类等。根据滞育发生的特点，常分为专性滞育(obligatory diapause)和兼性滞育(facultative diapause)两种类型。引起滞育的外界生态条件有光周期、温度、湿度、食物等，内在因子为滞育激素。

(3) 专性滞育

多发生在1年1代的昆虫，其滞育出现在固定的虫态，一旦达到其滞育的环境条件，发育到各自的虫态都进入滞育，而且已成为种的稳定的遗传性。

(4) 兼性滞育

则发生在不固定的世代和时间，在同一地区，一部分个体进入滞育，而另一部分个体继续发育，此后经1代或多代再进入滞育，如桑螟在山东有一化、二化和三化性，均以有盖卵块在枝干上滞育越冬。

光周期是一天中光照时数与黑暗时数变化的节律，是引起昆虫滞育的主导因子，通常以光照时数来表示。引起昆虫种群50%的个体进入滞育的光周期称为临界光周期(critical photoperiod)。在自然界，光周期的变化一般与温度的变化相适应。临界光周期随温度的升降而缩减，大体温度每升高5℃，临界光周期将缩短1~1.5h；若温度下降则临界光周期延长。所以，同一种昆虫的低纬度种群较高纬度种群滞育偏晚，如我国北方种群一般比南方种群进入滞育的时间偏早。

食物的变化同样也随光周期和温度的变化而变化。秋季到来，光周期缩短，温度下降，寄主植物逐渐枯竭，植食性昆虫食物的含水量减少，昆虫滞育的比例也随之增加。

引起和解除滞育的所有外界因子必须通过内部激素的分泌来实现。以卵滞育的昆虫是否产滞育卵取决于成虫。当成虫的感觉器官接受了外界刺激(如光周期变化)，信号传到脑，脑分泌细胞产生促前胸腺激素，通过围咽神经索传递到咽下神经节，活化了其中的神经分泌细胞，使产生卵滞育激素，通过血液的传送而作用于卵。以幼虫或蛹滞育的昆虫则是由于脑分泌细胞停止活动，不产生促前胸腺激素使前胸腺的分泌活动受到抑制而不分泌蜕皮激素，幼虫或蛹便处于滞育状态。以成虫滞育的昆虫，主要是成虫缺少咽侧体分泌的保幼激素。

昆虫滞育的解除需要经过一定时间的滞育代谢后才能完成。温度、湿度和光照是解除滞育的重要因子，多数冬季滞育的昆虫需经过一定时间的低温才能解除滞育；有的种类(亚洲玉米螟)则需要补充一定的水分才能解除滞育进而化蛹；还有某些昆虫(蟋蟀、脉翅目昆虫)则需要春天的光照时数超过其临界光周期时才能解除滞育。

4.3.7 昆虫活动的昼夜节律

绝大多数昆虫的活动都与白天和黑夜密切相关，其活动期、休止期随昼夜的交替而呈现一定的变化节奏，这种现象称为昼夜节律，即生物钟（biological clock）或昆虫钟（insect clock）。根据活动时间分为：日出性昆虫（diurnal insect），如蝶类、蜻蜓、步甲和虎甲等；夜出性昆虫（nocturnal insect），如小地老虎等绝大多数蛾类；昼夜活动的昆虫，如某些天蛾、蚂蚁等；弱光性昆虫，如蚊子等。

(1) 趋性

趋性（taxis）是指昆虫对外界（光、温、湿和化学物质等）刺激所产生的行为反应，如趋光性、趋化性、趋温性、趋湿性等。趋光性是指夜间昆虫对光源的趋向反应；趋化性是指昆虫对某些化学物质的气味产生的趋向行为。了解昆虫的趋性，可以帮助我们研究和利用昆虫。例如，利用趋光性和趋化性收集昆虫标本；也可以有针对性的对某些害虫进行发生检测，作出预测预报。

(2) 假死

假死（death feigning）是指昆虫受到某种刺激或振动时，暂时停止活动呈假死状态，当刺激消失后即恢复正常的现象，如金龟子、象甲等。昆虫假死的时间长短与当时的气温有关，气温高假死时间短，反之则长。对高大树木上的害虫，可利用这一习性，在温度较低时晃动树体，振落害虫，如金龟甲等。

(3) 群集性

同种昆虫的个体大量聚集在一起生活的习性，称为群集性（aggregation）。多数昆虫一生或某一虫态都具有群集性。根据聚集时间长短分为临时性群集和永久性群集，前者只是在某一虫态和一段时间内群集在一起，之后分散，如舟形毛虫等；后者则是终生群集在一起，如榆蓝叶甲，具有社会性生活习性的蜜蜂、蚁类等则是典型的永久性群集。

(4) 扩散

扩散（dispersal）是指昆虫个体经常的或偶然的、小范围内的分散或集中的活动。根据扩散的原因将扩散分为主动扩散和被动扩散两类。前者是由于取食、求偶、避敌等而在较小范围内相对缓慢地扩散；而后者则是由于风力、水力、动物或人类活动而引起的被动的扩散。

(5) 迁飞

昆虫的迁飞（migration）是指一种昆虫成群地从某一发生地长距离转移到另一发生地的现象，如小地老虎、东亚飞蝗、多种蚜虫等。迁飞多发生在成虫的生殖前期，并常与一定的季节相关。

4.3.8 拟态与保护色

一种生物模拟另一种生物或模拟环境中的其他物体从而获得好处或得以保护自己的现象叫拟态（mimicry）或称生物学拟态（biological mimicry）。这一现象广泛见之于昆虫中。被拟的对象可以是周围物体或生物的形状、颜色、化学成分、声音、发光及行为等，但最常见的拟态是同时模拟模型的形与色。拟态对昆虫的取食、避敌、求偶等有着重要的生物学意义。

常见的拟态有两种类型，一类称为贝氏拟态（Batesian mimicry），以该类拟态的记述者 H. W. Bates 的名字而得名；其经典性实例发生在普斑蝶（*Danaus plexippus*）（模型）和副王蛱蝶（*Limenitis archippus*）（拟态者）之间，这两种蝴蝶的色斑型相似。但前者的幼虫因取食萝藦科植物而使得成虫体液中具有一种有毒的糖苷，鸟吃了这种蝴蝶后会呕吐。因此，凡是首次捕食过普斑蝶的鸟对副王蛱蝶也采取回避的态度。没有经验的鸟如果首次碰到并捕食了无毒的副王蛱蝶，它以后可能会捕食普斑蝶。所以，对于贝氏拟态系统中的拟态者是有利的，而对被拟的昆虫是不利的。另一类拟态为缪氏拟态（Mullerian mimicry），其模型和拟态者都是不可食的，捕食者无论先捕食其中哪一种，都会引起对两种昆虫的回避。因此该类拟态无论对拟态者还是对模型都有利。例如，红萤科昆虫、蜂类、蚁类中均有此种现象。

一些昆虫具有同它的生活环境中的背景相似的颜色，这有利于躲避捕食性动物的视线而得到保护自己的效果。例如，在草地上的绿色蚱蜢、栖息在树干上翅色灰暗的夜蛾类昆虫。有许多还随环境颜色的改变而改变身体的颜色。这类拟态者的体色被称为保护色（protective color）。

昆虫的保护色还经常连同形态也与背景相似联系在一起。例如，尺蠖幼虫在树枝上栖息时，以后部的腹足固定在树枝上，身体斜立，很像枯枝。枯叶蝶（*Kalima* spp.）停息时双翅竖立，翅背极似枯叶，甚至具有树叶病斑状的斑点；竹节虫的体型和体色极象竹子而不易被发现。

4.3.9　昆虫的食性

食性（feeding habit）就是取食的习性。昆虫多样性的产生与其食性的分化是分不开的。按昆虫食物的性质分为植食性（phytophagous 或 herbivorous）、肉食性（sarcophagous 或 carnivorous）、腐食性（saprophagous）、杂食性（omnivorous）等几个主要类别。植食性和肉食性一般分别指以植物和动物的活体为食的食性，而以动植物的尸体、粪便等为食的则均可列为腐食性。既吃植物性食物又吃动物性食物的昆虫为杂食性昆虫，如蜚蠊等。当然也可分得更细些，如菌食性、粪食性、尸食性等。

根据食物的范围，可将食性分为多食性（polyphagous）、寡食性（oligophagous）和单食性（monophagous）3 种类型。能取食不同科的多种植物的称为多食性害虫，如棉蚜能危害 74 科 285 种植物；能取食一个科（或个别近似科）的几种植物的称寡食性害虫；只能取食一种植物的称为单食性害虫，如三化螟只吃水稻。

昆虫的食性具有它的稳定性，但有一定的可塑性。许多全变态昆虫成虫期的食物与幼虫期的完全不同，其他变态类的昆虫成虫与若虫或稚虫的食性相似。

昆虫的取食行为多种多样，但取食的步骤大体相似。如植食性昆虫取食一般要经过兴奋、试探与选择、进食、清洁等过程，而捕食性昆虫取食的过程一般为兴奋、接近、试探和猛扑、麻醉猎物、进食、抛开猎物、清洁等过程。有些捕食性昆虫还具有将取食猎物的空壳背在自己体背的习性，如部分猎蝽的若虫、部分草蛉的幼虫等。

昆虫对食物有一定的选择性，识别和选择食物的方式则是多种多样的，但以化学刺激作为决定择食的最主要的因素。如植食性昆虫通常以植物的次生物质作为信息化合物或取食刺激剂，捕食性昆虫则多以猎物的气味为刺激取食的因子，当把猎物的体液涂到与猎物相同或不同的人工模型或其他模型或其他物体上时，均能引起猎蝽的取食反应。

【任务小结】

本任务主要从昆虫的生殖、胚胎发育、胚后发育,各个虫期的生物学特性进行介绍,通过对昆虫年生活史的了解,掌握其生长发育规律,才能为害虫的防治和益虫的利用提供科学依据。

【拓展提高】

华南农学院. 农业昆虫学(上、下册)[M]. 北京:中国农业出版社,1981.

雷朝亮,荣秀兰. 普通昆虫学[M]. 北京:高等教育出版社,2003.

南开大学等. 昆虫学[M]. 北京:高等教育出版社,1980.

【复习思考】

1. 昆虫的幼虫类型有哪些?
2. 昆虫的变态类型分为哪些类型?每一种类型有何特点?
3. 什么是警戒色和拟态?
4. 休眠和滞育有何区别?
5. 简述学习昆虫生物学对害虫防治的意义。

任务4.4 种群生态分析

【任务介绍】

本任务主要介绍昆虫种群及其非生物和生物影响因素,昆虫种群生命表及其应用,森林昆虫群落及其演替,森林害虫的预测预报等内容,具体包括害虫发生期与发生量预测,确定检疫对象,选择控制害虫的措施,评价防治措施的实施效果等。研究的意义在于认识昆虫发生规律和动态机制,全面了解森林昆虫的发生规律,为探索森林昆虫利用和害虫控制提供途径,从而有效利用和控制森林害虫。

【教学目标】

知识目标

1. 了解影响昆虫种群的生物和非生物因素。
2. 掌握昆虫种群生命表的编制及其应用。
3. 熟悉森林害虫的预测预报的方法及内容。

技能目标

1. 能通过对影响昆虫的生物和非生物因素进行调节以达到控制昆虫种群的目的。
2. 能熟练掌握和应用昆虫种群生命表。

3. 能熟练运用昆虫预测预报方法对害虫的发生发展规律进行预测。

【任务实施】

4.4.1 种群的定义和主要特征

种群(population)是指在特定的时间里、占据一定空间的同种个体的集合,是物种存在的基本单位。种群中的个体并不是机械地集合在一起,而是彼此可以交配,并通过繁殖将各自的基因传给后代,因此种群优势物种进化的基本单位,同一种群的所有生物共用一个基因库。种群既反映了构成该种群个体的生物学特性,例如,具有出生(或死亡)、寿命、性别、年龄(虫态或虫期)、基因型、繁殖和滞育等性状,又具有群体的生物学属性,如出生率(或死亡率)、平均寿命、性比、年龄组配、基因频率、繁殖率、迁移率和滞育率等。这些特征都反映了群体的概念,是个体相应特征的一个统计量。此外,种群作为更高一级的结构单位,还有个体所不具备的特征,如种群密度(数量)和数量动态、种群的集聚和扩散、空间分布型等。多种种群构成群落。

4.4.2 种群结构特征

种群是由许多个体所组成,因此个体状况不同,种群的组成也就不同。所谓种群结构(population structure)就是指在种群内生物学特性有差异的各类个体群在总体内的比例分配。其中,最主要的是性比和年龄组配。

(1)性比

性比(sex ratio)就是一个种群内雌雄个体的比率。就大多数昆虫的自然种群而言,雌雄个体的比率常为1:1。有些昆虫一生能多次交配,即一头雄虫常可与多头雌虫进行有效的交配,此时种群中雌性个体数量可能显著大于雄性个体数量。有些昆虫(蚜虫、介壳虫等)孤雌生殖,在全年的大部分时间只有雌性个体存在,而雄性只在短暂的有性生殖阶段出现。对于这类昆虫,在分析种群结构时,可以忽略其性比。

(2)年龄组配

年龄组配(age composition)用以表示种群内各年龄组(成虫期、蛹、各龄幼虫、卵等)个体数的相对比率。种群的年龄组配随着种群的发展而变化(图4-39)。对于连续增长并世代重叠的种群而论,年龄组配是反映种群发育阶段并预示种群发展趋势的一个重要指标。

同样,种群中成虫的性比、滞育个体比率和处在生殖的个体数量等,对于昆虫的数量动态也有重要影响。此外,对某些具有形态多型现象的昆虫,其各型个体的比例也是种群结构的一个重要指标。

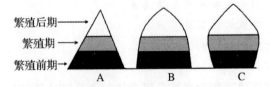

图4-39 年龄锥体的三种基本类型(仿Odum)

A. 增长型 B. 稳定型 C. 下降型

4.4.3 种群的生态对策

生态对策(ecological strategy)就是生物在种群水平上对环境变化的适应策略,这里的环境既可以是生物的,也可以是非生物的。而种群对环境的适应能力与其增长模型中的一些特征性参数有关。而这种特性折射于自然对生命尺度的塑造之中。在自然条件下,有机体的环境条件很不相同。就稳定程度而言,有的极为短暂,有的相对持久。在这些生境中的昆虫也向着两个不同方向演化。

生态对策的概念最初由 MacArthur 和 Wilson(1967)引入到生态学。生态对策是指任何生物在某一特定的生态压力下,都可能采用有利于种生存和发展的对策。在生态对策上,生物种对生态环境总的适应对策,必然表现在各个方面。

生态对策分为 r-对策和 K-对策两种。R-对策的种群通常是短命的,其生殖率很高,产生大量的后代,但后代存活率低,发育快(早熟),成年个体小、寿命短且单次生殖多而小的后代,一旦环境条件转好就会以其高增长率 r 迅速恢复种群,使物种得以扩展。而 K-对策的种群通常是寿命长,种群数量稳定,竞争能力强;生物个体大,但生殖力弱,只能产生很少的种;亲代对子代提供良好的庇护;该对策适应于可预测的稳定环境,一旦受损很难恢复甚至可能灭绝。

K-对策者(K-strategists)的 r 值较小,而相应 K 值较大,种群数量比较稳定。属于此种类型的物种,一般个体较大,寿命较长,繁殖力较小,死亡率较低,食性较为专一,活动能力较弱,其种群水平一般变幅不大,当种群数量一旦下降至平衡水平以下时,在短期内不易迅速恢复。

r-对策者(r-strategists)是典型的机会主义者,类型的 r 值较大,K 值相应较小,种群数量经常处于不稳定状态,变幅较大,易于突然上升和突然下降。一般种群数量下降后,在短期内易于迅速恢复。属于此种类型的物种,一般个体较小,寿命较短,繁殖力较大,死亡率较高,食性较广。

4.4.4 种群空间分布型

种群个体在其生存空间的散布状况称为种群的空间分布型(distribution pattern)。种群空间分布型是种群的重要属性之一,是物种生物学特性和环境生态因子相互作用的结果。如果种群中的个体相互吸引,会出现个体聚集的现象;如果个体相互独立或相互排斥,个体在空间上的散布便呈随机的甚或均匀的分布状态。物种对栖境的选择性,环境的异质程度等因素,都影响种群的空间分布型。测知种群的空间分布型,可以揭示种群的空间结构及种群下结构的状况,为抽样估测种群密度提供适宜的抽样技术,为资料代换提供理论依据。

常见的种群空间分布型有随机分布(random distribution)、核心分布(contagious distribution)和负二项分布(嵌纹分布)(negative binomial distribution),其图式如图 4-40 所示。

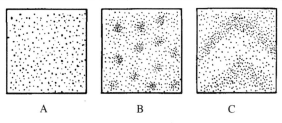

图 4-40 种群空间分布型模式图
A. 随机型　B. 核心型　C. 嵌纹型

4.4.5　昆虫与生态系统的关系

4.4.5.1　生态系统的概念和组成

在自然界，任何生物群落都不是孤立存在的，它们总是通过能量和物质的交换与其生存的环境不可分割地相互联系相互作用着，共同形成一种统一的整体，这样的整体就是生态系统(ecosystem)。生态系统由无机环境和生物群落组成。

无机环境包含阳光以及其他所有构成生态系统的基础物质：水、无机盐、空气、有机质、岩石等。阳光是绝大多数生态系统直接的能量来源，水、空气、无机盐与有机质都是生物不可或缺的物质基础。生物群落可分为生产者(producer)、消费者(customer)和分解者(decomposer)三个组成部分。

(1) 生产者

在生物学分类上主要是各种绿色植物，也包括化能合成细菌与光合细菌，它们都是自养生物，植物与光合细菌利用太阳能进行光合作用合成有机物，化能合成细菌利用某些物质氧化还原反应释放的能量合成有机物，例如，硝化细菌通过将氨氧化为硝酸盐的方式利用化学能合成有机物。生产者在生物群落中起基础性作用，它们将无机环境中的能量同化，同化量就是输入生态系统的总能量，维系着整个生态系统的稳定，其中，各种绿色植物还能为各种生物提供栖息、繁殖的场所。生产者是生态系统的主要成分。生产者是连接无机环境和生物群落的桥梁。

(2) 消费者

消费者是指以动植物为食的异养生物。消费者的范围非常广，包括了几乎所有动物和部分微生物(主要有真细菌)，它们通过捕食和寄生关系在生态系统中传递能量。其中，以生产者为食的消费者被称为初级消费者，以初级消费者为食的被称为次级消费者，其后还有三级消费者与四级消费者，同一种消费者在一个复杂的生态系统中可能充当多个级别，杂食性动物尤为如此，它们可能既吃植物(充当初级消费者)又吃各种食草动物(充当次级消费者)，有的生物所充当的消费者级别还会随季节而变化。一个生态系统只需生产者和分解者就可以维持运作，数量众多的消费者在生态系统中起加快能量流动和物质循环的作用，可以看成是一种"催化剂"。

(3) 分解者

分解者又称还原者，它们是一类异养生物，以各种细菌(寄生的细菌属于消费者，腐生的细菌是分解者)和真菌为主，也包含蜣螂、蚯蚓等腐生动物。分解者可以将生态系统中的各种无生命的复杂有机质(尸体、粪便等)分解成水、二氧化碳、铵盐等可以被生产者重新利用的物质，完成物质的循环，因此分解者、生产者与无机环境就可以构成一个简单的生态系统。分解者是生态系统的必要成分，起着连接生物群落和无机环境的桥梁。

4.4.5.2　昆虫在生态系统中的作用

昆虫作为生态系统中重要的组成部分，无论个体数量、生物量、物种数或基因数，都在生物多样性中占有非常重要的地位，它在生态系统的物质循环、能量流动和信息传递中发挥着非常重要的作用。

(1) 物质循环方面

昆虫主要作为消费者和分解者参与物质循环。48.2%的昆虫为植食性昆虫，它们取食植物是生态系统功能实现的必要环节。昆虫的取食在对植物造成危害的同时,会促进植物的新陈代谢,如果危害程度适当,反而对植物的生长发育有利,这种现象称为植物的补偿作用。例如,棉蚜(*Aphis gossypii*)取食棉花之后,会让未受害的叶片光合速率提高54.5%。

另外,昆虫中有17.3%的类群为腐食性,它们是自然界高效的清洁工。如分解朽木的白蚁和小蠹、分解尸体的葬甲和丽蝇,以及处理粪便的蜣螂和粪金龟等。它们分解有机物,将营养物质返回到无机环境中,供生产者再次利用。

(2)能量流动方面

昆虫主要通过食物链来参与生态系统的能量流动。作为消费者、分解者或者次级生产者,昆虫取食得来的能量一部分被自身代谢消耗掉,另一部分用于自身的生长发育。当昆虫被捕食或者死后被腐生生物分解时,其固定的能量便继续往下传递。

(3)信息传递方面

生态系统中所有的生物都需要信息交流,昆虫作为重要成员,通信的手段多种多样。

昆虫可以感知光、声、热、磁等信号(物理信号)。例如,蚜虫对黄色有明显的偏好;萤火虫靠自身发光来传达信息;蟋蟀通过鸣叫来求偶;蜜蜂依靠磁场进行定位等。化学通信在昆虫中非常普遍,这些通讯的化学物质称为信息素(phenomenon),主要种类有性信息素——促使雌雄相互识别和交配;聚集信息素——引起同种昆虫聚集;报警信息素——向同种昆虫个体通报危险来临;示踪信息素——标示踪迹;标记信息素——趋避同类等等。

寄主植物的次生性物质也能影响昆虫的行为,其中的烃、醇、醛、酮等挥发性物质能招引昆虫前来取食;而其中的生物碱、单萜、生氰苷、芥子油及酚类物质等又能起到防御作用,引起昆虫趋避、拒食、发育受阻、中毒等反应。此外,当植物遭受虫害时,会产生挥发性次生物质,该物质可引导害虫的天敌进行定位,称为利它素(kairomone),是联系植物、植食性昆虫、天敌三重营养关系的重要纽带。

4.4.5.3 环境因子对昆虫的影响

昆虫的整个生命活动不仅由自身决定,在很大程度上还受到环境的影响。所谓环境(environment)是指生物有机体周边的一切事物的总和,包括生物有机体和无机环境。研究昆虫与周围环境条件相互作用机理与规律的科学称为昆虫生态学(insect ecology),其目的是了解环境条件对昆虫生命活动的影响,分析在环境条件作用下昆虫种群盛衰的变化,从而找出起作用的主导因素以及昆虫地理分布、种群消长的原因与规律。昆虫生态学是植物害虫预测预报和防治的主要理论依据。

环境因子(environmental factors)是指环境中对某一特定生物体或生物群体的生长、发育、生殖、分布等有直接或间接影响的环境要素。影响昆虫的主要生态因子有气候(温度、湿度、光照等)、土壤(土壤结构、理化特性等)、生物(食物和天敌等)等几大类。任何一种昆虫的生存环境都包含了多种环境因子,各种环境因子之间相互制约、相互组合,综合地作用于昆虫。

气候对昆虫的作用极大,不仅直接影响昆虫本身,而且通过改变其他环境因素来间接影响昆虫。气候因子包括温度、湿度、光、空气和气流等,其中对昆虫影响较大的是温度和湿度。

(1) 温度的影响

昆虫是变温动物,体温随周围环境的变化而变动,当食物充足时,热量就成为昆虫生长发育的主要驱动因子。在适宜的温度范围内,温度与昆虫的代谢速率成正比。维持昆虫体温的热源主要为太阳辐射热,昆虫靠主动选择合适的栖息活动场所来调节体温。

昆虫的生长发育、繁殖等生命活动在一定的温度范围内进行。不同昆虫有效温区不同。温带地区的昆虫一般在8~40℃之间。按多数昆虫对温度的适应情况,可将温度划分为5个温区:

①致死高温区 一般在45~60℃。在此温区内,昆虫体内部分蛋白质凝固,酶系被破坏或细胞内线粒体被破坏,昆虫在短时间内死亡,即使将其移入适温区也不能复苏。

②亚致死高温区 一般在40~45℃。在该温区内,昆虫各种代谢过程的速度不一致,从而引起功能失调,表现出热昏迷状态。如果继续维持在这样的温度下,亦会引起死亡。在这种情况下的死亡,决定于高温的程度和持续时间。

③适温区 一般在8~40℃。在此温区内生命活动正常进行,因此称有效温区。接近适温区上限时发育速率下降,寿命缩短,繁殖力降低。适温区的下限称最低有效温度,温度低于它时昆虫发育停止。昆虫开始发育的最低温度称为发育起点温度。适温区中还可划出最适温区,一般在18~27℃。在此温区内昆虫发育速率适中,寿命较长,繁殖力强。又可分为高适温区、最适温区、低适温区。

④亚致死低温区 一般为-10~8℃。在该温区内,体内各种代谢过程不同程度减慢而处于冷昏迷状态。如果继续维持在这样的温度下,亦会引起死亡。在这种情况下的死亡决定于低温的强度和持续时间。

⑤致死低温区 一般为-40~-10℃。昆虫体内的液体析出水分结冰,不断扩大的冰晶可使原生质遭受机械损伤、脱水和生理结构受到破坏,细胞膜受到破损,从而引起组织或细胞内部产生不可复原的变化而引起死亡。

各种昆虫种群的温区范围是不同的,而且各有不同的生理特点。同时,昆虫在不同温区内的反应,在很大程度上还取决于种群的生理状态。温度对昆虫繁殖的影响也是多方面的,首先是影响昆虫的交尾和产卵,其次还影响昆虫繁殖的数量。在适宜温区内,昆虫生殖力随温度升高而增强。过低温度致使成虫性腺不能成熟或不能进行性活动而很少产卵;过高温度常引起不孕,特别是雄性不育。此外,温度越高昆虫代谢消耗越快,因而昆虫的寿命随温度的升高而缩短。在适温范围内,昆虫的活动速度随温度升高而增强,昆虫的飞行对温度的反应更为敏感。总而言之,温度对昆虫的生殖、寿命、活动等方面都有影响。

在适宜温区内,昆虫的发育速率和温度成正比,温度增高则发育速率加快,而发育所需时间缩短,即发育时间和温度成反比。

①有效积温法则(law of effective temperature accumulation) 昆虫完成一定的发育阶段需要一定的热量累积,完成这个阶段所需的温度积累值是一个常数。许多生物开始发育的温度不是0℃,而是在通常情况下0℃以上,该温度称为发育起点温度。有效积温计算方法为:

$$K = N(T - C) \quad 或 \quad N = K/(T - C)$$

式中,K 为有效积温,为一个常数;N 为发育历期;T 为观测温度;C 为发育起点温度;$(T-C)$ 就是逐日的有效温度。发育速度 V 是发育历期 N 的倒数,如果将 N 改为 V,

则得到：

$$V = (T - C)/K \quad \text{或} \quad T = C + KV$$

一般统计学上求发育起点温度 C 和有效积温 K 值，常根据不同温度下发育速度的观测值，采用"最小二乘法"求得。

②有效积温法则的用途

a. 推测一种昆虫在不同地区的世代数　根据某种昆虫一个世代发育的有效积温 K，再利用各地气象站的资料，计算出各地年有效积温的总和 K_1，以 K_1 除以 K，便可确定这种昆虫在该地区 1 年史发生的世代数 N。如小地老虎（Agrotis ypsilon）完成一个世代需 504.7（d·℃），而南京地区能满足其发育的年总积温是 2 220.9℃，因此，小地老虎在南京地区年发生世代数应为 2 220.9/504.7 = 4.54（代）。

b. 预测发生期　知道了一种昆虫或一个虫期的有效积温和发育起点，便可根据公式 $N = K/(T - C)$ 进行发生期预测。

c. 控制昆虫的发育进度　在田间释放寄生蜂等益虫防治害虫，根据释放日期的需要，便可根据公式 $T = K/N + C$ 计算出室内饲养益虫的需要温度，通过调节温度来控制益虫的发育进度，在合适的日期释放出去。

d. 预测害虫的地理分布　如果当地有效积温不能满足某种 1 年发生 1 个世代昆虫的 K 值，则这种昆虫在该地就不能完成发育。

（2）湿度的影响

从本质上来说，湿度问题就是水的问题。水是生物有机体的基本组成成分，为代谢作用不可缺少的介质。原生质的化学活性与水是不可分割的，盐和碳水化合物只有在水溶液状态下才能发生生理作用，酶的作用也只能在水溶液中才会显示出来，体内的激素联系、营养物质的输送、代谢产物的运转、废物的排除等，都只有在溶液状态下才能实现。一般虫体的含水量为体重的 46%~92%。昆虫主要从周围环境中摄取水分，最主要途径是从取食，也可以利用有机物质代谢时所产生的水分。此外，昆虫的体壁或卵壳可以直接吸收水分。

昆虫主要通过排泄失去水分，还可通过体壁和气门蒸腾失水。由于昆虫体小，与外界的接触面相对较大，也即蒸腾面积较大。陆生昆虫，尤其是干旱地区的昆虫，为了保持体内生存必须的水分，在形态、生理和习性上产生了种种适应，包括增强体壁的不透水性，如加厚体壁和增加蜡质等；增强直肠垫回收水分的作用，避免在排泄粪便时大量失水；关闭部分气门，减少呼吸失水通道；寻找湿度适宜的栖境等。

①湿度　湿度的主要作用是影响虫体水分的蒸发和虫体的含水量，其次是影响虫体的体温和代谢速度，从而影响昆虫的成活率、生殖力和发育速度。昆虫在孵化、蜕皮、化蛹、羽化期间，新形成的表皮保水能力较低，如果环境湿度偏低，容易造成大量失水，轻则产生畸形，重则引起死亡。干旱会影响昆虫的性腺发育，也影响交尾和雌虫的产卵量。

②降水　降水量通常可以反映某一地区解湿度的一般情况。降水不仅可改变大气或土壤的湿度而影响昆虫，而且对昆虫，尤其是对个体小的一些昆虫有直接的机械杀伤作用。细雨通常利于昆虫活动，而大雨常阻止昆虫的活动。降水对一些昆虫是重要的条件，如附在植物上的水滴，常常对一些昆虫卵的孵化和初孵幼虫的活动起着重要的作用。而冬季以雪的形式降水，有利于保持土温，对土中或土面越冬的昆虫起着保护作用。

③温湿度的综合作用　在自然环境中，温度和湿度总是相互影响，同时作用的。温度和湿度的联合作用比较复杂。昆虫的孵化率、幼虫死亡率、蛹的羽化率和成虫产卵量在不同的温湿度组合情况下差异较大。对一种昆虫来说，适宜的湿度范围也因温度条件而转移；反之，适宜的温度范围因湿度条件而转移。

温湿度的关系在生物气候学上常以温湿度系数（temperature-humidity index）来表示，相对湿度与平均温度的比值，或降水量与有效积温的比值，称为温湿度系数：

$$Q = RH/T \text{ 或 } Q = M/\sum (T - C)$$

式中，Q 为温湿度系数；RH 为平均相对湿度；T 为平均温度；M 为降水量；$\sum (T - C)$ 为有效积温。

温湿度系数的应用必须限制在一定的温度和湿度范围内，因为不同的温湿度组合可得到相同的温湿度系数，但是对昆虫的作用迥异。因此，在分析害虫大量发生条件时，应用温湿度系数要针对具体的情况。

（3）光对昆虫的作用

光和热是太阳辐射到地球上的两种能的状态。昆虫可直接吸收热量，或通过取食植物光华中央常委间接获取能量，因此，光是影响昆虫行为、协调昆虫生活周期的稳定而又重要的物理信息。同时，光还直接影响昆虫的生长、发育、生殖、取食、扩散、迁飞等。

①光的波长　昆虫与光的波长的关系实质上是昆虫的色觉问题。昆虫对于光波的识别与人类不同，人眼可见光波一般在 7 700～4 000Å，而昆虫的可见光波多在 7 000～2 500Å。许多昆虫都具有不同程度的趋光性，例如，棉铃虫对 3 300Å 的波长最为敏感，而烟夜蛾对 3 330Å 波长的光最敏感。利用此特性，可利用短波长的黑光灯对昆虫进行检测和防治。

②光强度　光强度与昆虫的关系是比较复杂的。高强度的光，尤其是蓝色光与紫外线，对昆虫的影响很大，但至今对其尚未研究清楚。生活于高山的昆虫的体色较深，山愈高体色愈深，因为色素沉着与光强度有关。体内色素可使昆虫预防紫外线的伤害，同时又可吸收其他光线，以保证体温升高。

③光周期　光周期（photoperiod）是指一昼夜间光照的时间，它随地理纬度和季节而呈规律性变化。光周期与昆虫的关系很密切。首先，温带与寒带地区许多昆虫的滞育（diapause）与光周期有密切关系，通常把引起种群中 50% 个体产生滞育的光照时间称为临界光周期（critical photoperiod）。临界光周期不仅因虫种而异，且同种昆虫的不同种群，同一种群温度等不同时也不相同。例如，烟夜蛾（*Heliothis assulta*）安徽凤阳种群的临界光周期，24℃下是 13h 11min，26℃下是 13h 4min。根据昆虫对光周期的反应可分为 4 种滞育类型：

a. 短日照滞育型　即长日照发育型其特点是昆虫滞育的个体数随日照时数的减少而增多。通常光周期长于 12~16h，仍可继续发育而不滞育。一般冬季滞育的昆虫，如亚洲玉米螟（*Ostrinia nubilalis*）等属于此类型。

b. 长日照滞育型　即短日照发育型其特点是昆虫滞育的个体数随日照时数的增加而增多。通常光周期短于 12h，仍可继续发育而不滞育。一些夏季滞育的昆虫，如大地老虎（*Agrotis tokionis*）等属于此类型。

c. 中间型 光周期过短或过长均可引起滞育,只有在相当窄的光周期范围内才不滞育。如桃小食心虫(*Carposina niponensis*)在25℃时,光照短于13h,老熟幼虫全部滞育;光照长于17h,半数以上滞育;而光照为15h时,则大部分不滞育。

d. 无光周期反应型 光周期变化对滞育没有影响。如舞毒蛾(*Lymantria dispar*)、丁香天蛾(*Psilogramma increta*)等。光照和黑暗交替还可影响昆虫的产卵活动,例如,中华草蛉(*Chrysoperla sinica*)在暗期开始4h内产卵量占到当天产卵总量的80%以上。某些昆虫季节二态(seasonal dimorphism)的出现与光周期有关。不仅如此,某些昆虫翅的发育也与光周期有关。例如,短日照有利于白背飞虱(*Sogatella furcifera*)短翅型雄虫的发生;连续光照时小长管蚜(*Macrosiphum avenae*)后代多无翅,连续黑暗后代也多无翅,但将其饲养在光照和黑暗交替条件下时后代有翅的较多。

4.4.5.4 土壤因子对昆虫的影响

土壤是昆虫的重要居住场所,据统计,大约98%的昆虫在其生活史中与土壤有或多或少的关系。有些昆虫终生生活在土壤中,有些昆虫以一个虫期或多个虫期生活在土壤中。土壤温度、湿度、理化性质、机械组成和土壤生物都会对昆虫有重要影响。

(1)土壤温度

原理与气温类似,土栖昆虫在土中的活动往往随着适温层的变化而垂直迁移。秋季温度下降,向下迁移,气温越低潜伏越深;春季天气渐暖,向上层移动。

(2)土壤湿度

土壤湿度,除表层外,一般总是处于饱和状态。因此,许多昆虫的不活动期(如卵、蛹)常以土壤作为栖息地,避免了大气干燥对它们的不利影响。土壤的干湿程度影响着土壤昆虫的分布和危害。如细胸金针虫主要分布在含水量较多的低洼地,沟金针虫则主要分布在旱地草原。沟金针虫在春季干旱年份,如果土壤表层缺水,会影响幼虫的上升活动;另一方面,土壤水分过高,会导致土壤空气流通不畅,不利于土居昆虫或部分虫态土居的昆虫的生活。

(3)土壤化学特性和结构

土壤的酸碱度、含盐量、有机质含量和土壤肥料,对土壤昆虫的分布、种群数量和种类组成亦有很大影响。土壤结构主要影响昆虫分布的种类和昆虫在土壤中的活动。例如,葡萄根瘤蚜(*Viteus vitifoliae*)能在结构疏松的团粒土壤和石砾土壤中严重危害葡萄根部。因为这样的土壤有一龄若虫活动蔓延的空隙。蝼蛄喜欢在含沙质多且湿润的土壤中,尤其是经过耕犁而施有机肥的松软土壤里,在黏性大而板结的土壤中很少发生。

4.4.5.5 生物因子对昆虫的影响

生物因子主要可以分为两个方面:食物和天敌。这些因子对昆虫的影响具有局部性、密度制约性、相互性等特点。

①食物因子 没有食物,昆虫不能存活。食物不仅直接影响昆虫的生长发育、繁殖和寿命等,还明显影响昆虫的种群数量,也影响昆虫种群和群落的特征。昆虫在长期的演化过程中,对食物形成一定的选择性,称为食性(feeding haits)。不同种类的昆虫甚至同种昆虫的不同虫态食性都会出现差别。根据昆虫对食物的选择,可将其分为不同的类型。食物的分布还决定了昆虫的分布,尤其对单食性昆虫和寡食性昆虫,限制作用明显。

所有的昆虫,吃植物的约占48.2%,称为植食性昆虫;吃腐烂物质的约占17.3%称为腐食性昆虫；寄生性昆虫和捕食性分别占 2.4% 和 28.0%，这两者合称肉食性昆虫；既吃动物性食物，又吃植物性食物为杂食性昆虫占 4.1%。根据取食范围的广狭，可分为单食性(monophagous)、寡食性(oligophagous)和多食性(polyphagous)3 类。单食性是以一种植物为食料，如夹竹桃天蛾(*Daphnis nerii*)的幼虫仅吃夹竹桃的叶子。寡食性是以一个科或少数近缘科植物为食料，如长足大竹象(*Cyrtotrachelus buqueti*)仅取食几种丛生竹的竹笋。多食性是以多个科的植物为食料，如美国白蛾(*Hyphantria cunea*)可危害 210 多种林木、果树、农作物和野生植物，其中主要危害多种阔叶树。

②天敌因子　在自然界中，每种昆虫都有大量的捕食者和寄生物，昆虫的这些敌害称为天敌(natural enemy)，利用天敌是防治害虫的主要措施之一。天敌可分为病原微生物、寄生性昆虫和其他捕食性天敌三大类。

③病原微生物　主要的有三大类群，即病原真菌、病原细菌和病原病毒。此外，还包括原生动物、病原线虫和立克次体。其中以目前生产上应用最为成功的真菌为球孢白僵菌(*Beauveria bassiana*)以及苏云金杆菌(*Bacillus thuringiensis*，BT)应用最广。

④寄生性昆虫　主要为寄生蜂和寄生蝇两大类，其中生产上大面积用来防治害虫的有赤眼蜂。研究寄生性昆虫在生物群落中的作用时，必须区分原寄生还是重寄生。害虫的原寄生昆虫是益虫，而寄生在原寄生昆虫上的重寄生昆虫却是害虫。

⑤捕食性天敌　包括食虫鸟类、两栖类动物、捕食性昆虫和蜘蛛等。其中种类最多、数量最大的还是捕食性昆虫，如螳螂、蜻蜓、瓢虫、草蛉、猎蝽等。许多捕食性昆虫已经被用于生产上大面积害虫防治，如澳洲瓢虫(*Rodolia cardinalis*)被很多国家引进防治柑橘吹绵蚧(*Icerya purchas*)。

【任务小结】

本任务介绍了昆虫种群的结构特征、生态对策及空间分布特征，对影响昆虫种群的生物因子和非生物因子进行了介绍和分析，使读者掌握害虫发生的预测预报的基础理论依据。

【拓展提高】

曹骥. 作物抗虫原理及应用[M]. 北京：科学出版社，1984.

丁岩钦. 昆虫种群数学生态学原理与应用[M]. 北京：科学出版社，1980.

李景文. 森林生态学(2 版)[M]. 北京：中国林业出版社，2001.

南京农学院等. 昆虫生态及预测预报[M]. 北京：中国农业出版社，1985.

薛贤清. 森林害虫预测预报[M]. 北京：中国林业出版社，1992.

Strong D R & Lawton J H，刘绍友，仵均祥，等译. 植物上的昆虫群落格局和机制[M]. 北京：天则出版社，1990.

【复习思考】

1. 试解释积温和有效积温的区别及其在害虫预测中的应用。
2. 如何应用生态学原理进行森林害虫的预测预报？
3. 光周期与昆虫滞育有何关系？
4. 阐述影响昆虫种群动态的非生物因素和生物因素的作用。

项目 5
昆虫的分类与识别

　　昆虫种类繁多，现已记载的种类达 110 万种以上，占整个生物界的 60%，是动物总数的 68.8%。资料中已记载的蝶、蛾类昆虫多达 14 万种；鞘翅类昆虫达 35 万种以上，其中象鼻虫科昆虫目前已发现 6 万种左右。昆虫分类与其他动物分类一样，以形态特征、生物学特性、生态特性、生理特性为基础。昆虫的种类、习性、形态虽然复杂多样，但与任何千差万别的事物一样，总是存在特殊性与共同性的对立统一关系。包括昆虫在内，所有生物的演化都是由低等到高等、由简单到复杂，起源于共同祖先，所以存在或亲或疏的血缘关系，并在进化里程上有着连续性和间接性的对立统一关系。因此，可以通过对其特殊性的对比与分析、对其共性的归纳与综合，并依据其血缘关系的远近，确定能反映进化规律和自然属性的物种间的系统关系。这种对比分析与归纳综合的方法就是分类的方法，而昆虫所具有的反映其血缘关系的共性与反映其种类特征的特性就是进行分类的科学依据。因此，要认识如此众多的昆虫，利用有用的昆虫资源，治理其中的有害种类，在世界范围内共享有关昆虫的各类信息，必须依据一定的科学方法和规则，按照各类昆虫所具有的形态、生物习性、进化中的地位等共性和各自的特征对其进行区分和归类，都得依靠昆虫分类学。因此，昆虫分类学是研究昆虫的命名、鉴定、描述、系统发育和进化的科学，它不仅是昆虫学和动物分类学的一个重要分支，而且是昆虫学其他所有分支学科的基础。

任务 5.1　分类的基本方法及系统认知

【任务介绍】

昆虫纲是整个动物界中最大的一个纲,数量远远超过其他已知物种。由于地球上巨大的生态差异,导致了昆虫之间的巨大差异。我国地形复杂、植被丰富,气候多样,昆虫种类极为丰富,昆虫的分类知识是认识昆虫、进行昆虫学观察和研究的基础。如何学会在这巨大差异之中找到共性并作为其分类的依据,是昆虫分类的基础能力。本任务是在介绍昆虫分类的概念、命名原则、昆虫分类的历史及发展、昆虫纲的分类特征等分类原理与理论的基础上,详细介绍昆虫纲的分目与各目的区别特征。

【教学目标】

知识目标
1. 了解昆虫分类的依据和基本原理。
2. 熟悉昆虫分类系统和命名方法。

技能目标
1. 能通过昆虫检索系统对昆虫进行鉴定。
2. 能正确对昆虫进行命名。

【任务实施】

5.1.1　昆虫分类的基本原理

昆虫分类的阶元(也称单元)和其他生物分类的阶元相同。分类学中有7个主要阶元:界(kingdom)、门(phylum)、纲(class)、目(order)、科(family)、属(genus)、种(species)。为了更详细地反映物种之间的亲缘关系,还常在这些主要阶元加上次生阶元,如"亚""总"级阶元等。例如,在"门"下添加"亚门"(suborder);"纲"下添加"亚纲"(subclass);"目"下添加"亚目"(suborder)及总科(superfamily);"科"下添加"亚科"(subfamily)及族(tribe);"属"下添加"亚属"(subgenus)。通过分类阶元,我们可以了解一种或一类昆虫的分类地位和进化程度。现以马尾松毛虫 *Dendrolimus punctatus*(Walker)为例,说明昆虫分类的一般阶元:

　　界:动物界 Animalia
　　　门:节肢动物门 Arthopoda
　　　　纲:昆虫纲 Insecta
　　　　　亚纲:有翅亚纲 Pterygota
　　　　　　目:鳞翅目 Lepidoptera

亚目：异角亚目 Heterocera
总科：蚕蛾总科 Bombycoidea
科：枯叶蛾科 Lasiocampidae
属：松毛虫属 *Dendrolimus*
种：马尾松毛虫 *Dendrolimus punctatus*(Walker)

从现代生物学的观点来看，物种(species)是由可以相互培育的自然种群(又称居群)组成的繁殖群体，与其他群体有着生殖隔离，占有一定生态空间，具备特有的基因遗传特征，是生物进化和分类的基本单元，是客观存在的实体。种以上的分类阶元如属、科、目、纲等，则是代表形态、生理、生物学等相近的若干种的集合单元。即集合亲缘关系相近的种为属，集合亲缘相近的属为科，再集合亲缘相近的科为目，依此类推以至更高的等级。

除上诉阶元外，还有"亚种""变种""变型"及"生态型"等分类阶元，这些都是属于种内阶元。

①亚种(subspecies)　是指具有地理分化特征的种群，不存在生理上的生殖隔离，但有可分辨的形态特征差别。

②变种(variety)　是与模式标本(type specimen)不同的个体或类型。因为此概念非常含糊不清，现已不再采用。

③变型(forma)　多用来指同种内外形、颜色、斑纹等差异显著的不同类型。

④生态型(ecotype)　种在不同生态条件下产生的形态上有明显差异的不同类型。这种变异不能遗传，随着生态条件的恢复，其子代也消失了这种变异，而恢复原始性状，如飞蝗的群居型和散居型。

5.1.2　昆虫的命名和命名法规

按照国际动物命名法规，昆虫的科学名称采用林奈的双名法(binomen)命名，即一种昆虫的学名由一个属名及一种名两个拉丁文或拉丁化的字组成。属名在前，首字母大写，种名在后，首字母小写，在种名之后通常还附上命名人的姓，首字母也要大写。属名和种名排印时用倾斜体字，手写稿时应在下面划一横线，命名人的姓用正体字排印，手写时不用划横线，如舞毒蛾 *Lymantria dispar*(Linnaeus)。若是亚种，则采用三名法(trinomen)，将亚种名排在种名之后，首字母小写，亚种名也用斜字排印，如东亚飞蝗 *Locusta migratoria manilensis*(Meyen)。将命名人的姓加上括号，是因为这个种已从原来的 Acrydium 属移到 Locusta 属，这叫新组合。命名人的姓不应缩写，除非该命名人由于他的著作的重要性以及由于他的姓的缩写能被认识，如将 Linnaeus 缩写为 L.。属名只有在前面已经提到的情况下可以缩写，如 *L. migratoria manilensis*(Meyen)；当属名首次提及时不能缩写。

一种昆虫首次作为新种公开发表以后，如果没有特殊理由，不能随意更改。凡后人将该种昆虫定名为别的学名，按国际动物命名法规的规定，应作为"异名"而不被采用。因此，科学上采用最早发表的学名，这叫做"优先权"。优先权的最早有效期公认从林奈的《自然系统》第 10 版出版的时间，即 1758 年 1 月 1 日开始。

在动物分类学上，对族以上的一些分类单元的字尾作了规定，如族、亚科、科及总科的字尾分别为 -ini，-inae，-idae，-oidea。目以上阶元无固定字尾。首字母均应大写，正体字排印，书写时不划横线。

5.1.3　分类模式与方法

为了使一个种有明确的标准，仅仅依靠文字描述，把分类对象的特点具体加以明确是不容易的，因此有必要把学名与实物标本联系起来，即用模式标本来固定一个具体种的学名，同样可用模式种和模式属来固定属和科。这种固定名称的方法，称为模式方法。

记载新种用的标本称为模式标本(type)，在一批同种的新种模式标本系列中，应选出其中一个典型的作为正模(holotype)，另选一个与正模不同性别的作为配模(allotype)，其余的统称为副模(paratype)。

模式标本是建立一个新种的物质依据，它提供鉴定种的参考标准。在鉴定种类中，如对原记载发生疑问，或记载不详尽时，若能核对模式标本，可避免误定。因此，模式标本必须妥善保存，以供长期参考使用。此外，对模式标本还需用特殊的标签以显著地与其他标本相区别。一般常用的红、蓝、黄色标签，分别标注正模、配模、副模。如果可能的话，在标签上可加注有关论文的出处。

过去的分类学由于受形态学的限制，缺乏空间和时间的概念，往往根据少数标本命名，以个体作为分类的基本单位，定种时单纯采用模式标本制，故影响了分类学的质量。现代生物分类学主张在生物体与环境辩证统一的规律指导下，将纯粹以形态作为依据，扩大到以生态学、地理学、遗传学等多方面科学做基础，以充足的样本所代表的群体作为分类的基本单元，即以种群概念，把各地搜集的大量标本，进行种群分析，并依靠统计等方法进行分类，这样才能使分类学更近于客观实际，在科学研究与生产实践中发挥更大的作用。

5.1.4　昆虫纲的分类系统

昆虫纲的分类系统常因各分类学家的不同观点而异。因此，分多少目，如何排序，以及亚纲和各大类的设立等，在不同的分类书籍中不尽相同。昆虫纲各目的分类依据，主要采用翅的有无及其特点、口器的构造、触角形状、跗节及古化石昆虫的特征等。林奈(Linnaeus，1758)最初将昆虫纲分为7个目，之后Brauer(1885)根据形态和系统发育将昆虫分为2个亚纲，原始的无翅亚纲和有翅亚纲，下分17个目。Borner(1904)又根据变态将有翅亚纲分为不全变态和全变态2大类，他把昆虫共分为22个目；Brues和Melander(1932)将昆虫纲分为无翅和有翅2个亚纲，共34个目。我国昆虫学者周尧(1947、1950、1964)将昆虫纲分为4个亚纲，33个目；陈世骧(1958)分为3个亚纲，3股5类，共33个目；蔡邦华(1955)分为2个亚纲，3大类，10类，共34个目。现今国内一般将昆虫纲分为34个目。

34个目的学名及包括的主要类群或俗名见表5-1：

表 5-1 昆虫纲 34 个目及代表昆虫

昆虫纲	代表昆虫
无翅亚纲 Apterygota(4 目)	原尾目 Protura 蚖、原尾虫 弹尾目 Collembola 跳虫 双尾目 Diplura 双尾虫 缨尾目 Thysanura 衣鱼、石蛃
有翅亚纲 Pterygota(30 目) 外翅部 Exopterygata(19 目)	蜉蝣目 Ephemeroptera 蜉、浮游 蜻蜓目 Odonata 蜻蜓、蜻蛉、豆娘 蜚蠊目 Blattodea 蟑螂 螳螂目 Mantodea 螳螂 等翅目 Isoptera 白蚁 缺翅目 Zoraptera 缺翅虫 襀翅目 Plecoptera 石蝇 竹节虫目 Phasmida 竹节虫 蛩蠊目 Grylloblattodea 蛩蠊 直翅目 Orthoptera 蝗虫、螽斯、蟋蟀、蝼蛄等 纺足目 Embioptera 足丝蚁 重舌目 Diploglossata 重舌虫 革翅目 Dermaptera 蠼螋 同翅目 Homoptera 蝉、叶蝉、沫蝉、木虱、粉虱、蚜虫、介壳虫 半翅目 Hemiptera 蝽、蝽象 啮虫目 Psocoptera 啮虫、书虱 食毛目 Mallophaga 鸟虱、羽虱 虱目 Anoplura 虱 缨翅目 Thysanoptera 蓟马
内翅部 Endopterygata(11 目)	鞘翅目 Coleoptera 甲虫 捻翅目 Strepsiptera 捻翅虫 广翅目 Megaloptera 广蛉 脉翅目 Neuroptera 泥蛉、鱼蛉、草蛉、蚁蛉、粉蛉 蛇蛉目 Raphidioptera 骆驼虫 长翅目 Mecoptera 蝎蛉、举尾虫 毛翅目 Trichoptera 石蛾 鳞翅目 Lepidoptera 蝶、蛾 双翅目 Diptera 蝇、虻、蚋、蚊等 蚤目 Siphonaptera 跳蚤 膜翅目 Hymenoptera 蜂、蚁

【任务小结】

本任务主要介绍了昆虫的分类依据和基本原理，介绍了昆虫分类系统的相关学派及其分类依据和结果，着重介绍了昆虫命名法及其规则，对双名法、三名法及优先律等进行了概述，为昆虫的相关知识的学习提供基础。

【拓展提高】

袁锋，张雅林，等. 昆虫分类学[M]. 北京：中国农业出版社，2006.
李照会. 农业昆虫学鉴定[M]. 北京：中国农业大学出版社，2002.
李成德. 森林昆虫学[M]. 北京：中国林业出版社，2004.

【复习思考】

1. 昆虫分类的主要阶元有哪些？
2. 什么是双命名法？三命名法？请举例说明。
3. 昆虫分类有哪些学派？

任务5.2 与林业有关的重要目简介

【任务介绍】

本任务主要介绍与林业生产密切相关的等翅目、直翅目、缨翅目、同翅目、半翅目、鞘翅目、鳞翅目、膜翅目、双翅目、蜚蠊目、螳螂目、啮虫目、革翅目、弹尾目、双尾目、蜻蜓目16个目昆虫的主要生物学特征及其目下主要的种类。

【教学目标】

知识目标
1. 了解林业重要害虫的形态、生物学特征。
2. 掌握主要昆虫亚目、重要科的特征。

技能目标
1. 能够准确描述主要昆虫的形态、生物学特征。
2. 掌握常见昆虫的危害特征。

【任务实施】

5.2.1 等翅目（Isoptera）

通称为白蚁，俗称白蚂蚁，简称蟊。为多型性社会昆虫，危害房屋等建筑物，造成重大经济损失。

体小至中型，多型性。工蟊白色，无翅，头圆，触角长，咀嚼式口器；兵蟊类似公蟊，但头较大，上颚发达；繁殖蟊有两种类型：一种白色，无翅或仅有短翅芽；另一种包括发育完全的有翅的雄蟊和雌蟊，它们有圆头、长触角、咀嚼式口器、发达的复眼，以及两对大小、形状都相似的透明翅。翅基有脱落缝，翅脱落后仅留下翅鳞。有尾须。

白蚁营群体生活，是真正的社会性昆虫，分为生殖蚁(蚁后和雄蚁)、兵蚁、工蚁等不同等级。生殖蚁司生殖功能；工蚁饲喂蚁后、兵蚁和幼期若虫，照顾卵，担负清洁、建筑、修补巢穴、蛀道，搜寻食物和培育菌圃等职责。兵蚁体型较大，无翅，头部骨化，复眼退化，上颚粗壮，主要对付蚂蚁或其他捕食者。成熟蚁后每天产卵多达数千粒，蚁后一生产卵可超过数百万粒。繁殖蚁个体能活6~20年，并经常交配。

白蚁消化道中常存在着大量的原生动物、细菌或真菌，能分泌消化酶消化纤维素和半纤维素，利用消化与吸收营养。

白蚁属营巢穴居昆虫，体壁柔弱，活动和取食在蚁穴、泥被掩护下进行。土栖性白蚁筑穴于土中或地面，蚁塔可高达8m。土栖性白蚁的巢穴结构复杂。在一些白蚁的巢穴中工蚁培育子囊菌或担子菌的菌圃，采收菌丝供蚁后和若蚁食用。

白蚁取食木材或其他植物质，会造成巨大危害，如家白蚁属(*Coptotermes*)、散白蚁属(*Reticulitermes*)的一些种会危害房屋建筑物等，在我国每年都会造成数十亿元的损失。全球已知3 000多种，我国目前已记录400多种(图5-1)。

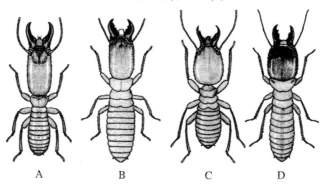

图5-1 等翅目各科兵蚁(引自李孟楼，2010)
A. 黑胸散白蚁 B. 黑树白蚁 C. 黑翅土白蚁 D. 山林原白蚁

(1)木白蚁科(Kalotermitidae)

头部无额腺及囟，成虫有单眼。前胸背板等于或宽于头。前翅鳞达后翅鳞基部，跗节4节，胫节有2~4个端刺；尾须2~4节。无工蚁，其职能由若蚁完成。木栖。常见的种类有铲头堆砂白蚁(*Cryptotermes domecticus*)等。

(2)鼻白蚁科(Rhinotermitidae)

头部有额腺及囟；前胸背板扁平，狭于头；前翅鳞明显大于后翅鳞，其顶端达后翅鳞基部；尾须2节。土木栖。我国常见种有家白蚁(*Coptotermes formosanus*)和黑胸散白蚁(*Reticulitermes chinensis*)。

(3)白蚁科(Termitidae)

头部有额腺及囟；前胸背板的前中部分隆起；前、后翅鳞等长；跗节4节；尾须1~2节。以土栖为主，如黑翅土白蚁(*Odontotermes formosanus*)和黄翅大白蚁(*Macrotermes barneyi*)。

5.2.2 直翅目(Orthoptera)

主要包括蝗虫、螽蟖、蟋蟀、蝼蛄等重要的农林害虫。体中至大型。下口式。口器咀嚼式。复眼发达，单眼3个。触角常为丝状，由多节组成。一般有翅2对，前翅狭长、革质，起保护作用，称复翅；后翅膜质，臀区大；也有无翅或短翅的。除蝼蛄类其前足为开掘足外，大多数后足为跳跃足。雌虫产卵器通常发达。尾须1对，多不分节。有翅种类具听器。很多雄虫具发音器。

此目昆虫渐变态。若虫的形态、生活环境、取食习性和成虫均相似。多数为植食性，少数为捕食性，如螽蟖科的一些种类。多数白天活动，部分夜间活动（图5-2）。

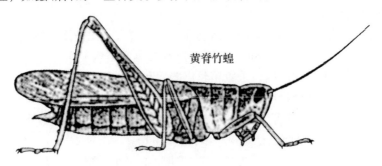

图5-2　直翅目昆虫（引自李孟楼，2010）

（1）蝗科 [Acridiidae(Locustidae)]

触角较体短，丝状或剑状。前胸背板发达，马鞍状，较前足腿节长，盖住中胸背板。跗节3节，爪间有中垫。产卵于土内。东亚飞蝗（*Locusta migratoria manilensis*）是我国的重要害虫之一。另外，林业上重要的害虫还有黄脊竹蝗（*Rammeacris kiangsu*）和青脊竹蝗（*Ceracris nigricornis*）。

（2）蝼蛄科（Gryllotalpidae）

触角较体短，但在30节以上。前足开掘足。跗节2~3节。前翅短，后翅宽，纵卷成尾状伸过腹末。产卵器不露出体外。尾须很长，但不分节。通常栖息于地下，咬食植物根部，对作物幼苗破坏极大，是重要的地下害虫之一。我国常见的种类有东方蝼蛄（*Gryllotalpa orientalis*）和华北蝼蛄（*G. unispina*）。

（3）螽蟖科（Tettigoniidae）

触角超过体长，丝状，30节以上。跗节4节，听器位于前足胫节基部。以两前翅摩擦发音。产卵器发达，呈刀状。栖于草丛或树木上，产卵于植物枝条或叶片内，可造成枝梢枯萎或落叶、落果。多为肉食性，也有杂食性及植食性种类。有良好的保护色与拟态。常见的种类有纺织娘（*Mecopoda elongata*）等。

（4）蟋蟀科（Gryllidae）

触角极长，丝状。跗节3节。听器位于前足胫节基部，外侧大于内侧。产卵器发达，针状、锥状或矛状。尾须长而不分节。多为植食性或杂食性，穴居，常栖息于地表、砖石下或土中。常见种类有油葫芦（*Teleogryllus mitratus*）等。

5.2.3　缨翅目（Thysanoptera）

通称蓟马。体微小至小型（0.5~15mm），细长略扁。口器锉吸式。触角6~9节，上有刚毛及若干感觉器。复眼发达，单眼2~3个，无翅型常缺单眼。翅2对，狭长，膜质，边缘有长缨毛，故称缨翅，休息时翅平叠于背上有的种类仅有1对翅或无翅。跗节1~2

节,末端生一可突出的端泡。腹部10节,无尾须。

此目昆虫为过渐变态,其特点是最初的2龄若虫没有外生翅芽,翅在内部发育,足及口器等一般外形与成虫相似,触角节数略少。3龄突然出现相当大的翅芽,多数能活动,但不取食,为前蛹。4龄进入蛹期,不食不动,触角向后平置于头及前胸背板上且不能活动。有的种进入土中做茧化蛹,有的则在叶片上化蛹。蓟马若虫与成虫相似,有外生翅芽的前蛹期,具备渐变态的特征;但若虫期翅芽不外露,又有一个静止的蛹期,兼具全变态的特点,是介于渐变态与全变态的中间类型。绝大多数为植食性害虫,使单子叶植物叶片变白、枯黄或发红;使双子叶植物叶变形、皱缩、破烂等。常见的科有以下3种:

(1)管蓟马科(Phlaeothripidae)

触角8节,少数种类7节,有欧锥状感觉器。腹部末节管状,后端较狭,生有较长的刺毛,无产卵器。翅表面光滑无毛,前翅没有脉纹(图5-3,A)。常见种类有中华蓟马(*Haplothrips chinensis*)等。

(2)纹蓟马科(Aeolothripidae)

触角9节。翅较阔,前翅末端圆形,围有缘脉,翅上常有暗色斑纹。侧面观,锯状产卵器的尖端向上弯曲(图5-3,B)。如横纹蓟马(*Aeolothrips fasciatus*)等。

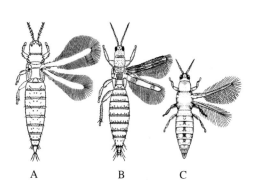

图5-3 缨翅目昆虫(引自李孟楼,2010)
A. 麦管蓟马　B. 纹蓟马　C. 茶黄蓟马

(3)蓟马科(Thripidae)

触角6~8节,末端1~2节形成端刺,第3、4节上常有感觉器。翅狭而端部尖锐。雌虫腹部末端圆锥形,生有锯齿产卵器,侧面观(图5-3,C)。其尖端向下弯曲。如烟蓟马(*Thrips lindeman*)等。

5.2.4 同翅目(Homoptera)

同翅目是农林植物害虫的重要类群。我们熟知的各种蝉、沫蝉、叶蝉、飞虱、蚜虫和介壳虫均属于此目。体微小至大型(0.3~55mm)。头后口式。口器刺吸式,喙基部自头的下后方或前足基节间伸出。复眼多发达,单眼0~3个。触角刚毛状或丝状3~10节,而雄介壳虫达25节。翅2对,前翅为革质或膜质,质地相同,故称"同翅目";后翅膜质;静止时常呈屋脊状。部分无翅,少数种类后翅退化成平衡棒。跗节1~3节。多数种类有蜡腺,无臭腺。

此目昆虫为渐变态、过渐变态。性二型及多型较为常见。植食性,刺吸植物汁液,使受害部位褪色、变黄、造成营养不良、器官萎蔫、死亡。

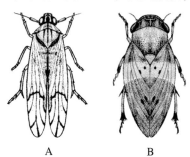

图5-4 蝉(引自李孟楼,2010)
A. 黑斑竹飞虱　B. 白带尖胸膜蝉

(1)蝉科(Cicadidae)

体中至大型。触角刚毛状,着生在头部两复眼之间。单眼3个,翅通常膜质、透明。前足腿节粗大,下缘有齿。蝉多数善鸣,雄虫胸腹之间腹面具发音器(图5-4,B)。成虫、若虫均刺吸植物汁液。雌虫具发达的产卵器,产卵于枝条中导致枝条枯死。若虫孵化后,入土营地下生活,危害植物根部,发育期较长,可达4~17年,羽化时才从土中爬出,在树干上蜕皮,脱下的皮称"蝉蜕"为治疗皮肤疮疡、退热的中药。蝉也可供食用。常见种类如炸蝉(*Cryptotympana atrata*)。

(2)叶蝉科(Cicadellidea)

又称浮尘子。体小至中型,狭长。触角刚毛状,生在头部两复眼之间。单眼2个。翅质地稍厚,色泽鲜艳。后足胫节有2排刺。叶蝉善跳,有横走习性。雌虫产卵时用产卵器在茎、叶上锯缝,卵成排产于其中。成虫、若虫刺吸植物汁液,并能传播植物病毒。常见种类如大青叶蝉(*Cicadella viridis*)等。

(3)角蝉科(Membracidae)

体小型。单眼2个。触角短,第3节常又分若干环节。前胸背板有角状突。后足基节横向,能跳善走。刺吸植物汁液,分泌蜜汁,并招蚁取食。常见的种类如黑圆角蝉(*Gargara genistae*)等。

(4)沫蝉科(Cercopidae)

体小至中型。触角刚毛状。单眼2个。后足胫节有1~2个刺,端部有1圈短刺。若虫常有由虹门喷出白色泡沫而潜伏其间取食的习性。在1个泡状物内有1至数头虫,故又称吹泡虫,但成虫无吹泡能力。如危害多种松树的松尖胸沫蝉(*Aphrophora flavipes*)等。

(5)蜡蝉科(Fulgoridae)

体中至大型,体色美丽。其头部常特殊,额在复眼的前方往往极度延伸而多少呈象鼻状。触角3节,基部2节膨大,鞭毛刚毛状。后足胫节有少数大刺。翅膜质,端部翅脉多分支,并多横脉,后翅臀区呈网状,休息时翅呈屋脊状。蜡蝉取食植物汁液,并常分泌蜜露。常见种类如斑衣蜡蝉(*Lycorma delicatula*),危害臭椿、刺槐、果树等。

(6)飞虱科(Delphacidae)

体小型。本科最显著的特征是后足胫节末端有1个可动的大距,善跳跃。在一种内常有长翅型和短翅型的个体(图5-4,A)。多生活于禾本科植物上,产卵于植物组织中。如褐飞虱(*Nilaparvata lugens*)等。

(7)木虱科(Psyllidae)

体小型。外形如小蝉。触角9~10节,着生于复眼前方,基部2节膨大,末端有2条不等长的刚毛。单眼3个。喙3节。前翅质地较厚,在基部有1条由径脉、中脉和肘脉合并成的基脉;由此脉发出若干分支,略似横写的"介"字形。跗节2节,具2爪。后足基节膨大。有些种类严重危害果树,如梨木虱(*Psylla pyrisuga*)。

(8)粉虱科(Aleyrdidea)

体小型。成虫体及翅上有纤细白色粉状蜡质,因此,翅不透明。单眼2个。触角7节,第2节膨大。跗节2节,2个爪间有中垫。幼虫、成虫腹末背面有管状孔。过渐变态。卵椭圆形,有柄,常排列成环形或弧形。若虫有3龄,初孵化的若虫能自由活动,经过1次蜕皮后,失去胸足和触角,便营固着生活,3龄若虫蜕皮后即成为有外生翅芽的蛹,成虫羽化时,蛹呈"T"形裂开,化蛹后蜕下经硬化的皮为"蜗壳",是分类的重要特征。重要种类如黑刺粉虱(*Aleurocanthus spiniferus*)等。

(9)蚜科(Aphididae)

体小型。触角丝状,通常6节,第3~6节上的感觉圈的形状、数目及各节上的皱纹及毛,为分类的重要特征。着生于触角第 6 节基部与鞭部交界处的感觉圈称为"初生感觉圈",生于其余各节的称为"次生感觉圈"。蚜虫为多态昆虫,同种有无翅和有翅型,有翅个体有单眼,无翅个体无单眼。具翅个体 2 对翅,前翅大,后翅小,前翅近前缘有 1 条由纵脉合并而成的粗脉,端部有翅痣,由此发出 1 条径分脉(Rs)、2~3 支中脉(M)、2 支肘脉(Cu),后翅有 1 条纵脉,分出径脉、中脉、肘脉各 1 条。跗节 2 节,第 1 节极小。第 6 腹节背侧有 1 对腹管腹部末端有 1 个尾片,均为分类的重要特征。生活史极复杂,行两性生殖与孤雌生殖。被害叶片,常常变色,或卷曲凹凸不平,或形成虫瘿,或使植物畸形。蚜虫可传带植物病害,可使植物严重病变受损。由肛门排出的蜜露,有利于菌类繁殖,而使植物发生病害。如红松大蚜(*Cinara pinikoraiensis*)。

(10)球蚜科(Adelgidae)

体小型,长约 1~2mm。头、胸、腹背面蜡片发达,常分泌白色蜡粉、蜡丝覆盖身体。无翅球蚜及幼蚜触角 3 节,冬型触角甚退化,触角上有 2 个感觉圈。眼只有 3 小眼面。头部与胸部之和大于腹部。尾片半月形。腹管缺。气门位于中胸、后胸,第 1~6 或 1~5 腹节,但第 1 腹节气门往往不明显。雌虫有产卵器。有翅型触角 5 节,有宽带状感觉圈 3~4 个。前翅只有 3 斜脉:1 根中脉和 2 根互相分离的肘脉,后翅只有 1 斜脉,静止时翅呈屋脊状。中胸盾片分为左右两片。性蚜有喙,活泼,雌性蚜触角 4 节。孤雌蚜和性螃均卵生。本科昆虫大都营异寄主全周期生活,第一寄主为云杉类,由生长芽形成虫瘿。干母生活在虫瘿中,第 2 代完全或不完全迁移。第二寄主为松、落叶松、冷杉、铁杉、黄杉等,营裸露生活。重要种类有落叶松球蚜指名亚种(*Adelges laricis laricis*)等。

(11)蚧科(Coccidae)

雌虫卵圆形、圆形、半圆形或长形,裸露或稍被蜡质,体壁坚实,体节分节不明显。腹部无气门。雄虫有翅或无翅,口针短而钝。本科特征是腹末有臀裂,肛门上盖有 2 块三角形的肛板。常见害虫种类如龟蜡蚧(*Ceroplastes floridensis*)和水木坚蚧(*Parthenolecanium corni*)等。

(12)盾蚧科(Diaspididae)

主要特征是雌虫身体被介壳所遮盖。头与前胸愈合,中、后胸与腹部分节明显。腹末数节(5~8 节)常愈合成一整块骨板,称为臀板。雄虫通常长形,两侧平行,且远比雌虫小。本科为蚧总科中最大的科,包括许多重要害虫,如松突圆蚧(*Hemiberlesia pitysophila*)等。

(13)绵蚧科(Margarodidae)

雌虫体大,肥胖,体节明显,自由活动,到产卵前才固定下来并分泌蜡质卵囊。触角通常 6~11 节。腹部气门 2~8 对。肛门没有明显的肛环,无肛环刺毛。雄虫亦较大,体红翅黑,有复眼,触角羽状,平衡棒有弯曲的端刚毛 4~6 根,腹末有成对的突起。如草履蚧(*Drosicha corpulenta*)等。

(14)粉蚧科(Pseudococcidae)

一般为长卵形,体节明显,体上有粉状或绵状蜡质分泌物。雌虫足发达,无腹气门,有肛叶、肛环及肛环刺毛。雄虫体小而柔软,多数有 1 对翅及 1 对平衡棒,腹末有白色长蜡丝 1 对。如康氏粉蚧(*Pseudococcus comstocki*)。

5.2.5 半翅目(Hemiptera)

此类昆虫俗称蝽,体多为中型及中小型,热带地区个别种类为大型,头后口式,口器刺吸式,着生于头前方(图5-5)。

(1)蝽科(Pentatomidae)

体小型至大型,常扁平而宽。头小,触角5节,单眼2个,喙4节。前翅分为革片、爪子和膜片3部分,膜片一般有5条纵脉,发自基部1根横脉上。中胸小盾片发达,三角形,至少超过爪片的长度。常有臭腺,多为植食性,少为肉食性。卵桶形,聚产在植物叶片上。森林植物上常见的害虫有麻皮蝽(*Erthesina full*)、茶翅蝽(*Haluomorpha picus*)等。

图5-5 半翅目昆虫
(引自李孟楼,2010)
A. 瓦同缘蝽 B. 竹后刺长蝽

(2)缘蝽科(Coreidae)

体中型至大型。体常狭长,多为褐色或绿色。触角4节,着生在头部两侧上方。单眼存在。喙4节。前翅爪片长于中胸小盾片,结合缝明显。膜片上有多条纵脉,通常基部无翅室。植食性。森林植物上较常见的种类有危害小丽花及草坪的亚姬缘蝽(*Corizus albomarginatus*)。

(3)盲蝽科(Miridae)

体型小,纤弱,稍扁平。触角4节。无单眼。前翅分革片、爪片、楔片和膜片4部分,膜片仅1、2个小型翅室,其余纵脉消失。足细长。多数为植食性;少数为肉食性,捕食小虫及螨类。本科为半翅目最大的科,全世界已近万种,有些种类食农林业的重要害虫,如绿丽香蝽(*Lygcoris lucorum*)、牧草盲蝽(*Lygus pratensis*)等。

(4)网蝽科(Tingidae)

又称军配虫。体型小,多扁平。前胸背板和前翅上有许多网状花纹,极易辨认。头相对很小,无单眼。触角4节,第3节最长。前胸背板向后延伸盖住小盾片,向前盖住头部。跗节2节,无爪突出。植食性。常聚在寄主叶背刺吸危害,被害处常残留褐色分泌物。常见种类有危害梨、苹果、海棠的梨冠网蝽(*Stephanitis nashi*)和危害杜鹃的冠网蝽(*S. pyrioides*)。

(5)猎蝽科(Reduviidea)

猎蝽科昆虫体中型至大型,体壁一般比较坚强结实。头部尖而长,相对较小,平伸,基部多少变窄,在蝽眼后细缩如颈状。触角4~5节。喙3节,粗壮而弯曲。前翅革片脉纹发达,膜片上常有2个大翅室,端部伸出1个长脉。腹部中段长膨大。多数种类为长椭圆形,少数类群体足细长,外观如蚊虫状。多为黄褐、褐色或黑色,部分种类鲜红色。头部相对较小,平伸,基部多少变窄,略成一颈状。头顶在单眼前方常有一横沟。触角细长,有4节,第3、4两节长,并常具若干次生环节,致使触角视若节数更多。少数种类具长毛。多数种类具单眼。除个别类群的喙为4节外,绝大部分种类的喙均为3节,明显成弧形弯曲,粗壮,相对较短,端部尖锐;喙在静止时不紧贴头部腹面,与头部腹面均有一定距离,只末端接触前胸腹板;前胸腹板中央有一纵沟,沟底具细密横列棱纹,喙端即置于此沟中，与横纹摩擦可以发声。前胸背板大约成梯形，中部有深横沟将之分为前、后两叶。小盾片小。前翅爪片向端渐狭，且左右二翅在小盾片后即开始互相重叠，因而爪片接合缝不能形成。前翅膜片基部有2~3个大形翅室，可由端部翅室伸出一根或数根很短的翅脉，多不再分枝。少数种类无翅。前、中足胫节端部腹面常具海绵状垫，称海绵窝，可能与捕捉猎物有关。前足腿节有时粗壮，可具刺列。跗节3节（飒猎蝽亚科的前足胫节端部渐肥大，跗节2节，常反折隐藏于胫节端部的沟槽中，外观似若跗节缺失，颇为特殊）。雄虫抱器及生殖囊两侧对称。雌虫产卵器针状。卵多产于物体表面，可散落于地表，或以胶质黏附于其他物体上，直立或横卧，或数卵相互黏附成小卵块，或半埋于松散的土中，具卵盖。

常见种类如白带猎蝽(*Acanthaspis cincticrus*)、黑红赤猎蝽(*Haemataleocha nigrorufa*)。猎蝽科昆虫绝大部分为捕食性，以捕食鳞翅目、鞘翅目幼虫等体软而行动不甚活泼的昆虫为多，但亦有捕食体壁坚硬的昆虫(象甲成虫、蚁类等)和攻击力强的蜂类等，是农林害虫的重要天敌类群。受惊扰时亦可刺人，引起剧烈疼痛。猎蝽栖息场所多样，或栖息活动于植物上，或躲藏于树洞、石缝中，或潜伏于树皮、石块下，或在地表爬行，或生活在蛛网附近，取食蛛网上被蜘蛛吃剩的昆虫尸体。

(6)花蝽科(Anthocoridea)

体小型，椭圆形或比较狭长。背面平坦。黄色、褐色、黑色，或淡色而有黑斑，无鲜艳的色彩。头平伸，前半比较狭窄。有单眼。触角4节。喙视若3节(实际由4节组成，但第1节很小，且界限不甚明显，故外观呈3节状)。取食时常整个喙指向前方，喙直，不弯曲。前胸背板梯形。小盾片发达。前翅爪片亦发达，远伸过小盾片末端，爪片接合缝长大。具楔片缝及楔片。膜片上的脉或全无，或仅基部有一短横脉，或在膜片中部4根隐约而相互平行的纵脉。足相对粗短，有时前足腿节加粗，下方可有刺列。雄虫腹部末端不对称，外观扭曲，抱器不对称，一些种类只余一侧的抱器，另一侧则完全消失。雌虫的产卵器针状。卵香蕉形，产于植物组织内或其他物体中，具发达的卵盖。若虫常为黄色、红色、红褐色或褐色，许多种类的若虫略似臭虫。腹部背面第3~4、4~5及5~6节节间有臭腺开口。花蝽科除低等类群外，许多种类具有称为"血腔授精"的特殊生殖方式，交尾时不通过正常的雌性生殖孔，精子亦不由正常的途径达到卵巢。雌虫常在正常生殖孔以外的一些部位具有各式的次生构造，交尾即在此处进行。雄虫将精子由此直接导入雌虫的血腔，精子由血腔中穿入卵巢—输卵管系统，或经由与后者相连的特殊次生构造使卵受精。

花蝽科昆虫全部为捕食性，成虫及若虫捕食蚜虫、蓟马、小型鳞翅目幼虫等软体小虫，以及螨类和各式虫卵。栖居于植物上，部分种类喜藏于花中，捕食其中的蓟马，亦可取食花粉。有不少种类生活针叶树上，匿居树皮下或树皮缝隙中。尚有一些种类在动物巢穴、枯枝落叶丛及仓库中生活。由于有些种类在田间的种群比较稳定，数量可发展较大，在控制害虫数量方面常有较明显的作用。多数种类行动比较活泼，少数种在夜间有向光性。分为3个亚科：花蝽亚科(Anthocorinae)、细角花蝽亚科(Lyctocorinae)和毛唇花蝽亚科(Lasiochilinae)。

(7)盲蝽科(Miridea)

体小型至中型，身体质地比较脆弱。体色多样，由灰暗、黄、褐、黑色至鲜艳的绿色、橙色、红色等均有，有些种类具有鲜明的花斑。体形亦较多样，多数为长椭圆形或椭圆形；部分类群长梭形，适应在狭叶的禾草上生活；亦有若干拟蚁的种类，其头的基部束缢成颈状，腹基及翅的基部狭窄而成束腰状，以致外观近似蚂蚁，若虫亦有类似的拟态。盲蝽科头部多倾斜或垂直，侧叶（下颚叶）短小，无单眼。触角4节。喙4节。前胸背板梯形，前端常以横沟划分出一狭窄的领圈。小盾片明显，其前方的中胸盾片后端常因未被前胸背板遮盖而露出，与小盾片连成一体。前翅爪片远伸过小盾片末端，爪片接合缝甚长。有楔片缝和楔片。膜片基部有1~2个封闭而完整的翅室，所占面积一般小于膜片之半。足多纤细，后足腿节有时加粗，适于跳跃。跗节3节。前跗节除具爪垫外，在爪间具有各种形式的副爪间突（parempodium）。臭腺开口很大，其周围的臭腺孔缘（peritreme）隆起发达。腹部长圆筒状，无明显的侧接缘。雄虫腹部末端形状两侧不对称，左右抱器的形状亦完全不同。雌虫产卵器针状。卵香蕉形，具卵盖，卵盖上有细长的角状突起，用作卵呼吸时气体交换的通道。卵产于寄主植物组织中，往往只有卵盖暴露在外。若虫体壁软弱，足及触角纤细。腹部只有第3~4腹节节间有臭腺开口。

盲蝽科昆虫多数生活于植物上，行动活泼，颇善飞翔。多数类群主要为植食性，寄主范围广泛，包括被子植物、针叶树和蕨类。除吸食植物的叶片外，尤喜刺吸花、蕾、果实等繁殖器官，许多种类具有明显的追逐开花植物的习性。许多种类除取食植物性食物以外，常兼食一些其他小型软体的昆虫，繁殖时期此习性尤为明显。因此，即使一些有害的种类亦可因捕食其他害虫而对人类有益。部分类群则以捕食性为主，成为蚜虫等害虫的天敌。

5.2.6 鞘翅目（Coleoptera）

通称甲虫。体微小至大型（0.25~150mm），体壁坚硬。口器咀嚼式。复眼发达，一般无单眼。触角形状变化多样，由11节组成。前胸发达，中胸小盾片外露。前翅硬化成角质，称鞘翅，休息时两鞘翅在背部中央相遇成一直缝。后翅膜质，比前翅大，不用时折叠于前翅下。少数种类无翅或无后翅，有的为短翅种类。跗节3~5节，变化大，为分科的重要依据。腹部一般10节，有的则减少，无尾须。幼虫无腹足，寡足型或无足型。大多数种类植食性，少数种类肉食性。全变态。本目分肉食亚目和多食亚目。

5.2.6.1 肉食亚目（Adephage）

主要特征前胸有背侧缝；后翅具小纵室；后足基节向后延伸，将第1腹板切为两个部分，后足基节固定在后胸腹板上，不能活动；有6个可见腹板，第1腹板中央完全被后足基节窝分割开。幼虫蛃型；上颚无臼齿区；胸足5节；大部分种类具分节的尾突。触角多为丝状。水生或陆生，成虫和幼虫多为捕食性，仅步甲科有些种类为植食性（图5-6）。

(1) 步甲科（Carabidae）

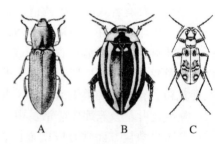

图5-6 鞘翅目昆虫
A. 血红胸叩甲 B. 黄缘龙虱 C. 中华虎甲

通称步行虫。体小型至大型，黑色或褐色而有光泽。头小于胸部，前口式。触角丝状，着生于上颚基部与复眼之间，触角间距大于上唇宽度。前胸背板发达，形状变异较大。鞘翅上多具刻点、颗粒或脊纹等。有些种类无后翅。足适于行走，跗节5节。幼虫蛃型，体壁较硬，行动活泼，前口式，上颚发达。步行虫多生活在地下、砖石和瓦块下面、潮湿地上、朽木中、树皮下等。成虫、幼虫均为肉食性主要捕食一些小型昆虫、蜗牛、蜓蚓等。少数种类危害农林作物的嫩芽、种子等。如金星步甲(*Calosoma chinense*),为农田常见的种类,常捕食黏虫、地老虎等夜蛾类幼虫。

(2)虎甲科(Cicindelidae)

体小至中型,体色鲜艳,闪金属光泽。下口式,头比胸部宽。复眼大而突出。触角丝状,生于额区复眼之间,其基部间的距离小于上唇宽度。前胸比鞘翅基部窄。足细长,跗节5节。成虫行动迅速,常静伏地面或低飞捕食小虫。幼虫头部与前胸骨化程度较强。第5腹节背面有瘤,其上有1对或数对倒钩,用来固定虫体于穴壁上,当地面上的小虫路过洞口时,便被咬扑而拖入洞穴。如中华虎甲(*Cicindela chinensis*)。

5.2.6.2 多食亚目(Polyphaga)

本亚目包括鞘翅目多数种类,共同特征有:腹部第1腹板不被后足基节窝所分割,后足基节不固定在后胸腹板上;前胸背板与侧板无明显分界。跗节3~5节。食性杂。

(1)瓢甲科(Coccinellidae)

体小至中型,呈半球形或卵圆形,常具有鲜明的色斑,腹面扁平,背面拱起,外形似瓢而得名。头小,后部隐藏于前胸背板下。触角棒状。下鄂须呈斧形,跗节4节,第3节微小,包藏于第2节的槽内,被第2节的两片瓣状物所盖,故误以为3节,因此瓢虫是隐4节类或假3节类,也有人称之为"似为3节"。第1腹板最大,有2条弧形的后基线,后基线是瓢虫科独特的一个分类特征。幼虫蛞型,通常有鲜明的颜色。胸足细长,行动活泼。体上被有枝刺或带毛的瘤突。本科绝大多数种类捕食蚜、蚧、粉虱等小虫,有的则取食菌类子孢子。另外,有些种类为植食性害虫,如马铃薯瓢虫(*Henosepilachna vigintioctopunctata*)危害马铃薯和茄科植物。

(2)叶甲科(Chrysomelidae)

因成虫、幼虫均取食叶部而得名,又因成虫体多闪金属光泽,所以又有"金花虫"之称。体小至中型,本科与天牛相似,但触角丝状,一般短于体长之半,不着生在额的突起上。复眼圆形,不环绕触角。跗节隐5节或"似为4节"。腹部可见5节。幼虫肥壮,3对胸足发达,体背常具枝刺、瘤突等附属物。林业上重要危害种类有白杨叶甲(*Chrysomela populi*)。

(3)豆象科(Bruchidae)

体小型,卵圆形。额延长成喙状。复眼极大,前缘凹入,包围触角基部。触角锯齿状、栉状或棒状。鞘翅短,腹末露出。跗节隐5节。后足基节左右靠近,腹部可见6节。幼虫复变态。本科昆虫多危害各种豆科植物。如紫穗槐豆象(*Acanthoscelides pallidipennis*)。

(4)吉丁虫科(Buprestidae)

体小至大型。常具鲜艳的金属光泽。触角锯齿状。前胸与鞘翅相接处不凹下,前胸腹面有尖形突,与中胸密接,不能弹跳。前胸背板无突出的侧后角。跗节5节。幼虫体扁;头小内缩;前胸大,多呈鼓锤状,背腹面均骨化。气门C形,位于背侧。成虫生活于木本植物上,产卵于树皮缝内。幼虫大多数在树皮下、枝干或根内钻蛀,重要的种类如杨锦纹截尾吉丁(*Poecilonota variolosa*)、杨十斑吉丁(*Melanophila picta*)。

(5)叩甲科(Elateridae)

体小至中型,体色多为灰、褐、红褐等暗色。触角锯齿状、栉齿状或丝状,形状常因雌雄而异，11~12节。跗节5节。前胸背板后侧角突出成锐刺，前胸与鞘翅相接处下凹，前胸腹板具有向后延伸的刺状突，插入中胸腹板的凹沟内，组成弹跳的构造。当后体躯被抓住时，不断叩头，所以有"叩头虫"之称。幼虫称金针虫，生活于地下，危害种子、块根及幼苗等，是重要的地下害虫。如沟线角叩甲(*Pleonomus canaliculatus*)及细胸锥尾叩甲(*Agriotes subvittatus*)。

(6) 粉蠹科(Lyctidae)

体小型，细长略扁，颜色多深暗、光滑或具微毛。复眼大而突出。触角11节，锤状部由2节组成。头部倾斜，不被前胸背板遮盖。前胸基部较细，明显窄于鞘翅基部。前足基节窝封闭，基节球形，左右相接。跗节5节，第1节小。幼虫蛴螬型，栖于枯木中，主要危害家具类等。如袍扁蠹(*Lyctus linearis*)。

(7) 长蠹科(Bostrychidae)

体小至大型。头部向下弯，被前胸背板遮盖。触角短，10~11节，锤状部由3节组成，前胸背板发达，呈帽状，光滑或具小的瘤起。鞘翅末端向下倾斜并具齿。跗节5节，第1节小。幼虫蛴螬型，幼虫性食枯木，为木材的害虫。如双棘长蠹(*Sinoxylon anale*)。

(8) 花金龟甲科(Cetoniidae)

体中至大型，体阔，背面扁平，颜色鲜明。鞘翅侧缘近肩角处向内凹入。前足胫节端部扩展，外缘具齿。跗节5节。幼虫称蛴螬，体肥胖，多皱褶，呈"C"形弯曲。成虫日间活动，常钻入花朵取食花粉、花蜜，咬坏花瓣和子房，故有"花潜"之称。常见种类如小青花金龟(*Oxycetonia jucunda*)等。

(9) 鳃金龟科(Melolonthidae)

体中至大型，多为椭圆形或略呈圆筒形，体色多样。触角鳃状部3~7节，雄虫触角鳃状部比雌虫发达。腹末最后2节外露。跗节2爪等长(爪对称)。腹部可见5节，气门生于腹节背面，最后1对气门位于鞘翅末端之外。幼虫生活于地下，危害植物根部。成虫取食植物叶部。林业上常见种类如华北大黑鳃金龟(*Holotrichia oblita*)等，危害多种林木幼苗。

(10) 丽金龟甲科(Rutelidae)

体中型，多具金属光泽。跗节2爪不等长(爪不对称)，尤其后足爪更为明显。后足胫节有2枚端距。腹部气门6对，前3对在腹部的侧膜上，后3对在腹板上。成虫主要取食花和叶，幼虫食害植物根部。常见种类如铜绿异丽金龟(*Anomala corpulenta*)，危害多种林木及果树等。

(11) 芫菁科(Meloidae)

体中型，长圆筒形，体色多样。头与体垂直，后头收缩成细颈状。足细长，跗节5-5-4式，爪1对，每爪分裂成2叉状(爪双裂)。鞘翅较柔软，2翅在端部分离，不合拢。复变态。幼虫以直翅目和膜翅目针尾组的卵为食。成虫体液含有芫菁素，为一种发泡剂，具有医疗价值。成虫植食性，如中华豆芫菁(*Epicauta chinensis*)。

(12) 天牛科(Cerambycidae)

体中至大型，长筒形。触角丝状，特长，常超过体长，至少超过体长之半，着生于额的突起上，是区别于叶甲科的重要特征。复眼环绕触角基部，呈肾形凹入，或分裂为2个。跗节隐5节或"似为4节"。腹部腹板可见5~6节。幼虫圆筒形，粗肥稍扁，除头部和前胸背面骨化较强、颜色较深外，体躯通常呈乳白色。胸足退化，无腹足，但前6、7腹节的背面一般有卵形的肉质突起，称为步泡突，具有在坑道内行动的功能。成虫产卵于树皮下或树皮上，一般咬食刻槽后再产卵。幼虫钻蛀树干、树根或树枝，为林木、果树的重要害虫。重要种类如双条杉天牛（*Semanotus bifasciatus*）、光肩星天牛（*Anoplophora glabripennis*）等。

(13) 象甲科（Curculionidae）

又称象鼻虫。体小至大型，体坚硬，体色变化大。头部前方延长成象鼻状，长短不一，末端着生口器。触角多为棒状，着生于头管的不同部位，有的种类成膝状弯曲，有的种类在头管上有容纳触角的沟。跗节隐5节或"似为4节"。腹部腹板可见5节，少数为6节，但第3、4节较其他腹节为短。幼虫多为黄白色，体肥壮，常弯曲，头部发达，无足，称为象虫型。成虫、幼虫均为植食性，取食植物的根、茎、叶、果实或种子。成虫多产卵于植物组织内，幼虫钻蛀危害，少数可以产生虫瘿或潜居叶内。如林业重要害虫杨干象（*Cryptorrhynchus lapathi*）等。

(14) 小蠹科（Scolytidae）

长椭圆形或圆柱形，体小至微小型。褐色至黑色，有毛鳞。头狭于前胸，头部无喙。眼长椭圆形、肾形或完全分作两半。触角顶端3~4节构成大的锤状部，锤状部的形状变化很大。胫节扁平，外缘有1齿列，或有1端距；第一跗节不特别长，约与其后两节分别等长。林业上重要的亚科有：小蠹亚科如白桦小蠹（*Scolytus amurensis*）、海小蠹亚科如纵坑切梢小蠹（*Tomicus piniperda*）、齿小蠹亚科如落叶松八齿小蠹（*Ips subelongatus*）。

(15) 郭公虫科（Cleridae）

体小至中型，狭长，多具鲜艳色彩或具金属光泽，有的有毛或鳞片。触角丝状、锯齿状、栉齿状或棍棒状等。前足基节圆锥形突出，相互靠近。跗节5节，有的第1节为第2节所盖，有的第4节极小。腹部腹板可见5~6节。幼虫狭长而扁末端骨化具叉状突，体色多呈红色、黄色等，被以厚毛。成虫白天活动，在树干土、朽木中、树叶上甚至花上，很多种类的成虫和幼虫在蛀干害虫坑道内捕食其他昆虫，其中以捕食小蠹为主，为著名益虫。如拟蚁郭公虫（*Thansimus formicarius*）等。

5.2.7 鳞翅目（Lepidoptera）

通称蛾或蝶。体小至大型，长为3~77mm，翅展为3~265mm。口器虹吸式。复眼发达，单眼2个或无。触角细长，多节，蛾类中有丝状、栉齿状等多种形状，蝶类中则为球杆状。翅2对，膜质，翅面密布鳞片和毛；翅脉接近标准，但有的雌虫无翅，跗节5节，少数种类前足退化，跗节减少。腹部10节，无尾须。幼虫蠋型，除3对胸足外腹部有2~5对腹足，腹足端部还有各种形式排列的趾钩。全变态（图5-7）。绝大部分为植食性，除少数成虫具有危害性，均以幼虫危害。幼虫生活习性和取食方式多样化，大多在植物表面取食、咬成孔洞、缺刻；有的卷叶、潜叶、钻蛀种实、校干等；或在土内危害植物的根、茎部等。本目包括球角亚目和异角亚目。

5.2.7.1 球角亚目（Rhopalocers）

又称蝶类。触角呈棍棒状或球杆状。前、后翅无特殊的连锁构造，后翅肩角常扩大，飞行时前翅贴接在后翅的上面。静止时双翅多直立于体背。蝶类均在白天活动，翅面常具

图 5-7　鳞翅目昆虫
A. 大红蛱蝶　B. 松茸毒蛾

鲜艳的色彩。本亚目包括 10 余科,在林业上重要的主要有下列几个科。

(1) 凤蝶科(Papilionidea)

多为大型种类。翅面多以黑、黄或绿作为底色,衬以其他色斑。后翅外缘呈波状,内缘直或凹入,后翅常有 1 尾状突。前翅有 2 或 3 条臀脉(A),后翅则有 1 条,且基部常有 1 条稍弯曲的肩脉(h)。幼虫后胸隆起;前胸背中央有 1 个臭腺,受惊时可外翻。趾钩为 2 序或 3 序中带。本科种类常危害芸香科、樟科、伞形花科等植物,重要种类如柑橘凤蝶(*Papilio xuthus*)。

(2) 粉蝶科(Pieridea)

体多为中型。翅面常为白、黄、橙等色,并杂有黑斑纹。3 对胸足发达;爪分裂。前翅 1 条臀脉(A)。幼虫密被着生于小突起上的次生刚毛;每体节可分 4～6 个小环;趾钩为 2 序或 3 序中带。重要种类如山楂粉蝶(*Aporia crataegi*)。

(3) 蛱蝶科(Nymphalidea)

体中到大型。颜色多样。前足极退化,无功能;雌虫跗节 4～5 节,雄虫只 1 节,均无爪。前翅中室常封闭,R 脉 5 支,基部多合并,A 脉 1 支;后翅中室常开放,A 脉 2 支。幼虫头上常有突起;体表多棘刺;趾钩为单序、双序或 3 序中带。林业上有名的如危害杨、柳的紫闪蛱蝶(*Apatura iris*),以及危害朴、榁木等的榆黄黑蛱蝶(*Nymphalis xanthomelas*)等。

5.2.7.2　异角亚目(Heterocera)

又称蛾类。触角有丝状、羽状、栉齿状等多种形状。除少数科外,后翅前缘基部常有 1 根(雄性)或几根(雌性)翅缰,插在前翅下面的翅缰钩内。静止时双翅常盖在身上平铺或呈屋脊状。蛾类多在晚间活动,翅面色彩一般不及蝶类的绚丽。本亚目包括近 100 科,很多种类是农林业上的重要害虫。

(1) 透翅蛾科(Aegeriidae)

体小至中型。翅狭长,大部分透明,外形似蜂类。触角棍棒状,顶端生 1 刺或毛丛。后翅较宽,Sc + R1 藏于翅前缘的褶内。白天飞翔。幼虫唇基较长。腹足 5 对,前 4 对足的趾钩为单序二横带。蛀食树干或枝条。重要种类有白杨透翅蛾(*Paranthrene tabaniformis*)、杨干透翅蛾(*Sesia siningensis*)等。

(2) 蝙蝠蛾科(Hepialidae)

体一般中型,个别极大或极小,多杂色斑纹。头较小,单眼无或很小,口器退化。触角短,丝状,少数为栉齿状。前胸发达。翅宽阔或狭长,Rs 自近翅基处分出,再行两次分叉，M 脉完全；前翅有翅轭，后翅无翅缰。足较短，缺胫距，雄虫后足具毛丛。飞行状类似蝙蝠而得名。幼虫胸足 3 对，腹足 5 对，趾钩多列环式；生活于木材中。林业上重要种有柳蝙蛾(*Phassus excrescens*)等。

(3)巢蛾科(Yponomeutidae)

体小至中型。前翅多为白色或灰色，上具多数小黑点；各脉分开，中室内存在中脉主干。幼虫前胸侧毛组(气门前方处)有 3 根毛；趾钩为多行环；常吐丝筑网巢，群集危害但也有在枝叶内潜食的种类。如白头松巢蛾(*Cedestis gysselinella*)危害油松针叶。

(4)鞘蛾科(Coleophoridae)

体小型。翅狭长而端部尖，前翅中室斜形；肘脉(Cu)短，R4 与 R5 合并为 1 支且与 M1 共柄。休息时触角前伸。幼虫趾钩为单序二横带；早龄潜叶，稍长即结鞘，随身带鞘取食，所结鞘随种类而不同，可用以分种。本科种类多危害林、果木等。重要的种类有兴安落叶松鞘蛾(*Coleophora dahurica*)。

(5)麦蛾科(Gelechiidae)

体小型。头部鳞片光滑。喙中等长，下唇须向上弯曲。前翅狭长，Rs 和 M1 脉在基部共柄或接近，R5 终止于顶角处，A 脉基部叉状。后翅菜刀状，顶角多突出，外缘凹入，M1 与 Rs 共柄或接近，缘毛长。幼虫乳白色或稍带红色；体被原生刚毛；前胸 L 毛 3 根，腹节的 L1 靠近 L2；第 9 腹节 2 根 D2 毛之间距离大于第 8 腹节 D1 毛之间距离；腹足趾钩为双序环或二横带，潜叶种类的足常退化。幼虫有卷叶、缀叶、潜叶或钻蛀茎干、种实等习性。如危害多种林木及果树的核桃楸麦蛾(*Chelaria gibbosella*)和山杨麦蛾(*Anacampsis populella*)。

(6)木蠹蛾科(Cossidae)

体中至大型，粗壮，无喙。翅一般为灰褐色，具有黑斑纹；前、后翅的中室内有中脉主干及其分支形成的副室；后翅的 Rs 与 M1 在中室外侧有一小段共柄。幼虫粗壮；黄白色或红色；腹足趾钩为 2 或 3 序环。钻蛀多种树木，重要种类如芳香木蠹蛾东方亚种(*Cossus cossus orientalis*)、柳干木蠹蛾(*Holcocerus vicarius*)等。

(7)豹蠹蛾科(Zeuzeridae)

有的学者将本科包括在木蠹蛾科中，两科的区别在于本科后翅 Rs 与 M1 远离；下唇须极短，不伸向额的上方。幼虫第 9 腹节的 2 根 D2 毛(背毛)长在同一毛瘤上(木蠹蛾科中第 9 腹节的 2 根 D2 毛，各自长在不同的毛瘤上)。本科生活习性与木蠹蛾科相似。重要种类有咖啡豹蠹蛾(*Zeuzera coffeae*)、梨豹蠹蛾(*Z. pyrina*)和木麻黄豹蠹蛾(*Z. multistrigata*)等。

(8)袋蛾科(Psychidae)

又名蓑蛾科。体小至中型。雌、雄异形。雄蛾有翅；触角羽状；喙消失；翅面鳞片薄，近于透明；前翅 3 条 A 脉多少合并；后翅的 Sc + R1 与 Rs 分离，中室内常有中脉分支。雌虫无翅，形如幼虫，无足，一般不离开幼虫所织的袋。交配时雄虫飞至雌虫袋上，交配授精。卵产于袋内。幼虫的胸足发达，腹足 5 对，腹足趾钩单序缺环。幼虫吐丝缀叶，造袋形巢，隐居其中，取食时头、胸伸出袋外。如林木害虫大袋蛾(*Clania variegate*)。

(9)刺蛾科[Limacodidae(Eucleidae)]

体中型，体粗短。喙退化。翅鳞片松厚，多呈黄、褐或绿色。中脉主干在中室内存在，并常分叉；前翅无副室，后翅 A 脉 3 条，Sc + R1 与 Rs 在基部并接。幼虫又称洋辣子，蛞蝓形，头小内缩；胸足小或退化；体上常具瘤和刺，刺人后皮肤痛痒。蛹化于光滑而坚硬的蛹壳内，形似雀卵。本科多危害果树、林木。重要种类有黄刺蛾（*Cnidocampa flavescens*）、褐边绿刺蛾（*Parasa consocia*）和扁刺蛾（*Thosea sinensis*）等。

（10）斑蛾科（Zygaenidae）

体中至大型。成虫颜色鲜艳或呈灰黑色。翅中室常有 M 脉的痕迹；后翅的 Sc + R1 与 Rs 合并至中室外端才分开。白天飞翔。幼虫头小，内缩；体上生有毛瘤，故又称星毛虫；腹足趾钩为单序中带。本科种类常危害果树和林木，如榆斑蛾（*Illiberis ulmivora*）等。

（11）卷叶蛾科（Tortricidae）

体小至中型。前翅略呈长方形，休止时两翅合成古钟罩形。前后翅脉多分离，即翅脉都从中室或翅基伸出，不合并成叉状；后翅 Sc + R1 不与 Rs 接近或接触，臀脉 3 支。幼虫前胸侧毛组（L）有 3 根毛，第 9 腹节的 2 根背毛（D2）位于同一毛片上。腹足趾钩为 2 序或 3 序环。幼虫主要危害木本植物的叶、茎和果实等部分，多数种类卷叶，有的则营钻蛀生活，重要种类如油松球果小卷蛾（*Gravitarmata margarotana*）、松梢小卷蛾（*Rhyacionia pinicolana*）等。

（12）螟蛾科（Pyralidae）

本科为鳞翅目中仅次于夜蛾科和尺蛾科的第三大科。体小至中型。前翅狭长，后翅较宽。前、后翅的 M2 近 M3；后翅的 Sc + R1 与 Rs 平行，或合并至中室外才分开；A 脉有 3 支。幼虫体上刚毛稀少，腹足趾钩为 2 序环（少数种类为 3 序或成缺环）。多数为植食性，喜隐蔽生活，有卷叶、蛀茎、干和蛀食果实、种子等习性。林业上有不少害虫属于本科，如微红梢斑螟（*Dioryctria rubella*）、油松球果螟（*D. mendacella*）等。

（13）枯叶蛾科（Lasiocampidae）

体中至大型。体粗壮多毛，一般为灰褐色。单眼与喙退化。后翅有 1~2 根肩脉（h）；前翅的 M2 近 M3。成虫休止时形似枯叶，而得名。幼虫粗壮，多毛，但长短不齐，不成簇也无毛瘤，趾钩为双序中带。幼虫多有幼龄群集危害习性，化蛹于丝茧内。本科大多数种类为重要的果树和森林害虫，如黄褐天幕毛虫（*Malacosoma neustria testacea*）、马尾松毛虫（*Dendrolimus punctatus*）等。

（14）家蚕蛾科（Bombycidae）

体中型。喙退化。前、后翅的 M2 居中；前翅 R3~R5 共柄；后翅的 Sc + R1 与 Rs 分离或由一短横脉相连；翅缰退化。幼虫体被短的次生刚毛，腹部第 8 节有 1 个背中角。化蛹前吐丝作茧。有益种类如闻名世界的家蚕蛾（*Bombyx mori*），有害林业的种类如野蚕蛾（*Theophila mandarina*）等。

（15）尺蛾科（Geometridae）

为鳞翅目中的第二大科。体小至大型。体小，翅大而薄，休止时 4 翅平铺，前、后翅常有波状花纹相连；有些种类的雌虫无翅或翅退化。前翅的 M2 位于 M1 和 M3 中间，后翅的 Sc + R1 与 Rs 在中室基部并接，形成 1 小三角形。幼虫仅在第 6 腹节和末节上各具 1 对足，行动时弓背而行，如同以手指量物一般，又称尺蠖。幼虫裸栖食叶危害，一般是林木、果树上的害虫。重要种类有春尺蛾（*Apocheima cinerarius*）、槐尺蛾（*Semiothisa cinerearia*）、枣尺蛾（*Chihuo zao*）等。

(16) 大蚕蛾科(Saturniidae)

体大型或极大型,色泽鲜艳。许多种类的翅上有透明窗斑或眼斑。口器退化。无翅缰。后翅肩角膨大,Cu2 脉消失。幼虫粗壮,有棘状突起。丝坚韧,常可利用。我国著名的如乌桕大蚕蛾(*Attacus atlas*)是最大昆虫之一,银杏大蚕蛾(*Dictyoploca japonica*)危害樟、银杏等甚烈;柞蚕(*Antheraea pernyi*)的丝有重大经济价值。

(17) 天蛾科(Sphingidae)

体大型。体粗壮,呈纺锤形。喙发达。触角末端弯曲成钩状。前翅狭长,外缘倾斜;后翅 Sc + R1 与 Rs 在中室外平行,二脉之间有 1 条短脉相连。幼虫粗大,体光滑或密布细颗粒,第 8 腹节有 1 个背中角;趾钩为双序中带。重要种类有蓝目天蛾(*Smerinthus planus planus*)、南方豆天蛾(*Clanis bilineata bilineata*)等。

(18) 舟蛾科(Notodontidae)

又称天社蛾科。体中至大型。喙不发达。前翅的 M2 位于矶和 M3 中间;后翅的 Sc + R1 与 Rs 平行,或合并至中部以外。幼虫大多有鲜艳颜色,背部常有显著峰突;臀足不发达或变形为细长枝突,栖息时一般靠腹足攀附,头尾翘起,似舟形;腹足趾钩为单序中带。本科幼虫主要危害阔叶树等。重要种类有杨扇舟蛾(*Closter a anachoreta*)、杨二尾舟蛾(*Cerura menciana*)等。

(19) 灯蛾科(Arctiidae)

体中至大型。体粗壮,色较鲜艳,腹部多为黄或红色,且常有黑点。翅为白、黄、灰色,多具条纹或斑点。前翅 M2 近 M3;后翅 Sc + R1 与 Rs 在中室中部或以外有一长段并接。幼虫密被毛丛,毛长短较整齐,且着生于毛瘤上;腹足 5 对或 4 对,趾钩为单序异形中带。幼虫多为杂食性。如林业外来种美国白蛾(*Hyphantria cunea*)等。

(20) 夜蛾科(Noctuidae)

为鳞翅目中第一大科。体粗壮。前翅狭长,常有横带和斑纹;后翅较宽,多为浅色。前翅 M2 近 M3;后翅的 M2 则有居中或近 M3 两类,后翅的 Sc + R1 与 Rs 在中室基部并接。多数幼虫少毛,腹足一般 5 对,趾钩为单序中带。幼虫有的生活于土内,咬断植物根茎,为重要苗圃害虫,通称地老虎、切根虫,如小地老虎(*Agrotis ypsilon*);有的为钻蛀性害虫,如竹笋禾夜蛾(*Oligia vulgaris*);有的为暴露取食种类,如旋皮夜蛾(*Eligma narcissus*)等。

(21) 毒蛾科(Lymantriidae)

体中型。体色多为白、黄、褐色等。喙退化。有些雌虫无翅或翅退化。前翅 M2 近 M3,R2 ~ 5 共柄;后翅 Sc + R1 与 Rs 在中室基部 1/3 处或中部相接。幼虫多具毒毛,腹部第 6 ~ 7 节背面有翻缩腺;腹足 5 对,趾钩为单序中带。幼虫有群集危害习性,尤以温带落叶阔叶树受害较重。重要种类有危害多种林木和果树的舞毒蛾(*Lymantria dispar*)、杨毒蛾(*Stilpnotia candida*)等。

(22) 举肢蛾科(Heliodinidae)

体小型。翅狭长而尖,多为褐色;前翅外端常有浅色花纹。后足胫节和各足跗节顶端多有刺。栖息时中、后足常上举,高出翅背,因而得名。幼虫腹足趾钩为单序或双序环。幼虫植食性,蛀果或潜叶,有的为捕食性,多以介壳虫等小虫为食。重要种类如核桃举肢蛾(*Atrijuglans hetauhei*)、栎举肢蛾(*Stathmopoda massinisa*)等。

(23) 潜叶蛾科(Lyonetiidae)

体小型。通常为白色，特别在翅基部有淡色花纹。触角长，第 1 节膨大。后足胫节有长刺毛。前翅披针形，脉序不完全，中室细长，顶端常有数条脉，在基部合并成 1 支；后翅线形，有长缘毛。幼虫扁平或圆筒形，有胸足和腹足，趾钩为单序。幼虫在叶的上、下两层组织之间潜食，产生各种花色的潜痕，可用以鉴别种类。重要种类有杨白潜蛾(*Leucoptera susinella*)、杨银叶潜蛾(*Phyllocnistis saligna*)。

5.2.8 膜翅目(Hymenoptera)

本目昆虫包括各种蜂类和蚂蚁等。体微小至大型，口器咀嚼式或嚼吸式。复眼发达，单眼 2 个或无。触角多于 10 节且较长，有丝状、膝状等。大部分种类的腹部第 1 节常与后胸连接称为并胸腹节。翅 2 对，膜质，前翅大，后翅小，前后翅以翅钩列连接。跗节 5 节。雌虫常有锯齿状或针状产卵器。一般为全变态。本目分为广腰亚目和细腰亚目(图 5-8)。

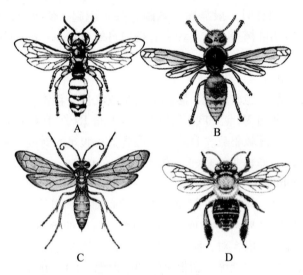

图 5-8　膜翅目昆虫
A. 叉突节腹泥蜂　B. 黄边胡蜂　C. 强力蛛蜂　D. 中华蜜蜂

5.2.8.1 广腰亚目(Symphyta)

胸、腹连接处宽阔而不收缩；各足转节 2 节；翅脉较多，后翅至少有 3 个基室；产卵器多为锯状。幼虫有胸足，多数有腹足，但无趾钩。本亚目幼虫均为植食性种类，食叶、蛀茎或形成虫瘿。林业上较重要的有下列 4 科。

(1) 扁叶蜂科(Pamphiliidae)

体较大，产卵管短，脉序原始，前翅 Sc 脉游离。幼虫无腹足，有时群聚生活，且常生活于丝网或卷叶中。腮扁叶蜂亚科昆虫以针叶树针叶为主；扁叶蜂亚科昆虫以阔叶树及灌木叶为生。阿扁叶蜂属及腮扁叶蜂属有许多重要害虫，有时对林木造成严重灾害。如松阿扁叶蜂(*Acantholyda posticalis*)、贺兰腮扁叶蜂(*Cephalcia alashanica*)、鞭角华扁叶蜂(*Chinolyda flagellicomis*)等。

(2) 松叶蜂科(Diprionidae)

又称锯角叶蜂。成虫粗壮,飞行缓慢;触角多于9节,锯齿状或栉齿状,第3节不长。前翅无2r横脉;后翅具Rs及M室;胫节无端前刺,前腔节距简单,无变化。幼虫危害针叶树针叶或蛀食球果;具腹足8对。茧双层;成虫羽化在茧一端切开一个帽形部分,藉少数丝与茧相连。如欧洲新松叶蜂(*Neodiprion sertifer*)、靖远松叶蜂(*Diprion jingyuanensis*)等。

(3) 叶蜂科(Tenthredinidae)

触角丝状或棒状,多由9节组成。前足胫节有2个端距。幼虫腹足6~8对,体节常由横褶分成许多小环节。一般于丝茧中化蛹,有的则于土中作室化蛹。如落叶松叶蜂(*Pristiphora erichsonii*)、油茶叶蜂(*Dasimithius camellia*)、棒叶蜂(*Mesonura rufonota*)等。

(4) 树蜂科(Siricidae)

体多为大型。粗壮,长筒形;黑色或黄色等,常具褐纹。前足胫节有1个端距。雄虫腹末有短而呈三角形的突出物。雌虫有针状产卵器,外有包鞘,产卵时可插入茎干内。幼虫白色,胸足不发达,腹足呈肉质突起,腹末多具一角状物。本科种类专危害树木,如危害针叶树的泰加大树蜂(*Urocerus gigastaiganus*)等。

5.2.8.2 细腰亚目(Clistogastra)

胸腹间显著收缩如细腰或具柄。各足转节为1节或少数为2节。翅脉多减少,后翅最多只有2个基室。产卵器锥状或针状。幼虫无足,多居于巢室内或寄于其他昆虫体内,少数可在植物上作虫瘿或危害种子,根据足的转节及产卵器的构造分为锥尾组与针尾组两大类。

1) 锥尾组(Terebrantia)

腹部末节腹板纵裂,产卵器出自腹部末端前方;转节多为2节。

(1) 姬蜂科(Ichneumanidae)

体小至大型。体细长。触角线状多节。前翅翅痣下外方常有1个四角形或五角形的小室,有2条回脉(第1回脉和第2回脉),有3个盘室。腹部细长或侧扁。产卵器常露出。多寄生于各种昆虫的幼虫和蛹内,一般单寄生。如寄生于松毛虫幼虫体内的喜马拉雅聚瘤姬蜂(*Cregopimpla himalayensis*)和舞毒蛾黑瘤姬蜂(*Coccygomimus disparis*)。

(2) 茧蜂科(Braconidea)

体微小或小型,外形与姬蜂科相似,但前翅只有1条回脉即第1回脉,有2个盘室。腹部卵形或圆柱形,第2节与第3节背板通常愈合,两者之间的缝不能活动。一般为多寄生,并有多胚生殖现象。本科对抑制害虫起很重要作用,如寄生于松毛虫体内的红头茧蜂(*Rhogas dendrolimi*)等。

(3) 小蜂科(Chalcididae)

体粗壮,微小至小型,多为黑色或褐色。触角肘状,11~13节,末端多膨大。前翅脉相简单,从翅基部沿前缘向外伸出1条脉。后足腿节膨大,其腹缘常有1至数个齿,胫节弯曲。本科多寄生各种昆虫的幼虫和蛹内;少数为植食性种类或重寄生,不少种类为重要的寄生蜂类。如寄生于多种鳞翅蛹内的广大腿小蜂(*Brachymeria lasus*)。

(4) 跳小蜂科(Encyrtidae)

体微小至小型。触角常为11~13节。中胸盾片横形,一般无盾纵沟,中胸侧板发达。

项目5 昆虫的分类与识别   197

中足胫节端距粗而长，善跳；跗节5节，极少数4节。本科寄主范围甚广，多寄生于各种昆虫的卵、幼虫、蛹体内。重要种类有大蛾卵跳小蜂(*Ooencyrtus kuwanai*)以及寄生于蚧虫的蜡蚧扁角跳小蜂(*Anicetus ceroplastis*)等。

(5) 金小蜂科(Pteromalidae)

体微小至小型。多具金属光泽。触角多为13节。前胸背板略呈长方形，常具显著的鳞片。跗节5节。本科寄主范围甚广，多为其他昆虫幼虫、蛹的初寄生，但也有次寄生。如寄生于粉蝶和凤蝶蛹内的蝶蛹金小蜂(*Pteromalus puparum*)等。

(6) 广肩小蜂科(Eurytomidae)

体小型。常为黑色。触角11~13节，雄虫触角上具长毛轮。前胸背板呈长方形，胸背有粗、密刻点，盾纵沟完整。雌虫腹部多侧扁。本科昆虫食性复杂，除寄生性外尚有植食性种类。如重要的种实害虫落叶松种子小蜂(*Eurytoma laricis*)等。

(7) 赤眼蜂科(Trichogrammatidae)

又名纹翅卵蜂科。体微小。触角短，肘状，鞭节不超过7节，常有1~2个环状节和1~2个索节。翅面上有成排微毛。跗节3节。本科种类均为卵寄生蜂，大多数是害虫卵的重要天敌，如松毛虫赤眼蜂(*Trichogramma dendrolimi*)、广赤眼蜂(*T. evanescens*)等。

(8) 缘腹卵蜂科(Scelionidae)

又名黑卵蜂科。体微小至小型。多数黑色而有金属光泽。触角棍棒状，11(雌)或12节(雄)；少数为7~8节，则棒节不分节；前翅具缘脉和翅痣，腹部卵形或长形，两侧具尖锐边缘。寄生于各目昆虫卵和蜘蛛卵，常见种类如松毛虫黑卵蜂(*Telenomus dendrolimusi*)等。

(9) 瘿蜂科(Cynipidae)

微小至小型。前胸背板伸达翅基片，前翅无翅痣，后翅无臀叶，转节1节；腹部卵形或侧扁，第2背板大，至少为腹部的1/2。多寄生壳斗科植物，造成虫瘿，如板栗瘿蜂(*Dryocosmus kuriphilus*)。

2) 针尾组(Aculeata)

腹部末节腹板不纵裂，产卵器特化为螫刺，出自腹部末端；足转节常1节。

(1) 蚁科(Formicidae)

即常见的蚂蚁。触角呈膝状弯曲，腹部与胸部连接处有1~2节呈结节状，为筑巢群居的多型性昆虫，雌雄生殖蚁有翅，工蚁与兵蚁无翅。肉食性、多食性或植食性。黄猄蚁远在1600年前，我国劳动人民已用其防治柑橘害虫。近年来，利用双齿多刺蚁(*Polyrhachis dives*)防治森林害虫收到了一定的效果。

(2) 马蜂科(Polistidae)

体瘦长。常呈红、黄等色。雌蜂触角12节，雄蜂触角13节。上顎长，刀状，内缘具齿或缺刻。前胸背板前缘具领状突起。腹部第1节非柄状，基部细，向端渐宽；第2节宽至端部变细。巢常筑于树枝、树干及屋檐下。目前已有一些种类用于生物防治，以控制农林作物上的害虫，如角马蜂(*Polistes antennalis*)、陆马蜂(*P. rothneyi*)等。

(3) 肿腿蜂科(Bethylidae)

体小型。体光滑，多为黑色。头较长，前口式。触角11~13节。体两侧平行。雌、雄个体均有无翅或有翅者。缺翅基片。有翅种类前翅基部有2个约等长的翅室，缺翅痣，后翅具臀叶。3对足的腿节肿大。腹部具柄，可见6~7个背板。常外寄生于鞘翅目、鳞翅目及一些膜翅目虫体上，如我国现广泛开展用于生物防治的管氏肿腿蜂(*Scleroderma guani*)。

(4)蜜蜂科(Apidae)

体小至中型。黄褐至黑褐色。复眼椭圆形，被毛。下颚须1节；下唇须4节；中唇舌长。后足胫节端部形成花粉篮，跗节第1节形成花粉刷。前翅有3个亚缘室，缘室极长，长约为宽的4倍。本科昆虫营社会性生活，同巢内有蜂王、雄蜂与工蜂。许多种类对植物异花授粉，保证农林果实、种子产量有重要作用。常见的有意大利蜜蜂(*Apis mellifera*)、中华蜜蜂(*A. cerana*)等。

5.2.9 双翅目(Diptera)

包括蝇、蚊、虻、蚋等。体微小至大型，粗壮，多数为黑褐色。头部球形或半球形；口器为刺吸式或舐吸式等。复眼发达，单眼2个或无。触角线状(蚊类)或具芒状。仅有1对发达的膜质前翅，后翅特化成平衡棒。跗节5节。腹部体节一般可见4~5节，末端数节内缩，成为伪产卵器。雄虫常有抱握器。无尾须。全变态昆虫。幼虫多为无足型，幼虫根据头部发达程度，分全头型(蚊)、半头型(虻)、无头型(蝇)等(图5-9)。双翅目昆虫生活习性复杂，不少种类喜欢湿润环境。成虫多数以花蜜或以腐烂的有机物为食；有的捕食其他昆虫(食虫虻、食蚜蝇科等)；有的吸食人、畜的血液(蚊、虻、蚋科等)为重要的医学昆虫；有的则营寄生生活(寄蝇、麻蝇科等)。植食性的种类，有潜叶(潜叶蝇科)、蛀茎(黄潜蝇科)、蛀根、种实(花蝇科)、钻蛀果实(实蝇科)和作虫瘿(瘿蚊科)等。常给农林业带来较大的危害。

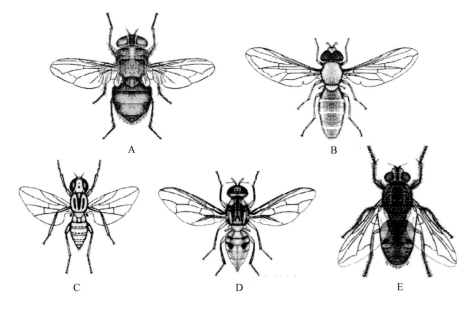

图5-9 双翅目昆虫

A. 伏蝇 B. 挟带食蚜蝇 C. 一点突额杆蝇 D. 柑橘小实蝇 E. 柞蚕饰腹寄蝇

(1)瘿蚊科(Cecidomyiidae)

小型种类，外观似蚊。体纤细。足细长。触角念珠状由10~36节组成其节数、形状和上面的附属物(毛和环状毛)常为分种的依据。前翅有 3~5 条纵脉,少横脉。幼虫体多呈纺锤形;头退化;末龄幼虫胸部腹面常有一剑状骨片,可用以弹跳,其形状可作为分种依据。幼虫食性多样:捕食性,取食蚜、蚧等小虫;腐食性,取食腐殖质;植食性,能危害植物的花、果、茎等各部分。很多种类还能形成虫瘿,故有"瘿蚊"之称。如桑瘿蚊(*Contarinia* sp.)、枣瘿蚊(*Contaria* sp.)等。

(2)食虫虻科(Asilidae)

体中到大型,头、胸部大,腹端多呈锥形。两复眼间头顶向下凹陷。触角 3 节,末节端部有 1 根刺。爪间突针状。成虫多为捕食性。常见的如长足食虫蚊(*Dasypogon aponicum*)、中华盗虻(*Cophinopoda chinensis*)等。

(3)实蝇科(Trypetidae)

体小至中型。常为黄、褐、橙色等。触角芒无毛。翅多有褐色斑纹;Sc 脉端呈直角状弯向前缘;臀角末端形成一个锐角。雌虫腹端数节常形成长形产卵器。幼虫植食性,多生活于芽、茎、叶、果实、种子或花序内。许多种类危害果实。如梨实蝇(*Dacus pedestris*),以及柑橘小实蝇(*Dacus dorsalis*)等。

(4)食蚜蝇科(Syrphidae)

外观似蜜蜂,体中等大小。体暗色带有黄色或白色的条纹、斑纹。触角 3 节,具芒。前翅径脉(R4+s)与中脉(Mi+2)之间有 1 条两端游离的伪脉;翅外缘有和边缘平行的横脉,把缘室封闭起来。成虫常在花上悬停或猛然前飞。幼虫似蛆,腐生或捕食蜘虫等。常见的有黄颜食蚜蝇(*Syrphus ribessi*)和大灰食蚜蝇(*Metasyrphus corollae*)等。

(5)寄蝇科(Tachinidae)

体中等大小。常为黑、褐、灰等色。触角芒光滑。中胸下侧片具鬃。胸部后小盾片发达。成虫产卵于寄主体上、体内或寄主食料上等。寄蝇科的幼虫多寄生于鳞翅目、鞘翅目、直翅目等昆虫体内,对抑制害虫的大量繁殖有较大的作用,如松毛虫天敌蚕饰腹寄蝇(*Blepharipa zebina*)和伞裙寄蝇(*Exorista civilis*)等。

(6)花蝇科(Anthomyiidae)

体小至中型。细长多毛。触角芒光滑、有毛或羽毛状。前翅的 M1+2 不向上弯(与其近似的蝇科 M1+2 则向上弯)。中胸下侧片裸。本科的多数种类为腐食性,有些种类为植食性,能潜叶或钻蛀危害,故对农林业造成一定危害。如林业重要害虫落叶松球果花蝇(*Strobilomyia laricicola*)等。

5.2.10 蜚蠊目(Cockroaches)

中文通称为蜚蠊,俗称为蟑螂,简称蠊。有些种类生活在室内,污染食物、衣物和生活用具,传播疾病;有些种类可入药;少数危害农作物。

体中到大型,体阔而扁平,近圆形;前胸背板大,盖住头的大部分;触角长丝状;复眼发达,单眼退化;口器咀嚼式;在翅发达的种类中,两对翅均有许多横脉,前脉为复翅、皮革质、狭长,后翅膜质、臀区大;许多种类均有翅芽状短翅或完全无翅;足步行式,3 对足相似,爬行迅速,跗节 5 节,腹部 10 节,有 1 对多节的尾须。

渐变态。卵产于卵鞘中。卵期约 1 个月,若虫形似成虫。若虫期 6~12 龄。每年两三代或 1~5 年 1 代。卵、若虫、成虫均能越冬。在南方和温暖的室内无冬眠现象,成虫寿命较长。

蜚蠊适应性强,活动范围广泛,在有水和食物的地方都能生存。野外种喜湿润,见于土中、石下、枯枝落叶、树皮下等处,取食死植物、咬树皮或木材。室内种色泽较暗,不善飞行,常夜间活动,白天隐匿在缝隙或阴暗处,食性杂,尤偏好糖和淀粉物质,在取食及其活动中污染食物,传播病菌和寄生虫,是重要的卫生害虫,同时还咬坏大量商品及其包装,造成重大经济损失。分布广泛,世界上已知蜚蠊目昆虫3 680多种,中国已知250余种(图5-10)。

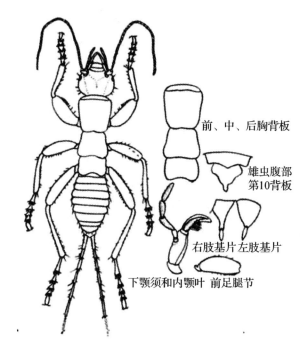

图5-10 中华蜚蠊

5.2.11 螳螂目(Mantedea)

中文俗称为螳螂,简称螳,为昆虫纲有翅亚纲的1目。仅含螳螂科(Mantidea = Manteidae)1科。英文为mantis或praying mantids。有些分类学家将该目和蜚蠊目合并成为网翅目Dictyoptera,而把螳螂作为其中的一个亚目。

体中到大型,头大,三角形,爱活动;触角长,丝状;口器咀嚼式;前胸极长,前足捕捉式,基节很长,胫节可折嵌于股节的槽内,状如铡刀,中、后足为步行足;前翅为覆翅,后翅膜质,臀区大;后胸上有听器;尾须1对(图5-11)。

渐变态。卵包于由附腺分泌物形成的卵鞘中。卵鞘附着于树枝或其他物体上。每一卵鞘内有卵

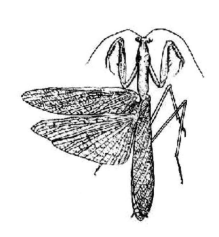

图5-11 螳螂目

10~400粒。一般1年完成1代，以卵在卵鞘中越冬。成、若虫均为捕食性，用前足捕捉其他昆虫及小动物，其卵鞘可入中药，所以既是重要的天敌昆虫，又是重要的药用昆虫。多数绿色或褐色，常有保护色和拟态。全世界已知2 000多种，中国已知近120种。

5.2.12 啮虫目（Psocoptera）

属昆虫纲有翅亚纲，通称啮或书虱。体小脆弱，头部较发达。复眼发达，有翅单眼3个，无翅单眼缺。触角长丝状，口器咀嚼式，唇基大而突出。有翅型前胸狭缩成颈状，胫节长，腹部10节，无尾须。多数种类生活在树干或枯木上，也有生活在室内或动物巢穴中，食书籍、谷物、库毛及动植物标本等。少数种类捕食介壳虫及蚜虫等。约有850种左右。中国常见的有：书虱（*Liposcelis divinatorius*）、窃虫（*Atropos pulsatorium*）、裸啮虫（*Psyllsocus ramburii*）等。

啮虫目通称啮或书虱。体小而脆弱，头部较发达，可自由活动。下口式。复眼发达，有翅型单眼3个，无翅型单眼缺如。触角长丝状，口器咀嚼式，唇基大而突出。多数胸部隆起，前胸颈状，中、后胸常分离。翅膜质，前翅大于后翅，静止时呈屋脊状盖于体背上，部分种类无翅。胫节长，跗节2或3节。腹部10节，无尾须，外生殖器一般不显著（图5-12）。渐变态。多数种类生活在树干或枯木上，也有的生活在室内或动物巢穴中，取食书籍、谷物、库毛及动植物标本等。少数种类捕食介壳虫及蚜虫等。该目全世界已记载近2 000种，分属10科，我国已知有10余种。

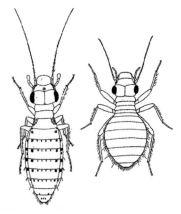

图5-12 啮虫目昆虫

5.2.13 革翅目（Dermaptera）

中文俗称为蠼螋或蝠螋，简称螋。与人类关系不很密切。少数种类危害花卉、贮粮、贮藏果品等，有些种类是蝙蝠和鼠的体外寄居者。

体型中，狭长，略扁平，表皮坚韧，褐色或黑色。头前口式，能活动；触角丝状；无单眼；口器咀嚼式。前胸背板发达，方形或长方形。有翅或无翅，有翅的种类前翅革质、短小，无脉纹；后翅大，膜质，扇形或半圆形，脉纹辐射状，休息时折叠与前翅下。跗骨3节。腹部长，有8~10个外露体节，可以自由弯曲；尾须部分节，钳状，称为尾铗。无产卵器。

渐变态。卵呈卵圆形，若虫与成虫相似，但触角节数较少，只有翅芽，尾铗较简单。若虫四五龄。有翅成虫多数飞翔能力较弱。雌虫产卵于土壤中，少数产于树皮下。在温带地区1年1代，常以成虫或卵越冬。

多为夜出型，日间栖于黑暗潮湿处，如树皮下、叶片间、草丛、朽木或石块下。少数

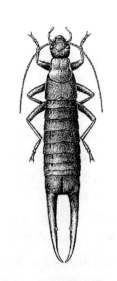

图5-13 革翅目昆虫

种类有趋光性。大多数种类杂食性,取食动物尸体或腐烂植物,也有的种类取食花被、嫩叶、果实等植物组织;有些种类营寄生生活,寄生在蝙蝠或鼠类体外。雌雄二型现象显著,雄虫尾铗大且形状复杂。尾铗用于捕食、防卫或交尾时起抱握作用,有时也用于清洁身体或折叠后翅。全世界已知 1 800 多种,我国已知 210 多种(图 5-13)。

5.2.14 弹尾目(Collembola)

中文俗称为跳虫或弹尾虫。跳虫是微小型无翅昆虫,常有发达的弹器,能跳跃,生活在各种潮湿隐蔽的环境中,如土壤、腐殖质、原木、粪便、洞穴等,腐食性或植食性,少数种危害作物、蔬菜或菌类。

中小型昆虫,体长 0.2~10mm,长形或近球形。口器缩入头内,适于咀嚼或吸食;触角丝状,4 节,无复眼。腹部 6 节,第 1 腹节有黏管,其功能主要是分泌和保持水分的平衡;第 3 节的握弹器与第 4 节的弹器形成弹跳结构。无尾须,外生殖器不明显。

表变态,若虫形似成虫,仅体型较小,成虫期继续蜕皮。蜕皮最多可达 50 次。1 年可发生数代。有孤雌生殖现象。广泛分布于世界各地,已知约 6 000 种,我国已知 190 多种(图 5-14)。

图 5-14 弹尾目昆虫

5.2.15 双尾目(Diplura)

中文俗称为双尾虫和铗尾虫,且多为一类细长、淡色、无翅的小型昆虫,生活在土壤、落叶等隐蔽潮湿的环境中,畏光,行动活泼。

体长 1.9~4.7mm,细长。触角长而多节;无复眼和单眼;口器为咀嚼式,内藏于头部腹面的腔内;胸足发达,跗节 1 节;无翅;腹部 11 节,有 1 对显著的尾须,线状分节或钳状,无中尾丝。若虫外形极似成虫。

表变态,若虫与成虫的区别主要在于大小和性成熟程度。可生存 2~3 年,每年蜕皮多至 20 次,一般等 8 次至第 11 次蜕皮后就性成熟。成虫期仍蜕皮。卵聚产,多至 40 粒,以一个共同的卵柄悬挂在土穴的上方,但仍有些种每粒卵都有一个柄。取食活的植物、腐殖质、菌类或捕食小动物等。全球已知约 600 种,我国已记录 30 余种。

5.2.16 蜻蜓目(Odonata)

中文俗称蜻蜓、豆娘,简称蜻、蜓,是一类原始有翅昆虫。成虫色彩艳丽,飞行迅速敏捷。稚虫生活在水中。成虫和稚虫均为捕食性。

体中型至大型,细长,体壁坚硬,色彩艳丽;头大,能活动,复眼极其发达,单眼 3 个;触角短,刚毛状;口器咀嚼式;前胸小,中后胸极大,并愈合成强大的翅胸;翅 2 对,狭长,膜质透明,前、后翅近等长,翅脉网状,有翅痣和翅结,休息时平伸或直立、不能折于背上；足细长；腹部细长，尾须1节；雄虫腹部第2、第3节上腹部面有发达的次生交配器。

半变态，一生经历卵、稚虫和成虫3个时期。卵产于水面或水生植物体内。稚虫水生，常见于溪流、湖泊、塘堰和稻田；下唇特化为面罩，不用时面罩折叠于头、胸部之下，捕猎时突然向前伸出，用1对手状的下唇须抓捕猎物。利用直肠鳃或尾鳃呼吸。老熟稚虫出水面后爬到石头、植物上，常在夜间羽化。

雄、雌虫常在飞行中进行交配。雌虫可产卵数百至数千粒。产卵在水中或水中植物组织内。稚虫经历10~20次蜕皮，经过3个月到6~10个月时间变为成虫。成虫捕食各类昆虫，再飞行中能利用足抓捕猎物，喜在稚虫生活的环境附近活动。蜻蜓目昆虫适应生活于温暖地区，全世界已记录约6 500种，我国已知400余种（图5-15）。

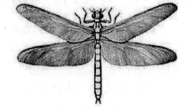

图5-15　蜻蜓目昆虫

【任务小结】

本任务主要对与林业生产密切相关的昆虫及其重要的亚目、科的形态特征、生物学特征进行介绍，同时对相关的科进行了比较，为林业害虫的防治提供基础。

【拓展提高】

萧刚柔. 中国森林昆虫（第2版）（增订本）[M]. 北京：中国林业出版社，1992.
杨秀元. 中国森林昆虫名录[M]. 北京：中国林业出版社，1981.
中国科学院昆虫研究所. 中国森林害虫图志[M]. 北京：科学出版社，1959.

【复习思考】

1. 举例说明生活中常见的昆虫的目，并阐述其主要的特征以及其危害。
2. 昆虫纲中哪些目与林业生产关系较大？列举十种重要的林业害虫？
3. 区分下列各组昆虫：蟋蟀与蝗虫、蠡斯、步甲和虎甲、叶甲与瓢甲。

任务5.3　螨类识别

【任务介绍】

螨类属于节肢动物门蛛形纲蜱螨亚纲，虽然不属于昆虫，但螨类对农林业生产影响重大，因此，本任务主要介绍与林业生有密切关系的真螨目中叶螨总科和瘿螨总科的一些种类，主要介绍螨类的生活史及其相关生态类群（农林螨类、医牧螨类及环境螨类）的特点，并对螨类的主要危害进行了概述。

【教学目标】

知识目标
1. 了解主要螨类的形态及生物学特征。
2. 认识螨类的危害及其特性。

技能目标
1. 掌握常见螨类的主要特征。
2. 能准确鉴定危害林业生产主要螨类。

【任务实施】

螨类隶属于节肢动物门(Arthropoda)蛛形纲(Arachnida)蜱螨亚纲(Acari)。螨类是在形态结构、生活习性以及栖息场所等方面高度多样化的一类体型微小的节肢动物,其分布广泛,繁殖快,而且能孤雌生殖,生活方式多样,对环境适应能力强,在各种环境中都可生存。世界上已知螨类种类大约有 30 000 多种,分别隶属于 2 个目 6 个亚目 105 个总科 380 科,仅次于昆虫。螨类的食性复杂,有植食性和捕食性的农林螨类,寄生性和吸血性的医牧螨类,腐食性、粪食性及菌食性的环境螨类。

5.3.1 螨类的生活史

螨类的生活史为不完全变态,既有多次产卵的,也有 1 次产多卵的。螨虫一生一般要经过卵(egg)→前幼螨(prelarva)→幼螨(larva)→第 1 若螨(protonymph)→第 2 若螨(deutonymph)→第 3 若螨(tritonymph)→成螨(adult)等 7 个阶段,各阶段的身体形状不同,大小随发育而增大。有的在若螨期中有一个休眠时期,成为休眠体。幼螨体小,有 3 对足,若螨和成螨 4 对足,若螨有的仅 1 期,也有 2 期,分别称为前期若虫及后期若虫,也有 3 期若虫。螨雌雄异体,多数交配后产卵,也有营单性生殖。雌虫生殖时,或产卵,或产若虫,亦有个体从母体产出时即能交配受精。螨类的生活史短,一代约 1～4 周,发育适宜温度约 26～28℃。羽化后的成螨 3～5d 后即可交尾产卵,产卵量并不多,每天 1 个,至多 2～3 个,连续产 1 个月,总产量在 200～300 粒,成螨可存活 60～100d。螨虫因体小,除休眠体外,一般不耐干燥。分布广泛,繁殖快,而且能孤雌生殖,在各种环境中都可生存。

5.3.2 螨类的生态类群

螨类的生态类群与其食性密切相关。螨类的食性复杂,有植食性(phytophagous)、肉食性(predator)、菌食性(mycoephagous)、捕食性(saprophagous)、粪食性(coprophagous)和腐食性(necrophagous)等。螨虫广泛分布世界各地的各种生态环境,按经济意义可以把螨类分为农林螨类、医牧螨类和环境螨类。也有的根据分布微环境和生活习性划分,螨虫有几种生态类群。

5.3.2.1 农林螨类

包括生活于植物体上以及动植物产品上的螨类,依照食性分为植食性和肉食性 2 类。

(1) 植食性螨类

植食性螨类主要有叶螨(俗称红蜘蛛)、瘿螨、粉螨、跗线螨、蒲螨、矮蒲螨、叶爪螨、薄口螨、根螨及甲螨等螨类,刺吸或咀嚼危害。叶螨是世界性5大害虫(实蝇、桃蚜、二化螟、盾蚧、叶螨)之一。它们吸食植物叶绿素,造成褪绿斑点,引起叶片黄化、脱落。近40多年来,由于人类在害虫防治措施上一度采用单一的化学药剂防治,使得叶螨由次要害虫上升为主要害虫,目前叶螨问题已成为农林生产的突出问题。瘿螨是仅次于叶螨的一类害螨,取食植物汁液并常造成枝叶畸形,如螨瘿、毛毡状或海绵状叶片,其中有些种类的防治难度甚至超过了叶螨。粉螨是生活于仓库、房室等空间的害螨,咀嚼贮藏物品,还可传播真菌等微生物,使贮藏物品变质,是仓库中最难防治的一类害虫,而且不少种类还可以引起人类疾病,如皮炎、瘙痒、肺螨病等。

(2) 肉食性螨类

主要有植绥螨、长须螨、美绥螨、巨蟹螨、半疥螨、巨须螨、吸螨、肉食螨、绒螨及大赤螨等,捕食或寄生其他螨类、昆虫等节肢动物,多数是生物防治因子。其中植绥螨的研究最为深入,目前已知近2 000种。长须螨是叶螨、瘿螨、跗线螨等害螨的常见捕食者,在生物防治中的作用仅次于植绥螨。半疥螨、巨须螨、吸螨、肉食螨、绒螨和大赤螨等也具有十分广阔的应用前景,在可预见的将来会得到进一步开发利用。工厂化生产捕食螨,防治农林害虫,是当今害虫生物防治的一个生长点。用捕食螨防治大棚、温室害螨,效率远高于化学农药,且无污染等后遗症。在欧、美的一些发达国家,捕食螨已成为取代化学农药的主要产品。目前已有40多家公司生产、销售捕食螨和其他天敌产品。最近我国在生物防治螨虫的技术方面取得了重大突破,张艳璇博士主持的"以螨治螨"防治棉花叶螨的生物防治技术,在新疆生产建设兵团农六师新湖农场通过了专家组的现场验收。这类捕食螨在毛竹、柑橘、茶叶、蔬菜、食用菌、花卉、木瓜、杜果、苹果、枸杞和连藕等农林作物害螨的控制上也同样获得了成功。这项生物防治技术的成功和在农林作物上的广泛应用,将为中国农产品进入国际市场扫清障碍,推进中国绿色食品和无公害农产品的发展步伐。随着我国人民生活水平的提高,对食品的品质要求会日益提高,食用"绿色食品"将会成为基本要求,捕食螨等天敌产品将会异军突起。

5.3.2.2 医牧螨类

主要指能引起动物疾病的所有种类,有寄生人及饲养动物身体的和生活于人及饲养动物居住场所的螨类。如蜱类、疥螨、蠕形螨、恙螨、尘螨、蜂螨、痒螨、羽螨、肉螨及甲螨等。蜱是动物外寄生物,包括硬蜱和软蜱2类,可传播细菌、病毒和立克次体等病原微生物,引起皮炎、出血热、莱姆病、Q热、伤寒、森林脑炎和鼠疫等疾病。疥螨是一种寄生于动物表皮的钻蚀性螨,可引起疥疮、蠕形螨性酒渣鼻、蠕形螨性外耳道瘙痒症、蠕形螨性睑缘炎等,感染病主要在裸露部位,发病后常有液体流出,并产生大量角质物、结痂、脱毛。蠕形螨生活于哺乳动物毛囊和皮脂腺内,可引起瘙痒、粉刺、皮炎。恙螨的未成熟期螨营寄生生活,是恙虫病、恙螨性皮炎、沙螨热、Q热、斑疹伤寒和灌林斑疹热等疾病的传播媒介。尘螨可引起过敏性哮喘、过敏性皮炎和过敏性鼻炎等疾病。随着人们生活水平日益提高,空调器等温、湿度调节电器广泛使用,居住环境日趋封闭化,再加上皮毛、羽绒制品的普遍使用,过敏性变态反应的人群越来越多,这种"富贵病"已成为现代生活的一个新问题。

5.3.2.3 环境螨类

主要指生活在土壤中起分解作用的螨类，主要有甲螨、粉螨，大多数是腐食性的，以腐烂的动、植物为食，是土壤生态环境中的重要分解者，其作用已逐渐引起了人们的注意。在土壤中，螨类占动物总数的28.74%~77.83%，甲螨则占螨类总数的62%~94%。甲螨对环境的变化具有较强的敏感性，不同结构、不同理化性质的土壤中的甲螨类群不同。因此，根据一个地区土壤中甲螨的种类，即可判断土壤的理化性质、污染程度，作为环境监测的生物指标。

根据分布及习性螨类有几种生态类群：革螨大多寄生于鼠类、鸟类、家禽的体表及巢穴中，随宿主的活动和飞翔而扩散。恙螨主要孳生于隐蔽潮湿、植被茂盛的山坡峡谷、荒芜田野等杂草丛生的地方，随风吹动而飘泊。蒲螨寄生于蝶蛾类昆虫体表和被蝶蛾栖息过的中药材及包装品中。尘螨散布在工厂、库房、居室的角落尘埃中，以皮屑、中药粉末、霉菌为食。粉螨孳生于谷物、干果、糖类、淀粉、蜂蜜及富有糖类和淀粉成分的中药材中，可随药品的制作、流通、应用而传播。蠕形螨寄生于人体及哺乳动物的毛囊。

5.3.3 螨类的主要危害

螨类给人类带来的危害是多方面的，主要表现在农林、医牧、储藏物以及土壤环境等方面，具体地说螨类对粮食、食品、动物饲料、药品、衣物、中药材及对人体有直接侵染。螨类的种类很多，其中与人类的关系密切的有蜱类、革螨、尘螨、疥螨、蠕形螨、恙螨、蜂螨、痒螨、羽螨、肉螨及甲螨等。蜱螨传病具有以下特征：①传播人兽共患疾病；②经卵传播较普遍；③既是传播媒介，也多是病原体的贮存；④所传疾病通常呈散发性流行。

5.3.4 主要危害种类

在我国，危害森林植物的螨类主要有史氏始叶螨(*Eotetranychus smithi*)、六点始叶螨(*Eotetranychus sexmaculatus*)、朱砂叶螨(*Tetranychus cinnabarinus*)、二点叶螨(*T. urticae*)、针叶小爪螨(*Oligonychus ununguis*)、柏小爪螨(*O. perditus*)、云杉小爪螨(*O. ununguis*)、咖啡小爪螨(*O. coffeae*)、柑橘全爪螨(*Panonychus citri*)、苹果全爪螨(*P. ulmi*)、竹裂爪螨(*Schizotetranychus bambusae*)等。

5.3.4.1 朱砂叶螨(*Tetranychus cinnabarinus*)

又名棉红蜘蛛。全国各地均有发生。危害牡丹、金银花、大丽红、月季、梅花、万寿菊、海棠、蜀葵、锦葵、一串红、山楂、碧桃、丁香、迎春、茉莉、羊蹄甲、无花果、芙蓉、木槿等。

(1)形态特征

成螨 雌成螨椭圆形，长约0.5mm，朱红或锈红色。气门沟末端呈"U"形弯曲。后半体背表皮纹成菱形图案。腹突呈三角形。背毛13对，其长超过横列间距。各足爪间呈1对粗爪状，其背面具有粗壮的背距。阳具弯向背面形成端锤，其近侧突起尖利或稍圆，远侧突起尖利。

卵 球形，初产时无色透明，孵化前变为橙黄色。

幼螨 近圆形，半透明，取食后体色呈暗绿色，足3对。

若螨 椭圆形，体色较深，体背两侧有褐斑，足4对。

(2)生物学特性

年发生代数因地而异，12～20代，从北向南逐渐递增，多以受精雌成螨在土缝、树皮裂缝、枯枝落叶层及杂草等处越冬。世代重叠现象严重。翌年春季开始繁殖、危害。7～8月高温干旱时，繁殖快，危害重，常爆发成灾，造成大量枯叶落叶。10月后进入越冬状态。卵多产于叶背，每雌可产卵50～110粒。卵期2～13d。幼螨和若螨历期5～11d，成螨寿命19～29d。一般先危害下部叶片，而后逐渐向上蔓延。有明显的吐丝结网的习性。

5.3.4.2 卵形短须螨(*Brecipalpus obovatus*)

国内分布于长江以南和北方温室内。寄主包括多种菊花、兰花、以及金钟花、迎春花、月季、茶花、桃、扶桑和蔷薇等植物。以成螨和若螨群集于叶背主脉，叶柄霉烂，叶片脱落。

(1)形态特征

成螨 雌成螨近卵形，背腹扁平，背中部微隆。体长0.27～0.31mm，宽0.13～0.16mm。橙红色，背面有不规则的黑条斑。前足背毛3对，后足背侧毛5对，背中毛3对。雄成螨体长0.26～0.28mm。后半体被一条横缝分为后足体和末体。

卵 椭圆形，鲜红色，有光泽。

幼螨 近卵形，体长0.23～0.24mm。橙红色，体背上有不规则的黑斑。

若螨 体背有不规则的黑色斑；足4对，末端3对；体背侧毛发达，均呈"D"状；第一若螨体近卵圆形，长0.17～0.22mm，橙红色；第二若螨外形和体色与成螨接近，但体上黑斑加深，眼点明显，腹部末端较成螨钝圆。

(2)生物学特性

长江以南1年发生12～14代，北方温室内1年发生9～10代。以卵在植株根际或叶背越冬。翌年3月越冬卵孵化。高温干燥有利于其发生，多雨和潮湿不利于其发展。7～9月份是危害最严重的时期。11月进入越冬状态。单雌产卵量30～50粒。可行两性生殖和孤雌生殖。

5.3.4.3 侧多食跗线螨(*Polyphagotarsomemus latus*)

分布于全国各地。寄主有大丽花、非洲菊、山茶花、茉莉、蜡梅、常春藤、仙客来、合欢等花木。以成螨和若螨聚集在寄主幼嫩部位刺吸汁液，受害部位呈褐色、扭曲、畸形。

(1)形态特征

成螨 雌成螨体椭圆形，半透明。体长0.17～0.26mm。淡黄色至橙黄色，背部有一条纵白带。背部隆起，腹面稍扁平。第一对的足的爪发达。前足体背毛2对，后半体背毛5对；前足体腹毛2对，后半体腹毛6对。雌成螨体近菱形，长0.15～0.19mm。乳白色至淡黄色。第一对足无爪，第四对足纽扣状。前足体表背毛4对，后半体背毛5对；前足体腹毛2对；后足体腹毛3对。

卵 椭圆形，无色透明，表面有纵裂瘤状突起。

幼螨 足3对，体背有一白色纵带，腹部末端有1对刚毛。

若螨 长椭圆形，外面罩着幼螨的表皮。

(2)生物学特性

四川1年发生20~40代,世代重叠,以雌成螨在被害卷叶内、芽鳞间、叶柄处或杂草上越冬。翌年越冬雌成螨开始活动。雌螨交配1~2d即可产卵。卵单产在芽尖或嫩叶背面。单雌产卵量24~246粒。有时也可营孤雌生殖。在28~30℃,1个世代需4~5d;在18~20℃,1个世代7~10d。成螨需要在相对湿度80%以上才能发育,因此,温暖多湿的环境有利于该螨发生。以6~7月危害最重。

【任务小结】

螨是蛛形纲害虫,常见的害螨多属于真螨目和蜱螨目,是危害多种农作物的重要害虫之一。螨类并不属于昆虫纲,但属于林业生产过程中常见的虫害,要能够正确的区分螨类害虫与昆虫类害虫的区别,针对螨类的特性,提出针对性的防治措施和建议。

【拓展提高】

梁来荣. 蜱螨分科手册[M]. 上海:上海科学技术出版社,1981.

李隆术. 蜱螨学[M]. 重庆:重庆出版社,1988.

江西大学. 中国农业螨类[M]. 上海:上海科学技术出版社,1984.

忻介六. 蜱螨学纲要[M]. 北京:高等教育出版社,1984.

丁伟. 螨类控制剂[M]. 北京:化学工业出版社,2011.

【复习思考】

1. 简述农林螨类的危害特点及规律。
2. 简述农林螨类的防治方法。

项目 6
林木虫害的诊断及防治

  森林虫害是一种非常普遍的自然灾害，是昆虫在繁殖生长的过程中，取食植物的营养器官或者吸食植物的汁液，造成林木所生产的营养减少或者林木的营养物质被林木害虫取食，造成林木生长不良，使得木材及林副产品的产量下降，甚至使整株林木死亡。因此，做好防治工作，是搞好林业生产的重要环节。随着经济全球化、物流和贸易的全球，各类林业有害生物随着全球贸易迅速扩散。我国林业面临着更大压力，这就对我国的林业发展提出了新的要求。如何快速、有效防治林木虫害是当前林业工作者应该考虑的问题。本项目根据虫害发生的部位，主要分苗圃及根部害虫、顶芽及枝梢害虫、食叶害虫、蛀干害虫、球果种实害虫等的防治，同时还专门对木材害虫及竹类害虫的防治进行了介绍。

任务6.1 林木虫害调查及诊断

【任务介绍】

昆虫的多样性造成林木受害特征的多样性，同时由于昆虫自身的生活特性，在对林木虫害进行调查的过程中，必须根据昆虫空间分布特点，采取不同的抽样方法，以便为科学地预测害虫发生规模和发生量，为合理地选择虫害防治方法和时间提供重要的科学依据。

【教学目标】

知识目标
1. 掌握林木虫害的调查的取样方法。
2. 熟悉林木虫害调查的取样方式。

技能目标
1. 能通过调查空间分布特点采取不同的抽样方法。
2. 能够根据样地的特征，选择适合的取样方式。

【任务实施】

6.1.1 调查的目的

林木虫害的目的，在于掌握害虫种类及种群动态，即具体掌握害虫在时间和空间的变化情况，探讨其发生发展规律，为进行害虫的预测预报，制定防治措施和天敌的利用提供科学依据。

要确切地了解某地区昆虫种的组成，或种群动态，必须通过实地调查。森林害虫调查一般分普查和专题调查两种。普查一般是指在较大地区(场或者地区)进行的调差，主要是了解害虫种类、数量、分布、林木被害程度等，以便做到心中有数。专题调查则是以某种害虫为调查对象的专门调查，较准确地统计害虫发生量、危害程度及种群变化的原因等。虽然调查种类不同，但调查程序与方法基本一致。

6.1.2 取样方法

进行森林昆虫调查时需根据其空间分布特点，采取不同的抽样方法。常用的方法有：

6.1.2.1 随机取样

在抽选取样单位时，应该使总体内所有单位都有同等机会被抽取，即都具有相等的被抽取的概率，因此，随机抽样又称概率抽样。随机取样有以下3种。

（1）简单随机取样

取样单位直接随机从总体中抽取。随机并非"随便"，而是根据调查昆虫的种群大小，按照一定的取样方式，间隔一定距离，选取一定数量和一定的样本单位，对选定的调查单位进行全面调查，力求避免主观性与片面性。

(2) 分层随机抽样

当总体中某一部分与另一部分有差异时，即表示全群里面分布有阶层。因此，可按差异特征分为若干典型单位群，然后再用简单随机抽样方法从每一典型单位群中抽取单位。如在一块较大的公园中调查金龟子的密度，田块内各区虫口密度差异较大，则先按危害轻重程度划成几个区，每区内再按随机取样方法调查，然后加权平均。

(3) 分级取样

分级取样是一级级重复多次的随机取样。首先在总体中取得样本，然后再从样本里取得亚样本，依此类推，层层取样。如调查种子害虫时，可在每个种子包装中选取一定样本的种子，然后将取得的种子混合，划成四等份，按对角线取两份混合，再划成四等份再取其中两份，如此分取下去，直到所取种子数量较少时检查虫量，其结果可以代表该批种子中的害虫发生情况。

6.1.2.2 典型抽样

从总体内有目的地选取有代表性的典型单位或单位群，至少要求所选取单位能代表总体的绝大多数，这种方法常带有主观性，但在已非常熟悉总体内分布规律时应用此法，可较为节省人力和时间。

6.1.2.3 顺序抽样

将总体的全部抽样单位按其自然顺序编号，分为相等单位数量的组，组数等于拟从总体抽出的单位数目，然后随机从第1组内抽取一个单位，按隔相等编号距离在第2组内抽取另一单位，如此继续下去直到抽出所需单位为止，例如，对10个分组的抽样，在第1组20个单位中随机抽样，如抽取数字为5，则以后各个单位号码为每隔20个单位抽取1个，即包括编号为5、25、45、65、85、105、125、145、165、185在内的10个单位。顺序抽样方法简便，样本也有代表性。

6.1.3 取样方式

6.1.3.1 样点的选取方法

样点的选取方法有棋盘式、五点式、对角线式、平行线式、"Z"字式、分行式等（图6-1）。

(1) 五点或对角线取样

可按面积、长度单位或植株单位选取样点。此法取样数较少，样点可稍大些，适用于分布比较均匀的随机分布型昆虫。

(2) 棋盘式或平行线取样

取样点数目较多，每点样本可以适当减少，适用于核心分布型昆虫。

(3) "Z"字形取样

适用于分布不均匀的嵌纹分布型昆虫。

6.1.3.2 取样单位和数量表示法

(1) 取样单位

①长度单位　常用于生长密集的条播作物。

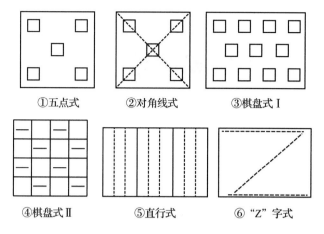

图 6-1 林间取样示意

②面积单位 常用于调查地下害虫。
③体积(或容积)单位 常用于木材、贮粮害虫。
④重量单位 用于调查种子、粮食害虫。
⑤时间单位 用于调查活动性大的害虫,观察统计单位时间内经过、起飞或捕获的虫数。
⑥以植株或部分器官为单位 如叶片、枝条或整株。
⑦诱集物单位 如黑光灯、糖醋液等诱集趋光性和趋化性的昆虫。
(2)调查数量表示法
①数量法 凡属可数性状,均可折合成单位面积内的虫数或受害损失率。植株大的植物可折合成百株虫数,对树木的叶片也可折合成百叶虫数。
②等级法 凡是数量不易统计,或不易表示时,可划分为一定的等级后,统计其百分比,以便比较。

【任务小结】

学习了林木虫害的取样方法和取样方式后,在今后的林木虫害调查过程中,需要根据具体的情况采用不同的取样方法和取样方式对调查对象进行调查取样。

【拓展提高】

张孝羲. 昆虫生态及预测预报(第 3 版)[M]. 北京:中国农业出版社,2002.
G·C·瓦利. 昆虫种群生态学分析方法[M]. 北京:科学出版社,1981.
文礼章. 昆虫学研究方法与技术导论[M]. 北京:科学出版社,2010.
胡隐月. 森林昆虫学研究方法和技术[M]. 哈尔滨:东北林业大学出版社,1988.

【复习思考】

1. 简述林木虫害调查的的目的及意义。
2. 林木虫害调查的取样方式有哪些?

任务 6.2　林木虫害防治

【任务介绍】

林木虫害发生面积广、发生量大，而且多分布在地形复杂的高山密林中。一般森林组成比较复杂，昆虫种类繁多，生物资源较为丰富，林内温差小，利于天敌的栖息。为此在防治策略上应做到"预防为主、综合防治"的方针，充分利用生物种间相互制约的作用，以营林防治为基础，在前期对林木虫害进行充分的调查及诊断的基础上，协调地运用生物、化学、物理等各种防治方法，把害虫控制在经济允许受害水平之下，本任务主要对林业防治法、生物防治法、物理机械防治法和植物检疫等防治方法进行系统介绍。

【教学目标】

知识目标
1. 了解林木虫害防治的基本原理。
2. 掌握林木虫害的主要防治方法。
3. 熟悉林木虫害综合防治的意义。

技能目标
1. 能正确根据不同的虫害选择适当的虫害防治方法。
2. 能掌握各种防治措施在实际生产中的应用。

【任务实施】

森林生态系统是一个立体的复杂的生态环境，对存在于该环境的昆虫既有利用的有益方面，也有加以控制的必要。本章主要从林木管理、植物检疫、生物防治，化学防治、物理机械措施等方面介绍对森林植物上发生的有害种类进行控制的基本原理与方法。

6.2.1　森林植物害虫防治的基本原理

林木害虫发生危害的基本条件：一是要有一定数量的虫源。森林生态系统中的昆虫种类很多，但其中只有1%～5%能够造成令人不能接受或称经济阈值之上的危害；二是要有适宜的生态环境条件。诸如合理的温、湿度，适宜的光照，以及较少的天敌和种间竞争；三是要有易受害虫危害的森林植物生育期和感虫品种的配合。充足的食物来源可以有效缓解种内、种间竞争给害虫带来的生存压力。因此，人们在林木生产实践中，有针对性的采取措施，恶化害虫的生存环境，从而达到降低害虫数量进行害虫防治的基本目的。具体来讲，害虫防治主要有以下几个基本途径：

6.2.1.1　改变森林生态系统中生物群落的组成

有计划地调整生物群落的组成，增加天敌的种类和数量，努力减少害虫的种类和数量。为此，要制止检疫害虫从其他国家或地区传入蔓延。同时，应该注重引进、移殖和散放害虫的天敌，以丰富生物群落，从而有效控制害虫的传播和危害。

6.2.1.2 改变森林生态系统中害虫发生发展的环境条件

害虫发生多少取决于森林生态系统中的温度、湿度、光照、土壤、食物和天敌的数量。所以通过一系列森林技术措施显著地改变田间生境，诸如在栽培苗木过程中，要做到苗齐、苗壮。清除林间杂草。勿施未熟透的有机肥等一系列生产措施，创造有利于森林植物生长发育和保护利用天敌的条件，消除不利于害虫发生的森林生态条件。

6.2.1.3 直接消灭害虫

在害虫可能大发生，或已经大发生的情况下，采取化学的、生物的、物理机械等方法，迅速消灭害虫，减轻危害是非常必要的。

植物保护工作者经过长期的努力，基于以上几种害虫防治基本途径，发展出一系列的害虫防治方法和手段。按其作用原理和应用技术可分为五类：植物检疫、林木技术防治法、化学防治法、生物防治法和物理机械防治法。这些防治措施各有其特点，有的侧重于限制危险性害虫的传播；有的是利用植物的抗虫性及其他方法，恶化害虫生存条件；有的是通过保护和利用害虫的天敌来控制害虫的种群数量；有的是直接消灭害虫。因此，在害虫综合防治体系中，必须从森林生态系统全局考虑，根据害虫种类、森林植物的抗虫特性、森林植物的栽培制度、天敌情况以及环境条件的关系，因地制宜地采用不同的防治技术，充分发挥其优点，相互补充，彼此协调，才能经济有效地把害虫控制在经济受害允许水平之下，保证森林生态系统的安全。

6.2.2 森林植物害虫的综合治理

害虫综合治理(integrated pest management，IPM)或称害虫综合防治(integrated pest control，IPC)是应用生态学、经济学、环保学观念而形成的防治害虫的基本策略。

6.2.2.1 综合治理定义的提出

第二次世界大战后的20多年里，人们用有机合成农药防治害虫取得了巨大的成效。化学防治法盛极一时。但是随后出现了一系列的问题，即人们常说的害虫防治中片面依赖化学杀虫剂而出现的3R问题，即抗性(resistance)、残毒(residue)和再猖獗(resurgence)问题。由此，科学工作者认识到，任何一种防治措施都不是万能的，必须综合运用各种防治措施，取长补短，才能达到控制害虫危害的目的。从经济学和生态学观点出发，人们也认识到，一方面，为讲求实效，降低生产成本，不要求杀死全部害虫；另一方面，害虫作为生态系统的一部分，有其存在的合理性和必要性。为保证生态系统的可持续发展，也不要求杀死全部害虫。因此，1966年联合国粮农组织(FAO)及生物防治国际组织(IOBC)联合召开了一次会议，首次提出"综合治理"一词。

6.2.2.2 综合治理的含义

1967年，联合国粮农组织FAO在一次会议上对害虫综合治理定义为：害虫的综合治理是害虫的治理系统，这个系统考虑到害虫的种群动态及其有关环境，利用所有适当的方法与技术尽可能互相配合的方式，把害虫种群控制在低于经济危害的水平。

1975年春，我国召开的全国植保工作会议上，确定了"预防为主、综合防治"的植保方针。对"综合防治"一词作了如下解释："从生物与环境的总体观点出发，本着预防为主的指导思想和安全、有效、经济、简易的原则,因地因时制宜,合理运用农业的、化学的、生物的、物理的方法,以及其他有效的生态学手段,把害虫控制在经济允许受害水平之下,以达到保护人、畜健康和增加生产的目的"。

1986年,第二次全国综合防治会议从生态学高度,把综合防治的提法改为"系统治理"。

6.2.2.3 以害虫可持续控制的思想观点为核心的害虫综合治理

害虫作为生态系统中的一个分量,要保证农业的可持续发展,建立最优农业生态系,获得农业生产的可持续的增产、高产。就必须树立生态学观点,以生态学为基础进行害虫治理(ecologically based pest management,EBPM),保持生态系统的最优化,使生态系统可持续发展,各种害虫制约因素充分发挥作用,最后达到害虫的可持续控制的目的。

保持生态系统的完整就要保护害虫的天敌。就必须树立环境保护学观点。避免或减少生态环境污染。科学地选择和使用农药,少用或不用农药,尽量减少对农林生态系统以至整个生物圈的负面影响。这样也有利于农业生产的高产优质,保护人、畜健康。从另一角度看,也同样有利于害虫的可持续控制。

要把害虫防治带来的农林生产的经济效益与社会效益和生态效益统一起来。讲求实效,降低害虫防治成本,不造成浪费。必须树立经济学观点。遵循农田、林木生态平衡规则,正确处理防治与环境的关系,既保证防治的经济效益,同时又可以取得良好的生态效益和社会效益。这样才能取得最大的经济效益,也同样有利于害虫的可持续控制。

6.2.2.4 害虫综合治理的关键措施

(1)坚持生态学观点

强化林木防治,最大限度地发挥自然因子的控制作用。通过各种林木栽培措施,创造适合于森林植物生长,不利于害虫发生的生态环境,充分发挥自然因子的制约作用。

(2)坚持经济学观点

树立科学的害虫防治标准。把害虫危害控制在经济受害允许水平之下。经济受害允许水平(economic injury level,EIL)又称经济损害水平,是农作物能够容忍害虫危害的界限所对应的害虫种群密度,在此种群密度下,防治收益等于防治成本。经济受害允许水平是一个动态的指标。在害虫防治过程中,何时采取防治措施,则取决于具体的害虫防治指标——经济阈值(economic threshold,ET),即害虫种群增加到造成农作物经济损失而必须防治时的种群密度临界值。

(3)坚持采取综合措施的观点

对害虫的防治要提倡多战术的战略,强调各种战术的有机协调,尤其强调最大限度地利用自然控制因素,尽量少用化学农药,有条件地区甚至免用化学农药,逐步实现农产品无残留。

6.2.3 植物检疫

植物检疫(plant quarantine)又称法规防治(regulatory plant protection),是地区联合体或一个国家或一个国家的地方政府制定检疫法规,并设立专门机构,运用科学的方法,禁止或限制危害植物及植物产品的危险性有害生物,诸如病、虫、杂草等人为地扩散传播,严格封锁并就地消灭的一项措施。

6.2.3.1 植物检疫的意义

植物检疫是一种充分体现预防为主的害虫防治技术。在自然情况下,林木害虫分布具有区域性,但也有扩大分布危害的可能性。某一害虫在原产地由于受天敌、植物抗虫性和长期发展起来的其他害虫防治措施所控制,它们发生危害一般对林木生产并不能造成严重损失。但是这些制约害虫危害的因素是在长期的害虫与环境的协同进化过程中形成的。当它一旦传入新地区,短期内将难以形成有效的控制因素,所以这些害虫最易暴发成灾,并难以消灭。例如,棉红铃虫原产印度,后传至世界各地,1908年由美国传入我国,目前除新疆外已蔓延到全国各地。梨圆介壳虫、苹果绵蚜和桃小食心虫等都是在抗日战争时期传入的,至今仍猖獗危害。特别是现在随着交通事业和国际贸易事业的发展,加强植物检疫工作尤为重要,不经检疫,许多危险性害虫将随种子或苗木等传播,给林木生产造成严重的损失。

6.2.3.2 植物检疫的任务和检疫对象

(1)植物检疫

可分为对外检疫(亦称国际检疫)和对内检疫(亦称国内检疫)。

(2)对外检疫

为了防止国外发生的危险性病、虫、杂草随有关物品输入和按交往国家要求控制国内发生的病、虫、杂草向外传播,由国家在沿海港口、国际机场、以及国际交通要道等处,设立植物检疫和商品检查站等机构,对出入口岸及过境的农产品等进行检验和处理。

(3)对内检疫

为了防止国内各省、市、自治区之间由于调运种子、苗木和其他农产品等传播危险性病、虫、杂草。由各省、市、自治区的植物检疫机构会同邮局、铁路、公路、民航等有关部门,根据各地方政府公布的对内检疫办法和检疫对象名单,执行检验,以防止局部地区危险性病、虫、杂草的传播蔓延。

(4)有害生物的风险评估

根据国际植物保护公约(1979)的定义,检疫性有害生物(quarantine pests)是指一个受威胁国家目前尚未分布,或虽有分布但分布未广,对该国具有潜在经济重要性的有害生物。由于自然界有害生物种类很多,且不少国家又有利用植物检疫设置技术壁垒的趋向,为了保证植物检疫的有效实施和公平贸易,各国在确定检疫对象时,必须对有害生物进行风险评估,并提供足够的科学依据,以增加透明度。

有害生物经人为传播到达一个新的地区后,会出现3种结果:①是有的有害生物不能适应当地的气候和生物环境,无法生存定居,而不造成危害;②是当地生态环境与原分布区相近,或因有害生物适应能力较强,在传入区可以生存定居,并造成危害;③是传入地区的生态环境更适宜有害生物,一旦传入,便迅速蔓延,危害成灾。

有害生物风险评估的内容主要包括传入可能性、定殖及扩散可能性和危险程度等。一般来说,传入可能性的评估主要考虑有害生物感染流动商品及运输工具的机会、运输环境条件下的存活情况、入境时被检测到的难易程度以及可能被感染的物品入境的量及频率。定殖及扩散可能性评估主要考虑气候和寄主等生态环境的适宜性、有害生物的适应性、自然扩散能力及被感染商品的流动性与用途。危险程度评估包括有害生物的危害程度,寄主植物的重要性,防治或根除的难易程度,防治费用及可能对经济、社会和环境造成的恶劣影响。

(5) 植物检疫对象的确定

经风险评估后，凡符合局部地区发生，能随植物或植物产品人为传播，且传入后危险性大的有害生物均可列为检疫对象(quarantine subjects)。

6.2.3.3 植物检疫实施

(1) 划定和宣布疫区、保护区

确定检疫对象之后，根据检疫对象分布范围和工作需要划定疫区、保护区。一旦划为疫区；就要严格执行检疫措施，并由国家和地方政府制定法规，共同遵守。疫区和保护区可根据工作进展情况，加以缩小或扩大。

(2) 组织力量，进行消灭

划定疫区后，对该区检疫对象要进行封锁、隔离，并采取措施进行消灭。

(3) 检验及处理

对于植物及其产品的检验，包括产地检验、关卡检验、隔离场圃检验，经检疫部门检验后，如无检疫对象，即可签证放行。如发现有检疫对象，可分别情况进行处理。如禁止调运、退回、销毁；禁止播种；责令其在指定地点进行消毒，经复查合格后放行；或责令其改变运输路线、使用地点及使用方法，就地加工或限制使用期限等。

6.2.4 林业技术防治法

林业技术防治法隶属于农业防治法范畴(agricultural control)。即综合运用各项栽培管理技术，通过改变一些环境因子有目的地创造有利于森林植物生长发育，有利于保护利用天敌，而不利于害虫发生的森林生态环境条件，从而消灭或抑制害虫发生危害。

6.2.4.1 抗虫品种的利用

不同森林植物或同种森林植物的不同品系，有着不同的生物化学特性，或形态特征，或组织解剖特征，或物候特点，或生长发育特点。在相同条件下，对于同种害虫的受害程度并不相同，表现出各自的抗虫性。利用抗虫品种防治害虫是最经济有效的措施之一。如针对城市行道树种类单纯易发生害虫危害的特点，可选用抗虫性较强的银杏、樟树、法国梧桐、女贞、广玉兰等，以减轻危害，降低农药使用量。此外，选择无病虫苗木，对预防害虫发生也起着主要作用。

6.2.4.2 树种的布局与科学配置

科学合理地搭配树种与布局，实现合理的植物群落结构，形成对害虫危害具有自我调控能力的稳定的森林生态系统。这样可以充分发挥自然控制因素作用，达到控制林木害虫危害的目的。

6.2.4.3 创造利于林木生长的环境条件

提高森林植物群落对害虫危害的抗生性和耐害性。例如，实行落叶树种和常绿树种组合，地被、灌木、乔木结合，色叶树种相间，多树种混合栽植，形成多层次立体结构的植物群落，形成一个利于森林植物生长的合理的生态环境。有目的地创造有利于天敌生长的环境条件，在森林植被中有针对性的补植蜜源植物，增加天敌中间寄主，为天敌创造良好的生活环境。在安排森林植物布局时考虑到树种与当地主要害虫取食的关系，避免转主寄主植物混栽。

6.2.4.4 加强管理

田间管理是各项措施的综合运用：①结合整形修剪，去除虫梢、病虫枝叶、枯死树干，可以直接消灭潜伏于其中的各类害虫，如卷蛾、潜叶蛾、介壳虫类、透翅蛾等。秋冬季树干基部涂白，可以消灭部分越冬害虫；②在林下的绿地，清除杂草、枯枝落叶，切断桥梁寄主，可以消灭半翅目的蝽类、同翅目的木虱类以及多种鳞翅目越冬害虫。有条件时要进行中耕、冬耕深翻，一方面把地面或浅土层中的害虫翻至深土层，使其难于出土危害；另一方面将深土层中的害虫翻至地面或浅土层中，使其失去原来的潮湿、温暖环境，而被晒死、冻死、或遭到天敌取食或机械损伤。

6.2.4.5 生物防治法

生物防治(biological control)是一门研究利用天敌，控制植物病害、虫害和农田杂草的理论和实践的学科，或称之为寄生物、捕食者、病原微生物和侵袭杂草的植食性种的管理科学。由于病虫防治新技术的不断发展，如昆虫不育性、昆虫激素、噬菌体、内疗素和植物抗性等在病虫防治方面的利用和进展，有人主张将这些也归于生物防治的范畴，因此，生物的防治领域更广阔了。从这一观念出发，害虫生物防治的定义，可概括为利用生物有机体或其天然(无毒)产物控制害虫的科学。

天敌昆虫可分为寄生性和捕食性两类，尽管两者间在取食、习性和形态方面有很多区别，但它们的根本区别是寄生昆虫在完成个体发育过程中只取食一头寄主，而捕食昆虫则需吃掉若干个猎物才能完成其个体发育。

自然条件下天敌群落是非常丰富的，保护利用本地天敌是害虫生物防治的一个重要途径，提高天敌对害虫种群密度的控制作用，可通过在田间创造有利于天敌生存繁殖的条件和人工大量繁殖天敌并释放于田间的方法，将害虫种群控制在经济受害允许水平之下。利用天敌昆虫防治害虫有以下几种途径：

①保护利用本地天敌　自然界中害虫天敌常由于气候恶劣，食料不足，栖息场所不良等原因，使天敌种群数量往往不足以达到控制害虫危害的程度。我们可在必要时期，采取适当措施加以保护，使之免受不良因素的影响，能顺利增殖而拥有较大的数量。如创造安全蛰伏场所，保护安全越冬，采用卵寄生蜂保护器，在林内悬挂益鸟人工巢箱和禁捕青蛙等。

②增加天敌食料　许多寄生性天敌昆虫成虫期需要补充营养，很多开花植物，可供寄生蜂、寄生蝇取食，使之延长寿命，促进性器官发育，提高繁殖能力。在金龟子发生地，种植蜜源植物，可招引土蜂前来采蜜并捕食金龟子。

在春季，天敌昆虫越冬之后，由于害虫稀少，缺乏寄主而大量死亡，可人为提供一些填充寄主，促进天敌的增殖。如早期将松毛虫卵放入松林，作为填充寄主，可使松毛虫黑卵蜂的种群数量增加数十倍，效果非常好。

③合理用药，尽量避免杀伤天敌　由于化学农药对天敌杀伤太大，容易引起害虫再猖獗，因此在化学防治中，必须注意合理用药。首先，妥善选择适当的药剂品种，尽量选用高效、残毒期短的农药。同时也要尽量施用生物防治药剂。例如，对食叶性鳞翅目幼虫，可选用微生物杀虫剂等；其次，注意选择适当的施药时期。做好害虫预测预报，掌握天敌昆虫的生活史和生物学特性，从中找出对害虫最有效而对天敌影响最小或天敌抗药性强的时期施药，同时，要控制用药量和用药次数；再者，同一药剂不同的施药方法，对天敌昆

虫影响也比较大，如土壤处理，植株涂干等用药方法对天敌影响较小；第四，在做好林间虫情普查的基础上，做到以挑治为主，或隔行施药等，有利于保护天敌。

④人工大量繁殖和释放天敌　人工大量繁殖与散放天敌昆虫是利用当地天敌的一个有效方法，特别是在害虫发生前期，天敌数量往往较少，不足以控制害虫发展趋势。这时，通过人工大量繁殖释放天敌，以补充天敌数量不足，常常可以收到较好的防治效果。目前，我国能大量繁殖的天敌还不多，主要有草蛉、赤眼蜂、粉虱、丽蚜小蜂及肿腿蜂等。

在国外，寄生性天敌的利用以赤眼蜂属为最多。赤眼蜂是一种分布广泛，遍及全球，寄主范围广，可以寄生在以鳞翅目为主的20多种农林害虫卵的主要天敌。由于生活周期短，在27~33℃下，7~10d就可以完成一个世代，短时期就可以积累大量的蜂群，为人工大量繁殖散放创造了条件。从21世纪20年代开始，赤眼蜂就被用于防治农林害虫。我国从1951年开始，在赤眼蜂人工寄主，人工大量繁殖方法，田间释放方法，防治松毛虫林间试验等方面进行了一系列研究。研究表明，蓖麻蚕卵和柞蚕卵是繁蜂的优良寄主，使我国利用赤眼防治农林害虫有了巨大发展。目前，对防治林间松毛虫等害虫有显著成效。

⑤助迁、移殖和引进害虫天敌　增加农林生态系中天敌的数量，也是害虫生物防治的重要方法之一。助迁就是把天敌从一个生境由人工迁移到另一个生境内，可在一段时间内改变天敌与害虫的比例，加强天敌作用，控制害虫的发生数量。移殖是在一种天敌分布区边缘，由于某些条件不能长期、全面地满足其生存要求，而成为分布的限制。在这种情况下，引入天敌种群，也可在分布区之外生存一段较长时间，或需经过驯化后定居下来，起到控制害虫的作用。从国外引进天敌防治害虫，也是生物防治的重要途径，国内外有很多成功事例。

6.2.4.6　微生物农药的利用

微生物农药（microbial pesticide）包括农用抗生素和活体微生物农药。为利用微生物或其代谢产物来防治危害农作物的病、虫、草、鼠害及促进作物生长。它包括以菌治虫、以菌治菌、以菌除草等。这类农药具有选择性强，对人、畜、农作物和自然环境安全，不伤害天敌，不易产生抗性等特点。这些微生物农药包括细菌、真菌、病毒或其代谢物，例如苏云金杆菌、白僵菌、核多角体病毒、井冈霉素、C型肉毒梭菌外毒素等。随着人们对环境保护越来越高的要求，微生物农药无疑是今后农药的发展方向之一。主要包括真菌、细菌、病毒等制剂。

（1）虫生真菌的利用

常用于微生物防治的虫生真菌有白僵菌、绿僵菌、拟青霉、赤座菌和虫霉菌。病原真菌主要通过表皮进入虫体，也可以通过消化道、气管和伤口侵入。以发芽管侵入后伸长为菌丝，直接吸收昆虫体液养分而生长。菌丝的代谢物草酸盐类在血液中大量积累，使血液酸碱度下降，失去原有透明性而变混浊，引起理化性质的改变，使虫体因代谢机能紊乱而致死。最后因菌丝大量吸取虫体水分，使被寄生虫体干硬。同时，菌丝可由体壁向外生长，常从节间膜、气门、感觉器官孔道伸出，也可借机械压力从表皮伸出。

（2）虫生病原细菌的利用

对昆虫致病的细菌统称为虫生细菌。已发现并被描述的昆虫病原细菌约有90多个种及变种，从防治害虫方面，以芽孢杆菌最为重要。其中，苏云金杆菌已成为应用广泛的商品。

致病细菌通过昆虫取食从口器进入消化道，进而破坏体内某些组织，最后造成败血症。一般因细菌侵染的死虫，体色变深，虫体腐烂发臭。在林木害虫防治上，我国应用虫生细菌如苏云金杆菌、青虫菌等防治松毛虫、刺蛾、蓑蛾等均取得较好防治效果。

(3) 虫生病毒的利用

近代以来，病毒已在很多目的昆虫中陆续被发现，目前已知有700多种昆虫和螨类中可被病毒浸染，其中鳞翅目就有600余种有病毒感染。现已发现昆虫病毒500多种。虫体感病毒后，食欲减退，行动迟钝，最后攀到高处，腹足抓紧枝叶，头下垂而死，触之流出浓液但无臭味。如用油桐尺蛾病毒防治油桐尺蛾效果很好。

(4) 农用杀虫素的利用

农用杀虫素是指微生物新陈代谢过程中产生的具有治病杀虫功能的活性物质，如来自于各种链霉菌变种的杀蚜素、浏阳霉素、南昌霉素；来源于土壤微生物的阿维菌素。经杀虫试验证明，农用杀虫素对多种农林害虫有较好的杀虫效果，如蚜虫、潜叶蝇、潜叶蛾、螨等。

(5) 生物化学农药的利用

生物化学农药是指经人工模拟合成或从自然界的生物源中分离或派生出来的具有杀虫功效的化合物，如昆虫信息素、昆虫生长调节剂等。

6.2.4.7 化学防治法

化学防治法(chemical control)就是利用化学农药防治农林害虫、病菌、线虫、鼠类、杂草和其他有害动物的方法。

(1) 化学防治法的优点

防治害虫时，往往使用少量的化学杀虫剂就能收到良好的杀虫效果表现出高效的特点。例如，用功夫乳油加水稀释3 000倍，防治夜蛾类农林害虫，用量仅需750~1 200g/hm^2。拟除虫菊酯类及激素类农药用量则更少。有些害虫，在其他防治技术收效甚微的情况下，应用化学杀虫剂可以取得显著的杀虫效果。例如，防治蝼蛄、蟋蟀等地下害虫。在害虫大发生时，利用化学药剂可以在短时间内控制其危害势头，把损失降低到最小。例如，有些暴食性害虫，如一些夜蛾类、飞蝗类短时间即可把植物吃光。应用化学农药就能消灭其危害，如用敌敌畏往往几秒至几分钟能便害虫击倒。化学农药可以大规模工业化生产，性能稳定且成本低。

(2) 化学防治法的缺点

长期广泛使用化学农药，易造成一些害虫对农药的抗药性，并且出现抗性害虫日益增加。使用广谱化学农药在防治害虫的同时，也会杀死害虫的天敌，一旦停止用药，会使因天敌大量消失使失去制衡的害虫大量繁殖而出现再猖獗现象。或者使次要害虫因失去主要的食物竞争对手及天敌而大量繁殖上升为主要害虫。由于长期大量使用化学农药，易造成大气、水域、土壤和植物、动物体内农药的残留，对人畜健康造成威胁，甚至中毒死亡。

6.2.4.8 农药的使用方法

适当的施药方法是在掌握防治对象的发生规律、环境因素、药剂种类和剂型等特点的基础上确定的，正确的施药方法是取得良好的防治效果的保证。常用的施药方法有：

(1) 喷粉法

利用喷粉器械喷施粉剂。其优点是工效高，大面积防治不受水源限制。但粉剂的黏着力差，耗药量大，散布不易均匀。受风的影响较大。一般用药量 22.5~30kg/hm²。

(2) 喷雾法

利用喷雾器械将药液分散成极细小的雾滴进行喷洒的方法。优点是用药省，附着在作物和虫体上较持久，防治效果好。但在大面积防治中受水源限制，工效较低。喷雾法又可分为常量喷雾法、低容量喷雾法和超低容量喷雾法。

常量喷雾法(高容量喷雾法)用药液量大，施药液量 7 500~15 000kg/hm²，对受药表面覆盖程度高，适用于喷洒各种液体药剂，尤其适用喷洒触杀性的杀虫剂等，对那些个体小、活动性小或隐蔽危害的害虫具有特殊作用。而常量喷雾法的主要缺点是工效低，劳动强度大。

近年来推广的超低容量喷雾，是在单位面积上喷洒的药液量比常量喷雾少得多的一种先进喷雾技术。其优点是工效高、省工、省药、减轻劳动强度，防治及时，节省防治费用等。

(3) 撒施法

用于撒施的农药形态主要是毒土。按每亩所需药剂量掺可通过 10~20 筛目的细土 15~20kg，所用药剂为粉剂，可直接与细土拌合；液体药剂则先将药剂用 4~5 倍水稀释后，用喷雾器喷洒在细土上，拌匀。此法多用于防治水稻螟虫和稻飞虱等。

(4) 泼浇法

把所用药剂加入大量的水，用粪勺等用具向作物均匀泼浇，泼浇药液量 6 000~7 500kg/hm²。也可结合施肥进行，多用于防治水稻螟虫和蔬菜苗期害虫等。

(5) 拌种法(或闷种)

用药粉与种子拌匀，使每粒种子外面都覆盖一层药粉，拌药量(有效成分)一般为种子重量的 0.2%~0.5%，用于防治地下害虫和苗期害虫。

如果所用的农药是液剂，可进行闷种。如辛硫磷闷种，用 50% 辛硫磷乳油 0.5kg 加水 25~30kg，拌玉米种 25~35kg，闷 3~4h，晾干后播种。防治地下害虫效果很好。

(6) 种苗浸渍法

用于种子、苗处理的药剂多为水剂或乳剂，而少用可湿性粉剂。药液量一般为种子的两倍。浸种、苗药液可连续使用，但要补充所减少的药量。浸种、苗防治效果与药液浓度、温度和时间有密切关系，要严格控制，以免产生药害。

(7) 土壤处理

将药剂施入土壤，使土壤带药，以发挥杀虫作用。方法有两种，一是全面土壤处理，将药剂喷施在土壤表面，然后翻耙至土壤中；另一种是局部处理，将药剂随播种撒入播种沟或穴中。此法常用于防治地下害虫和苗期害虫。

(8) 施毒饵

用害虫喜食的食物为饵料，如豆饼、向日葵饼、糠麸等蒸或炒到半熟后，加入胃毒剂拌匀即可。一般用药量为饵料量的 1%~5%，约 22.5~30kg/hm²。可撒施地面，也可随种子同时播下，用于防治地下害虫。

(9) 熏蒸法

利用熏蒸剂或挥发性较强的药剂进行熏蒸处理，防治害虫。多用于防治仓库害虫、温室或大棚中害虫。在作物生长茂密情况下也可防治田间害虫，如用 50% 异丙磷乳油 50g

拌细土10kg撒施防治高粱蚜效果很好。

6.2.4.9 合理使用农药

合理使用农药的目的是在防治害虫中，做到经济、安全、有效。为此，应注意以下几个问题：

（1）根据害虫种类选用药剂

不同种的害虫对同一药剂毒力的反应是不同的。因此，必须根据防治对象选用有效的药剂种类和剂型，采用科学的施药方法，以保证防治效果。

（2）掌握虫情适时施药

在防治中做到适时施药是提高药效的关键。同一种害虫的不同虫期的耐药性不同。如鳞翅目昆虫的耐药性：卵大于蛹，蛹大于幼虫，幼虫大于成虫。以成虫对药剂最为敏感。就是同一虫期，不同虫龄对同一种药剂的反应也不同。如鳞翅目幼虫，一般以三龄前耐药性低，三龄后耐药性显著提高，可相差数十倍甚至上百倍。为确定适宜的施药时期，必须了解害虫发生规律，搞好预测预报，掌握虫情。同时应注意田间害虫的天敌情况。做到既是防治害虫的最佳施药时期，又能减少对天敌的杀伤。

（3）掌握配药技术，注意施药质量

配药时药剂的用量和稀释的浓度一定要准确。为使药剂在水中分散均匀，应先配成10倍液，然后再加足量水。在稀释粉剂（或配制毒土）时，应先用少量稀释粉混合拌匀，再用较多的稀释粉进行第二次、第三次稀释，使药剂混拌均匀。施药时要做到植物着药全面，避免出现漏施现象，同时要注意天气情况，如风力、气温等。天气情况影响施药质量，也易引起植物药害和施药人中毒。

（4）合理混用药剂

把两种或两种以上的药剂混合使用，可防治同时发生的害虫、病害或兼治杂草。有的可以互补缺点，发挥所长，起到增效作用。农药混用也是防止害虫产生抗药性的常用方法。但农药的混用必须根据农药的理化性质、毒理、防治对象和混用后可能发生的化学变化，对作物的影响等方面综合考虑。同类药剂间多数可以混用，如大多数有机磷农药是中性或微酸性的，一般可以混用。对于不同类的药剂，如果混合后不发生不良的化学物理变化的也可以混用。如有机磷、有机氮和氨基甲酸酯类之间可混用。植物性农药、微生物农药也可和上述有机农药混用。农药混用，要保证随混随用。

但农药混用不当，则会降低药效，或产生药害。混用时应注意：第一，遇到碱性物质分解失效的农药，不能与碱性物质混用；第二，混合后产生化学反应引起植物药害的农药，不能互相混用，如波尔多液不能与石硫合剂混用；第三，混合后出现乳剂破坏，或混合后产生絮状物或沉淀的药剂，不能相互混用。

（5）避免产生药害

为了避免产生药害，要注意以下几点：第一，不同药剂和剂型对植物的安全程度不同，一般乳剂比可湿性粉或粉剂易产生药害。药剂加工质量不好或用药浓度过高，在短期内多次用药等也可能产生药害；第二，各种作物，甚至不同品种或同一种作物的不同发育阶段对药剂的反应不同。如高粱对敌百虫和敌敌畏敏感；马铃薯耐药力强，豆类和十字花科蔬菜次之，瓜类最为敏感，核果类果树比仁果类果树耐药性强。在品种上，高粱地方品种较杂交品种耐药力强。作物种子期耐药力最强，苗期开花期最弱；第三，气候条件中，主要是温度与光照影响最大，高温、强日照天气施药易产生药害。另外，干旱时用药剂处理种子，也易产生药害。一旦发生药害，轻者可及时采取灌水或淋洗、追肥等措施，可减轻药害，药害严重的，则不易挽救。

(6) 严防人、畜中毒

化学农药基本上都有毒，只是毒性大小而已。农药毒性一般以小动物（主要是白鼠）致死中量（LD_{50}）的大小来表示。所谓致死中量，是将一群小动物，用农药一次口服，杀死50%时的剂量，以mg/kg来表示，即1kg体重的动物致死时需原药的量。致死中量值越小，示其毒性越强。

在使用农药中，为严防人、畜中毒，一般应做到：第一，建立健全农药管理制度，对农药要专人管理，并有专用库房。第二，严禁在蔬菜、果树和药用植物上使用剧毒农药和残留性较强的农药。为防止农药产生残毒，要严格遵守农药在蔬菜、水果上不超过允许残留标准；有关部门尤其要尽快制定农药的安全使用间隔期。第三，配制农药或拌种要有专人负责，专用工具，严守操作规程和有关规定。一般不要在大风和高温的条件下施药。第四，施药用具用完后及时用碱水浸泡、洗刷，洗净后单独存放。对剩余的药液或拌过药的种子、用净药的空瓶子、空袋及时回收并妥善处理。

(7) 害虫的抗药性及防治方法

害虫的抗药性，由于在同一地区连续地使用同一种药剂而引起昆虫对药剂的抵抗力提高，从而形成抗药性。一种害虫对某种药剂产生了抗药性，而且对另外未使用过的某些药剂也产生了抗药性，这一现象称为交互抗药性。此外，还有负交互抗性的现象。就是昆虫对一种杀虫剂产生抗药性后，反而对另一种杀虫剂表现特别敏感（对比正常品系）的现象。

害虫抗药性给化学防治带来了一定困难，如不注意合理使用农药，抗药性问题将会发展成危害虫防治中的一个严重问题。克服抗药性的具体措施如下所示：

① 认真贯彻"预防为主，综合防治"的植保工作方针　在综合防治体系中，要以农业防治为基础，把化学防治与生物防治等有机结合起来，以减少化学农药的使用；

② 合理混用药剂　如天幕毛虫等鳞翅目幼虫对某些药剂产生抗性后，采取混用微生物制剂，可明显提高防治效果；

③ 改换药剂　害虫对某种杀虫剂产生抗药性之后，改用另一种作用方式（杀虫机理）不同的药剂，就会基本消除对原来那种药剂的抗性，而收到较好的防治效果；

④ 不同类型的杀虫剂交替使用　可克服和推迟害虫抗药性的发展。但必须注意害虫的抗药性从而选用没有交互抗药性的药剂，进行交替使用；

⑤ 增效剂的应用　对克服害虫抗药性，提高药效也有一定作用。

6.2.4.10　物理机械防治法

物理机械防治法（physical control），就是应用各种物理因子、机械设备和多种现代化的新技术防治害虫的方法。物理机械防治法的领域广阔，内容丰富，包括光学、电学、声学、力学，放射物理、航空防治和地球卫星的利用等。

(1) 捕杀

根据昆虫生活习性，采取人工捕杀和设计较简单的器械进行捕杀。如人工摘除害虫卵块、蛹茧、聚集在一起的幼虫；对于植株上的金龟子和二十八星瓢虫，利用其假死性振动植株，使其落地后捕杀；在防治林间蝶类的成虫时，常用的捕虫兜或捕捉并集中杀之。钩杀天牛用的铁丝钩,以及冬季刮除果树的老粗皮消灭在树皮下越冬的害虫和摘除虫果等。

(2)诱杀

利用害虫的趋性,进行诱集,然后加以处理,或在诱集时加入杀虫剂杀死害虫。

①灯光诱杀 用黑光灯、频振式杀虫灯、双色灯、高压汞灯,配合一定的物理装置,如诱集箱、水盆、及高压电网等,对鳞翅目、同翅目、双翅目、膜翅目和脉翅目等害虫进行诱杀。

②食饵诱杀 利用昆虫的趋化性诱杀害虫的一种方法。如用糖醋毒液(或酸泔水)诱杀一些夜蛾,毒草(鲜草)诱杀地老虎,用蜗牛敌(多聚乙醛)诱杀蜗牛和蛞蝓等。

③色板诱杀 利用某些昆虫对光波(颜色)的选择性来诱杀或驱避害虫的一种方法。例如,根据黄颜色对蚜虫有很强的引诱作用,可以用黄色黏板或黄色水皿诱杀蚜虫;利用蚜虫对银灰色有负趋性的习性,可以用悬挂银灰色薄膜板的方法驱避蚜虫。

④潜所诱杀 利用害虫某些习性,人工造成各种适于害虫潜伏或越冬场所,把害虫诱集到一起,集中消灭。如用大谷草把诱集黏虫成虫等;利用害虫对某些农作物的嗜食性或其他习性,先以小面积种植引诱害虫,然后集中消灭,减少虫口密度。

(3)阻隔

根据害虫的生活习性,设置各种障碍,防治害虫危害或蔓延。常用的方法如在果园中用套袋法防止食心虫类在果实上产卵危害。为了防治树木害虫下树越冬或上树危害,在树干上涂胶。树干基部刷白或绑扎塑料薄膜环,可防治冻害,同时也可阻止某些害虫如草履蚧、枣尺蠖等上树产卵危害。其他方法还有挖沟阻拦及架设防虫网等。

(4)温、湿度的应用

①日光暴晒 消灭潜伏在粮食中的害虫。在夏季太阳光直射下温度达56℃左右,几乎对所有贮粮害虫都有致死作用。暴晒时要求阳光充足,暴晒彻底,之后过一遍风,去掉杂质与害虫,待粮温降低后再行贮藏,对于虫粮如暴晒不彻底,反会因温度增高而促进害虫的活动和危害。对食用小麦暴晒后应在水分不超过12%的情况下,趁热进仓封闭贮存,杀虫防虫效果很好。

②沸水杀虫 对危害豆荚的豆象,用沸水烫种,豌豆用时约25s,蚕豆30s,及时取出并放在冷水中浸过,然后晾干。这样可将豆象全部杀死,而不影响种子的品质和萌芽。

③低温杀虫 仓温在3~10℃的情况下,对危害贮粮的害虫和害螨都有抑制繁殖和减弱危害活动的作用。在北方,可利用冬季的低温(保持-5℃以下)杀死粮食、包装器材和仓贮用具中的害虫。

在有条件的情况下,也可用烘干机加热进行烘烧杀虫,或用蒸气杀虫等。

(5)放射能的应用

应用放射能防治害虫,除用于造成雄虫不育外,也可直接杀死害虫。如用钴60(^{60}Co)辐射剂量为$32.2 \times 10^4 R$照射仓库害虫黑皮蠹、烟草甲虫、米象、杂拟谷盗等,几乎使所有害虫都能立即死亡。用剂量为8 000R的X射线照射长米象的谷物,可做到绝对消毒。用钽182(^{182}Ta)进行照射,$8.4 \times 10^4 R$的辐射剂量可杀死90%的果蝇成虫。用放射能防治害虫对粮食、果品无害,主要用于防治仓库和果库害虫。

【任务小结】

本任务介绍了林木防治的基本原理及防治过程中的基本理念,通过协调地运用生物、化学、物理等各种防治方法，实现害虫控制在经济允许受害水平之下。本任务着重对林业防治法、生物防治法、物理机械防治法和植物检疫等防治方法进行系统介绍。

【拓展提高】

中国农业科学院科技情报研究所. 应用生物防治松毛虫[M]. 北京：中国农业科学院科技情报研究所，1973.

沈佐锐. 昆虫生态学及害虫防治的生态学原理[M]. 北京：中国农业大学出版社，2009.

石奇光. 昆虫信息素防治害虫技术[M]. 上海：上海科学技术出版社，1987.

张世权，张连芹. 利用肿腿蜂防治天牛[M]. 北京：中国农业出版社，1985.

【复习思考】

1. 害虫防治有哪些基本途径？
2. 害虫综合治理的概念及其措施？
3. 何为害虫生物防治？其优缺点是什么？
4. 简述森林植物常用杀虫剂的作用方式及使用方法。

任务 6.3　苗圃及根部害虫防治

【任务介绍】

地下害虫以成虫或幼虫取食播种下的种子以及苗木的幼根、嫩茎等，苗圃及根部害虫给苗木带来很大的危害，严重时常常造成缺苗、断垄等。因此，对苗圃及根部害虫的防治必须在播种育苗之前采取综合防治手段，做到"地下害虫地上治，成虫和幼虫结合治，苗圃内和苗圃外选择治"。本任务介绍苗圃及根部主要害虫的分布、寄主、形态、生活史及习性和防治方法。

【教学目标】

知识目标

1. 了解苗圃及根部害虫危害苗木的主要特征。
2. 掌握常见苗圃及根部害虫的形态特征、生活习性。
3. 熟悉苗圃及根部害虫的防治方法。

技能目标

1. 能通过苗木的危害症状正确鉴定害虫的类型。
2. 能正确掌握各类苗圃及根部害虫防治措施。

【任务实施】

6.3.1 小地老虎（*Agrotis ypsilon*）

6.3.1.1 形态特征

卵 馒头形，直径约 0.5mm、高约 0.3mm，具纵横隆线。初产卵乳白色，渐变黄色，孵化前卵一顶端具黑点（图6-2，B）。

蛹 体长 18～24mm、宽 6～7.5mm，赤褐有光。口器与翅芽末端相齐，均伸达第4腹节后缘。腹部第4～7节背面前缘中央深褐色，且有粗大的刻点，两侧的细小刻点延伸至气门附近，第5～7节腹面前缘也有细小刻点；腹末端具短臀棘1对（图6-2，C）。

幼虫 圆筒形，老熟幼虫体长 37～50mm、宽 5～6mm。头部褐色，具黑褐色不规则网纹；体灰褐至暗褐色，体表粗糙、布大小不一而彼此分离的颗粒，背线、亚背线及气门线均黑褐色；前胸背板暗褐色，黄褐色臀板上具两条明显的深褐色纵带；腹部1～8节，背面各节上均有4个毛片，后两个比前两个大1倍以上；胸足与腹足黄褐色（图6-2，D）。

成虫 体长 17～23mm、翅展 40～54mm。头、胸部背面暗褐色，足褐色，前足胫、跗节外缘灰褐色，中后足各节末端有灰褐色环纹。前翅褐色，

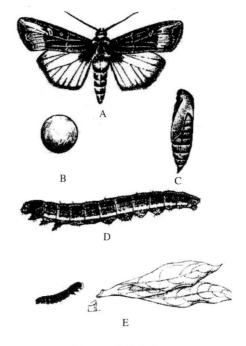

图6-2 小地老虎
A. 成虫（雄） B. 卵（放大） C. 蛹
D. 幼虫 E. 为害状

前缘区黑褐色，外缘以内多暗褐色；基线浅褐色，黑色波浪形内横线双线，黑色环纹内有一圆灰斑，肾状纹黑色具黑边，其外中部有一楔形黑纹伸至外横线，中横线暗褐色波浪形，双线波浪形外横线褐色，不规则锯齿形亚外缘线灰色，其内缘在中脉间有三个尖齿，亚外缘线与外横线间在各脉上有小黑点，外缘线黑色，外横线与亚外缘线间淡褐色，亚外缘线以外黑褐色。后翅灰白色，纵脉及缘线褐色，腹部背面灰色（图6-2，A）。成虫对黑光灯及糖醋酒等趋性较强。

6.3.1.2 生活史及习性

从10月到翌年4月都见发生和危害。西北地区一般一年2～3代，长城以北2～3代，长城以南黄河以北3代，黄河以南至长江沿岸4代，长江以南4～5代，南亚热带地区6～7代。无论年发生代数多少，在生产上造成严重危害的均为第一代幼虫。南方越冬代成虫2月出现，全国大部分地区羽化盛期在3月下旬至4月上、中旬，宁夏、内蒙古为4月下旬。成虫的产卵量和卵期在各地有所不同，卵期随分布地区及世代不同的主要原因是温度高低不同所致。

小地老虎一年发生3～4代，老熟幼虫或蛹在土内越冬。早春3月上旬成虫开始出现，

一般在3月中下旬和4月上中旬会出现两个羽化盛期。

成虫的活动性和温度有关，成虫白天不活动，傍晚至前半夜活动最盛，在春季夜间气温达8℃以上时即有成虫出现，但10℃以上时数量较多、活动愈强；喜欢吃酸、甜、酒味的发酵物、泡桐叶和各种花蜜，并有趋光性，对普通灯光趋性不强、对黑光灯极为敏感，有强烈的趋化性。具有远距离南北迁飞习性，春季由低纬度向高纬度，由低海拔向高海拔迁飞，秋季则沿着相反方向飞回南方；微风有助于其扩散，风力在4级以上时很少活动。

6.3.1.3 危害习性

该虫能危害百余种植物，是对农、林木幼苗危害很大的地下害虫，在东北主要危害落叶松、红松、水曲柳、核桃楸等苗木，在南方危害马尾松、杉木、桑、茶等苗木，在西北危害油松、沙枣、果树等苗木。

幼虫共分6龄，其不同阶段危害习性表现为：1~2龄幼虫昼夜均可群集于幼苗顶心嫩叶处，昼夜取食，这时食量很小，危害也不十分显著；3龄后分散，幼虫行动敏捷、有假死习性、对光线极为敏感、受到惊扰即卷缩成团，白天潜伏于表土的干湿层之间，夜晚出土从地面将幼苗植株咬断拖入土穴、或咬食未出土的种子，幼苗主茎硬化后改食嫩叶和叶片及生长点，食物不足或寻找越冬场所时，有迁移现象。5、6龄幼虫食量大增，每条幼虫一夜能咬断菜苗4~5株，多的达10株以上。幼虫3龄后对药剂的抵抗力显著增加。因此，药剂防治一定要掌握在3龄以前。3月底至4月中旬是第1代幼虫危害的严重时期。

6.3.1.4 防治方法

①物理防治 诱杀成虫。结合黏虫用糖、醋、酒诱杀液或甘薯、胡萝卜等发酵液诱杀成虫。诱捕幼虫。用泡桐叶或莴苣叶诱捕幼虫，于每日清晨到田间捕捉；对高龄幼虫也可在清晨到田间检查，如果发现有断苗，拨开附近的土块，进行捕杀。

②化学防治 对不同龄期的幼虫，应采用不同的施药方法。幼虫3龄前用喷雾、喷粉或撒毒土进行防治；3龄后，田间出现断苗，可用毒饵或毒草诱杀。

a. 喷雾 每公顷可选用50%辛硫磷乳油750mL，或2.5%溴氰菊酯乳油或40%氯氰菊酯乳油300~450mL、90%晶体敌百虫750g，对水750L喷雾。喷药适期应在有虫3龄盛发前。

b. 毒土或毒砂 可选用2.5%溴氰菊酯乳油90~100mL，或50%辛硫磷乳油或40%甲基异柳磷乳油500mL加水适量，喷拌细土50kg配成毒土，每公顷300~375kg顺垄撒施于幼苗根标附近。

c. 毒饵或毒草 一般虫龄较大是可采用毒饵诱杀。可选用90%晶体敌百虫0.5kg或50%辛硫磷乳油500mL，加水2.5~5L，喷在50kg碾碎炒香的棉籽饼、豆饼或麦麸上，于傍晚在受害作物田间每隔一定距离撒一小堆，或在植物根际附近围施，每公顷用75kg。毒草可用90%晶体敌百虫0.5kg，拌砸碎的鲜草75~100kg，每公顷用225~300kg。

6.3.2 黄地老虎(*Agrotis segetum*)

6.3.2.1 形态特征

卵 初产卵乳白色，半球形，直径0.5mm，卵壳表面有纵脊纹，以后渐现淡红色玻纹,孵化前变为黑色。

幼虫 与小地老虎相似。其区别为:老熟幼虫体长33~43mm,体黄褐色,体表颗粒不明显,有光泽,多皱纹。腹部背面各节有4个毛片,前方2个与后方2个大小相似。臀板中央有黄色纵纹,两侧各有1个黄褐色大斑。腹足趾钩12~21个。

蛹 体长16~19mm,红褐色,腹部末节有臀刺1对,腹部背面第5~7节刻点小而多。

6.3.2.2 生活史及习性

在黑龙江、辽宁、内蒙古和新疆北部一年发生2代,甘肃河西地区2~3代,新疆南部3代,陕西3代。成虫:昼伏夜出,在高温、无风、空气湿度大的黑夜最活跃,有较强的趋光性和趋化性。产卵前需要丰富的补充营养,能大量繁殖。黄地老虎喜产卵于低矮植物近地面的叶上。幼虫:一般以老熟幼虫在土壤中越冬,越冬场所为麦田、绿肥、草地、菜地、休闲地、田埂以及沟渠堤坡附近。一般田埂密度大于田中,向阳面田埂大于向阴面。3~4月间气温回升,越冬幼虫开始活动,陆续在土表3d左右深处化蛹,蛹直立于土室中,头部向上,蛹期20~30d。4~5月为各地化蛾盛期。幼虫共6龄。陕西(关中、陕南)第一代幼虫出现于5月中旬至6月上旬,第二代幼虫出现于7月中旬至8月中旬,越冬代幼虫出现于8月下旬至翌年4月下旬。卵期6d。1~6龄幼虫历期分别为4d,4d,3.5d,4.5d,5d,9d,幼虫期共30d。卵期平均温度18.5℃,幼虫期平均温度19.5℃。

6.3.2.3 主要危害

为多食性害虫,危害各种农作物、牧草及草坪草。各种地老虎危害时期不同,多以第一代幼虫危害春播作物的幼苗最严重,常切断幼苗近地面的茎部,使整株死亡,造成缺苗断垄,甚至毁种。

6.3.2.4 防治方法

(1)农业防治

①除草灭虫 清除杂草可消灭成虫部分产卵场所,减少幼虫早期食料来源。除草在春播作物出苗前或1~2龄幼虫盛发时进行。

②灌水灭虫 有条件地区,在地老虎发生后,根据作物种类,及时灌水,可收到一定效果。新疆结合秋耕进行冬灌,消灭黄地老虎越冬幼虫,可以减轻翌年的发生危害。

③铲埂灭蛹 这是新疆防治黄地老虎的成功经验。田埂面积虽小,却聚积了大量的幼虫。只要铲去了3cm左右一层表土,即可杀死很多蛹。铲埂时间以黄地老虎化蛹率达90%时进行为宜。要在5~7d内完成。

④种植诱杀作物 在地中套种芝麻、苕子、红花草等,可诱集地老虎产卵,减少药治面积。河北部分地区用,两行芝麻约可负担2.7~3.3hm^{2}作物的诱虫任务。

(2)药剂防治

①药剂拌种 新疆用75%辛硫磷乳油,按棉种干重的0.5%~1%浸种,效果良好。

②施用毒土 2.5%敌百虫粉,每公顷用30kg加细土300kg混匀,撒在心叶里。

③喷粉 春播玉米可用2.5%敌百虫粉,用量为30~37.5kg/hm^2。

④喷雾 地老虎3龄前,可喷撒90%敌百虫800~1 000倍液或20%蔬果磷300倍液,50%地亚农1 000倍液等。

⑤毒饵 用90%敌百虫。5kg加水3~5kg,拌铡碎的鲜草或鲜菜叶50kg,配成青饵,

傍晚撒在植株附近诱杀。

⑥药液灌根　80%敌敌畏、50%地亚农、50%辛硫磷等，每0.2~0.25kg加水400~500kg。

（3）其他防治

①诱杀器防治　用糖醋液诱杀器或黑光灯诱杀成虫。

②泡桐叶等诱杀幼虫　河南省等地经验，每公顷放被水浸湿的泡桐叶1 050~1 350片，放后每天清晨捕杀幼虫，一次放叶效果可保持4~5d。

【任务小结】

本任务对在苗圃及苗木根部危害性较大的地下害虫的危害辨别、防治措施等进行了介绍，同时，分别选取了两种典型的地下害虫（小地老虎和黄地老虎）为例，着重介绍了其形态特征、生活史及习性、危害特征和防治方法，为地下害虫的预防、诊断及防治提供借鉴。

【拓展提高】

中南林学院. 森林害虫及其防治[M]. 长沙：湖南人民出版社，1978.

忤均祥. 农业昆虫学[M]. 北京：中国农业大学出版社，2002.

袁锋. 农业昆虫学[M]. 北京：中国农业大学出版社，2001.

浙江农业大学. 农业昆虫学（上、下册）（第2版）[M]. 上海：上海科学技术出版社，1982.

【复习思考】

1. 苗圃及根部害虫主要的防治方法有哪些？
2. 试述地下苗圃及根部害虫的发生与环境的关系，并分析其原因。
3. 我国常见的苗圃及根部害虫有哪几类？其危害各有何特点？
4. 请思考在苗圃经营中及播种育苗初期，应该如何防治根部害虫的发生和发展？

任务6.4　顶芽及枝梢害虫防治

【任务介绍】

危害林木的枝梢害虫主要包括刺吸类害虫和钻蛀类害虫，危害幼树的顶芽、嫩叶、嫩梢以及幼干，导致树干分叉、枝芽丛生、卷叶、产生瘿瘤等，严重影响林木的生长。本任务介绍枝梢害虫主要种类，寄主，形态特征、生活史及发生规律和防治方法。

【教学目标】

知识目标
1. 了解被顶芽枝梢类害虫危害林木的主要特征。
2. 掌握常见顶芽枝梢类害虫的形态特征、生活习性。
3. 熟悉顶芽枝梢类害虫的防治方法。

技能目标
1. 能通过林木的危害症状正确鉴定顶芽及枝梢害虫的类型。
2. 能正确掌握各类顶芽及枝梢害虫防治措施。

【任务实施】

6.4.1 桃蚜（*Myzus persicae*）

6.4.1.1 危害症状

生活周期短、繁殖量大、除刺吸植物体内汁液，还可分泌蜜露，引起煤污病，影响植物正常生长；更重要的是传播多种植物病毒，如黄瓜花叶病毒（cucumber mosaic virus，CMV）、马铃薯 Y 病毒（potato virus Y，PVY）和烟草蚀纹病毒（tobacco etch virus，TEV）等。

6.4.1.2 生活史

一般营全周期生活。早春，越冬卵孵化为干母，在冬寄主上营孤雌胎生，繁殖数代皆为干雌。当断霜以后，产生有翅胎生雌蚜，迁飞到十字花科、茄科作物等侨居寄主上危害，并不断营孤雌胎生繁殖出无翅胎生雌蚜，继续进行危害。直至晚秋当夏寄主衰老，不利于桃蚜生活时，才产生有翅性母蚜，迁飞到冬寄主上，生出无翅卵生雌蚜和有翅雄蚜（图6-3），雌雄交配后，在冬寄主植物上产卵越冬。越冬卵抗寒力很强，即使在北方高寒地区也能安全越冬。桃蚜也可以一直营孤雌生殖的不全周期生活，如在北方地区的冬季，仍可在温室内的茄果类蔬菜上继续繁殖危害。

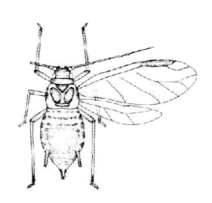

图 6-3 桃蚜的有翅孤雌蚜

6.4.1.3 防治措施

①清除虫源植物 播种前清洁育苗场地，拔掉杂草和各种残株；定植前尽早铲除田园周围的杂草，连同田间的残株落叶一并焚烧。

②加强田间管理 营造湿润而不利于蚜虫滋生的田间小气候。

③黄板诱蚜 在甜椒地周围设置黄色板。即把涂满橙黄色 $66cm^2$ 的塑料薄膜，从长 66cm、宽 33cm 的长方形框的上方使涂黄面朝内包住夹紧。插在甜椒地周围，高出地面 0.5m，隔 3～5m 设置一块，在没涂色的外面涂以机油，这样可以大量诱杀有翅蚜。

④银膜避蚜 蚜虫是黄瓜花叶病毒的主要传播媒介，用银灰色地膜覆盖畦面。

⑤间作玉米 在 1m 宽畦的两行甜椒之间，按 2m 株距于甜椒定植前 6～7d 点播玉米，使玉米尽快高于甜椒，起到适当遮阴、降温和防止蚜虫传毒的作用。

⑥药剂防治　目前防治蚜虫最有效的措施。实践证明，只要控制住蚜虫，就能有效地预防病毒病。

因此，要尽量把有翅蚜消灭在迁飞甜椒之前，或消灭在甜椒地里无翅蚜的点片阶段。喷药时要侧重叶片背面。可喷洒 1 500 倍的 80% 敌敌畏乳油水液，或喷 1 000 倍的 40% 乐果乳油水液，或喷 1 500 倍的 50% 马拉硫磷乳油水液，或喷 1 000 倍的 50% 二嗪磷乳油水液，或喷 1 500 倍的 50% 辛硫磷乳油水液，或喷 1 000 倍的 50% 杀螟硫磷乳油水液，或喷 1 000 倍的 40% 乙酰甲胺磷乳油水液，或喷 1 000 倍的 25% 喹硫磷乳油水液，或喷 800 倍的 25% 亚胺硫磷乳油水液，或喷 1 500 倍的 50% 倍硫磷乳油水液，或喷 2 000 倍的 50% 辟蚜雾可溶性粉剂水液，或喷 3 000 倍的 2.5% 溴氰菊酯乳油水液，或喷 4 000 倍的 20% 杀灭菊酯乳油水液，或喷 5 000 倍的 10% 二氰苯醚酯乳油水流，或喷 4 000 倍的 10% 氯氰菊酯乳油水液，或喷 2 500 倍的 10% 多来宝悬浮剂水液，或喷 1 500 倍的 50% 灭蚜松乳油水液，或喷 4 000 倍的 21% 菊马合剂乳油水液等。

6.4.2　蚱蝉(*Cryptotympana abrata*)

分布地域广，主要栖息在阔叶树上，以杨树、柳树、榆树、桃树、苹果树等的嫩枝上为多(图6-4)。

6.4.2.1　危害症状

此虫危害各种林木和棉花。过去报道主要以若虫通过刺吸植物根部汁液而危害苹果、桃、李、梨、樱桃、葡萄、板栗等果树及杨、柳、泡桐、桑、榆等林木和棉花。实际其以产卵方式对寄主造成危害。

6.4.2.2　形态特征

卵　椭圆形，乳白色。

若虫　形态略似成虫，前足为开掘足，翅芽发达。

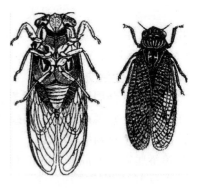

图 6-4　蚱　蝉

成虫　体色漆黑，有光泽，长约46mm，翅展约124mm；中胸背板宽大，中央有黄褐色"X"形隆起，体背金黄色绒毛；翅透明，翅脉浅黄或黑色，雄虫腹部第 1~2 节有鸣器，雌虫没有。

6.4.2.3　生活史

1年发生1代。一般未孵化的幼虫在树枝越冬。枝条上的蚱蝉卵于翌年开始孵化，初为卵孵化期。幼虫随着枯枝落地或卵从卵窝掉在土壤中，爬到树干及植物茎杆蜕皮羽化。成虫栖息在树上时为产卵盛期。以卵越冬者，翌年6月孵化若虫，并落入土中生活，秋后向深土层移动越冬，翌年随气温回暖，上移刺吸危害。孵化出的若虫立即入土，在土中的若虫以土中的植物根及一些有机质为食料。若虫在土中一生多次，生活数年才能完成整个若虫期。在土壤中的垂直分布，以土层居多的若虫。有些则能达到 0.3m 或者 1m 多甚至更深。生长成熟的若虫于傍晚由土内爬出，多在下完雨且土壤柔软湿润的晚上，掘开泥土。通过吸食植物柄部或幼嫩枝梢的营养。凭着生存的本能爬到树干、枝条、叶片等可以固定其身体的物体上停留，约经 0.5h 或者更长时间的静止阶段后，其背上面直裂一条缝蜕皮后变为成虫，初羽化的成虫体软，翅皱缩，后体渐硬，色渐深直至，翅展平，小振翅飞或爬树梢活动。6月中旬至7月中旬为羽化盛期，若虫出土羽化以夜间最多，另外凌晨羽化一次。成虫主要在枝条之间产卵。

6.4.2.4　发生规律及特点

多年发生1代，以若虫在土壤中或以卵在寄住枝干内越冬。若虫在土壤中刺吸植物根部，危害数年，老熟若虫在雨后傍晚钻出地面，爬到树干及植物茎秆上蜕皮羽化。成虫栖息在树干上，夏季不停地鸣叫，8月为产卵盛期。以卵越冬者，翌年6月孵化若虫，并落入土中生活，秋后向深土层移动越冬，翌年随气温回暖，上移刺吸危害。

6.4.2.5　防治方法

①彻底清除寄生植物。黑蚱蝉最喜在苦楝、香椿、油桐、桉树等树上栖息，寄主树须彻底消除，断绝该虫迁栖转移，便于集中杀灭。

②结合冬季和夏季修剪，剪除被产卵而枯死的枝条，以消灭其中大量尚未孵化入土的卵粒，剪下枝条集中烧毁。由于其卵期长，利用其生活史中的这个弱点，坚持数年，收效显著。此方法是防治此虫最经济、有效、安全简易的方法。

③老熟若虫具有夜间上树羽化的习性，然而足端只有锐利的爪，而无爪间突，不能在光滑面上爬行。在树干基部包扎塑料薄膜或是透明胶，可阻止老熟若虫上树羽化，滞留在树干周围可人工捕杀或放鸡捕食。

④在6月中旬至7月上旬雌虫未产卵时，夜间人工捕杀。振动树冠，成虫受惊飞动，由于眼睛夜盲和受树冠遮挡，闯落地面。另外，用稻草或是布条缠裹长的果柄（如沙田柚）或是果实套袋可避免成虫产卵危害。

⑤化学防治。5月上旬用50%辛硫磷500~600倍液浇淋树盘，毒杀土中幼虫；成虫高峰期树冠喷雾20%甲氰菊酯2 000倍液，杀灭成虫。

【任务小结】

顶芽及枝梢害虫是林木害虫的一个重要类群，主要包括同翅目的蝉类、蚜虫类、蚧类、半翅目的蝽类以及蜱螨目的螨类。本任务主要介绍了两种同翅目的顶芽及枝梢类害虫，通过两种害虫的形态特征、生活史及习性、危害特征和防治方法的介绍，为掌握其他顶芽及枝梢害虫的防治提供借鉴。

【拓展提高】

中南林学院.经济林昆虫学[M].北京：中国林业出版社，1987.

中国动物志（昆虫纲）.第二十二卷：同翅目　蚧总科[M].北京：科学出版社，2000.

宋建英.园林植物病虫害防治[M].北京：中国林业出版社，2005.

【复习思考】

1. 举例说明林木常见的刺吸性和钻蛀类枝梢害虫主要有哪些类群？其危害状有哪些形式？
2. 如何对枝梢害虫进行调查？
3. 桃蚜的个体发育史和年生活史有何特点？其危害状有哪些形式？
4. 枝梢害虫中常见的种类有哪些？如何对其进行防治？

任务 6.5　食叶害虫防治

【任务介绍】

食叶害虫主要包括鳞翅目、鞘翅目、膜翅目、双翅目、直翅目和竹节虫目的相关类群，同时还包括节肢动物门蛛形纲的螨类，部分食叶害虫是林木重点监测和防治的害虫。食叶害虫主要危害针叶树、阔叶树等，以幼虫取食植物叶片，造成植株生长受抑制。本任务主要对鳞翅目的两种食叶害虫的形态特征、危害及其防治措施进行介绍。

【教学目标】

知识目标

1. 了解食叶害虫危害林木的主要特征。
2. 掌握常见食叶害虫的形态特征、生活习性。
3. 熟悉食叶害虫的防治方法。

技能目标

1. 能通过林木的危害症状正确鉴定食叶害虫的类型。
2. 能正确掌握各类食叶害虫防治措施。

【任务实施】

6.5.1　甘蓝夜蛾（*Mamestra brassicae*）

6.5.1.1　危害症状

主要是以幼虫危害作物的叶片，初孵化时的幼虫围在一起于叶片背面进行危害，白天不动，夜晚活动啃食叶片，而残留下表皮，到大龄的（4龄以后），白天潜伏在叶片下，菜心、地表或根周围的土壤中，夜间出来活动，形成暴食。严重时，往往能把叶肉吃光，仅剩叶脉和叶柄，吃完一处再成群结队迁移危害，包心菜类常常有幼虫钻入叶球并排泄不少粪便，污染叶球，还易引起腐烂。

6.5.1.2　发生规律

在北方一年3~4代，以蛹在土表下10cm左右处越冬，当气温回升到15~16℃时，越冬蛹羽化出土。在辽宁为5月中旬至6月中旬，山东是5月上旬至6月上旬。在山东一年有两次危害盛期，第一次在6月中旬至7月上旬，第二次是在9月中旬至10月上旬。第一次重点危害期，正值春甘蓝、留种菠菜和甜菜盛长期，主要是第一代幼虫危害。第二次重点危害期，正值秋甘蓝、白菜的盛长期，是第三代幼虫危害。成虫对糖醋味有趋性，对光没有明显趋性。甘蓝夜蛾的发生往往出现年代中的间歇性爆发，在冬季和早春温度和湿度适宜时，羽化期早而较整齐，易于出现爆发性灾害。具体来讲，当日平均温度在18~

25℃、相对湿度70%~80%时最有利于它的发育。高温干旱或高温高湿对它的发育不利。所以夏季是个明显的发生低潮。与其他害虫不同的重要一点是成虫需要补充营养。成虫期，羽化处附近若有充足的蜜、露，或羽化后正赶上有大量的开花植物，都可能引起大发生(图6-5)。

图6-5 甘蓝夜蛾

6.5.1.3 防治方式

①做好预测预报　根据以上提供的时间和数据，应做好预测预报，特别是春季预报。

②农业防治　包括秋季发生地块的后处理，即认真耕翻土地，消灭部分越冬蛹，及时清除杂草和老叶，创造通风透光良好环境，以减少卵量。

③糖醋液诱杀　利用成虫喜糖醋的习性。鉴于雌成虫产卵量大的习性，诱杀成虫的意义特别重要，在方法上可采用精:醋:水 = 6:3:1 的比例，再加入少量甜而微毒的敌百虫原药。

④生物防治　赤眼蜂、松毛虫、寄生蝇、草蛉等都是有效的天敌，应充分利用。

⑤药剂防治　根据预测预报提供的材料，可选用4 000倍液的杀灭菊酯或2 000倍液的二氯苯酸菊酯或1 000倍液的辛硫磷，及时进行防治。

6.5.2　杨扇舟蛾(*Clostera anachoreta*)

6.5.2.1　危害症状

春夏之间幼虫危害。幼虫取食杨树、柳树的叶片，严重时把树叶吃光，影响树木生长。1~2龄幼虫仅啃食叶的下表皮，残留上表皮和叶脉；2龄以后吐丝缀叶，形成大的虫苞，白天隐伏其中，夜晚取食；3龄以后可将全叶食尽，仅剩叶柄。传播途径主要靠成虫飞翔，沿公路林扩散较快。幼虫吐丝下垂，可随风作近距离传播。由于幼虫繁殖快、数量多、分布广，大发生时极易成灾，为我国园林和林业重要害虫之一。

6.5.2.2　发生规律

在我国，从北至南一年发生2~3代至8~9代不等：在辽宁一年2~3代，华北1年3~4代，华中1年5~6代，华南1年6~7代，以蛹越冬。海南1年8~9代，整年都危害，无越冬现象。

6.5.2.3　生活史

成虫昼伏夜出，多栖息于叶背面，趋光性强。一般上半夜交尾，下半夜产卵直至次日晨。雌蛾午夜后产卵于叶背面和嫩枝上，其中，越冬代成虫，卵多产于枝干上，以后各代主要产于叶背面。卵粒平铺整齐呈块状,每个卵块有卵粒9~600粒左右,雌蛾平均产卵100~600余粒。卵期7~11d左右。幼虫共5龄,幼虫期33~34d左右。初孵幼虫群栖,1~2龄时常在同一叶上剥食叶肉,2龄后吐丝缀叶成苞,藏匿其间,在苞内啃食叶肉(图6-6)。

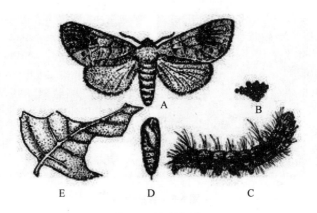

图6-6 杨扇舟蛾
A. 成虫　B. 卵　C. 幼虫　D. 蛹　E. 为害状

6.5.2.4 防治方法

①人工物理防治　越冬(越夏)期是应用人工措施防治的有利时机。由于杨树树体高大,加强对蛹和成虫的防治会取得事半功倍的效果。人工收集地下落叶或翻耕土壤,以减少越冬蛹的基数,成虫羽化盛期应用杀虫灯(黑光灯)诱杀等措施,有利于降低下一代的虫口密度。根据大多数种类初龄幼虫群集虫苞的特点,组织人力摘除虫苞和卵块,可杀死大量幼虫;也可以利用幼虫受惊后吐丝下垂的习性通过震动树干捕杀下落的幼虫。

②生物防治　片林和海防林,卵期释放赤眼蜂防治害虫产卵初期,放蜂点为50只/hm²,放蜂量为25~150万只/hm²。杨扇舟蛾卵期有舟蛾赤眼蜂、黑卵蜂、毛虫追寄蝇、小茧蜂、大腿蜂、颗粒体病毒G.V、灰椋鸟等天敌,要注意保护利用。

③打孔注药防治　对发生严重、喷药困难的高大树体,可打孔注药防治。利用打孔注药机在树胸径处不同方向打3~4个孔,注入疏导性强的40%氧化乐果乳油等。用药量为2~4mL/10cm胸径,原药或1倍稀释液。注药后注意封好注药口。

④喷药防治　在幼虫3龄期前喷施生物农药和病毒防治。地面喷雾时,树高在12m以下中幼龄林,用药量Bt 3 000亿国际单位/hm²、青虫菌乳剂1亿~2亿孢子/mL、阿维菌素6 000~8 000倍。2~3龄期树,喷25%灭幼脲800~1 000倍液,或1.2%烟参碱乳油1 000~2 000倍,或喷80%敌敌畏800~1 200倍液,或2.5%敌杀死6 000~8 000倍液。

⑤药剂防治　瑞禾林Ⅰ号亩用量50g,对水30~50kg水于幼虫2~4龄期,以机动喷雾器均匀喷雾;5%甲维盐水分散粒剂75~90g/hm²,沉降剂尿素150g,于幼虫2~3龄期采用飞机超低容量喷雾。每公顷用量7 500g,于幼虫2~4龄期以机动喷粉机喷粉防治;0.5%甲维盐乳油:每公顷用量750mL,或者稀释800~1 000倍对水机动喷雾防治,也可以飞机进行超低容量喷雾防治,每公顷用药量750mL,沉降剂尿素150g;1.8%阿维菌素乳油:每公顷用量450~600mL,或者稀释1 000~1 500倍对水机动喷雾防治,也可以飞机进行超低容量喷雾防治,每公顷用药量600mL,沉降剂尿素150g。

【任务小结】

食叶害虫是危害针、阔叶树的常见和最重要的类群之一，主要危害健康林木的叶部，被称为"初期害虫"，主要包括鳞翅目、鞘翅目、膜翅目、双翅目、直翅目和竹节虫目的一些类群，食叶害虫的分布广，破坏力强，能引起树木枯死或者生长衰弱，是造成植物次期性危害，如蛀干害虫发生的重要因素。

【拓展提高】

中国经济昆虫志．第十二、二十四册：鳞翅目　舞毒蛾(一)[M]．北京：科学出版社，1978，1994．

中国经济昆虫志．第十六册：鳞翅目　舟蛾科[M]．北京：科学出版社，1979．

中国经济昆虫志．第十一册：鳞翅目卷蛾科(一)[M]．北京：科学出版社，1977．

【复习思考】

1. 食叶害虫对植物叶片的危害症状？以及其对植物生长的影响？
2. 食叶害虫的防治方法主要有哪些？
3. 请列举主要的食叶害虫有哪几类？
4. 食叶害虫的发生主要分为哪几个阶段，各有什么特点？

任务6.6　蛀干害虫防治

【任务介绍】

蛀干害虫是危害林木、果树等多种经济树种的重要害虫，其突出特点是：种类繁多，特性各异，危害严重，隐蔽难除，成虫取食花粉、嫩枝及叶片，幼虫蛀入茎干或枝条，造成枝干中空，阻障树液流通，使树势衰弱，以至枯萎死亡或被风吹折。本任务主要介绍危害树木枝干韧皮部及木质部的钻蛀性害虫，包括危害健康木和衰弱木的种类，列举了两种蛀干害虫，介绍其发生发展的主要原因、分布、寄主、形态、生活史及习性和防治方法。

【教学目标】

知识目标

1. 了解蛀干害虫危害林木的主要特征。
2. 掌握常见蛀干害虫的形态特征、生活习性。
3. 熟悉蛀干害虫的防治方法。

技能目标

1. 能通过林木的危害症状正确鉴定蛀干害虫的类型。

2. 能正确掌握各类蛀干害虫防治措施。

【任务实施】

6.6.1 桑天牛(*Apriona germari*)

6.6.1.1 分布与危害

又名粒肩天牛。国外分布于日本、朝鲜、越南、老挝、柬埔寨、缅甸、泰国、印度、孟加拉国；国内除黑龙江、吉林、内蒙古、宁夏、青海、新疆、西藏外，各地均有发生。是多种林木、果树的重要害虫，对桑树、无花果、苹果、海棠、毛白杨等危害最烈，其次为柳树、刺槐、榆树、构树、梨树、枇杷、樱桃、柑橘等。寄主被害后，生长不良，树势早衰，木材利用价值降低，影响桑、果产量，由排粪孔流出褐色液体，对环境美化影响极大。

6.6.1.2 形态特征

卵 长卵圆形，长4.5~6.0mm，乳白色(图6-7，C)。

幼虫 头小，隐入前胸内。上、下唇淡黄色，上颚黑褐色。前胸特大，前胸背板后半部密生赤褐色颗粒状小点，显现3对尖叶状空白纹。前胸至第7节腹面有突起(图6-7，D)。

蛹 纺锤形，长约50mm，黄白色。触角后披，末端卷曲。翅达第3腹节，腹部第1至第6节背面两侧各有1对刚毛区，尾端较尖梢，轮生刚毛。

成虫 体长34~46mm。体和鞘翅黑色，被黄褐色短毛。头顶隆起，中央有1条纵沟。上颚黑褐色，强大锐利。触角比体稍长，柄节和梗节黑色，以后各节前半黑褐色，后半灰白色。前胸近方形，背面有横的皱纹，两侧中间具1刺状突起。鞘翅基部密生颗粒状小黑点。足黑色，密生灰白短毛。雌虫腹末2节下弯(图6-7，A)。

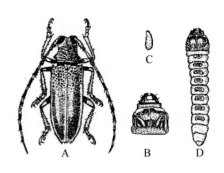

图6-7 桑天牛
A. 成虫　B. 幼虫前胸背板　C. 卵　D. 幼虫

6.6.1.3 生活史及习性

广东、台湾1年发生1代，江西、浙江、江苏、湖南、湖北、河南、陕西2年1代，辽宁、河北二三年1代。南北各地的成虫发生期也因此有差异。如在海南，一般为3月下旬至11月下旬，广东广州为4月下旬至10月上旬，江西南昌为6月初至8月下旬，河北中部为6月下旬至8月中旬，辽宁南部则为7月上旬至8月中旬。在河北省，5月中旬化蛹最盛，6月底结束。成虫6月下旬至7月中、下旬大量发生。成虫产卵期在7月上旬至8月中旬。卵孵化期在7月中旬至8月下旬。卵期10d。成虫寿命平均55d，平均产卵105粒。成虫必须取食桑树、构树、柘树嫩梢树皮，才能完成发育至产卵。产卵前先用上颚咬破皮层和木质部，成"U"字形刻槽，卵即产于刻槽中，槽深达木质部，长12~20mm，平均17mm，每槽产卵1粒。产卵后用黏液封闭槽口，以护卵粒。成虫昼夜均可产卵。卵多产于径粗1~4cm的枝条，产卵刻槽高度依寄主高度而异。

初孵幼虫先向上蛀食10mm左右，即调头沿枝干木质部的一边往下蛀食，逐渐深入心材。如果植株较矮小，可蛀达根际。幼虫在蛀道内，每隔一定距离向外咬一圆形排粪孔，排粪孔径随幼虫增长而扩大，孔间距离，则自上而下逐渐增长，其增长幅度依寄主植物而不同。排粪孔的排列位置，除个别遇有分枝和木质较坚硬而回避于另一边外，一般均在同一方位顺序向下排列。在河北省，其幼虫一生蛀道全长可超过 5m，排粪孔 30 多个。幼虫在取食期间，多在最下排粪孔下面。幼虫老熟后即沿蛀道上移，超过 1 个排泄孔，先咬羽化孔的雏形，向外达树皮边缘，使树皮出现臃肿或断裂，常见树汁外流。此后，幼虫又回到蛀道内，选择适当位置做成蛹室，化蛹其中。羽化孔圆形，直径 11～16mm，平均 14mm。天敌有寄生蜂、啄木鸟等。

6.6.1.4 防治方法

伐除被害严重的树木，消灭其中的害虫，以减少虫源。

成虫发生期，人工捕杀成虫，也可用农药喷洒和封堵蛀孔。

卵、初孵幼虫及蛀入木质部不深的幼虫，用 40% 乐果乳油或 50% 敌敌畏乳油等配制成的柴油溶液（药∶柴油 = 1∶9，v/v）涂虫孔毒杀。

侵入木质部深处的幼虫，用磷化铝药片 0.3g 塞入孔内（孔外用黄泥堵孔）或用熏蒸毒签插入坑道内进行熏杀。毒签的制作方法：用长 10cm，粗 0.15cm 左右的竹签，在一端长 3.5mm 处先蘸磷化锌胶液，再蘸草酸胶液包在外面（原料组成：磷化锌 3%，草酸 9%，阿胶粉 56%，水 32%）每一毒签平均绝对含量磷化锌 10mg、草酸 30mg。制作时按比例把胶、水分为两份，分别盛在二个烧杯中加热溶化。冷却至 80℃ 左右，一烧杯加入磷化锌，另一烧杯加入草酸。用竹签先在一杯中蘸磷化锌液，冷却阴干后，再移入另一烧杯中沾草酸。也可用菌签：用上述竹签一端缠棉团长 2cm，粗 5mm，然后插入已配好的菌液（苏云杆菌 50 亿/mL +50 亿/g 白僵菌 + 水，重量比例为 1∶1∶2），侵透后及时插用。

保护和利用天敌是一种有效的控制方法。啄木鸟是天牛的主要天敌，应积极保护和招引。一般在 33hm² 林地中有一对啄木鸟，就可以抑制天牛的发生。招引方法是：秋季在林地中每隔 150m 左右悬挂一个招引木。招引木应采用松软心腐的木段，长 60cm，粗 20cm，顶端钉一木盖，防止雨水流入。

6.6.2 横坑切梢小蠹（*Tomicus minor*）

6.6.2.1 分布与危害

主要分布在东北、华北、江西、河南、陕西、四川、云南等地。以成虫和幼虫危害马尾松、油松、黑松、红松、云南松、糖松等树木。成虫危害枝梢，切断枝梢营养，造成枝梢枯死、风折。幼虫蛀食树干，形成坑道。

6.6.2.2 形态特征

成虫体长 3.5～4.5mm。鞘翅基缘升起且有缺刻，近小盾片处缺刻中断，鞘翅斜面第 2 列间部与其他间部一样，不凹下，上面的瘤突和绒毛与其他间部相同。

母坑道为复横坑，由交配室分出左右两条横坑，呈弧形；在立木上弧形的两端皆朝下方，在倒木上则方向不一。子坑道短而稀，自母坑道上、下方分出。蛹室在边材或皮内，在边材上的坑道痕迹清晰（图 6-8）。

6.6.2.3 生物学及习性

此虫常与松纵坑切梢小蠹伴随发生。1 年完成 1 代，部分世代重叠。成虫于 4 月下旬开始羽化，5 月下旬结束。羽化后成虫即飞到树冠上蛀食枝梢，直到发育成熟后开始繁殖。在此期间，每头成虫可以蛀4~6个枝梢。该虫在云南等没有越冬习性。繁殖期从11月至翌年3月。而在东北则于10月至翌年3月在寄主树干基部越冬。成虫主要在已经受到纵坑切梢小蠹危害的树木的中、下部产卵。繁殖期较纵坑切梢小蠹约迟7d。由于横坑切梢小蠹从枝梢到树干对云南松持续危害，故在南方的一些地方对树木的危害性较其他地区更为严重。

6.6.2.4 防治方法

①注意林区卫生 随时清除衰弱木和风倒风折木；迹地上的梢头枝桠应及时运出林外或剥皮处理；如未能及时运出者，要用50%的马拉硫磷1mL对水500~800mL喷雾。

②饵木诱杀 于成虫出现前先清理林地，然后将2m长的饵木5根一组，置于林缘和林中空地引诱成虫产卵后，运出林外处理。

③成虫期用50%马拉硫磷乳剂1mL对水500~800mL或90%敌百虫1mL对水800~1 000mL喷雾。

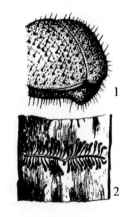

图6-8 横坑切梢小蠹
1. 鞘翅末端 2. 坑道

【任务小结】

由于蛀干害虫比较隐蔽不易被发现，当通过观察树干有明显木屑及虫粪时才进行防治，一般已经过了最佳防治期。因此，关键要抓好早期防治，在幼虫还未蛀入木质部之前防治，方能收到预期的效果。防治前，准确判断出虫害种类，就能对症下药，药到虫除。一般根据危害状况就可判断出害虫种类。如在果树的茎干和枝梢部蛀孔中排出粪便是锯屑状的，多是各种天牛危害；如粪便色淡，呈颗粒或圆球形，很可能是木蠹蛾幼虫危害。这节任务主要通过对常见的两类蛀干害虫(天牛和小蠹)的危害特征进行介绍，在此基础上选择适当的防治方法进行防治。

【拓展提高】

王直诚. 东北天牛志[M]. 长春：吉林科学技术出版社，2003.

花保祯，周尧，方德齐，等. 中国木蠹蛾志(鳞翅目 木蠹蛾科)[M]. 北京：天则出版社，1990.

萧刚柔. 中国森林昆虫(第2版)[M]. 北京：中国林业出版社，1992.

中国科学院动物志编辑委员会. 中国经济昆虫志. 第二十九册：鞘翅目 小蠹科[M]. 北京：科学出版社，1984.

【复习思考】

1. 蛀干害虫的主要防治方法有哪些？
2. 简述林木蛀干害虫天牛类、小蠹虫类的分布状况与控制方法。
3. 与食叶害虫相比，蛀干害虫的发生、危害及防治有何差异？
4. 结合你所在的地区，调查主要的蛀干害虫，并介绍其综合防治方法。
5. 蛀干害虫对树木生长和林业可持续发展的影响？

任务6.7 球果种实害虫防治

【任务介绍】

此类害虫有两大类群存在。一类害虫是只能在球果内取食、发育,称为专食性球果害虫,包括取食其中的种子;另一类害虫则在树木的其他部位(叶、枝、梢、树皮)取食、生长发育,但当它们遇到可食的球果时,也取食球果及其种子,称为异食性球果害虫。它们取食球果的果鳞,或取食球果和种子,而有的种类完全在种子内发育。这些虫害引起正在发育的球果早落或枯死,影响球果发育和树木的结实量。本任务主要对重要的林木种实害虫的形态特征及其生物学特性进行介绍,并提出了相应的防治方法。

【教学目标】

知识目标
1. 了解球果种实害虫危害林木的主要特征。
2. 掌握常见球果种实害虫的形态特征、生活习性。
3. 熟悉球果种实害虫的防治方法。

技能目标
1. 能通过林木的危害症状正确鉴定球果种实害虫的类型。
2. 能正确掌握各类球果种实害虫防治措施。

【任务实施】

6.7.1 桃蛀螟(*Dichocrocis punctiferalis*)

6.7.1.1 形态特征

卵 长约0.7mm,椭圆形,初产时乳白色,孵化前为红褐色。

幼虫 老熟幼虫体长约24mm,头部暗褐色,臀部暗红色,行动活泼,食量大。

蛹 长约13mm,长椭圆形,褐色,末端有刺数根,外被灰白色茧。

成虫 为飞蛾,体长12mm左右,翅展25mm左右,全体橙黄色,虫体瘦弱,触角丝状,胸部背面、翅面、腹部背面都具有黑色斑点,前翅有黑斑20余个,后翅有黑斑10余个。

6.7.1.2 发生规律和习性

辽宁1年发生1~2代,河北、山东、陕西3代,河南4代,长江流域4~5代,均以老熟幼虫在玉米、向日葵、蓖麻等残株内结茧越冬。在河南一代幼虫于5月下旬~6月下旬先在桃树上危害,2~3代幼虫在桃树和高粱上都能危害。第4代则在夏播高粱和向日葵上危害,以4代幼虫越冬,翌年越冬幼虫于4月初化蛹,4月下旬进入化蛹盛期,4月底~5月下旬羽化,越冬代成虫把卵产在桃树上。6月中下旬一代幼虫化蛹,一代成虫于6月下旬开始出现,7月上旬进入羽化盛期,二代卵盛期跟着出现,这时春播高粱抽穗扬花,7月中旬为2代幼虫危害盛期。二代羽化盛期在8月上、中旬,这时春高粱近成熟,晚播春高粱和早播夏高粱正抽穗扬花,成虫集中在这些高粱上产卵,第3代卵于7月底8月初孵化,8月中、下旬进入3代幼虫危害盛期。8月底3代成虫出现,9月上中旬进入盛期,这时高粱和桃果已采收,成虫把卵产在晚夏高粱和晚熟向日葵上,9月中旬至10月上旬进入4代幼虫发生危害期,10月中、下旬气温下降则以4代幼虫越冬。在河南一代卵期为8d,2代4.5d,3代4.2d,越冬代6d;1代幼虫历期19.8d,2代13.7d,3代13.2d,越冬代20.8d,幼虫共5龄;1代蛹期8.8d,2代8.3d,3代8.7d,越冬代19.4d;一代成虫寿命7.3d,2代7.2d,3代7.6d,越冬代10.7d。成虫羽化后白天潜伏在高粱田经补充营养才产卵,把卵产在吐穗扬花的高粱上,卵单产,每雌可产卵169粒,初孵幼虫蛀入幼嫩籽粒中,堵住蛀孔在粒中蛀害,蛀空后再转一粒,3龄后则吐丝结网缀合小穗,在隧道中穿行危害,严重的把整穗籽粒蛀空。幼虫成熟后在穗中或叶腋、叶鞘、枯叶处及高粱、玉米、向日葵秸秆中越冬。降水多年份发生重。主要天敌有黄眶离缘姬蜂(*Trathala flavo-orbitalis*)、广大腿小蜂(*Brachymeria lasus*)、绒茧蜂(*Apanteles* sp.)等。

6.7.1.3 生物学和生态学特性

(1)寄主植物与危害

已知桃蛀螟的寄主植物有100余种,除幼虫蛀食桃、李、杏、梨、苹果、无花果、梅、樱桃、石榴、葡萄、山楂、柿、核桃、板栗、柑橘、荔枝、龙眼、枇杷、杧果、香蕉、菠萝、柚、银杏等果树外,还危害玉米、高粱、向日葵、大豆、棉花、扁豆、甘蔗、蓖麻、姜科植物等作物及松、杉、圆柏和臭椿等林木,是一种食性极杂的害虫,在印度还危害皂荚、木棉树,韩国栎树上也发现了桃蛀螟危害。桃蛀螟危害极其严重,在有些寄主上甚至是毁灭性的。20世纪20年代印度报道了桃蛀螟是蓖麻的著名毁灭性害虫。桃蛀螟幼虫特别喜欢从蓖麻的叶腋处蛀入茎,危害花蕾和嫩茎,蛀入成熟的荚果,蛀食种子。幼虫在蓖麻顶端吐丝结网,取食嫩叶,排出虫粪,植株极易烂掉。桃蛀螟也是重要香料姜科植物的重要害虫,主要危害姜花、黄姜、圆瓣姜花,初孵幼虫蛀入茎和花,排出虫粪,致使受害植物极易感染病害而烂掉;植物受害后,茎易折断,花不能结果,严重时全株枯萎、成片干枯失收。在印度,桃蛀螟严重危害姜科植物时可导致产量损失50%。

桃蛀螟在我国果树上危害十分严重,以幼虫蛀入果内,严重时造成"十果九蛀",造成大量落果、虫果,严重影响食用和商品价值,影响水果出口外销。幼虫危害后板栗栗苞变黄而干枯易脱落,栗果受害后被蛀食成孔道,布满虫粪而无法食用。板栗果实在存放过程中还会因其转果危害的特性,遭受更大的损失,甚至完全失去经济价值。

近年来,桃蛀螟在我国一些玉米产区危害日趋严重,主要以幼虫危害玉米雌穗,蛀食玉米籽粒,造成烂穗,并引起严重穗腐病,也可蛀茎,造成植株倒折,导致产量损失,降低了玉米品质。幼虫在玉米雌穗上多群聚危害,同一穗上可有多头幼虫危害。在一些地区或某些年份,桃蛀螟在玉米上的种群数量和危害程度已经超过亚洲玉米螟 *Ostrinia furnacalis*,成为玉米生产的主要害虫。桃蛀螟在松树和杉树等针叶树上危害,以幼虫吐丝把嫩梢的针叶、虫粪、碎屑缀合成虫苞,2~8头幼虫匿居其中取食针叶,使嫩梢枯萎,甚至整枝枯死,也有少量幼虫危害这些针叶树的球果。

(2)生活史

由于温度和光照对越冬的影响,幼虫越冬时间长短不同,各地区、各寄主上的发生规律也不同。桃蛀螟在韩国板栗园每年发生2~3代,在我国北方各省2~3代,华北3~4代,西北3~5代,华中5代,主要以老熟幼虫在树皮裂缝、被害僵果、坝堰乱石缝隙、向日葵盘、高粱和玉米茎秆越冬,少以蛹越冬,而马尾松(*Pinus massoniana*)上的桃蛀螟属针叶树型,以3~4龄幼虫在虫苞中越冬。

6.7.1.4 防治方法

①物理机械防治　果实套袋防虫。在5月中旬越冬幼虫羽化前果实套袋,套袋前再喷一次药,可有效预防蛀果。利用成虫趋性。用黑光灯、糖醋液或性诱捕器诱杀成虫。捡拾落果及摘除被害果,集中沤肥,可减少害虫基数。早春或冬季刮除老翘皮,堵树洞,然后将老翘皮集中烧掉,可消灭越冬虫体。冬前高粱、向日葵、玉米要脱完粒,并及时将它们的残株和园内枯叶、杂草集中烧掉。

②农业防治　深翻土地,特别是树盘土地,冻、晒垡,能有效地杀伤在土壤内越冬的幼虫。果树与向日葵、高粱、玉米等间套作,诱集桃蛀螟成虫产卵,然后喷药杀灭。于9月上旬左右,在树干上刮皮捆束草,诱捕幼虫入内越冬,然后取出烧掉。种植抗虫品种。

③生物防治　释放小茧蜂、赤眼蜂,保护种植区内的腿小蜂、黄眶离缘姬蜂等寄生蜂,可防治钻入茎秆内的幼虫和蛹。在越冬幼虫出土前施入病原线虫,可大量减少出土幼虫数量。用白僵菌黏膏防治脱果幼虫。

④化学防治　药剂防治一般应在卵盛期喷药。可选用50%辛硫磷1 000倍液,或50%久效磷乳油300倍液,或50%杀螟松乳剂1 000倍液,或20%甲氰菊酯乳油2 500倍液,或2.5%溴氰菊酯乳油2 500倍液。

6.7.2 杏仁蜂(*Eurytoma samsonovi*)

6.7.2.1 形态特征

类属膜翅目广肩小蜂科。分布于辽宁、河北、河南、陕西、山西、新疆等地。在山西、河北部分地区发生较重。主要危害杏,也有危害桃的报道。杏仁蜂以幼虫在杏核内蛀食杏仁。幼虫在杏核内危害,虫果表面有半月形稍凹陷的产卵孔,有时产卵孔出现流胶。虫果易脱落,也有的干缩在树上。翌年春天成虫羽化后,杏核表面出现一个小圆孔,即成虫羽化孔。

卵　长圆形,长约1mm,一端稍尖,另一端圆钝,中间略弯曲。初产时白色,近孵化时变为乳黄色。

幼虫　初孵幼虫白色,头黄白色。老熟幼虫体长7~12mm,头、尾稍尖而中间肥大,稍向腹面弯曲。头褐色,具1对发达的上颚。胴部乳黄色,足退化。

蛹　为裸蛹,体长6~8mm,初为乳白色,近孵化时变为褐色。

成虫　雌成虫体长约6mm,翅展约10mm。头宽大,黑色。触角膝状,基部第一节长,第二节最短,均为橙黄色。其余各节较粗大,黑色。胸部黑色,较粗壮,背面隆起,密布刻点。翅膜质,透明,翅脉色。腹部橘红色,有光泽,基部缢缩。产卵管深棕色。雄虫体长约5mm,触角第三节以后呈念珠状,各节环生长毛。腹部黑色,第二节细长如柄,其余部分略呈圆形。

6.7.2.2 发生规律

该虫1年发生1代,以幼虫在被害的杏核内越冬,4月下旬羽化为成虫,杏果如指头大时,将卵产于幼果果肉内,每果一般产卵一粒,卵经20~30d孵化为幼虫,在核硬化前蛀入杏仁,5月危害最重,常引起大量落果,老熟幼虫在被害杏核内越夏、过冬。次年4月化蛹,蛹期为10d左右,杏树落花时开始羽化。成虫出土后在地表停留1~2h开始飞翔。一般在杏果指头大时,成虫大量出现,飞到树上交尾,产卵。在杏核尚未硬化前产卵于核皮与杏仁之间,卵期约10d,孵化的幼虫在核内食害杏仁,蜕四次皮,约在6月上旬老熟,即在杏核内越夏、越冬。被害果开始脱落或在树上干缩。成虫的活动时间一般以中午前后最为活跃。

6.7.2.3 防治方法

①秋冬时间　秋冬季收集园中落杏、杏核,并振落树上的干杏,集中烧毁,可基本消灭杏仁蜂。

②早春时间　早春发芽前越冬幼虫出土期,可用40%敌马粉剂或5%辛硫磷粉剂75~120kg/hm^{2}直接在树冠下施于土中。成虫羽化期,树体喷洒下列药剂:50%辛硫磷乳油1 000~1 500倍液;50%敌敌畏乳油500~800倍液;40%氧乐果乳油1 000~1 500倍液;20%甲氰菊酯乳油2 000~3 000倍;2.5%溴氰菊酯乳油2 000~2 500倍液;2.5%氯氟氰菊酯乳油1 500~2 000倍液,每7~10d喷1次,共喷2次。

【任务小结】

种实害虫是指危害各种林木的花、果实、种子的害虫和螨类。该类害虫大多数属于鳞翅目的卷蛾科、螟蛾科、麦蛾科、举肢蛾科;鞘翅目的象甲科、叶甲科;双翅目的瘿蚊科、花蝇科、石蝇科;半翅目的缘蝽科、长蝽科;同翅目的球蚜科、蚧总科;膜翅目的小蜂总科、叶蜂总科等。由于种实害虫一般体小色暗,幼虫绝大多数营隐蔽性钻蛀危害,不易被发现。本任务以桃蛀螟和杏仁蜂为例,介绍了球果种实害虫的寄主、形态、生活史及习性和防治方法。

【拓展提高】

中国林木种子及公司. 林木种实病虫害防治手册[M]. 北京:中国林业出版社,1988.

李宽胜,等. 中国针叶树种实害虫[M]. 北京:中国林业出版社,1999.

韩召军. 植物保护学通论[M]. 北京:高等教育出版社,2001.

中国科学院动物志编辑委员会. 中国经济昆虫志. 第二十一册:鳞翅目 螟蛾科[M]. 北京:科学出版社,1980.

【复习思考】

1. 球果种实类害虫与其他类型的害虫有何区别?
2. 试述蛾类种实害虫的主要防治方法。
3. 举例林木种实害虫的主要类型。
4. 阐述林木种实害虫的主要调查方法。

任务6.8 木材害虫防治

【任务介绍】

木材害虫是指危害成材、加工用材、建筑用材、家具用材等竹、木、藤材的害虫。该类害虫主要包括白蚁类、蠹虫类、天牛类。本任务以两种常见木材害虫为例,主要从其形态特征、生物学习性,以及木材虫害的防治方法进行介绍。

【教学目标】

知识目标

1. 了解木材害虫危害林木的主要特征。
2. 掌握常见木材害虫的形态特征、生活习性。
3. 熟悉木材害虫的防治方法。

技能目标

1. 能通过林木的危害症状正确鉴定木材害虫的类型。
2. 能正确掌握各类木材害虫防治措施。

【任务实施】

6.8.1 黄翅大白蚁(*Macrotermes barneyi*)

广布于浙江、江西、湖南、福建、广东、广西、云南等地,可危害杉木、水杉、刺槐、泡桐、板栗等多种树木,房屋及家具。

白蚁营巢于土中,取食树木的根茎部,并在树木上修筑泥被,啃食树皮,亦能从伤口侵入木质部危害。苗木被害后常枯死,成年树被害后,生长不良。此外,还能危及堤坝安全。

6.8.1.1 形态特征

多型性昆虫。有翅、成蚁头、胸和腹背面红褐色,前胸背板中央有一淡色的"+"形纹;翅黄色,足棕黄色。大兵蚁头部特别大,最宽处位在头壳的中后部,深黄色;上颚粗壮、镰刀状、黑色,右上颚无齿。小兵蚁体形比大兵蚁小得多,体色较淡;头卵形,后侧角圆形。

工蚁头圆形,棕黄色;胸腹浅棕黄色,前胸背板宽约为头宽的一半,前缘翘起;腹部膨大如橄榄形。小工蚁体色比大工蚁浅,其余与大工蚁略同。蚁后头、胸部黑褐色,无翅,腹部椭圆形,红褐色(图6-9)。

图 6-9 黑翅土白蚁(左) 黄翅大白蚁(右)

6.8.1.2 发生规律

白蚁属于具有社会性组织的害虫；常在地下筑巢，蚁巢有主、副巢之分，副巢大小不等，分布于主巢周围，主、副巢之间有蚁路相通。一巢中有不同形态的个体群，而且有明显分工。兵蚁负责保卫蚁巢，工蚁负责筑巢、采食和抚育幼蚁，蚁后和蚁王繁殖兵蚁和工蚁。除王族和补充王族只有一对或数对外，其余的兵、工蚁常有数百或数千至数百万头不等到。

在地下 1~2m 深处营巢，每年 4~6 月，有翅繁殖蚁进行分群繁殖，一般分飞 5~10 次，多在闷热或大雨前后的傍晚分飞出巢。经短期飞翔、脱翅、配对，然后在适当的地方入土筑新巢。营巢后 6~7d 开始产卵，卵期 40d 左右，若蚁经 4 个多月发育成工蚁，经 7~8 个月发育成有翅成蚁。有翅成蚁有趋光性。

白蚁类活动隐蔽，喜欢阴暗温暖潮湿的环境。在干旱季节，白蚁以取食植物来补充其所需的水分，因此，干旱天气白蚁危害严重。凡属于红、黄壤土的果园，白蚁易发生，受害较重；新荒地的果园，白蚁发生量大，受害较严重。白蚁的危害和树木体内所含的物质如单宁、树脂、酸碱化合物的状况以及树木生长好坏有十分密切的关系。黄翅大白蚁一般对含纤维质丰富，糖分和淀粉多的植物危害严重，对含脂肪多的植物危害较轻。树木本身对白蚁有一定的抗性，即是白蚁嗜好的树种，生长健壮，白蚁也很少危害。

6.8.1.3 防治方法

①农业防治 适时适地植树，在种植坑穴中施放适量石灰、草木灰或火烧泥土，可减少白蚁侵害苗木；根据其被泥蚁路、分飞孔，在树下、树干地下部分等处，寻找蚁路挖毁蚁巢。

②诱杀白蚁 灯光诱杀。在 4~6 月，掌握白蚁分飞时间，安装灯光诱杀有翅繁殖蚁；土坑诱杀。每 667m² 挖 10 个土坑，坑深 30~40cm、长宽各 40~50cm，坑内放松木皮、桉树皮、甘蔗渣、木薯茎等，并洒上稀的红糖水(或加少量洗米水)，然后用松针或稻草盖上，再用泥土铺平，以作诱饵。每 10~15d 检查一次，发现有大量白蚁时，即搬出烧掉，另换放新材料继续诱杀。若不搬走烧掉，可直接喷洒杀虫药剂，让白蚁带回蚁巢，使毒剂传至整个蚁群。

③保护与利用天敌。

④药剂防治　加强监测，一旦发现有蚁害，及时用药喷淋蚁巢、蚁路或受害植株根茎，或喷在土坑中的诱饵上。有效药剂包括：80%敌敌畏乳油500倍液，或50%氯丹乳油或25%七氯1 000倍液，或40%辛硫磷乳油500～600倍液，或48%乐斯本乳油1 000～1 500倍液，或喷灭蚁灵、砷剂灭蚁粉、60%～70%开蓬粉剂或自配的药粉（亚砷酸3.5份、水杨酸1份、红铁氧0.5份，或用亚砷酸8份、水杨酸1份、升汞0.5份、红铁氧0.5份）。

6.8.2　金缘吉丁（*Lampra limbata*）

6.8.2.1　分布与危害

分布于全国各地。主要危害梨、桃、苹果、杏、山楂、樱桃等。以幼虫在寄主枝干韧皮部和木质部之间蛀食，危害主干、大枝或2年生枝条。幼龄幼虫仅在皮层上蛀食，3龄后蛀入形成层，纵横串食，形成不规则较扁虫道，虫粪塞满蛀道。被害部位表皮变黑、凹陷、发软，后期裂开。严重时皮层被环食，造成主干环状剥皮，使整树枯死。成虫补充营养可咬食叶片，形成不规则的缺刻。

6.8.2.2　形态特征

卵　扁椭圆形，长约2mm，宽1.4mm。初时乳白色，后变为黄褐色。

幼虫　老熟幼虫体长30～35mm，黄白或乳白色。体扁平，头小，胸部第1节显著宽大，上有黄褐色"人"字纹。腹部细长。节间凹进，第一腹节最细。

蛹　体长15～20mm，纺锤形略扁平，由乳白渐变黄，羽化前与成虫相似。

成虫　体长13～17mm，宽约6mm。体纺锤形略扁，密布刻点，翠绿色有金黄色光泽。复眼黑色。前胸背板上有5条蓝黑条纹，鞘翅上有蓝黑色条纹10余条，前胸至翅鞘前缘有条金黄色纵条纹并有金红色银边（图6-10）。

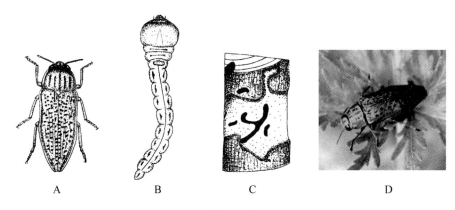

图6-10　金缘吉丁（仿王志明）
A、D. 成虫　B. 幼虫　C. 被害状

6.8.2.3　生物学及习性

1～3年完成1代，以大小不同龄期的幼虫在被害枝干的皮层下或木质部的蛀道内越冬。寄主萌芽时开始危害，3月下旬开始化蛹，5～6月可见成虫。成虫有假死性，产卵于树皮缝内。6月初孵化为幼虫，幼虫孵化后即蛀入树皮内，渐蛀入皮层下危害，螺旋形蛀

食。虫道绕枝干一周后，造成枝干枯死。9月以后、幼虫蛀入木质部或在较深的虫道内越冬。

6.8.2.4 防治方法

①于树木休眠期刮粗翘皮，特别是主干、主枝的粗树皮，可消灭部分越冬幼虫。

②及时清除死树死枝并烧掉。减少虫源。

③成虫发生期，利用其假死性，清晨振落捕杀成虫。

④成虫发生期可喷20%速灭杀丁1mL对水1 500~2 000mL、80%敌敌畏1mL对水1 000mL或50%对硫磷1mL对水1 200~1 500mL等菊酯类或有机磷类杀虫剂进行防治。

⑤幼虫危害处易于识别，可用药剂涂抹被害处表皮，毒杀幼虫效果很好、可用80%敌敌畏1mL对水20mL煤油液或敌敌畏1mL对水5~10mL、25%喹硫磷1mL对水8~12mL等涂抹防治。

【任务小结】

木材害虫肠道内含有很多共生原生动物和细菌，因而有很强的消化木材纤维素的功能。同时由于木材害虫生境特殊，生活隐蔽，防治难度较大。该类昆虫主要包括等翅目的白蚁、鞘翅目的粉蠹、长蠹、窃蠹和天牛等。本任务以白蚁和吉丁虫为代表。介绍了常见害虫的形态、生活史及习性和防治方法。

【拓展提高】

方三阳. 森林昆虫学[M]. 哈尔滨：东北林业大学出版社，1988.
李成德. 森林昆虫学[M]. 北京：中国林业出版社，2004.
张执中. 森林昆虫学(第2版)[M]. 北京：中国林业出版社，1997.

【复习思考】

1. 简述木材害虫有哪几类？各有哪些防治方法？
2. 木材害虫的检疫防治工作包括哪些方面？
3. 如何预防木材害虫对林木造成危害？
4. 如何根据木材害虫的生活史及习性来选择适宜的防治措施？

任务6.9　竹子害虫防治

【任务介绍】

根据害虫的取食方式和取食部位，可将竹子害虫分为竹笋害虫、嫩竹害虫、食叶害虫和竹材害虫。其中，竹笋害虫主要包括竹象、竹笋夜蛾、竹笋蝇等；嫩竹害虫主要为刺吸类害虫，包括蟓、蚧、沫蝉等共计330余种。本任务主要介绍危害立竹及竹材的主要害虫种类以及这些害虫的分布、寄主、形态、生活史及习性和防治方法。

【教学目标】

知识目标

1. 了解竹子害虫危害林木的主要特征。
2. 掌握常见竹子害虫的形态特征、生活习性。
3. 熟悉竹子害虫的防治方法。

技能目标

1. 能通过林木的危害症状正确鉴定竹子害虫的类型。
2. 能正确掌握各类竹子害虫防治措施。

【任务实施】

6.9.1 长足大竹象(*Gyrtotrachelus buqueti*)

又名竹横锥大象,象虫科,锥大象甲属。危害竹、水竹、绿竹、崖州竹、慈竹、青皮竹等。成虫、幼虫均取食竹笋,造成大量退笋、断头竹和畸形竹。一般被害率在10%~20%以上,若与竹直锥大象混合为害,严重时被害率可达90%以上。

6.9.1.1 形态特征

卵 长椭圆形,长径4~5mm,初为乳白色,后变为乳黄色。卵壳表面光滑无斑纹。

幼虫 初孵幼虫体长5mm,全体乳白色,以后头壳渐变为黄褐色,体节不明显。老熟幼虫体长46~55mm,前胸背板有黄色大斑,斑上有一"八"字形褐斑。

蛹 体长35~51mm,蛹初为橙黄色,后渐变为土黄色。外有一个泥土结成的长椭圆形茧。

成虫 雌成虫体长26~38mm,雄成虫体长25~40mm。体色为橙黄色、黄褐色或黑褐色。头管自头部前方伸出,长10~12mm。触角膝状,着生于头管后方两侧沟槽中。前胸背板呈圆形隆起,前缘有约1mm宽的黑色边,后缘有一箭头状的黑斑。鞘翅上有9条纵沟、外缘圆,臀角有一尖刺,前足腿节、胫节比中足腿节、胫节长,前足胫节内侧密生一列棕色毛(图6-11)。

图6-11 长足大竹象

6.9.1.2 生活习性

1年发生1代,以成虫在土中蛹室内越冬。翌年5月下旬、6月上旬成虫出土,8月为出土盛期,一天中出土时间多为6:00~9:00、16:00~19:00。成虫初出土时,行动迟缓，1~2d后咬食笋肉作为补充营养。成虫活动时间多为8：00~12：00、15：00~18：00，中午及雨天隐蔽于叶背或杂草落叶下，雨后天晴活动最盛。成虫有假死性，受振动后即坠落地面，腹部向上，经片刻再爬起飞走，亦有少数成虫，在坠落途中即展翅飞去。成虫寿命50~70d。竹林中成虫于10月上旬绝迹。成虫进行补充营养2d后，即行交尾。交尾时，雌成虫多在竹笋上取食，雄成虫飞来在其体侧停息片刻，然后交尾，也有数头雄成虫争与一雌虫交尾的。雌雄成虫均可以多次交尾。交尾后随即产卵，产卵时先寻觅径粗2cm以上的笋，在其中部啄一产卵孔，孔外表近圆形，有纤维外露，内为3mm×5mm的一椭圆形穴，深达笋肉，最深可达10mm。每穴产卵1粒，最多一笋可产卵3粒，雌虫产卵期长达半个月，共产卵35~40粒。卵经3~4d孵化，孵化前，一端可见两个小红点。幼虫孵出后向上蛀食，1~3d后，从产卵孔中流出青色液体，3~4d流出黑色液体。幼虫向上蛀食路线为"Z"字形，直到笋尖，再向下蛀食，将竹笋上半段笋肉吃光，一条幼虫可吃食笋20~30cm，被害竹笋不能成竹。幼虫在笋中蛀食9~14d后老熟，老熟幼虫均在上午于竹笋中部将笋咬成直径8mm左右的圆孔，爬出落地，沿坡滚动，若受阻即爬行，幼虫爬行迅速，寻找适当地点入土，入土时以上颚松土并用头向下钻，余土在入土处堆成一圈，并从地面拉入一些杂草及树叶碎片，合土建成土室，浅者只有9cm，深者可达63cm，一般多为20~30cm。幼虫3~11d化蛹，蛹期11~15d。

主要分布在我国广东、广西、福建、浙江、湖南、四川、陕西、江西、台湾等地。

6.9.1.3 防治方法

①竹笋套罩　用竹丝等材料做成圆锥形罩，自5月上旬开始，将刚出土的竹笋套上罩，可以防止成虫产卵危害。

②捕杀成虫　结合冬垦杀死土中的成虫。成虫出土后，中午隐藏在阴凉的竹叶底下，可捕捉杀死。

③药剂防治　成虫产卵期用90%敌百虫500倍液或50%滴滴畏1 000倍液，喷洒笋尖，每7d喷1次即可。用40%乐果乳剂3~6倍液，在成虫产卵后5d内涂刷虫孔（成虫产卵后1d，虫孔新鲜，青而湿；2d灰白带青；3d灰黑色而干燥；4d只露少量纤维；5d不见纤维，只见虫粪），防效显著。

6.9.2　竹笋禾夜蛾(*Oligia vulgaris*)

鳞翅目(Lepidoptera)，夜蛾科(Noctuidae)。多分布在地面杂草多的竹林，为竹类笋期的主要害虫之一。幼虫蛀食毛竹、淡竹、刚竹、哺鸡竹、雷竹、水竹等经济类竹笋，发生严重地区，大量竹笋被害不能成竹，即使成竹，亦断头折梢。

6.9.2.1　形态特征

卵　近圆形，长约0.5mm。

幼虫　共有5龄，头部红橙色，体紫褐色，龄期愈大体色愈深，背线细，亚背线较宽，第5节的亚背线前半段缺。老熟幼虫体长26~45mm。

蛹　红褐色，长20mm。

成虫　灰褐色，体长17~20mm左右，翅展约38~43mm。头部及胸部黄褐色，颈板、翅基片黑棕色；腹部淡褐灰色；前翅淡褐色，前翅基部有一个三角形的褐色斑，亚端区前缘有一漏斗形大褐斑，基线褐色，从褐斑中穿过，内线双线褐色，波浪形，环形及肾纹黄白色,肾纹外缘白色,中线褐色,粗,锯齿形,后端与外线相连接,外线黄白色,锯齿形,齿尖为褐点和白点,肾纹与外线之间有明显褐斑,亚端线黄白色,在 2、5 脉处内凸,在 5 脉处内、外侧均有黑尖纹,端线为一列黑棕色长点,亚端线与端线间的后半带棕色;翅面还有不明显的支持齿状横纹数条。后翅褐色,基部微黄。

6.9.2.2 生活习性

1 年 1 代,以卵越冬。成虫白天静伏于林间杂草、落叶下,夜晚活动,雨天亦少活动。有趋光性,以 21:00~24:00 扑灯最多。成虫交尾时受惊不分开,双双逃离。产卵时雌成虫飞到禾本科杂草丛中,在近枯死草叶边缘,产卵 1 条,草叶枯死自然卷曲,将卵裹卷包起。卵抗逆能力强,孵化率达 82%~98%。初孵幼虫爬行能力很强,能吐丝转移,从杂草嫩茎基部蛀入往上取食。小幼虫很耐饥饿,20 余天不会饿死。4 龄后幼虫不耐饥饿,一旦断食,很快死亡。4 月上、中旬,毛竹笋出土,幼虫钻出草茎,爬上毛竹笋,并迅速爬上笋顶端小叶,蛀入取食。幼虫在笋内可纵横取食,随着竹笋生长,幼虫咬穿竹笋节隔上爬,取食笋梢幼嫩部分。该虫危害轻重,主要与林地禾本科及莎草科杂草的多寡有关,地面杂草多的,竹笋的被害率可高达 90% 以上;杂草少的,被害率可下降到 10%;没有杂草的竹林,竹笋均不受害。

6.9.2.3 防治方法

①加强抚育工作,除草培土,可促进竹林丰产和消灭越冬卵。

②及早挖去被害的退笋,杀死笋中幼虫。

③对于用材竹林出笋后,用敌百虫 50% 可湿性粉剂,释稀成 1 000 倍液,或二二三乳剂 200 倍液喷洒林地 2~3 次,杀虫保笋。

【任务小结】

竹子种类众多,分布广,害虫种类也多。全国目前已记载危害竹子的害虫有 630 余种,其中有 60 多种先后在全国各竹区周期性或暴发性大发生,严重影响竹林的生产力和竹产业的发展。本任务主要介绍危害我国立竹及竹材的主要害虫,包括其分布、寄主、形态、生活史及习性和防治方法等,做到竹子害虫的防治,应因林而异,以竹林生产管理为主,保证竹林有合理的密度和通风透光,使立竹生长健壮,对害虫有防御能力。

【拓展提高】

中南林学院. 经济林昆虫学[M]. 北京:中国林业出版社,1986.

徐天森,王浩杰. 中国竹子主要害虫[M]. 北京:中国林业出版社,2004.

蒋平,徐志宏. 竹子病虫害防治彩色图谱[M]. 北京:中国农业科技出版社,2005.

赵仁友. 竹子病虫害防治彩色图鉴[M]. 北京:中国农业科技出版社,2006.

【复习思考】

1. 根据害虫的取食方式和取食部位,竹子害虫可分为哪几类?
2. 请思考竹子害虫与其他林木害虫防治的区别?
3. 笋期害虫主要类群及其重要种类有哪些?
4. 简述竹象的发生规律与关键防治措施。

单元 3
林业其他灾害

项目 7　森林灾害防治与应对

常见的林业灾害除了基本的病害、虫害之外，还包括森林火灾、鼠害、冰雪灾害等。在一些特定的区域和环境之下，这些灾害对森林的威胁甚至还要远远大于常见的病害和虫害，比如川西北地区的鼠害正在逐年加重。本单元对以上几种灾害进行一一介绍，使读者更加全面的认识森林保护工作的复杂性和艰巨性。

项目 7
森林灾害防治与应对

　　森林防火工作是中国防灾减灾工作的重要组成部分,是国家公共应急体系建设的重要内容,是社会稳定和人民安居乐业的重要保障,是加快林业发展,加强生态建设的基础和前提,事关森林资源和生态安全,事关人民群众生命财产安全,事关改革发展稳定的大局。森林鼠害对林业生产和森林生态系统造成极大破坏,要应对森林鼠害,必须了解森林鼠害危害的主要类型及其特征,分析鼠害发生的原因和规律,掌握鼠害防治的措施和防治时间的选择。林业冰雪灾害作为区域性发生频率较低的一类自然灾害,其发生后,将对林木造成极大的损伤和破坏,包括机械伤和冻害伤。

任务 7.1　森林火灾预防

【任务介绍】

森林火灾是森林经营过程中危害性较大的灾害之一，通过对森林火灾的概念、分类、成因进行分析，使学生能够熟练掌握森林火灾预防、林火灾扑救的原理及方法、林火监测及预警预报系统建设、熟悉林区日常防火管理制度。

【教学目标】

知识目标

1. 熟悉森林火灾的概念、分类及成因，明确森林火灾预防、监测及预警系统的原理。
2. 掌握森林火灾防治方法、监测及预警系统的建设。

技能目标

1. 能掌握林火防治的方法。
2. 会编写林火调查报告书。

【任务实施】

7.1.1　森林火灾

森林火灾广义上，凡是失去人为控制，在林地内自由蔓延和扩展，对森林、森林生态系统和人类带来一定危害和损失的林火行为都称为森林火灾。狭义上是指森林火灾是一种突发性强、破坏性大、处置救助较为困难的自然灾害。森林防火工作是中国防灾减灾工作的重要组成部分，是国家公共应急体系建设的重要内容，是社会稳定和人民安居乐业的重要保障，是加快林业发展，加强生态建设的基础和前提，事关森林资源和生态安全，事关人民群众生命财产安全，事关改革发展稳定的大局。简单地说，森林防火就是防止森林火灾的发生和蔓延，即对森林火灾进行预防和扑救。预防森林火灾的发生，就要了解森林火灾发生的规律，采取行政、法律、经济相结合的办法，运用科学技术手段，最大限度地减少火灾发生次数。扑救森林火灾，就是要了解森林火灾燃烧的规律，建立严密的应急机制和强有力的指挥系统，组织训练有素的扑火队伍，运用有效、科学的方法和先进的扑火设备及时进行扑救，最大限度地减少火灾损失。

森林火灾是森林最危险的敌人，也是林业最可怕的灾害，它会给森林带来最有害、最具有毁灭性的后果。森林火灾不但烧毁成片的森林，伤害林内的动物，还降低森林的繁殖能力，引起土壤的贫瘠和破坏森林涵养水源的作用，甚至会导致生态环境失去平衡。尽管当今世界的科学在日新月异地向前发展，但是，人类在制服森林火灾上，却依然尚未取得长久的进展。

7.1.1.1 火灾种类

根据森林火灾燃烧中央地点，蔓延速度，受害部位和程度，大致可把森林火灾分为三大类：一是地表火；二是树冠火；三是地下火。

以受害森林面积大小为标准，森林火灾分为以下四类：

①森林火警　受害森林面积不足 1 hm² 或其他林地起火（包括荒火）；
②一般森林火灾　受害森林面积 1 hm² 以上不足 100 hm² 的；
③重大森林火灾　受害森林面积 100 hm² 以上不足 1 000 hm² 的；
④特大森林火灾　受害森林面积 1 000 hm² 以上的。

7.1.1.2 火灾原因

森林火灾的起因主要有两大类：人为火和自然火。

(1)人为火

①生产性火源　农、林、牧业生产用火，林副业生产用火，工矿运输生产用火等；
②非生产性火源　如野外炊烟，做饭，烧纸，取暖等；
③故意纵火　燃烧干草，燃放爆竹礼花等。

在人为火源引起的火灾中，以开垦烧荒、吸烟等引起的森林火灾最多。在我国的森林火灾中，由于炊烟、烧荒和上坟烧纸引起的火灾占了绝对数量。

(2)自然火

包括雷电火、自燃等。由自然火引起的森林火灾约占我国森林火灾总数的 1%。

7.1.1.3 形成火灾的三要素

(1)起火条件

包括森林可燃物、火源和氧气（助燃物）；而环境的温度、湿度和单位可燃的载量决定了火灾是否蔓延。在森林可燃物和火源具备的情况下，林火能否发生主要取决于火险天气。一般来说，火险天气是指有利于发生森林火灾的气候条件，如气温高、降水少、相对湿度小、风大、长期干旱等。

(2)森林可燃物

森林中所有的有机物质，如乔木、灌木、草类、苔藓、地衣、枯枝落叶、腐殖质和泥炭等都是可燃物。其中，有焰燃烧可燃物又称明火，能挥发可燃性气体产生火焰，占森林可燃物总量 85%~90%；其特点是蔓延速度快，燃烧面积大，消耗自身的热量仅占全部热量的 2%~8%。无焰燃烧可燃物又称暗火，不能分解足够可燃性气体，没有火焰，如泥炭、朽木等，占森林可燃物总量的 6%~10%；其特点是蔓延速度慢，持续时间长，消耗自身的热量多，如泥炭可消耗其全部热量的 50%，在较湿的情况下仍可继续燃烧。

(3)火源

不同森林可燃物的燃点温度各异。干枯杂草燃点为 150~200 ℃，木材为 250~300 ℃，要达到此温度需有外来火源。火源按性质可分为：

①自然火源　有雷击火、火山爆发和陨石降落起火等，其中最多的是雷击火，中国黑龙江大兴安岭、内蒙古呼盟和新疆阿尔泰等地区最常见。
②人为火源　绝大多数森林火灾都是人为用火不慎而引起，约占总火源的 95% 以上。人为火源又可分为生产性火源（如烧垦、烧荒、烧木炭、机车喷漏火、开山崩石、放牧、狩猎和烧防火线等）和非生产性火源（如野外做饭、取暖、用火驱蚊驱兽、吸烟、小孩玩

火和坏人放火等）。

森林火灾的发生、蔓延和火灾的强度，都有其规律性。森林火灾的发生除上述3个条件外，还与天气（如高温、连续干旱、大风等）有密切关系。热带雨林中常年降雨，林内湿度大，植物终年生长，体内含水量大，一般不易发生火灾。但其他森林不论在热带、温带和寒带地区都有可能发生火灾。一般具有下述变化规律：

①年周期性变化　降水多的湿润年一般不易发生火灾。森林火灾多发生在降水少的干旱年，由于干旱年和湿润年的交替更迭，森林火灾就有年周期性的变化。

②季节性变化　凡一年内干季和湿季分明的地区，森林火灾往往发生在干季。这时雨量和植物体内含水量都少，地被物干燥，容易发生火灾，称为火灾季节（防火期）。中国南方森林火灾多发生在冬、春季，北方多发生在春、秋季。

③日变化　在一天内，太阳辐射热的强度不一，中午气温高，相对湿度小，风大，发生森林火灾的次数多；早晚气温低，相对湿度大，风小，发生森林火灾的次数少。

此外，森林火灾还和可燃物的性质有关：细小的干枯杂草和枯枝落叶等是最易燃烧的危险引火物，干燥和死的可燃物较潮湿或活的可燃物易燃，含大量树脂的针叶树和樟树、桉树等阔叶树较一般阔叶树易燃。郁闭度大的林分林内潮湿，不易发生火灾；反之，则易发生火灾。森林火灾和地形因子也有关系，如阳坡日照强，林地温度高，林内可燃物易干燥，陡坡降水易流失，土壤水分少，都易发生火灾。

7.1.1.4　森林火灾的发生过程和规律

（1）预热阶段

在外界火源的作用下，可燃物的温度缓慢上升，蒸发大量水蒸气，伴随产生大量烟雾，部分可燃性气体挥发，可燃物呈现收缩和干燥，处于燃烧前的状态。气体燃烧阶段。随着可燃物的温度急骤增加，可燃性气体被点燃，发出黄红色火焰，并产生二氧化碳和水蒸气。木炭燃烧阶段。木炭燃烧即表面碳粒子燃烧，看不到火焰，只有炭火，最后产生灰分而熄灭。

（2）蔓延规律

林火的蔓延主要与热对流、热辐射和热传导等3种热传播形式有关。热对流是由于热空气上升，周围冷空气补充而在燃烧区上方形成对流烟柱。可集聚燃烧热量的近3/4。它在强风的作用下，往往是使地表火转为树冠火的主要原因。热辐射是地表火蔓延的主要传热方式。它以电磁波的形式向四周直线传播，其传热与热源中心平方距离成反比。热传导是可燃物内部的传热方式，其传热快慢决定于可燃物导热系数的大小，是地下火蔓延的主要原因。火的蔓延速度和风速的平方成正比，在山地条件下，由下向上蔓延快，火势强，称冲火；由山上向下蔓延慢，火势弱，称坐火。蔓延速度最快、火势最强的部分为火头，蔓延速度最慢与火头方向相反的部分为火尾；介于火头与火尾两侧的部分为火翼。接近火头部分的火翼蔓延较快，而接近火尾的火翼部分蔓延较慢。在平坦地，无风时火的初期蔓延形状为圆形或近似圆形；大风时则为长椭圆形，其长轴与主风方向平行；在主风方向不定时（30°~40°变化）常呈扇形。在山岗地形蔓延时，火向两个山脊蔓延较快，而在沟谷中蔓延较慢，常呈凹形或鸡爪形。

7.1.1.5　火灾强度

森林火灾强度不一，高强度的火具有上升对流烟柱和涡流，能携带着火物传播到火头前的远方，产生新的火点和火场，称为飞火，危害极大，是森林大火灾和特大火灾的特征，很难扑救。低强度的火，没有对流烟柱，火焰小，平面发展，人能靠近扑打。林火强度用火烽前单位长度所释放的功率来表示(kW/m)。一般采用美国物理学家 G. M. 拜拉姆的公式来计算，即

$$I = 0.007HWR$$

式中，I 为火线强度(kW/m)；H 为热值(J/g)；W 为有效可燃物量(t/hm^2)；R 为蔓延速度(m/min)。

影响林火蔓延和强度的因素很多，主要有可燃物的种类、数量和含水率，地形变化和立地条件的干湿程度以及风速的大小等。

7.1.1.6 火情种类

一般分为地表火、树冠火和地下火 3 种。

（1）地表火

火沿林地表面蔓延，烧毁地被物，危害幼树、灌木、下木，烧伤大树干基部和露出地面的树根等。一般温度在 400℃ 左右，烟为浅灰色，约占森林火灾的 94%。按其蔓延速度和危害性质又分为两类：急进地表火，蔓延快，通常每小时达几百米至千余多米，燃烧不均匀，常留下未烧地块，危害较轻，火烧迹地呈长椭圆形或顺风伸展呈三角形；稳进地表火，蔓延慢，一般每小时仅几十米，烧毁所有地被物，乔灌木低层枝条也被烧伤，燃烧时间长，温度高，危害严重，火烧迹地呈椭圆形。

（2）树冠火

火沿树冠蔓延，主要由地表火在强风的作用下引起。破坏性大，能烧毁针叶、树枝和地被物等，一般温度在 900℃，烟柱可高达几千米，常发生飞火，烟为暗灰色，不易扑救，约占森林火灾的 5%，多发生在长期干旱的针叶林内，一般阔叶林内不大发生。按其蔓延速度和危害程度又分为两类。急进树冠火又称狂燃火，蔓延速度快，火焰跳跃前进，顺风每小时可达 8~25km，树冠火常将地表火远远抛在后面，形成上下两股火，火烧迹地呈长椭圆形。稳进树冠火又称遍燃火，蔓延速度慢，顺风每小时为 5~8km，树冠火与地表火，上下齐头并进，林内大部分可燃物都被烧掉，是森林火灾中危害最严重的一种。火烧迹地为椭圆形。

（3）地下火

又称泥炭火或腐殖质火。火在林地的腐殖质层或泥炭层中燃烧，地表看不见火焰，只见烟雾，蔓延速度缓慢，每小时仅 4~5m，持续时间长，能持续几天、几个月或更长，可一直烧到矿物质层或地下水层。破坏性大，能烧掉土壤中所有的泥炭、腐殖质和树根等，不易扑灭。火烧后林地往往出现成片倒木。火烧迹地呈环形。多发生在特别干旱的针叶林地内。地下火约占森林火灾的 1%。

世界上 95% 的森林火灾属于中度和弱度，较易控制和扑救，约有 5% 的森林大火和特大火灾很难控制和扑救，为世界各国森林经营中急待解决的重大课题。

分别利用树干熏黑高度及其转换后的火强度与虫害发生数量进行一元线性回归分析，结果表明二者与虫害发生数量间的线性关系较显著，火强度与虫害发生数量的线性关系更显著。

7.1.2 森林火灾预防

森林火灾预防是林火管理的重要组成部分，森林火灾预防工作的主要任务是通过各种林火管理措施，减少森林火灾的发生和降低森林火灾造成的损失。森林火灾预防一般包括森林防火行政管理、林火预测预报、林火监测、林火通信和林火阻隔等内容。

森林火灾危害大，扑灭困难，将火灾消灭在萌芽状态就显得尤为重要。森林火灾因为常常处在深山中，不易发现，故而发现火灾对于及早扑灭火灾具有重要意义。

7.1.2.1 林火行政管理

林火行政管理是林火行政管理机构根据有关法律赋予的职责，通过宣传，提高公民的森林防火意识，同时依法进行火源管理，减少森林火灾的发生所开展的行政行为。本节主要介绍林火行政管理的组织机构、森林防火宣传教育方法、林火管理的有关法律和火源管理等内容。

7.1.2.2 组织机构

不同国家的林火管理机构因国情和经济制度不同而有所差异，不同时期的设置也有所变化。我国林火行政管理在不同历史时期变化较大。下面介绍的是目前我国的林火管理行政机构的设置。

由于我国目前的林火管理机构是以防火为主，所以机构名称还沿用"森林防火"一词。我国《森林防火条例》规定，森林防火工作实行各级人民政府行政领导负责制，各级人民政府要把森林防火工作列为重要任务，实行统一领导、综合防治。国家和地方各级人民政府设立森林防火指挥部，由政府主要领导或主管领导任指挥部总指挥，有关部门和当地驻军领导为指挥部副总指挥、成员。森林防火指挥部是同级人民政府的森林防火指挥机构，负责本行政区的森林防火指挥部是同级人民政府的森林防火指挥机构，负责本行政区的森林防火工作。县级以上森林防火指挥部在林业行政主管部门设立办公室，办公室是森林防火指挥部的办事部门，配备专职干部，负责森林防火的日常工作。

因此，我国目前的森林防火机构从上到下可分为国家、省、市、县等层次，在国家层次上，在国家林业局内设有国家森林防火指挥部办公室，负责协调、指导全国的森林防火工作，目前和森林公安局合在一起。一些省（自治区、直辖市）的林业行政主管机关内设有独立的森林防火指挥部办公室，另一些省（自治区、直辖市）的将森林防火与森林公安合在一起。市、县的林火行政管理机构与省（自治区、直辖市）相似。

在国有森工企业和国有林场也设有相应的林火管理机构，如黑龙江省森工总局及其所属的林业局和林业局下面的林场都设有林火管理机构。在森工企业，从总局、林业管理局、林业局、林场都设有森林防火指挥部办公室，专门负责林火行政管理。在国有林场层次，一般也设有森林指挥部和防火办，配备专门的防火人员。

另外，根据需要，经批准，可设立森林防火检查站、航空护林站和边境、边界森林防火联防站。在重点林区，驻有武警森林部队，建立专业扑火队。有林单位和林区基层单位，配备专职护林员。

7.1.2.3 宣传教育

森林防火宣传教育工作的目的是提高公众的森林防火意识、了解森林防火常识、增强森林防火的自觉性。在林区，特别是防火季节，对进入林区的人员加强森林防火宣传是必须的。

森林防火宣传教育从各地实际出发,以野外火源管理为中心,紧密结合各项森林防火工作进行。主要内容包括:

①森林火灾的危险性、危害性;

②森林防火的各种规章制度,包括党和国家关于森林防火的方针、政策、法律及各地方有关森林防火的规章制度;

③林火预防和扑救林火的基本知识;

④森林防火的先进型和火灾肇事的典型案例。

森林防火的宣传教育要做到经常、广泛、深入,被群众喜闻乐见,必须采取多种手段、多种形式进行。例如,发表具有权威性的文件、通知、命令,如政府发布的森林防火命令、指示,领导发表的关于森林防火的讲话、文章;利用广播、电视、报刊等新闻媒体开展森林防火宣传教育,具有及时性、广泛性的特点;在交通要道和重点林区建立森林防火宣传牌、匾、碑等,具有持久性;印制森林防火宣传单、宣传函、宣传手册,举行森林防火知识竞赛,出动宣传车,开展森林防火宣传日、宣传周活动等,具有群众性;进入森林防火戒严期,悬挂森林火险等级旗和防火警示旗,具有针对性。许多地区还从青少年抓起,在小学开设森林防火教育课程,通过小学生给家长写信的形式宣传防火,提高防火的自觉性。

7.1.2.4 依法治火

森林防火工作本质上是抢险救灾活动,这一特点要求林火行政管理具有法定的权威性,依法治火非常重要。1984年制定的《森林防火条例》给森林防火工作以法律的保障,对我国的森林防火工作的发展起到巨大的促进作用,为适应新形势需要,有关部门对《森林防火条例》进行了修正。

依法治火,就是使森林防火工作有法可依,并依据法律手段加强对森林防火工作的管理。为此,要坚定树立法制观念,改变过去单纯用行政手段抓防火而不重视法律手段在森林防火工作中的调控作用的思想,告诫群众防火期进山烧荒、野炊、吸烟等活动是违法的,从而提高他们的法律意识,加强防火的自觉性。同时不断完善法律法规,以适应不断发展变化的形势。同时加强执法力度,加大火灾案件查处力度,做到见火就查、违章就罚、犯罪就抓,绝不姑息迁就,通过法律的威慑力,促进森林防火工作的开展。

7.1.2.5 火源管理

火源管理主要针对各种火源,通过各种管理手段,减少森林火灾火源,降低林火发生的可能性。由于我国95%以上的森林火灾是由人为火源引起的,火源管理的主要对象是人为火源。为管好火源,必须做到:

①认清形势　在发展社会主义市场经济的新形势下,人为火源明显增多。开垦耕地,开发农田烧荒,入林从事生产、旅游、狩猎、野炊等;野外吸烟,上坟烧纸等屡禁不止;故意纵火也值得引起警惕。

②落实责任　采用签订责任状、防火公约、树立责任标牌等形式,把火源管理的责任落实到人头、林地。一般采取领导包片、单位包块、护林员包点。加强火源管理的责任心,严格检查,杜绝一切火种入山,消除火灾隐患。

③抓住重点　进一步完善火源管理制度,有针对性强化火源管理力度。火源管理的重

点时期是防火戒严期和节假日，火源管理的重点部位是高火险地域、旅游景点、保护区、边境。火源管理的重点是进入林区的外来人员、小孩和智障人员。

④齐抓共管　火源管理是社会性、群众性很强的工作，必须齐抓共管，群防群治。各有关部门要在当地政府的领导下积极抓好以火源管理为主要内容的各项防火措施的落实。在发挥专业人员、专业队伍的同时，发动群众实行联防联包，自觉地做到"上山不带火，野外不吸烟"。

火源管理方法很多，下面对目前我国常用的技术方法进行介绍。

(1) 火源分布图和林火发生图的绘制

火源分布图的制定应根据当地10～20年的森林火灾资料分别林业局、林场和一定面积为单位绘制，目前一些地方还在使用纸面图表，今后应逐渐过渡到利用地理信息系统来建立绘制地区的森林火灾历史资料库，分别不同年代绘制火源分布图，在具体火源管理中，根据要求进行参考。在具体绘制方法上，无论采用何种工具，或依据哪一级单位绘制，都一定要换算成相等面积万公顷或 $10 \times 10^4 \mathrm{hm}^2$ 来计算，然后找出该林区的几种主要火源，依据不同火源，按林场、林业局或一定面积计算火源平均出现的次数，然后按次数多少划分不同火源出现等级。火源出现等级可以用不同颜色表示，例如，一级为红色、二级为浅红色、三级淡黄、四级黄色、五级为绿色。级别多少可以自定。绘制更详细的火源分布图，需按月份划分，而且一定要有足够数量的火源资料。采用相同办法也可绘制林火发生图。从火源分布图与林火发生图上，可以一目了然地掌握火源分布范围和林火发生的地理分布，以此为依据采取相应措施，有效管理和控制林火发生。

(2) 火源目标管理

目标管理是现代化经济管理的一种方法，它可以用于火源目标管理，实施后能取得明显效果。首先应制定火源控制的总目标。例如，要求使该林区火源总次数下降多少，然后按照各种不同火源分别制定林火下降目标，再依据下降的目标制定相应的保证措施。采用火源目标管理，可使各级管理人员目标明确，措施得力，有条不紊地实现目标。因此，采用火源目标管理是一种有效地控制火源的方法。

(3) 火源区管理

为了更好控制和管理火源，应划分火源管理区。火源管理区可作为火源管理的单位，同时也可以作为防火、灭火单位。划分火源管理区应考虑：

①火源种类和火源数量；
②交通状况、地形复杂程度；
③村屯、居民点分布特点；
④森林燃烧性。

火源管理区一般可分为三类。一类区为火源种类复杂，数量和次数超过了该地区火源数量的平均数，交通不发达，地形复杂，森林燃烧性高的林分比较多，村屯、居民点分散、数量多，火源难以管理；二类区火源种类一般，数量为该地区平均水平，交通中等，地形不复杂，村屯、居民点比较集中，火源比较好管理；三类区火源简单，数量较少，低于该地区平均水平，交通发达或比较发达，地形不复杂，森林燃烧性低的林分较多，村屯、居民点集中，火源容易管理。

火源管理区应以县或林业局为划分单位，然后按林场或乡划分不同等级的火源管理区，再按不同等级制定相应的火源管理、防火和灭火措施。

(4) 严格控制火源

在林区进入防火季节，要严防闲杂人员进山，在防火季节应实行持证入山制度以加强对入山人员的管理。在进山的主要路口设立森林防火检查站，依法对进山人员进行火源检查，防止火种进山。严格禁止在野外吸烟和野外弄火。不发放入山狩猎证，禁止在野外狩猎。在防火关键时期，林区严禁一切生产用火和野外作业用火。对铁路弯道、坡道和山洞等容易发生火灾的地段，要加强巡护和瞭望，以防森林火灾发生。

7.1.2.6 林火预报

林火预报是林火管理工作中的重要环节，通过林火预报，可以掌握未来的火险形式，使森林火灾预防工作更加有的放矢。

(1) 林火预报的概念

林火预报指通过测定和计算某些自然和人为因素来预估林火发生的可能性、林火发生后的火行为指标和森林火灾控制的难易程度。其中，用来估算林火发生可能性和火行为等的因素包括气象要素、可燃物因子、环境因子等，林火发生的可能性通过火险等级、着火概率等表现出来，火行为一般包括蔓延速度、林火强度等指标。

(2) 林火预报类型

林火预报一般可分为火险天气预报、林火发生预报和林火行为预报3种类型。3种林火预报类型所考虑的因子的大致模式为：

气象要素 = 火险天气预报

气象要素 + 植被条件(可燃物) + 火源 = 林火发生预报

气象要素 + 植被条件 + 地形条件 = 林火行为预报

①火险天气预报 主要根据能反应天气干湿程度的气象因子来预报火险天气等级。选择的气象因子通常有气温、相对湿度、降水、风速、连旱天数等。它不考虑火源情况，仅仅预报天气条件能否引起森林火灾的可能性。

②林火发生预报 根据林火发生的3个条件，综合考虑气象因素(气温、相对湿度、降水、风速、连旱天数等)、可燃物状况(干湿程度、载量、易燃性等)和火源条件(火源种类和时空格局等)来预报林火发生的可能性。

③火行为预报 在充分考虑天气条件和可燃物状况的基础上，还要考虑地形(坡向、坡位、坡度、海拔高度等)的影响，预报林火发生后火蔓延速度、火强度等一些火行为指标。

7.1.2.7 林火预报因子

林火预报因子多种多样。但按照其性质可划分为稳定因子、半稳定因子和变化因子3种类型。

(1) 稳定因子

稳定因子指随时间变化，不随地点变化，对林火预报起长期作用的环境因素。主要包括气候区、地形条件、土壤条件。

①气候区 对某一地区来讲，其气候是相对稳定的。例如，季寒冷干燥，夏季高温多湿等基本保持不变，特别年份除外。气候区反映某一区域的水热条件和植被分布，进而影响天气条件和可燃物分布。在同一气候区内火险天气出现的季节和持续时间长短基本

一致。

②地形条件　在大的气候区内，地形是地质变迁的结果，其变化要用地质年代来度量，比较缓慢，在短期内基本保持不变。但是，作为地形因素的坡向、坡度和海拔高度等对林火的发生发展有直接影响。因此，在林火预报时，特别是在进行林火行为预报时，是必须要考虑的因子。

③土壤条件　在某一区域，土壤条件在短期内是基本保持不变的，具有相对稳定性。土壤含水率直接影响地被物层可燃物的湿度。因此，有人用土壤干湿程度来预报火险的高低。例如，澳大利亚的火险预报尺就是根据降水量和最高气温来决定土壤的干旱度，用以预报火险。法国也是以土壤含水率大小来确定森林地被物的干旱指标，对火险做出预报的。

(2) 半稳定因子

半稳定指随时间变化，随地点变化不明显的相对稳定的环境因子。半稳定因子主要包括火源、大气能见度、可燃物特征等。

①火源　火源既是固定因素，又是不固定因素。在一般情况下，某一地区常规火源可以看做是固定的。例如，雷击火、机车喷漏火、上坟烧纸等都属于相对稳定的火源；而吸烟、野外弄火、故意纵火等火源都非常不固定。随着一个地区经济的发展和生产方式的改变，火源种类和出现的频度也在不断发生变化。例如，迷信用火曾近乎绝迹，现又有抬头之势；随着森林旅游事业的发展，林区旅游人员增多，由此而引发森林火灾亦呈上升趋势等。

②大气能见度　能见度是指人肉眼所能看到的最远距离。空气中的烟尘、薄雾、飘尘等都能降低大气能见度。在某一地区某一季节的大气能见度是相对稳定的。在早期的林火预报中有人应用过大气能见度这一气象指标，现在几乎没有人考虑这一指标。但是，大气能见度对于林火探测和航空护林非常重要。因此，在森林防火实践中应给予足够重视。

③可燃物特征　森林可燃物是林火预报必须考虑的要素之一，它是一种相对稳定的因子。例如，同一地段上的可燃物(类型、种类、数量等)如果没有外来干扰，年际之间的变化很小，具有一定的动态变化规律。

(3) 变化因子

变化因子指随时间和地点时刻发生变化的环境因素。林火预报变化因子是林火的最主要的因子，可以通过观测和计算直接输入到林火预报系统中。林火预报变化因子主要包括可燃物含水率、风速、空气温度、相对湿度、降水量、连旱天数、雷电活动等。

①可燃物含水率　可燃物含水率大小决定森林燃烧的难易程度和蔓延快慢。可燃物含水率是判断林火能否发生、发生后蔓延速度和火强度大小及扑火难易最重要的预报因子。特别是可燃物着火含水率、蔓延含水率等都具有重要的预报意义。

②风　风速的大小对森林的发生发展具有非常大的影响。俗语称"火借风势，风助火威"。这充分说明风因子对林火影响的程度。在火险和林火发生预报中，常把风速作为间接因子考虑对可燃物含水率的影响；而在火行为预报中，风是决定火蔓延速度、火强度及火场扩展面积大小最重要的指标。

③空气湿度　气温是林火预报的直接因子，一直受到重视。空气温度直接影响土壤温度和可燃物自身温度，进而影响可燃物的干湿程度；另一方面气温可以通过对湿度的影响

作用于可燃物，改变可燃物的物理性质，使火险程度提高。另外，气温对林火蔓延和林火扑救都有很大影响。

④湿度　空气湿度是林火预报采用的诸多气象要素中又一非常重要的因子，它直接影响可燃物的燃烧性，对林火发生和林火行为等均有重要影响。因此，空气相对湿度几乎是所有林火预报必须考虑的要素。

⑤降水　降水量大小和持续时间长短决定了可燃物含水率的大小。因此，降水也是火险预报、火发生预报和火行为预报的重要因子。在具体的林火预报中，考虑较多的是降水量和降水持续时间两个因子。

⑥连旱天数　连旱天数指连续无降水的天数。连旱天数直接影响可燃物含水率变化，进而影响火险等级的高低。

⑦雷电活动　雷电活动是预报雷击火发生的重要指标。对于雷电活动进行预报要求技术较高。但是，世界上许多国家，包括我国在内，都在积极进行雷击火预报与监测，以减少雷击火的发生和损失。

7.1.2.8　林火预报研究方法

林火预报的研究方法与林火预报类型密切相关，研究方法决定林火预报的类型。每种研究方法都有其特定的理论基础和原理。常见的林火预报研究方法有：

（1）利用火灾历史资料进行林火预报研究

利用火灾历史资料，通过统计学的方法找出林火发生发展规律是最简单的一种研究方法。该方法只需对过去林火发生的天气条件、地区、时间、次数、火因、火烧面积等进行统计分析，即可对林火发生的可能性进行预估。其预报的准确程度与资料的可靠性、采用的分析手段、主导因子的筛选和预报范围等都有密切关系。一般来说，这种方法预报的精度较低，其原因有如下两方面：一是林火发生现场当时的气象条件与气象台（站）所测定的天气因子观测值不一定相符，有一定的出入。火灾现场大部分在林区山地，受山地条件的影响形成局部小气候。而气象台站大部分设在县、局级城镇，属于开阔地带，其预报的气象参数与火灾现场有差别是随机的，没有系统性，不能用统计方法自身修正。二是这种方法掺杂许多人为因素，如火灾出现的次数和受灾程度受人为影响，森林防火工作抓得好，措施得当，火灾发生就少些。相反，在同样的气候条件下，如人为措施不当，火灾面积可能就比较大。

（2）利用可燃含水率与气象要素之间的关系进行林火预报研究

这种方法的基本原理是通过某些主要可燃物类型含水率的变化，推算森林燃烧性。可燃物含水量是林火是否能发生的直接因素。而可燃物本身含水率的变化又是多气象要素作用综合反应的结果。基于这一原理，各国学者为了提高林火预报的准确性，花很大力气研究可燃物含水率变化与气象要素的关系，总结规律，应用到自己的预报系统。最初人们用一根简单的木棍在野外连续实测其含水率的变化。测定要求在不同的天气条件下进行，从晴→棍（干）→阴天→棍（湿）→干，这一系列过程，同时测定各种气象要素，找出二者之间的关系，依此进行预报。野外测定虽然比较实际，但受测定手段等制约，精度总是有限的。后来人们又把这一实验转到室内，在实验室内模拟出各种气象要素变化的组合，测定木棍及其他种类可燃物的含水率变化，从中总结规律用于火险预报。目前，美国国家火险等级系统就是基于可燃物的水分变化，特别是水汽两相湿度的交换过程、变化规律、热量的输送及传播,通过纯粹的数学、物理推导计算而产生的。因此,美国对可燃物含水率变化与林火预报的研究是比较透彻的。具体体现在构造的两个物理参数上,这两参数是平衡点可燃物含水率(EMC)和时滞。用这两个参数把气象要素与不同大小级别的可燃物含水率联系起来,并输入系统中,应用起来很方便,可取得定量参数。加拿大火险天气指标系统也引用了 EMC 的概念,不同种类可燃物含水率以湿度码的形式来体现其与气象要素的关系。

(3)利用点火试验进行林火预报研究

这种方法也称以火报火。在进行火险预报和火行为预报时,只凭理论标准是不准的,必须经过大量的点火试验。点火试验要求在不同气象条件下,针对不同可燃物种类进行,通过试验得出可燃物引燃条件、林火蔓延及能量释放等参数。目前,加拿大和澳大利亚已进行大量点火试验,并通过统计方法建立模型进行火行为预报。加拿大进行的点火试验的火强度较小,大部分地表火持续时间为 2min 左右。虽然规模较小,但仍表明在不同天气和可燃物温度条件下火行为的变化规律。而澳大利亚所进行的 800 多次点火试验的火强度很大,有些试验火强度超过大火指标,而且持续时间较长,有的长达 2h 之久。由此而总结出的规律用于火行为预报更切合实际,利用点火试验进行火行为预报,其输出指标具有坚实的外场资料,澳大利亚系统能定量地预报出林火强度、火焰长度、飞火距离等火行为参数。

(4)综合法进行林火预报研究

这是一种选用尽可能多参数进行综合预报的方法。它是把前面的三个方法结合起来,利用可燃物含水率与气象要素之间的关系引入火源因素和点火试验结果来预报火险天气等级、林火发生率、林火行为特点等指标,并通过电子计算机辅助决策系统派遣扑火力量,决定扑火战略。这种方法实际上是引入了系统工程的原理。目前世界各国都在向此方向分展。

(5)利用林火模型进行林火预报研究

这种方法属于纯粹的物理数学过程,需要扎实的数学、物理学基础。根据已知热力学和动力学原理,用数学或电子计算模拟各种林火的动态方程,再到野外通过试验进行修正。美国北方林火实验室曾开展过此项研究。

总的来说,林火预测预报的发展是由单因子到多因子;其原理是由简单到复杂,但应用起来却趋于简化,由火险天气预报到林火发生预报和火行为预报,由分散到全国统一,由定性到定量,不断臻于完善。但就其研究技术而言,在数学手段上并没有太大的进展,在物理基础上也没有出现明显超越前人成就的成果,但在计算手段上,由于计算机性能的飞速提高和普及,已经出现了明显的改观,特别是地理信息系统技术的应用,结合一些遥感技术,使复杂的计算成为可能,为林火预测预报的应用提供了广阔的天地。

7.1.2.9 森林火灾的监测

林火监测主要目的就是为了及时发现火情,是实现"打早、打小、打了"的第一步。林火监测通常分为四个空间层次,即地面巡护、瞭望台观测、航空巡护和卫星监测。此外,随着科技的进步,引入了视频监控系统和智能预警系统等新兴的监控手段,以加强对林火的监测。

(1)地面巡护

地面巡护一般由护林员、森林警察等专业人员执行。巡护方式主要有步行、骑自行车、骑马、骑摩托车、乘摩托艇、汽船等。地面巡护其主要任务有：进行森林防火宣传，清查和控制非法入山人员；依法检查和监督防火规章制度执行情况；及时发现报告火情并积极组织人员扑救。

(2)瞭望台观测

利用瞭望台登高望远来发现火情，确定火场位置，并及时报告。这是我国林区主要的林火监测手段。

在瞭望台上通常根据烟的态势和颜色等可大致判断林火的种类和距离。在北方林区可根据烟团的动态可判断火灾的距离。烟团生起不浮动为远距离火，其距离约在20km以上；烟团升高，顶部浮动为中等距离，约15~20km；烟团下部浮动为近距离，约10~15km；烟团向上一股股浮动为最近距离，约5km以内。同时根据烟雾的颜色可判断火势和种类。白色断续的烟为弱火；黑色加白色的烟为一般火势；黄色很浓的烟为强火；红色很浓的烟为猛火。另外，黑烟升起，风大为上山火；白烟升起为下山火；黄烟升起为草塘火；烟色浅灰或发白为地表火；烟色黑或深暗多数为树冠火；烟色稍稍发绿可能是地下火。在南方林区可根据烟的浓淡、粗细、色泽、动态等可判断火灾的各种情况。一般生产用火烟色较淡，火灾烟色较浓。生产用火烟团较细，火灾烟团较粗。生产用火烟团慢慢上升，火灾烟团直冲。未扑灭的山火烟团上冲，扑灭了的山火烟团保持相对静止。近距离山火，烟团冲动，能见到热气流影响烟团摆动，且火的烟色明朗；远距离的山火，烟团凝聚，火的烟色迷蒙。天气久晴，火灾烟色清淡；而久雨放晴，火灾烟色则较浓。松林起火，烟呈浓黄色；杉木林起火，烟呈灰黑色；灌木林起火，烟呈深黄色；茅草山起火，烟呈淡灰色。晚上生产用火，红光低而宽；而火灾，红光宽而高。

瞭望台监测，是通过瞭望台来观测林火的发生，确定火灾发生的地点，报告火情。其优点是覆盖面较大、效果较好。存在的不足：是无生活条件的偏远林区不能设瞭望台；它的观察效果受地形地势的限制，覆盖面小，有死角和空白，观察不到，对烟雾浓重的较大面积的火场、余火及地下火无法观察；雷电天气无法上塔观察；瞭望是一种依靠瞭望员的经验来观测的方法，准确率低，误差大。另外，瞭望员人身安全受雷电、野生动物、森林脑炎等的威胁。

(3)航空巡护

航空巡护就是利用飞机沿一定的航线在林区上空巡逻，观测火情并及时报告基地和防火指挥部。

(4)卫星监测

应用气象卫星进行林火监测具有监测范围广、准确度高等优点，既可用于宏观的林火早期发现，也可用于对重大森林火灾的发展蔓延情况进行连续的跟踪监测，制作林火态势图，过火面积的概略统计，火灾损失的初步估算及地面植被的恢复情况监测、森林火险等级预报和森林资源的宏观监测等工作。

(5)新兴的监控手段

①视频监控系统 目前国内主流的监控方式。这是传统城市监控的简单延伸，将采集视频图像通过微波汇总，由人工完成集中监视；人工监视易造成肉眼疲劳，视频中的火情

不易被察觉,造成漏报;监控中心的视频线路较多,人工监视也无法一一监看,易造成漏报。所以,传统视频监控的最大缺点是漏报率非常高。传统视频监控是非数字化系统,许多智能应用无法实现。

②智能预警系统 利用无缝融合智能图像识别技术、面向对象的 3D GIS 技术、大型网络监控技术等高新技术,利用多项信息与遥感技术,结合林业管理的专业知识和林业防火的经验,建立林业防火智能监测预警及应急指挥系统,从而实现林区视频的自动监控、烟火准确识别、火点精确定位、火情蔓延趋势推演、扑救指挥的辅助决策、灾后评估等多方面功能,建立森林防火的完整业务链,并针对性地解决用户的各种个性化需求。如"森林卫士365"系列产品,主要由前端智能监控产品和后端应用系统构成。前端智能监控产品包括重型数字云台、基站智能控制箱、嵌入式的烟火识别智能处理器等;后端应用系统包括海普联网监控管理平台、基于 ArcGIS 平台的森林防火辅助决策及应急指挥系统。

7.1.2.10 林火阻隔

为了防止林火的无限蔓延,将道路、河流、防火林带、防火线等相互联结,形成对林火的阻隔,我们将其称作林火阻隔。因为利用上述措施能将大片的林区分成若干小片;一旦林火发生时,可将火场局限在一定范围内,起到阻火的作用。利用天然或人工开设的、在地面形成一定长度和宽度的、有阻火作用的屏障,即为森林防火阻隔带。

(1)阻隔带

林火阻隔带分自然、人工和复合3种类型。自然阻隔带指林、牧区的河流、道路、农田形成的阻隔带。人工阻隔带指通过人工开设的阻隔带,包括生物和非生物两类。生物阻隔有两种。林分阻隔带:利用原始林中最抗火的群落、次生林中具有抗火能力的阔叶树、人工林中的落叶松建立的阻隔;作物阻隔带:利用种植农作物、中草药等建立的阻隔带;非生物阻隔带:利用火烧,翻耕生土带等技术措施开设的阻隔带。复合阻隔带指利用自然阻隔带的条件,加上其他人工技术措施的阻隔带。例如,公路、铁路一侧或两侧采用营造抗火树种或火烧加宽开设的公路、铁路阻隔带等。

森林防火阻隔带设置的原则、选择阻隔带的位置,要充分利用林区自然条件。可利用河流、沟塘、铁路、公路、集材道、林区城镇和村屯周围的裸露地面、林地与农田和草场毗连地段。也应考虑难燃林分、火险程度和主风方向的影响程度。必须在造林设计中规划好防火阻隔带。在新造的林地中,要根据脚形地势留出防火阻隔带。阻隔位置不宜设在从山麓到山脊方向垂直的地段。造林留下的大面积树种镶嵌种植,即落叶松、红松、樟子松镶嵌种植或针叶林与杨、桦、蒙古栎天然次生林镶嵌。这两种类型中的落叶松和阔叶树是难燃树种,自然形成生物阻隔带,必须在阻隔网络充分利用。

(2)道路网

不仅隔火,更是交通运输,搞防火机械化不可缺少的,路网密度也是衡量一个林区营林水平的标准,国外十分重视修建林区道路,北欧为 $6 \sim 8 m/hm^2$,日本为 $17 m/hm^2$,德国每公顷几十米,美国有的州达 $170 m/hm^2$。黑龙江省森工系统平均 $2 m/hm^2$,带岭林业局最高为 $5 m/hm^2$。路网密度多大,能满足森林防火最低需要?具体的计算是 $5 km \times 5 km$ 的网络,路长 10km,即 $4 m/hm^2$。在保证 50km/h 的车速和非异常气象条件下,可能做到"有火不成灾"。

(3)防火林带

防火林带是生物防火工程的一部分,用阻火树种营造宽30m以上的林带,或者在营造大片针叶林的同时,每隔一定距离营造宽30m以上的阔叶林带。从营林的全局出发,如果能够针、阔隔离带造林不仅有利于防火,还有利于病虫防治。营造防火林带既对防火有利,又是一项永久性工程,可增加林木资源,应该大力提倡。目前,黑龙江省多用密植落叶松的办法营造防火林带,5年郁闭后,林冠下不再生杂草而起阻火作用。

(4)防火线

防火线开设方法常用机耕、火烧、割打、药剂灭除、爆破等,开设地段多为林缘、边界、树屯库房周围,道路河流两侧以及在大片林区内部连接河流、道路形成封闭网络。防火线宽度根据需要因地而异,一般不少于30m,火险大和"风口"部位要增宽到100~200m,火险不大的平缓林区公路两侧为防止柴油车喷火引燃杂草,在边沟外侧也要清除1m以上宽度的细小可燃物,质量标准是"用火点不着",真正起到阻火作用。

7.1.2.11 绿色防火

绿色防火指利用绿色植物(主要包括乔木、灌木及草本植物),通过营林、造林、补植、引种等措施来减少林内可燃物的积累,改变火环境,增强林分自身的难燃性和抗火性,同时能阻隔或抑制林火蔓延。这种利用绿色植物通过各种经营措施,使其能够减少林火发生,阻隔或抑制林火蔓延的防火途径即"绿色防火"。在某种意义上,绿色防火亦可称为生物防火。

(1)绿色防火的特点

①有效性 森林可燃物和适宜的火环境是森林火灾发生的物质基础。不同森林可燃物的燃烧性有很大差异,有易燃的、可燃的,也有难燃的。其中,易燃可燃物是最危险的,最容易引起火灾和维持火的连续蔓延。如林区的林间草地、草甸,多为禾本科、莎草科、菊科等草本植物,干枯后易燃,常常是火灾的策源地;再如林间空地、疏林地荒山荒地等易杂草灌木丛生,易燃性大,常常引发火灾。为了防止火灾发生,其措施之一是减少森林中这些易燃可燃物数量。绿色防火措施可以实现这一目的。通过抗火、耐火植物引进,不仅可以减少易燃物积累,而且可以改变森林环境(火环境),使森林本身具有难燃性和抗火性,从而能有效地减少林火发生,阻隔或抑制林火蔓延。例如,在南方林区由于山田交错,森林与农耕区、各村庄居民点之间相互镶嵌,人为火源多而复杂,只要遇上高火险天气,就有发生火灾的危险。除了加强林火管理以外,通过建设和完善防火林带网络,既可阻隔农耕区引发的火源,又可控制森林火灾的蔓延,把火灾控制在初发阶段。即使发生森林火灾,也可以把火灾面积控制在最小范围。如福建省尤溪、漳平等县的木荷防火带曾多次阻隔火灾。广西扶绥县红荷木林带11次有效地阻隔界外山火,闽北杉木林下套种砂仁,覆盖率达90%以上,地表非常潮湿,极难引燃。

②持久性 利用树木及其所组成的林分(带)自身的难燃性和抗火性来防治火灾,一旦具有防火作用,其发挥作用时间就能持续很长。例如,东北林区的落叶松防火林带的防火作用至少能持续30~40年,这是其他任何防火措施所不及的。灌木防火林带除见效快以外,亦能维持较长时间的防火作用。草本植物、栽培植物防火带与人类的经营活动密不可分,只要经营活动不停止,其发挥防火作用仍继续。如利用黄芪、油菜、小麦等野生经济植物和栽培作物建立绿色防火带,只要人们在防火带上从事其经营活动,其就能持久地

起防火作用。

③经济性 选择具有经济利用价值(用材、食用、药用等)的植物(野生和栽培植物)建立绿色防火带,在发挥其防火作用的同时,还可取得一定的经济效益。据调查,内蒙古呼盟有些地区在防火线上种植小麦产量在 4 500kg/hm² 以上,经济效益十分可观。对于每年进行收获的绿色防火线,其经营的植物不一定耐火或抗火,因为在防火期到来时,这些植物已收获,留下的"农田"即可作为良好的防火线。在防火线上种植农作物,秋季收获后即可作为防火线,直到春防经营活动开始,周而复始地发挥防火线作用。绿色防火的持久性不仅能够减少由于森林火灾而带来的直接经济损失,而且能够减少用于防火、灭火所需要的巨大投资。绿色防火的重要意义不仅在于减少森林火灾损失,而且它能够充分利用土地生产力,发展了林区的多种经济,增加了经济收入。1 km 木荷防火林带,到成林主伐期,可产木材 90m³,林带的枯枝落叶还可改良土壤,提高土壤肥力。山脚田边营造果树防火林带,避免了农民为增加农田的光照每年在山边田头开辟荒地带,减少地力、劳力浪费。生土带防火时效短,一年不维修即失效,维修 1 km 需投资 300 元以上。

④社会意义 随着森林可采资源的不断减少,林区"两危"日趋严重,极大地影响了林区人民的生产和生活。目前,我国正在实施天然林资源保护工程,面临林业产业结构调整和下岗人员分流。而绿色防火工程可增加林区的就业机会,活跃林区经济,缓解林区"两危",改善林区人民生活。因此,绿色防火工程的开展具有重要的社会效益。

⑤生态意义 绿色防火措施能够调解森林结构,增加物种的多样性,从而增加森林生态系统的稳定性;绿色防火线的建立,可以绿化、美化、净化人类赖以生存的生态环境。防火林带的建设,把山脊上的防火线、田边、路边、山脚下的空地都利用起来,提高了森林覆盖率,能保持水土,净化、美化环境,还具有经济效益,体现出森林的综合效益,多种功能。总之,绿色防火不仅是有效、持久、经济的防火措施,而且具有重要的生态和环境意义,是现代森林防火的发展方向。

(2)绿色防火机理

①森林可燃物燃烧性的差异 所有的生物都是有机体,也就是说是可燃物,都能够着火燃烧。生物有机体燃烧是绝对的,能阻火是相对的,是有条件的。

不同森林可燃物的燃烧性有很大差异。植物种类不同,有易燃的,不易燃的和难燃的差别。由燃烧性不同的生物个体组成的森林群落其燃烧性亦有所不同。比如,易燃烧植物与易燃烧植物组成的森林就非常易燃;而难燃植物与难燃植物组成的森林群落就构成了难燃群落。易燃植物和难燃植物构成的植物群落,其燃烧性大小主要取决于易燃或难燃成分的比例。

可燃物的燃烧性主要取决于其理化性质。包括:抽提物、纤维素(包括纤维素和半纤维素)、灰分等物质的含量及热值(发热量)、含水率等大小。抽提物、纤维素含量越多,热值越大,可燃物燃烧性越高;相反,灰分含量和含水率越大,可燃物越难燃,抗火与耐火性越强。绿色防火就是利用可燃物燃烧性之间的差异,以难燃的类型取代易燃类型,从而达到预防和控制火灾的目的。

②森林环境的差异 森林火灾多数发生在荒山、荒地、林间空地、草地等地段,这些地段一般多喜光杂草,在防火季节易干枯,易燃,而且蔓延快,常引起森林火灾。如果将这些地段尽快造林,由于森林覆盖,环境就会发生变化。林内光照少,不利喜光杂草丛

生，同时气温低，湿度增大，林内风速小，可燃物湿度相应增大，不容易着火。

③种间关系　利用物种之间的相互关系，降低森林燃烧性。如营造针阔混交林，改变纯针叶林的易燃性，提高整个林分的抗火性能，同时还有的物种能起到抵制杂草生长的作用，减少林下可燃物，提高林分的阻火性能。

混交林树种间通过生物、生物物理和生物化学的相互作用，形成复杂的种间关系，发挥出混交效应。从阻火作用分析，由于树种隔离，从火环境分析，难燃的植物抑制易燃的植物；从火环境分析，混交林内温度低，湿度大，降低燃烧性。针阔混交可增加凋落物，且分解速度快，并有利于各种土壤微生物的繁衍，提高分解速率，减少林下可燃物的积累，增强林分抗火性能。

④物种对火的适应　东北林区的旱生植物，在春季防火期内，先开花生长，体内有大量水分，不易燃烧，防火期结束则此类植物随之枯萎。生活在大兴安岭旁的云杉林，其本身为易燃植物，由于长期生活在水湿的立地条件下，而在深厚的树冠下生长有大量藓类，阳光不能直射到林地，藓类又起隔热的作用，使林地化冻晚。1987年"5·6"大火，林火未能烧入其林内，此类林分免遭林火的毁坏而保存下来就是佐证。

上述诸多因素的相互作用、相互影响，是影响生物阻火的重要原因。生物防火是有条件的。生物阻火林带随着树种组成的不同，林带结构、立地条件以及天气条件的差异，其本身的阻火能力大小也不相同。可燃物是森林燃烧的物质基础，绿色防火的机理就是不断调节可燃物的类型、结构、状态和可燃物的数量，降低其燃烧性。

(3) 绿色防火措施

①防火树种、灌木、草本及栽培植物的选择与培育　根据植物的理化性质，生物学及生态学特性等对火的适应，选择出一些耐火抗火能力强的树种、灌木及草本植物。目前，我国已完成了全国生物防火林带规划，并初步确定了一些防火树种，如南方的木荷、火力楠、苦槠、栲木、杨梅；东北的落叶松、水曲柳、黄波罗、核桃楸、钻天柳、甜杨、毛赤杨等；防火灌木，如茶树、柑橘、红瑞木、暴马丁香、山定子、蒿柳等。

②迹地造林　采伐迹地、火烧迹地、荒山荒地等常常是灌木、杂草丛生，易燃性很大，是森林火灾的策源地。如不及时造林，火灾隐患很大。造林时要适当选择那些燃烧性低、耐火、抗火性强，且具有一定经济利用价值的树种或灌木与目的树种混交、块状混交或条状混交。从造林一开始不仅考虑其将来的经济利用，而且要考虑到将来的森林防火。

③林中空地、疏林地等抗火耐火树种、灌木的引进　林中空地、疏林地等林木稀疏，空地或林下生长的茂密的易燃性杂草或灌木，很容易发生森林火灾，或一旦发生火灾极易连续蔓延。因此，在这些地段引进一些难燃、抗火、耐火树种、灌木，可以改变森林的易燃结构，减少易燃可燃物的积累，增强林分自身的难燃性和抗火性；同时，在发生火灾后能抑制或延缓火灾蔓延。

④现有次生林改造防火林带(分)　次生林多林冠稀疏，林下杂草灌木较多，林分易燃性高。这类次生林如再采伐或火烧，林相进一步破坏，易燃性随之增高，火灾隐患大，易发生森林火灾，而且一旦发生火灾难以扑救。对于这些近居民区的易燃次生林，可通过改造，增加其林分自身的难燃性和抗火性；改造方式可在林内、林缘按一定规格营造抗火耐火性强的树种或灌木；或在林缘建立经济植物、作物防火带，一方面增强了林分的难燃性和抗火性；另一方面，所建立的绿色防火带能有效地阻隔或抑制林火相互蔓延，为扑火

创造时间，使发生的火不会酿成火灾。

⑤现存人工林的抗火抚育　随着森林大规模的开发利用，人工林面积与日俱增。人工幼林多容易着火，而且多为大面积针叶纯林，一旦着火常常形成树冠火。对这些林分除了进行整枝、抚育伐、卫生伐等措施，清除部分林内可燃物外，还要在林内引进阔叶树，或在人工林周围营造防火树种，实现林内或林间混交，这样可减少易燃物的积累，间断易燃可燃物的连续分布，增强林分的抗火性，从而达到抑制林火蔓延，减少大面积森林火灾发生的目的。

⑥营造绿色防火线　选择适宜的防火树种，在林缘、铁路、公路两侧、林区村镇周围等营造防火林带。防火树种一般要求生长快，树叶茂密，含水量大，这样才能起到绿色防火线的作用，能有效地阻隔林火，特别是树冠木。上述地段亦可营造灌木防火带，或乔、灌混合型防火林带。另外，还可建立野生经济植物、栽培植物、作物带等。

⑦建立结构合理的林农间作防火体系　我国有很多林农交错区，而这些地区由于人类活动频繁，常引起森林火灾。因此，林区的林缘、道路两侧、宜农的林间空地、开垦的防火线等地种植粮食、油料、蔬菜或其他经济作物；或种植具有开发利用价值的野生食用、药用植物，这不仅有利于活跃林区经济，增加就业机会，缓解林区"两危"，而且这些地段均可作为良好的防火线，能有效地阻隔林火蔓延。可谓一举多得。

(4) 绿色防火中存在亟待解决的问题

关于绿色防火措施，通过国内外，特别是我国南方木荷防火林带，东北的落叶松防火林带，内蒙古呼伦贝尔盟的经济作物防火带等，均证明绿色防火是一项切实可行的防火措施。但是，至今仍有相当一部分人认为"什么林子都着火"，的确，在特定的条件下，任何森林都可能着火，何况"火大无湿柴"。而我们讲的绿色防火是利用植物燃烧性之间的差异，并通过各种经营措施使其能够减少林火发生，阻隔或抑制林火蔓延。因此，对绿色防火的有效性不可持怀疑态度。另外，有人认为绿色防火确是一项有效的防火措施，但遗憾的是见效太慢。甚至有人讲"在我们的有生之年也许不会见到效果"。绿色防火有些的确周期比较长。如东北的落叶松防火林带，其发挥防火作用至少在15年以后，而在此之前林带不仅不能防火，而且幼林本身易燃，还需要防止火灾。但是，林带一旦具有防火功能，其发挥防火效能的时间将会持续很久，至少30~40年，而且有些绿色防火措施并不需要较长时间才能发挥作用。如现有林改造防火林带或抗火林分，防火灌木带，经济植物、作物栽培防火带等均可在短期内见效。因此，开展绿色防火亦要消除见效慢的思想。

绿色防火从某种意义上讲并不是单纯的林、农经营活动，而是一项系统工程，涉及多学科、多部门。因此，绿色防火实施必须解决如下几个问题：

①营林部门与防火部门的横向联合　绿色防火措施中的营林、造林、补植等活动均由营林部门负责，防火部门只负责预防和扑救火灾，两者不相衔接。因此，要开展绿色防火必须营林与防火部门"联合办公"，即现在的营林措施和将来的造林、营林规划方案必须由营林和防火部门共同研究制定，并由防火部门负责监督执行，这样绿色防火才能落到实处。

②林业与农业的横向联合　林、农交错区是火灾多发区，也是开展绿色防火的有利地区。但是，两者如不密切配合，不仅绿色防火搞不好，就是火灾问题亦不易解决，即农业生产活动常常引起森林火灾；森林防火亦影响当地的农业生产活动。相反，如林业、农业

配合默契,不仅能大大减少农业生产活动而引起的森林火灾,而且绿色防火亦能顺利地开展。因此,靠近森林的农田的经营活动必须在林业(防火)部门的监督指导下进行。特别是林缘防火线,林间开垦的防火线、近林农业等所种植的作物种类和经营方式,必须与绿色防火相符合。例如,在这些地段最好经营些地上部分全部回收的作物,如小麦、大豆、蔬菜、药材等,而且不宜种植玉米等高秆作物。

③生产部门与科研部门的横向联合 绿色防火的规划方案和实施需要有科研单位参加。因此,绿色防火涉及混交林,耕作的重茬、迎茬,各种植物的病虫害转主寄生等一系列问题,只有在科研人员的指导下方能很好地完成。

④绿色防火要求集约经营程度较高 过去林业单一的木材生产,农业单一的粮食生产的粗放经营已不适应现代集约经营的生产方式,而绿色防火正是在这种集约经营基础上方能进行。随着林区多种经营、立体开发等集约经营水平较高的生产经营日趋完善,人们认识也逐渐由"大木头"转向"小山货'等林副产品经营。因此,在这种形式下开展绿色防火有其物质基础。

7.1.2.12 森林火灾的扑救

(1)扑灭森林火灾基本原理和方法

在扑灭森林火灾时,只要控制住发生火灾的任何一因素,都能使火熄灭。

①低可燃物的温度,低于燃点以下;

②阻隔可燃物,破坏连续燃烧的条件;

③使可燃物与空(氧)气隔绝。

其扑火方法主要有:

①冷却法 在燃烧的可燃物上洒水、化学药剂或湿土用来降低热量,让可燃物温度降到燃点以下,使火熄灭。

②隔离法 采取阻隔的手段,使火与可燃物分离、使已燃的物质与未燃的物质分隔。一般采取在可燃物上面喷洒化学药剂,或用人工扑打、机翻生土带、采用高速风力、提前火烧、适度爆破等办法开设防火线(带)等,使火与可燃物、已燃烧的可燃物与未燃烧的可燃物分隔。同时通过向已燃烧的可燃物洒水或药剂,也能增加可燃物的耐火性和难燃性。

③窒息法 通过隔绝空气使空气中的含氧率降低到14%~18%以下,而使火窒息。一般采用机具扑打,用土覆盖,洒化学药剂,使用爆破等手段使火窒息。

(2)扑火时应如何强化安全措施

森林火灾是一类极其危险的灾害,一旦发生火情必须及时报警。

强化扑火组织。一是派有扑火经验的同志担任前线指挥员,无救火经验的人员不要进入火场施救;二是临时组织的扑火人员,必须指定区段和小组负责人;三是明确扑火纪律和安全事项;四是检查扑火用品是否符合要求,扑火服是否宽松、阻燃;五是加强火情侦察,组织好火场通信、救护和后勤保障;六是从火尾入场扑火,沿着火的两翼火线扑打;七是不要直接迎风打火头,不要打上山火头,不要在悬崖、陡坡和破碎地形处打火,不要在大风天气、烈火条件下直接扑打,不要在可燃物稠密处扑打;八是正确使用扑火机具。

(3)脱险自救

一是退入安全区。扑火队(组)在扑火时,要观察火场变化,万一出现飞火和气旋时,组织扑火人员进入火烧迹地、植被少、火焰低的地区。二是按规范点火自救。要统一指挥,选择在比较平坦的地方,一边按规范俯卧避险。发生危险时,应就近选择植被少的地方卧倒,脚朝火冲来的方向,扒开浮土直到见着湿土,把脸放进小坑里面,用衣服包住头,双手放在身体正面。三是按规范迎风突围。当风向突变,火掉头时,指挥员要果断下达突围命令,队员自己要当机立断,选择草较小、较少的地方,用衣服包住头,憋住一口气,迎风猛冲突围。人在7.5s内应当可以突围。千万不能与火赛跑,只能对着火冲。

【任务小结】

本任务主要介绍了林火的基本概念、分类及其形成因子进行了分析,分别对各类林火的扑救措施进行说明,系统阐述了林火预防的措施和日常管理措施,对林火监测和预警体系的原理进行了介绍。同时,本任务增加了绿色防火的相关知识,对林火扑救人员自我安全防护进行了介绍。

【拓展提高】

胡志东. 森林防火[M]. 北京: 中国林业出版社, 2003.

胡海清, 魏书精, 金森, 等. 森林火灾碳排放计量模型研究进展[J]. 应用生态学报, 2012, 05: 1423-1434.

徐明超, 马文婷. 干旱气候因子与森林火灾[J]. 冰川冻土, 2012, 03: 603-608.

胡海清, 魏书精, 孙龙. 大兴安岭呼中区2010年森林火灾碳排放的计量估算[J]. 林业科学, 2012, 10: 109-119.

陈锋, 林向东, 牛树奎, 等. 气候变化对云南省森林火灾的影响[J]. 北京林业大学学报, 2012, 06: 7-15.

田晓瑞, 舒立福, 王明玉, 等. 西藏森林火灾时空分布规律研究[J]. 火灾科学, 2007, 01: 10-14, 67.

狄丽颖, 孙仁义. 中国森林火灾研究综述[J]. 灾害学, 2007, 04: 118-123.

孙龙, 王千雪, 魏书精, 等. 气候变化背景下我国森林火灾灾害的响应特征及展望[J]. 灾害学, 2014, 01: 12-17.

徐爱俊, 方陆明, 楼雄伟. 基于可见光视频的森林火灾识别算法[J]. 北京林业大学学报, 2010, 02: 14-20.

郭朝辉, 亓雪勇, 龚亚丽, 等. 环境减灾卫星影像森林火灾监测技术方法研究[J]. 遥感信息, 2010, 04: 85-88, 99.

王春芳, 郭风平. 当代森林火灾防控对策研究[J]. 中国安全生产科学技术, 2011, 07: 168-173.

陶玉柱, 邸雪颖, 金森. 我国森林火灾发生的时空规律研究[J]. 世界林业研究, 2013, 05: 75-80.

王效科, 庄亚辉, 冯宗炜. 森林火灾释放的含碳温室气体量的估计[J]. 环境科学进展, 1998, 04: 2-16.

舒立福, 田晓瑞, 李红. 世界森林火灾状况综述[J]. 世界林业研究, 1998, 06: 42-48.

魏书精. 黑龙江省森林火灾碳排放定量评价方法研究[D]. 哈尔滨：东北林业大学, 2013.

周艳春. 森林火灾对流域蒸散发和径流的影响研究[D]. 大连：大连理工大学, 2013.

钟晓珊. 森林火灾灾后评估研究[D]. 长沙：中南林业科技大学, 2005.

徐爱俊, 李清泉, 方陆明, 等. 基于GIS的森林火灾预报预测模型的研究与探讨[J]. 浙江林学院学报, 2003, 03：61-64.

余荣华. 森林火灾图像自动识别系统的研究与实现[D]. 南昌：南昌大学, 2008.

范晨. 基于GIS的森林火灾风险评价的分析与研究[D]. 北京：北京交通大学, 2010.

刘元春. 气候变化对我国森林火灾时空分布格局的影响[D]. 哈尔滨：东北林业大学, 2007.

张艳平. 黑龙江大兴安岭地区气候变化对森林火灾影响的研究[D]. 哈尔滨：东北林业大学, 2008.

王娟, 赵江平, 张俊, 等. 我国森林火灾预测及风险分析[J]. 中国安全生产科学技术, 2008, 04：41-45.

朱学平. 森林火灾计量经济学研究[D]. 福州：福建农林大学, 2012.

梁爱军. 森林火灾损失评估系统模块设计[D]. 哈尔滨：东北林业大学, 2015.

龙朝夕. 森林火灾现场指挥信息集成研究[D]. 长沙：中南林业科技大学, 2015.

肖维. 区域森林火灾易损性研究[D]. 长沙：中南林业科技大学, 2015.

蔡慧颖. 森林火灾损失评估方法的研究[D]. 哈尔滨：东北林业大学, 2012.

【复习思考】

1. 简述森林火灾发生的因素及其扑救方法？
2. 试衡量森林火灾对生态环境的影响和破坏？

任务7.2 森林鼠害的防治

【任务介绍】

鼠类属哺乳纲（Mammalia）啮齿目（Rodentia）动物，共有1 600多种。鼠类繁殖次数多，孕期短，产仔率高，性成熟快，数量能在短期内急剧增加。鼠类适应性很强，除南极大陆外，在世界各地的地面、地下、树上、水中都能生存，不论平原、高山、森林、草原以至沙漠地区都有其踪迹，常对农林业生产造成极大的危害。

主要危害是啃咬成树、幼树苗，伤害苗木的根系，从而影响固沙植树、森林更新和绿化环境。森林鼠害对林业生产和森林生态系统造成极大破坏，要应对森林鼠害，必须了解森林鼠害危害的主要类型及其特征，分析鼠害发生的原因和规律，掌握鼠害防治的措施和防治时间的选择。同时，了解鼠害防治过程中相关人畜安全事项和应急方案。本任务对森林鼠害应对措施做了较为全面的介绍。

【教学目标】

知识目标

1. 熟悉林业鼠害的基本知识,明确鼠害防治的理论和方法。
2. 掌握林业鼠害防治方法及人畜安全管理。

技能目标

1. 会开展林业鼠害的普查及其防治。
2. 会编写林业鼠害防治方案及防治报告。

【任务实施】

7.2.1 主要鼠种及危害类型

鼠类危害方式主要是啃树木的种子和幼苗,或啃食树干基部的树皮。被害处的树皮呈条状或斑块状脱落,严重的呈环割状。造成树木死亡同时还啃食嫩芽和顶芽。对新造幼林、次生林的危害尤为严重。

(1)大林姬鼠(*Apodemus peninsulae*)

又称为林姬鼠、山耗子、朝鲜林姬鼠,是林区中的常见鼠类,体型细长,体重可达50g以上,形似黑线姬鼠,但背中央无黑色条纹。耳较大,向前拉可达眼部。主要栖息于林区、灌丛、林间空地及林缘地带的农田,以夜间活动为主,但白天也能见到。大林姬鼠有挖掘食物的能力,啃食种子,所以对直播造林有极大危害。另外,它也是传播森林脑炎、乙型脑炎等多种疾病病原体的宿主。

我国分布于黑龙江、吉林、辽宁、山东、河北、山西、内蒙古、青海、新疆、宁夏、云南、四川、西藏等地。国外分布于日本、朝鲜、蒙古、俄罗斯阿尔泰地区。

大林姬鼠是林区中的常见鼠类。栖息于林区、灌丛、林间空地及林缘地带的农田。与小林姬鼠相反,尤喜较干燥的森林。从垂直分布看,大林姬鼠在海拔300~600m的森林里,其种类组成占45.5%,若海拔大于或低于这个数值其数量则明显降低。在栎林里多营巢于岩缝中,在混交林内常建巢于树根、倒木和枯枝落叶层中。巢穴因环境而异,在栎林里多营巢于岩缝中,在混交等林内常建巢于树根、倒木和枯枝落叶层中。它们用枯草、枯叶做巢。当冬季地表被雪覆盖后,则在雪层下活动,地表留有洞口,地面与雪层之间有纵横交错的洞道。雄性的巢区面积大于雌性,巢区内尚有一块活动频繁的核心区。

大林姬鼠以夜间活动为主,但白天也能见到。雄性的平均活动距离为76.3m,雌性为61.3m。有季节性迁移的习性,即春季5月以后由林内迁向迹地,秋季9月又由迹地迁返林内。4月即可开始进行繁殖,6月为盛期。每胎产仔4~9只,一般每年可繁殖2~3代。种群数量的波动非常明显,一般4~6月为数量上升期,7~9月为数量高峰持续期,10月又开始下降。

(2)岩松鼠(*Sciurotamias davidianus*)

别称扫毛子、石老鼠,属啮齿目松鼠科,是中国特有物种。岩松鼠体型中等,体长约210mm。尾长短于体长,但超过体长之半。尾毛蓬松而较背毛稀疏,全身由头至尾基及尾梢均为灰黑黄色。背毛基灰色,毛尖浅黄色,中间混有一定数量的全黑色针毛。在丘陵地带,对梯田的农作物危害性很大。有储粮习惯,盗窃农作物很多。在果园地区,对核桃、桑子、柿子等果实危害严重。

该种是中国特有物种,分布于我国安徽、北京、重庆、甘肃、贵州、河北、河南、湖北、辽宁、宁夏、陕西、山西、四川、天津、云南等地。

岩松鼠是半树栖和半地栖的松鼠,多栖息于山地、丘陵多岩石或裸岩等地油松林、针阔混交林、阔叶林、果树林(核桃、栗等干果)、灌木林等较开阔而不很郁闭的生境,在海拔较高和林木非常茂密之处几乎见不到它们的踪迹。岩松鼠昼行性,营地栖生活,在岩石缝隙中穴居筑巢,性机警,胆大,常见其进入山区民宅院。遇到惊扰后,迅速逃离,奔跑一段后常停下回头观望。攀爬能力强,在悬崖、裸岩、石坎等多岩石地区活动自如。清晨活动时常发出单调而连续的嘹亮叫声。

岩松鼠不冬眠,但冬季活动量相对较少,主要在日出之后活动。其天敌主要是食肉的猛禽和猛兽。岩松鼠通常每年繁殖1次,春季交尾,每胎可产2～5仔,最多8仔。6月间出现幼鼠,秋末为数量高峰期。雄鼠的阴囊从2月下旬至9、10月均外露。5、6月间阴囊特别膨大。9、10月雌鼠的乳头均已萎缩;说明此时已停止繁殖。寿命为3～12年。

(3)大沙鼠(*Rhombomys opimus*)

别称黄老鼠、大砂土鼠。大沙鼠是沙鼠亚科中最大的种类。体长150～200mm;尾粗大,略较体短,尾端有毛束,头和背部中央毛色呈淡沙黄色,微带光泽。大沙鼠已列入《世界自然保护联盟》(IUCN)2008年濒危物种红色名录。

大沙鼠分布于阿富汗、中国、伊朗、哈萨克斯坦、吉尔吉斯斯坦、蒙古、巴基斯坦、塔吉克斯坦、土库曼斯坦、乌兹别克斯坦。我国分布在内蒙古、甘肃、新疆。

大沙鼠栖息在海拔900m以下的沙土荒漠、黏土荒漠和石砾荒漠地区,选择具有固沙植物梭梭、柽柳、盐爪爪、白刺等灌木丛作为栖息位点。大沙鼠通常营群落生活,常形成相当明显的洞群。洞群分布随地形而异,沿沟谷、垄状沙丘、渠边、道路两侧分布的为条带状洞群,长者可达数千米;地形无明显走向的半固定沙丘、块状梭梭林等处为岛状洞群。洞道旁有粮仓和厕所。冬季经常出入的洞口,多在粮仓附近。老窝比较深,多数位于地下2～3m处,内有细草和软毛铺成的睡垫。巢分夏巢与冬巢,夏巢较浅,冬巢深在1.5～2m之间。

大沙鼠常白天活动,不冬眠。冬季日活动节律呈单峰型,其活动范围一般不超过2.5m;夏季则呈双峰型,随着气温的升高,外出活动逐渐减少,中午不外出活动,黄昏以后,又陆续出洞活动,活动范围40～50m,有的可达300m。大沙鼠有相当高的回巢能力,成鼠在百米之内,普遍能返回原有洞系,但幼鼠对巢区的保守性却远不如成鼠。大沙鼠的听觉和视觉非常敏锐,对洞口的异物也有警戒,随时伴随瞭望行为,有时和警戒难以区分。其天敌有鹰、虎鼬和狐等。大沙鼠每年4～9月繁殖,高峰期在5～7月。年产2～3胎,妊娠期为22～25d,胎产1～12仔,多为5～6仔。春季出生的雌鼠当年可参与繁殖。幼鼠在母鼠洞内越冬,来年春季分居并开始繁殖。

(4)五趾跳鼠(*Allactaga sibirica*)

为跳鼠科五趾跳鼠属的动物。五趾跳鼠为跳鼠科中体型最大的一种,头圆,眼、耳大,背部灰色,腹部纯白色。五趾跳鼠已列入《世界自然保护联盟》(IUCN)2008年濒危物种红色名录。

五趾跳鼠分布于中国、哈萨克斯坦、吉尔吉斯斯坦、蒙古、俄罗斯、土库曼斯坦、乌兹别克斯坦。我国分布在黑龙江、辽宁、吉林、河北、山西、内蒙古、陕西、宁夏、青海和新疆等地。

五趾跳鼠主要栖居于半荒漠草原和山坡草地上，尤喜选择具有干草原的环境作为栖息位点，荒漠地带偶尔也能见到。五趾跳鼠有冬眠习性。冬眠洞穴与栖息洞穴构造相似，只是洞道向下延伸，直至冻土层下。每年自9月上旬起陆续进入冬眠，直至翌年3~4月醒蛰出洞觅食。五趾跳鼠为夜行性动物，黄昏活动频繁，白天偶尔出洞活动，活动距离常在1~2km，所经过的地方掘有多数临时洞穴，作为遇险藏身或临时过夜之用。临时洞穴简单，只有一个洞口，呈上圆下方的拱桥洞状。临时洞穴的洞道浅，多与地面平行，无居住巢穴。栖居洞穴常筑在较坚实的土质中，洞较复杂，洞口分为掘进洞口、进出洞口及备用洞口3种。

五趾跳鼠适应性强，活动范围广。不集群生活。五趾跳鼠只用2条后腿跳跃行动，靠尾巴平衡身体。活动异常机敏，运动速度快。五趾跳鼠的天敌很多，如鸟类中的猫头鹰，兽类中的鼬科动物、沙狐、兔狲等。五趾跳鼠每年繁殖1次。3月中旬至4月上旬出蛰。4、5月为交配高峰期，此时雄鼠活动范围大，而且频繁，雄性多于雌性。6月产子，每窝2~4只，最多产7只。7月幼鼠大多出洞，而其中大多数为小雄鼠，此时雄性占优势。8月后至入蛰两性比例基本平衡，所以它们的性比有季节性变化的规律。

(5) 青毛鼠 (*Berylmys bowersi*)

又名大山鼠、青鼠。属大型鼠类，大小与白腹巨鼠相似，但体背毛色呈青褐色，前足背面灰。体较细长，尾长约为体长105%~115%，后足长一般大于50mm，耳大而薄，向前拉可以遮住眼部。对香菇、玉米、山芋及水稻等危害很大，是恙虫病和钩端螺旋体病传染源之一。该物种已被列入《世界自然保护联盟》(IUCN)2013年濒危物种红色名录ver3.1——低危(LC)。

在我国分布于广西、西藏、贵州、安徽、云南、四川、江苏、广东、福建、湖南等地。该物种的模式产地在云南。本种为东洋界种，国外见于印度支那、马来半岛及缅甸等地，国内分布于长江以南各地，安徽省见于长江以南山地林区，其垂直分布在黄山仅见于700m以下山地，其分布高度达松谷庵一带，至皮蓬及北海等地未再见有青毛鼠分布。

在安徽省主要栖居于长江以南有林山地。夏秋季青毛鼠主要栖居于较深的密林中或山间溪流两岸岩石下。入冬后青毛鼠多居于山脚下，少数进入民房。青毛鼠洞穴多在深山密林中或溪流两岸的岩石缝隙中。

青毛鼠属大型鼠类，在安徽省鼠类组成中数量较少。从鼠种组成比看，基本上属于少数种。但在不同季节、不同生境，青毛鼠数量组成比有很大差别。3月和10月共捕到5只成年雌鼠，解剖未见有孕鼠，有一只雌鼠有子宫瘢6个。根据詹绍琛(1981)报道，在福建10~11月怀孕率为15.51%，胎仔数范围为2~8只，平均为4.22只。繁殖：3月和10月共捕到5只成年雌鼠，解剖未见有孕鼠，有一只雌鼠有子宫瘢6个。根据詹绍琛(1981)报道，在福建10~11月怀孕率为15.51%，胎仔数范围为2~8只，平均为4.22只。

(6)东方田鼠(*Microtus fortis*)

别称沼泽田鼠、远东田鼠、大田鼠,为仓鼠科田鼠属动物。东方田鼠是田鼠类中体型较大的种类,尾巴较长,尾毛较密,后足也较长,足掌基部有毛着生,背面毛色,有的黄褐色,有的褐色,有的黑褐色,毛基暗蓝灰色或灰黑色,毛尖黄褐或褐色,腹面一般灰白色,有的淡黄褐色或灰褐色。东方田鼠是重要的农林害鼠,作物成熟期向田间迁移,大量盗食庄稼,也啃食树木。同时它也是乙型脑炎、钩端螺旋体病原菌的自然宿主。东方田鼠已列入《世界自然保护联盟》(IUCN)2008年濒危物种红色名录。

东方田鼠分布于中国、朝鲜、蒙古、俄罗斯。我国分布于内蒙古、宁夏、陕西、辽宁、吉林、黑龙江、江苏、浙江、福建、山东、湖南、四川等地。

东方田鼠主要栖息在1 000~1 500m低湿的沼泽地、草甸里,选择水塘、溪流、江河、湖泊沿岸的杂草、芦苇丛生的地方作为栖息位点。东方田鼠通常在芦苇丛、杂草丛下,田野和田埂上筑造其洞穴。其栖居洞穴,洞道复杂,洞口也多,一般洞口约在4~8个,最多的有21个,也有一个洞口的。临时避难洞大多在田埂上构造简单,为多少有些弯曲的单个管道,不扩大成窝,也没内垫材料。东方田鼠是典型的穴居类型,不冬眠,昼夜都出洞活动。由于活动频繁,并常在几组洞口间频繁往返,地面常形成极明显的跑道。尤其在苔草地和芦苇地中,跑道纵横交错,密布如网。

东方田鼠昼夜活动节律有季节性差异,夏季的夜间活动性高于白昼,黎明前高于黄昏。该鼠体胖腿短,行动比其他鼠类笨拙,在草丛中逃窜虽快,却不善攀登。游泳和潜水能力很强。东方田鼠繁殖力很强。每胎怀仔数,一般在4~5只,多的可达13~14只。新生幼仔体重约为3g左右。据实验材料分析,以35g作为性成熟界限,那么从出生到性成熟,约需2个月的时间。7月,由于气温高而干燥,怀孕率为零。而其余诸月都有怀孕个体。在秋春两季节,繁殖率出现双峰曲线(10~11月怀孕率为56%;4~5月怀孕率为42.86%)。种群的平均寿命为14个月,种群更新速度很快。数量常有暴发性。亚成体在种群中的比例高达44.5%左右,而成体仅占21%。

(7)棕色田鼠(*Lasiopodomys mandarinus*)

别称地老鼠。棕色田鼠身体短粗,两眼小,相距较近。耳壳短而圆,被毛所掩盖,尾短,体背毛呈黄褐色至棕褐色,毛基黑色,毛尖棕褐色。棕色田鼠钻入地下或在雪下危害果树根部,咬断侧根、环剥主根或树干基部根皮,轻者削弱树势,重者导致全树枯死。棕色田鼠已列入《世界自然保护联盟》(IUCN)2008年濒危物种红色名录。

棕色田鼠分布于中国、朝鲜、蒙古、韩国、俄罗斯。我国分布于内蒙古、河北、山西、陕西、河南、安徽和江苏等地,以长江为南限。

棕色田鼠栖息于海拔3 000m以下的岩石低地、山地草原和森林草原,一般选取靠水而潮湿的地方作为栖息位点。棕色田鼠在土中挖掘洞道和觅食。洞系结构较为复杂,由支道端部露于地面的土丘、风口和地下的取食道、主干道、仓库和主巢等部分组成,洞道交错纵横,长十几米。棕色田鼠善于掘土,并将挖松的土翻堆到洞外地面。一个完整的洞系范围内土丘数一般为25~38个,地表土丘半径为7~20cm,且分散,不成链状,可与鼢鼠土丘明显区分。

棕色田鼠不冬眠,营地下群居生活,较少到地面活动。每个洞系有鼠5~7只。棕色田鼠日间活动水平较低,夜晚尤其是凌晨活动频繁。日间,大约每2~4h有一个短时的休息。夏粮成熟至收获后,棕色田鼠大量迁出,部分残存于地埂田边。初冬果园是棕色田鼠越冬的场所。棕色田鼠全年均可繁殖,一年繁殖2~4窝,胎仔数多为3~5只。每年4月、8月和11月出现3个怀孕高峰,以4月繁殖强度最高。幼鼠8~10个月性成熟后,从老巢中分出,另组成新巢穴繁殖后代。

(8)高山鼠兔(*Ochotona alpina*)

为鼠兔科鼠兔属的哺乳动物。外形略似鼠类,耳短而圆,尾仅留残迹,隐于毛被内。因牙齿结构(如具两对上门齿)、摄食方式和行为等与兔子相像,故名鼠兔。高山鼠兔体型小,体长约10.5~28.5cm,耳长1.6~3.8cm;后肢比前肢略长或接近等长;全身毛被浓密柔软,底绒丰厚,与它们生活在高纬度或高海拔地区有关;毛被呈沙黄、灰褐、茶褐、浅红、红棕和棕褐色,夏季毛色比冬毛鲜艳或深暗。该物种列入《世界自然保护联盟》(IUCN)2013年濒危物种红色名录ver3.1—易危(VU)。

高山鼠兔分布于我国黑龙江、新疆。国外分布在哈萨克斯坦、蒙古、俄罗斯。高山鼠兔为山地营群居生活动物。栖息于林中岩地或碎石坡地中,在林缘、灌丛和近水开阔地域的碎石地中也常见。高山鼠兔的洞穴大多利用天然石洞、石隙、树洞借势筑成,洞口较多,跑道明显;主洞内巢室简单,由干草铺垫而成;侧洞较多,去向复杂。海拔下限为400m,海拔上限为2 500m。高山鼠兔一般群居于山中岩地,以石隙为洞穴。洞口形状不一,藏在乱石间。冬季不冬眠,在积雪时常将洞口通于雪面上,雪上洞口直径约5~8cm。

高山鼠兔白昼活动。10:00~15:00时活动最为频繁。活动时有鸣叫习惯;并以此相互传递信息,躲避天敌。高山鼠兔不冬眠,常在洞外石上晒太阳;当天气不好时在洞中栖息或在雪下洞道中活动。高山鼠兔也有贮草习惯。贮草一般从7月开始,集草时的活动半径大于平时觅食时的活动半径;集草一般贮于洞中及附近倒木或石缝里。高山鼠兔春季4月开始繁殖,一年产仔2窝,每窝产仔4~6只。天敌赤狐、山鼬、黄鼬、雪鸦、角鸮等。

(9)西藏鼠兔(*Ochotona thibetana*)

害鼠类中的一种,别名啼兔。体型较达乎尔鼠兔小而细长。体长一般不超过155mm。耳较大,椭圆形,高度不超过27mm。四肢短小,后肢略比前肢长。无尾,尾椎隐藏于毛被之下,上唇有纵裂。毛色灰暗。

西藏鼠兔在我国分布甚广,北自山西,南至云南,东至湖北西部,西至青海、四川等地。国外见于锡金。

西藏鼠兔栖息于海拔3 000~4 000m的高山草甸、灌丛、芨芨草滩、山坡草丛中,尤其以柳、金露梅等不占优势的灌丛中最多。在祁连山西段,主要分布在针茅、薹草为主的生境中,以双子叶植物为建群种的阶地,山麓平原上数量最多。有时也栖居在河渠边的马蔺、苔草滩上。营穴居生活,筑洞穴于干草根、灌丛及土块之下,也有利用旱獭废弃洞道侧壁挖洞营巢。洞道一般距地面10cm,根据洞穴结构,可以分为两种类型:一种结构复杂,全长3m以上,具多个分支,洞道出口多,洞内有贮室和一个巢室,名曰居住院洞;另一种构造简陋,洞道全长仅为40~50cm,有1~2个分支,分支末端各有一个与地面相通的出口,此种洞穴,用于临时休息或躲避敌害,称临时洞。洞群各出口之间,有跑道相互贯连。洞口近旁常堆积有粪便,粪便呈圆球状,新鲜粪便颜色黄绿,陈旧粪便灰黄色。

西藏鼠兔昼夜活动,冬不蛰眠,甚至在雨天,雪被底下,亦常外出觅食。一年繁殖数次，繁殖期为5~6月，8~9月常有怀孕雌鼠，每胎5~6仔。分布区内数量较多，但由于其群居性不如达乎尔鼠兔强，故无密集聚居之现象。主要天敌有狼、狐、黄鼬、香鼬、艾鼬、鹞、鹰等。

（10）黑腹绒鼠（*Eothenomys melanogaster*）

为仓鼠科绒鼠属的动物。黑腹绒鼠体型小而肥壮，四肢、颈部较短，体型呈筒状，体背褐色，腹部毛基灰黑色。黑腹绒鼠已列入《世界自然保护联盟》（IUCN）2008年濒危物种红色名录。

黑腹绒鼠分布于中国、印度、缅甸、泰国、越南。我国分布于云南、贵州、福建、浙江、四川、湖北、安徽、甘肃等地。

黑腹绒鼠多栖息于海拔800m以上的中高山的森林及林缘等地，尤其选择阴坡林下灌木丛生的林带或灌丛作为栖息位点。黑腹绒鼠的洞道结构简单是与其生活习性相适应的。洞道功能区分不明显，其结构大致可区分为洞道、临时巢、繁殖窝和土洞四个部分。洞道多呈网状分布，有许多盲道，平均距地面深度为13.46cm±9.09cm，最深的地方可达80cm，最浅的3cm。洞道平均长度为776.33cm±487.08cm，最长的洞道为2 000cm，最短的283cm。临时巢是洞道内膨大的部分，可能是其栖息、临时贮食的场所。极少数洞道内有一个较大总巢，比一般的临时巢大1倍以上。巢内连着许多外通洞道，估计也是用于其栖息的。平均每洞有临时巢5.71±3.70个，最多的达20个。繁殖窝是雌鼠在繁殖季节临时搭建的，以莎草科和禾本科植物筑成，呈圆形或椭圆形，以圆形为多，直径约为18cm，是雌鼠产仔、哺育的场所。繁殖窝一般只有1个，也有少数为2个的。土洞一般是沿着腐烂的树根深入（说明挖掘能力较弱），一般较浅，且为盲洞。

黑腹绒鼠以夜间活动为主，白天也时常外出。它身体小、挖掘能力弱，在腐殖质下活动有利于逃避天敌；取食活动主要在夜间进行，没有贮粮习性，不冬眠；在冬天仍在进行摄食，腐殖层为其提供了良好的保温作用。黑腹绒鼠繁殖力强，每年可有2胎，每胎2~6仔。黑腹绒鼠繁殖期也相当长，在不同地区有所差别，一般集中在春季和秋季，前期是4-5月，后期为9~11月。雄鼠的睾丸下降期也呈现出两个峰期，前期2~6月，后期8~11月。

（11）中华鼢鼠（*Myospalax fontanieri*）

别称瞎老鼠、地老鼠、原鼢鼠。中华鼢鼠体型与东北鼢鼠相似，但前足及前指爪较细短。头宽扁，鼻端平钝，背部带有明显的锈红色，毛基灰褐色。

中华鼢鼠分布于中国、俄罗斯、蒙古等地。我国分布于甘肃、青海、宁夏、陕西、山西、河北、内蒙古、四川、湖南等地。

中华鼢鼠喜栖于土层深厚、土质松软的荒山缓坡、阶地及乔木林下缘的疏林灌丛、草原地、高山灌丛。选择地势低洼、土壤疏松湿润而且食物比较丰富的地段作为栖息位点。垂直分布可达3 800~3 900m的高山草甸，高山灌丛较少。中华鼢鼠终年营地下生活，喜欢在地下挖掘成长而复杂的隧洞，在洞里居住和取食，很少到地面上来。它们掘洞掘得很快，在地面上形成一个直径30cm，高15~16cm的小土丘，这是中华鼢鼠居住地的一种标志。

中华鼢鼠不冬眠，昼夜活动，由于它终年营地下生活，掌握它的过冬规律十分困难，只能根据地面上痕迹和封洞的习性判断。一般每年有两次活动高峰，春季4~5月，觅食活动加强，到 6~8 月，天气炎热，活动减少。秋季 9~10 月作物成熟，开始盗运贮粮，活动又趋向频繁，出现第二次活动高峰。所以在春、秋两季地面上新土堆增多。冬季在老窝内贮粮，很少活动。据封洞和捕获时间分析，一天之内早晚活动最多。雨后更为活跃。中华鼢鼠春季 4~5 月进行交配，到 6~8 月交配结束，一年繁殖 1~2 次，每胎 1~5 只，个别的 6 只，以 2~3 只者居多。雄鼠 3 月中旬性器官尚未达到发育的程度，至 3 月下旬性器官发育达到最高峰，随着交配的开始，睾丸便下降。雌鼠繁殖期从 4 月上旬开始，延续到 6 月中旬，历时 60d，而繁殖盛期从 4 月下旬至 5 月中旬，其繁殖期短而集中。妊娠期约为 1 个月。哺乳期从 5 月中旬开始，延续到 8 月上旬，其中哺乳期盛期在 5 月下旬至 7 月上旬。大量幼鼠独立生活在 7 月。

7.2.2 森林鼠害发生原因分析

7.2.2.1 森林鼠害发生的原因

森林鼠害的发生与发展，是森林生态环境演替的结果，是由于林区生态环境的改变与恶化造成的。林内郁闭度低、阳光充足的自然环境，给鼠类种群创造了良好的生存条件。随着鼠类种群数量上升，逐渐造成危害。因此，改变营造大而积单一纯林，注重林种结构，强化营林管护，是防治鼠害发生的最根本的措施。

7.2.2.2 森林鼠害的发生季节与危害规律

以山西为例，吕梁林区的天然次生林和人工林中，一般常年都有鼠害发生，但从秋季到翌年春季青草发芽前，是鼠类危害林木最严重的时期。其危害规律是幼树受害严重，大树受害轻；郁闭度小的疏林受害重，郁闭度大的密林受害轻；林缘的树木受害严重，林内的树木受害轻；阳坡、缓坡的树木受害严重。阴坡、陡坡的树木受害轻；灌木杂草丛生、乱石多、卫生条件差的林地受害严重，否则就轻。

7.2.3 森林鼠害的预防措施和防治方法

预防措施：一是加强预测预报，在一个地区，对其优势种害鼠，应加强鼠情监测，必要时进行防治。二是营造不利于鼠类生存的环境，在林区要经常清除地面的杂草，破坏鼠类的隐蔽条件，可减轻其危害。营造宽度较大的乔木林带，不适宜草原和荒漠鼠类栖息，能阻隔它们流窜，还能招来益鸟益兽在林中栖息与繁殖，对控制鼠害极为有利。具体防治方法有：

（1）生态控制措施

生态控制措施，是指通过加强以营林为基础的综合治理措施，破坏鼠类适宜的生活和环境条件，影响害鼠种群数量的增长，以增强森林的自控能力，形成可持续控制的生态林业。

森林鼠害防治必须从营造林工作开始，要在营造林阶段实施各种防治措施，对森林鼠害进行预防性治理。

①造林设计时 首先考虑营造针阔混交林和速生丰产林，要加植害鼠厌食树种，优化林分及树种结构，并合理密植以早日密闭成林。

②造林前 要结合鱼鳞坑整地进行深翻，破坏鼠群栖境；将造林地内的枝桠、梢头、倒木等清理干净，以改善造林地的卫生条件。

③造林时　要对幼苗用树木保护剂进行预防性处理(用防啃剂、驱避剂浸蘸根、茎);对于有地下鼢鼠活动的地区,要实行深坑栽植,挖掘防鼠阻隔沟。

④造林后　在抚育时及时清除林内灌木和藤蔓植物,搞好林内环境卫生,破坏害鼠的栖息场所和食物资源;控制抚育伐及修枝的强度,合理密植以早日密闭成林;定点堆积采伐剩余物(树头、枝桠及灌木枝条等),让害鼠取食。在害鼠数量高峰年,可采用代替性食物防止鼠类危害,如向鼠类提供过冬应急食物,以减轻对林木的危害。

对于新植幼林,营林部门要切实加强监管,发现鼠害,要立即对害鼠进行化学药剂防治。

(2) 天敌控制措施

根据自然界各种生物之间的食物联系,大力保护利用鼠类天敌,对控制害鼠数量增长和鼠害的发生,具有积极作用。

①林区内要保持良好的森林生态环境,实行封山育林,严格实行禁猎、禁捕等项措施,保护鼠类的一切天敌动物,最大限度地减少人类对自然生态环境的干扰和破坏,创造有利于鼠类天敌栖息、繁衍的生活条件。

②在人工林内堆积石头堆或枝柴、草堆,招引鼬科动物;在人工林缘或林中空地,保留较大的阔叶树或悬挂招引杆及安放带有天然树洞的木段,以利于食鼠鸟类的栖息和繁衍。

③有条件的地区,可以人工饲养繁殖黄鼬、伶鼬、白鼬、苍鹰等鼠类天敌进行灭鼠。

(3) 物理防治

对于害鼠种群密度较低、不适宜进行大规模灭鼠的林地,可以使用鼠铗、地箭、弓形铗等物理器械,开展群众性的人工灭鼠。也可以采取挖防鼠阻隔沟,在树干基部捆扎塑料、金属等防护材料的方式,保护树体。黑龙江省佳木斯市林业局采用诱捕井方法对森林鼠害进行防治,效果不错,单位成本较低。方法是:诱捕井采用圆形塑料瓶,瓶高25cm、直径9cm,塑料瓶截去瓶口,垂直埋入地下,埋深20cm,上口高出地面5cm。诱饵选择炒熟的白瓜子、向日葵、浸入葱花油的纸、红松籽、饼干渣等鼠类喜欢食物中的一种,置于诱捕井中。诱捕井设置间距10m×20m,诱捕效果最好。

(4) 化学灭鼠

对于害鼠种群密度较大、造成一定危害的治理区,应使用化学灭鼠剂进行防治。

化学杀鼠剂包括急性和慢性的两种,含一些植物,甚至微生物灭鼠剂。急性杀鼠剂(磷化锌一类)严重危害非靶动物,破坏生态平衡,对人畜有害,应尽量限制其在生产防治中的使用。

慢性杀鼠剂中的第一代抗凝血剂(敌鼠纳盐、杀鼠醚类)需要多次投药,容易产生耐药性,在防治中不提倡使用此类药物。第二代新型抗凝血剂(溴敌隆等)对非靶动物安全,无二次中毒现象,不产生耐药性,可以在防治中大量使用。但应适当采取一些保护性措施,如添加保护色、小塑料袋包装等。大隆类药物因具有急、慢性双重作用,二次中毒严重,在生产防治中应慎用。

(5) 生物防治

生物防治属于基础性的技术措施,要配套使用,并普遍、长期地实行,以达到森林鼠害的自然可持续控制。现在提倡使用的药剂可以分为3种。

①肉毒素　肉毒素是指由肉毒梭菌所产生的麻痹神经的一类肉毒毒素，它是特有的几种氨基酸组成的蛋白质单体或聚合体，对鼠类具有很强的专一性，杀灭效果很好，在生产防治中可以推广应用；但是，该类药剂在使用中应防止光照，且不能高于一定温度，还要注意避免小型鸟类的中毒现象。

②林木保护剂　林木保护剂，是指用各种方法控制鼠类的行为，以达到驱赶鼠类保护树木的目的，包括防啃剂、拒避剂、多效抗旱驱鼠剂等，由于该类药剂不伤害天敌，对生态环境安全无危害，可以在生产防治中推广应用，尤其是在造林时使用最好。

③抗生育药剂　抗生育药剂是指能够引起动物两性或单性终生或暂时绝育，或是能够通过其他生理机制减少后代数量或改变后代生殖能力的化合物，包括不育剂等药剂。

7.2.4　防治时间

鼠害防治在春、秋两季进行，具体时间由各地根据实际情况自行决定。但是，造林地的鼠害防治应在造林前的7~10d进行；未成林造林地和幼林地的鼠害防治，应在霜降上冻后降雪前这一期间进行。

（1）春季防治

春季调查林木被害株率为3%~10%的地块，可采用不育剂、拒避剂、营林技术和招引天敌等措施进行防治。被害株率11%~20%的地块，可采用物理方法、不育剂、拒避剂、化学药剂等措施进行防治。被害株率21%以上的地块，必须采用化学药剂防治。

（2）秋季防治

在进行标准地鼠种类和密度调查的地块，100铁日目的鼠种捕获率在1%~4%时，可采用天敌控制、营林技术、不育剂、拒避剂等措施进行防治。捕获率在5%~9%时，可采用物理方法、不育剂、拒避剂、化学药剂等措施进行防治。捕获率在10%以上时，必须先采用化学药剂毒杀，迅速降低鼠害密度，然后再采取上述措施巩固防治成果（表7-1）。

7.2.5　发生区域划分

按照林木的平均受害株率，将森林鼠害的危害程度划分为3种类型：即轻度发生区、中度发生区和重度发生区。不同的发生区，采取不同的治理对策（表7-2）。

表7-1　用捕获率统计鼠害的发生程度　　　　　　　　　　　　　　　　　　　　　　只

鼠类	鼢鼠			鼠、姬鼠和绒鼠			田鼠		
发生程度	轻	中	重	轻	中	重	轻	中	重
春	1~5	6~15	>16	<1	1~1.3	>1.4	1~2	3~4	>5
秋				1~4	5~14	>15	1~4	5~14	>15

表7-2　用林木受害情况划分森林鼠害的发生程度　　　　　　　　　　　　　　　　　%

鼠类	沙鼠			其他鼠类		
发生程度	轻	中	重	轻	中	重
被害株率	10~30	31~60	>61	3~10	11~20	>21
死亡株率				1~3	4~10	>11

(1)轻度发生区（林木受害株率3%~10%）

以预防工作为主，重视天敌对害鼠的控制作用。保持良好的森林生态环境，实行封山育林、禁猎、禁捕，保护鼠类的天敌，减少人类对森林的干扰和破坏。在人工林内，堆积石头堆或枝柴、草堆，以利于害鼠天敌的栖息和繁衍；保留较大的阔叶树、悬挂招引杆或安放带有天然树洞的木段，招引鼬科动物。也可以人工饲养和繁殖黄鼬、伶鼬、白鼬、苍鹰及蛇类等老鼠天敌进行灭鼠。

(2)中度发生区（林木受害株率11%~20%）

以保护生态环境为主，加大生物防治比例，通过各种人工、生物、生态防治措施，把危害降到最低限度。在植苗造林时，用拒避剂浸蘸苗茎，用鼠用植物不育剂进行预防性防治；同时，辅之以封育、营造混交林等营林措施，或用鼠铗等物理机械进行人工捕杀。

(3)重度发生区（林木受害株率21%以上）

以压低鼠口密度为主，采用化学、生态、生物等技术措施，进行全面防治，把危害程度降到最低限度。应用C-肉毒素、溴敌隆和多功能防啃剂等进行防治。

7.2.6 安全措施

在鼠害防治投药前，要做好宣传工作，做到家喻户晓，详细说明鼠害防治的时间、地点，严防群众到施药林地放牧。在施药区要设置严禁放牧的警告牌，以免人畜中毒事件发生。

杀鼠剂和毒饵由专人保管，不准擅自启动；配制和投放毒饵时，操作人员要戴口罩、手套，配制包装、投撒毒饵的容器和工具要专用，严禁人畜混用，中毒者要及时抢救。

【任务小结】

本项目在通过对林业鼠害的主要种类及其危害类型进行介绍的基础上，对森林鼠害发生原因进行了分析，并提出了林业鼠害预防措施和防治方法，对林业鼠害防治区域的划分、防治时间的选择以及鼠害防治过程中相关人畜安全事项和应急方案进行了介绍。

【拓展提高】

董晓波，尤德康，常国彬，等.我国森林鼠害的发生及防治现状[J].中国森林病虫，2003，06：37-40.

唐蒙昌，曹广成，赵天飙.内蒙古主要森林鼠害分布及危害程度的研究[J].内蒙古林业科技，2003，03：40-43.

山广茂，高立军.吉林省国家级森林鼠害工程治理技术报告[J].吉林林业科技，2004，01：32-38.

赵恒刚，毕华明，国志锋，等.我国森林鼠害研究概况[J].河北林果研究，2004，02：193-200.

夏瑞心，巩向日.我国森林鼠害防治对策[J].辽宁林业科技，1997，06：49-53.

杨永刚，吴世明，阿里玛斯.浅谈新疆昌吉州森林鼠害的发生及防控对策[J].中国森林病虫，2013，01：44-46.

张中文.谈人工林森林鼠害防治技术[J].林业勘查设计，2013，01：99-100.

关淑云,范基文,张冬云. 森林鼠害监测与综合防治技术研究[J]. 中国林副特产,2013,03:64-66.

彭广增,郭颖峰,李庚奇,等. 森林鼠害防治技术[J]. 吉林林业科技,2013,04:56,58.

赵恒刚. 河北北部森林鼠害的发生及防治的初步研究[D]. 保定:河北农业大学,2004.

刘克敏. 我国森林鼠害及其防治对策[J]. 森林病虫通讯,1993,02:43-45.

高宪春. 森林鼠害防治技术分析[J]. 南方农业,2015,33:70,72.

李刚. 辽东山区森林鼠害防治技术的研究[J]. 中国林副特产,2015,06:75-79.

苏铁成. 抚顺地区森林鼠害防控技术研究[J]. 辽宁林业科技,2015,05:34-36,39,59.

胡会学,张宝宁,郑秀堂. 浅议大山门林区森林鼠害的发生及防治措施[J]. 农业科技与信息,2011,16:38-39.

黄云霞,侯兴菊,聂丽,等. 江油市森林鼠害应用性防治试验结果初报[J]. 四川林业科技,2011,04:132-134.

李建忠,杨广生. 森林鼠害的综合治理[J]. 吉林林业科技,2014,01:61-62.

程璐. 青海森林鼠害现状及综合防治对策[J]. 宁夏农林科技,2014,07:29-30.

杨立家. PVC毒饵站技术在防治森林鼠害中的应用[J]. 山西林业科技,2005,04:19-20,22.

孙永吉,李继成,胡赛蓉,等. P-1拒避剂防治森林鼠害推广试验[J]. 中国森林病虫,2005,02:30-32.

尹黎明,毕慧滨,等. 森林鼠害与环境因子的关系及防治对策[J]. 防护林科技,2009,04:89,122.

张宪军. 森林鼠害管理控制的选择及生态治理技术[J]. 黑龙江科技信息,2013,35:259.

【复习思考】

简述森林鼠害发生的规律及其防治措施?

任务7.3 冰雪灾害的应对

【任务介绍】

林业冰雪灾害作为区域性发生频率较低的一类自然灾害,其出现后,将对林业造成极大的破坏,通过对林业冰雪灾害基本知识的认知,了解其形成的主要因素和规律,使学生掌握林业冰雪灾害的应对方案和措施。

【教学目标】

知识目标

1. 熟悉林业冰雪灾害的基本知识,明确林业冰雪灾害防治的理论和方法。
2. 掌握林业冰雪灾害防治方法。

技能目标

1. 会开展林业冰雪灾害的预防和补救措施。
2. 能编写林业冰雪灾害防治方案及报告。

【任务实施】

7.3.1 冰雪灾害

冰雪灾害由冰川引起的灾害和积雪、降雪引起的雪灾两部分组成。冰雪灾害对工程设施、交通运输和人民生命财产造成直接破坏,是比较严重的自然灾害。冰雪灾害多发生在山区,一般对人身和工农业生产的直接影响不大。其最大危害是对公路交通运输造成影响,由此造成一系列的间接损失。

冰雪灾害是一种常见的自然灾害,拉尼娜现象是造成低温冰雪灾害的主要原因。中国属季风大陆性气候,冬、春季时天气、气候诸要素变率大,导致各种冰雪灾害每年都有可能发生。在全球气候变化的影响下,冰雪灾害成灾因素复杂,致使预测预报难度不断增加。

研究表明,中国冰雪灾害。东起渤海,西至帕米尔高原;南自高黎贡山,北抵漠河,在纵横数千千米的国土上,每年都受到不同程度冰雪灾害的危害。历史上我国的冰雪灾害不胜枚举。1951—2000 年,我国范围大、持续时间长且灾情较重的雪灾,就达近 10 次。

人类对自然资源和环境的不合理开发和利用及全球气候系统的变化,也正在改变雪灾等气象灾害发生的地域、频率及强度分布。植被覆盖度的减少,裸地的增加,导致草地退化,为雪灾灾情的放大提供了潜在条件。

7.3.2 主要成因

冰雪灾害由冰川引起的灾害和积雪、降雪引起的雪灾两部分组成。冰雪灾害对工程设施、交通运输和人民生命财产造成直接破坏,是比较严重的自然灾害。

7.3.3 灾害分类

7.3.3.1 冰雪洪水

冰川和高山积雪融化形成的洪水。其形成与气象条件密切相关,每年春季气温升高,积雪面积缩小,冰川冰裸露,冰川开始融化,沟谷内的流量不断增加;夏季,冰雪消融量急剧增加,形成夏季洪峰;进入秋季,消融减弱,洪峰衰减;冬季天寒地冻,消融终止,沟谷断流。冰雪融水主要对公路造成灾害。在洪水期间冰雪融水携带大量泥沙,对沟口、桥梁等造成淤积,导致涵洞或桥下堵塞,形成洪水漫道,冲淤公路。

7.3.3.2 冰川泥石流

冰川消融使洪水挟带泥沙、碎石混合流体而形成的泥石流。

青藏高原上的山系,山高谷深,地形陡峻,又是新构造活动频繁的地区,断裂构造纵横交错,岩石破碎,加之寒冻风化和冰川侵蚀,在高山河谷中松散的泥沙、碎石、岩块十分丰富,为冰川泥石流的形成奠定了基础。在藏东南地区,冰川泥石流活动频繁,尤其在川藏公路沿线,危害极大。

位于通麦县以西的培龙沟自1983年以来,年年爆发冰川泥石流,其中1984年先后爆发5次,造成严重损失:7月27日,泥石流冲走公路钢桥;8月7日,泥石流造成6人死亡;8月23日,持续时间23h,淹没104道班,堵塞帕隆藏布主河道,使河床升高10余米,冲毁6km公路,停车54d;10月15日,冲走钢桥一座,阻车断道12d。1985年培龙沟两度爆发泥石流,冲毁道班民房22间,淹没毁坏汽车80辆,造成直接经济损失500万元以上。古乡沟位于波密县境内,是中国最著名的一条冰川泥石流沟。1953年9月下旬,爆发规模特大的冰川泥石流。此后,每年夏、秋季频频爆发,少则几次至十几次,多则几十次至百余次,且连续数十年不断,其规模之大,来势之猛,危害之剧,在国内外实属罕见。

7.3.3.3 强暴风雪

降雪形成的深厚积雪以及异常暴风雪。由大雪和暴风雪造成的雪灾由于积雪深度大,影响面积广,危害更加严重。

1989年年末至1990年年初,那曲地区形成大面积降雪,造成大量人畜伤亡,雪害造成的损失超过4亿元。1995年2月中旬,藏北高原出现大面积强降雪,气温骤降,大范围地区的积雪在200mm以上,个别地方厚1.3m。那曲地区60个乡、13万余人和287万头(只)牲畜受灾,其中有906人、14.3万头(只)牲畜被大雪围困,同时出现了冻伤人员、冻饿死牲畜等灾情。此外,在青藏、川藏和中尼公路上,每年也有大量由大雪堆积路面而造成的阻车断路现象。

7.3.3.4 风吹雪

是指大风携带雪运行的自然现象,又称风雪流。积雪在风力作用下,形成一股股携带着雪的气流,粒雪贴近地面随风飘逸,称为低吹雪;大风吹袭时,积雪在原野上飘舞而起,出现雪雾弥漫、吹雪遮天的景象,称为高吹雪;积雪伴随狂风起舞,急骤的风雪弥漫天空,使人难以辨清方向,甚至把人刮倒卷走,称为暴风雪。风吹雪的灾害危及到工农业生产和人身安全。

风吹雪对农区造成的灾害,主要是将农田和牧场大量积雪搬运他地,使大片需要积雪储存水分、保护农作物墒情的农田、牧场裸露,农作物及草地受到冻害。

风吹雪在牧区造成的灾害主要是淹没草场、压塌房屋、袭击羊群、引起人畜伤亡;风吹雪对公路造成危害。

7.3.4 冰雪灾害对森林的主要危害

冰雪灾害对该地区的林业损失是多层次、多类型、多方面的,对林业生态的破坏也是复合型的。

7.3.4.1 灾害整体特征

冰雪天气造成的影响,从整体上看,森林本身是一个复杂的生态系统,除非全局性地毁灭整个系统,否则林木的再生是没有办法阻挡的,但恢复需要相当长的时间,通过人为干预,培养目的树种,利用自然力的多重因素,逐步恢复森林及其相应的生态系统是有希望的。在这个系统中由于森林分布、树种、地形等因素对林木受损影响也比较大。

7.3.4.2 灾害局部特征

2008 年冰雪灾害造成林业的巨大损失,从具体受损状况看,不同树种间还是有比较大的差别。有一些常绿树种受到的伤害最大,损失较为严重。例如,将近16% 马尾松受到冰雪灾害破坏,但是总体上来看大部分马尾松仅是轻微破损,多为腰折,少部分遭受冻死和断梢。杉木就不同了,皖南黄山区 4 752.93 hm^2 人工杉木受损严重,基本上难以恢复,重度受损和中度受损占到杉木林总面积的 10%。在黄山区受损面积最大的树种要算竹林,超过 50% 的竹林受到爆裂、冻死、翻兜的影响。

7.3.4.3 灾害综合影响

林业的生态修复工程中,最基础的项目就是做好清理工作,这项工作必须进行细致分工,针对不同的倒伏木材和山场进行清理,不能一概而论都进行清除。针对普通树木倒伏或折断,树木已经干枯的,一定要进行清理,预防可能的次生灾害,如虫灾、火灾隐患发生。在面对珍稀树木和植物时,需要尽量采取修复的手段进行清理,例如,国家级保护树种和省级重点保护树种,要在尽可能做好保留、恢复的前提下,再进行清理。针对还有存活希望的植株,先进行一定的扶正,之后再进行保苗或培育工作,对于受灾面积大,局部没有办法救活的树木,还必须进行清理后补植,以保证整个植物群落的稳定。

7.3.5 林木冰雪灾害的应对

7.3.5.1 建立完善的灾害预报系统

及时地对将要发生的灾害进行准确的预报,是防灾减灾最重要的组成部分。及时准确的预报,能使广大人民群众提前做好物质和精神上的准备,以便灾害到来时能够从容应对。在这方面许多国家都有成功的经验,例如,德国在 20 世纪 90 年代就成立了由气象、电力、交通等部门组成的灾害防治中心,对强降雪灾害及其他紧急情况进行预测和监测。

7.3.5.2 其他应对措施

(1)林相整理

人工林的林相一般较为整齐,幼龄阶段以土壤水肥管理为主,提倡营造混交林。进入中幼林阶段,应及时进行疏伐和卫生伐,保持林木间的合适距离和密度,有利于预防雨雪冰冻侵袭。

(2)竹林钩梢

对于 10 年以上满园的成竹,为防止雨雪冰冻造成的损失,钩梢是最有效的预防措施。即通过使用特定工具,将竹梢钩掉,竹秆自然直立,下雪到竹枝多数因平衡作用会自动清除积雪,致使雨雪冰冻灾害的损失降至最低程度。

(3)苗木田间管理

近年来苗木产业发展较快,如经营不善,将成为雨雪冰冻灾害侵袭的又一对象,但主要是常绿树种。大多苗木当年新生产的幼梢极易受到雨雪冰冻伤害。从管理上要做好以下几点：一是合理种植密度，避免过密疯长；二是及时清理积雪，防止积雪折断和压伏；三是夏秋追肥要把握好时间，不要因追肥造成树木秋梢生长过快或过迟，木质化程度不高，抗压性降低。

(4) 受灾林木的分类处理

除了在灾害预防和灾中抢救之外，在冰雪灾害发生之后，应当积极采取措施，通过系统性的修复工程，让森林重新充满生机与活力。

林业的生态修复工程中，最基础的项目就是做好清理工作，这项工作必须进行细致分工，针对不同的倒伏木材和山场进行清理，不能一概而论都进行清除。针对普通树木倒伏或折断，树木已经干枯的，一定要进行清理，预防可能的次生灾害，如虫灾、火灾隐患发生。在面对珍稀树木和植物时，需要尽量采取修复的手段进行清理，例如，国家级、区域类保护树种和省级重点保护树种，要在尽可能做好保留、恢复的前提下，再进行清理。针对还有存活希望的植株，先进行一定的扶正，之后再进行保苗或培育工作，对于受灾面积大，局部没有办法救活的树木，还必须进行清理后补植，以保证整个植物群落的稳定。

(5) 补植补造耐雪压的乡土树种

从遭受冰雪灾害后仍旧存活的树木来看，大多是乡土树种。这些树种有更强的适应性和生存能力，所以在雪灾之后补种耐雪压的乡土树种，就显得十分必要了。因此，在清理完成之后，对于成片受损，受灾面积较大的地段，要进行恢复森林的规划设计，选择优良的抗性强的乡土树种造林。例如，落叶阔叶树麻栎、化香、枫香等都是比较好的乡土树种，在安徽很多地方都可以生长，根系特别发达而且抗逆性特别强，在冰雪灾害天气下比较容易存活下来。

在生态修复工程开展时，还必须进行一些准备工作，那就是进行灾情调查，即将整个林区进行分层研究，划分不同的片区进行受损害和修复调查，针对受损情况，选择适当的方法进行灾后清理，保护珍稀树种和树木，预防森林次生灾害的发生。营林是一项系统工程，必须采取具有针对性的综合措施。根据安徽南部地区的土壤特点，特别适合杉木生产，但是杉木抗雪灾能力不强，因而在恢复森林时营造混交林、实行混合种植就是一种不错的选择。将乡土树种和杉木混交，利用乡土树木形成缓冲带抵抗冰雪灾害，可以有效防止杉木受到侵害。为了促进林木的快速生长，现在营造林措施上多进行施肥管理以促进生长，但如果没有把握好季节和施肥的量，易造成树木疯长，过冬时木质化程度低，给冰雪灾害埋下隐患。

【任务小结】

冰雪灾害由冰川引起的灾害和积雪、降雪引起的雪灾两部分组成。冰雪灾害对工程设施、交通运输和人民生命财产造成直接破坏，是比较严重的自然灾害。冰雪灾害多发生在山区，一般对人身和工农业生产的直接影响不大。其最大危害是对公路交通运输造成影响，由此造成一系列的间接损失。本项目对林业冰雪灾害的主要成因及其分类进行介绍，分析并阐述了林业冰雪灾害对森林的主要危害，提出了相关的应对措施。

【拓展提高】

沈永平，苏宏超，王国亚，等. 新疆冰川、积雪对气候变化的响应(Ⅱ)：灾害效应

[J]. 冰川冻土，2013，06：1355-1370.

郭淑红，薛立. 冰雪灾害对森林的影响[J]. 生态学报，2012，16：5242-5253.

陈长坤，孙云凤，李智. 冰雪灾害危机事件演化及衍生链特征分析[J]. 灾害学，2009，01：18-21.

王旭，黄世能，周光益，等. 冰雪灾害对杨东山十二度水自然保护区栲类林建群种的影响[J]. 林业科学，2009，09：41-47.

张志祥，刘鹏，邱志军，等. 浙江九龙山自然保护区黄山松种群冰雪灾害干扰及其受灾影响因子分析[J]. 植物生态学报，2010，02：223-232.

荣莉莉，张继永. 突发事件连锁反应的实证研究——以2008年年初我国南方冰雪灾害为例[J]. 灾害学，2010，01：1-6.

肖以华，佟富春，杨昌腾，等. 冰雪灾害后的粤北森林大型土壤动物功能类群[J]. 林业科学，2010，07：99-105.

陈凤霞，许松葵，薛立，等. 冰雪灾害对杉木林土壤特性的影响[J]. 生态学报，2010，20：5466-5474.

刘勇洪，扈海波，房小怡，等. 冰雪灾害对北京城市交通影响的预警评估方法[J]. 应用气象学报，2013，03：373-379.

王旭. 冰雪灾害对南岭常绿阔叶林结构的影响研究[D]. 北京：中国林业科学研究院，2012.

肖以华. 冰雪灾害导致的凋落物对亚热带森林土壤碳氮及温室气体通量的影响[D]. 北京：中国林业科学研究院，2012.

王静，温学发，王辉民，等. 冰雪灾害对中亚热带人工针叶林净初级生产力的影响[J]. 生态学报，2014，17：5030-5039.

张磊，王晓荷，米湘成，等. 古田山常绿阔叶林凋落量时间动态及冰雪灾害的影响[J]. 生物多样性，2011，02：206-214.

丁晓纲，何茜，张方秋，等. 2008年年初特大冰雪灾害对粤北地区杉木（*Cunninghamia lanceolata*）人工林土壤理化性质的影响[J]. 生态环境学报，2011，01：44-50.

赵文武，伍国正. 我国南方冰雪灾害的特征与城市救灾对策研究[J]. 中国安全科学学报，2008，10：5-9.

金毅. 冰雪灾害对古田山常绿阔叶林短期动态的影响——群落结构变化、幼苗更新与林窗干扰效应[D]. 杭州：浙江大学，2015.

曾昱伻. 冰雪灾害连锁演化机理及协同应急管理机制研究[D]. 西安：西南交通大学，2012.

【复习思考】

1. 简述冰雪灾害对林业的影响及灾后重建对策？
2. 冰雪灾害对森林生态系统有何影响？

单元 4
林木检疫

项目 8　林木检疫认知

伴随着林业的发展，林区的种子、木材在各个国家之间流通，并且流通的数量也在不断地增加，这样在一定的程度上不仅促进了经济的发展，更是促进了林业的发展。正是因为林业的不断发展也给病虫害的传播提供了机会。在当今社会中这已经是一个被高度关注的话题了。林木若是检疫不够及时就很容易将病虫害带入林区，这样就会造成巨大的经济损失。林木检疫就是通过针对林业有害生物进行的风险评估、检疫处理、检后处置等一系列旨在阻止各种林业有害生物传播的国家法定措施。

林木检疫工作所针对的有害生物是指那些危害严重，防治困难，主要通过人为活动进行远距离传播、国内尚未发生或虽有发生但分布不广的森林有害生物。如"进境植物检疫危险性病、虫、杂草名录"中规定的林木病虫，国内森林植物检疫对象，各省（自治区、直辖市）补充的森林植物检疫对象以及签订的有关协定、协议、贸易合同中规定的应检病虫。在森林植物检疫工作中，对那些一般性的林木病虫也并非一律不管，可根据当时的实际情况采取相应的措施。

项目 8
林木检疫认知

植物检疫学是一门既与法律、法规,又与贸易、政治经济学密切相关的综合性科学和社会科学,又是一门与植物学、动物学、昆虫学、生态学、微生物学、植物病理学、分子生物学、地理学、气象学、信息学等许多学科都密切相关的科学。

任务8.1 林木检疫的认知

【任务介绍】

对林木有害的任何植物、动物或病原体的种、株(或品系)或生物型,包括害虫、病害、害鼠(兔)和有害植物。林业有害生物名录是林木检疫最重要的工作指南,是对各地已经发现的对林业造成严重破坏的各种生物的名录汇总,是森林管理和植物检疫和林木检疫的最主要的检测对象。学习和了解林业有害生物名录有助于更加深刻的认识森林有害生物的多样性和复杂性。

林木检疫是为了保护一个国家或地区林业生产和森林生态系统的安全,由法定的专门机构,依据有关的法规,对森林植物及其产品在流通前、流通中和到达新的种植或使用地点后所采取的一系列旨在防止森林危险性有害生物传播和定殖的综合性管理措施。通过学习植物检疫的历史和发展,检疫原则的确立,检疫的一般流程,特别是WTO贸易协议针对植物检疫的特别规定,充分认识植物检疫和林木检疫在现代社会中的重要作用。

【教学目标】

知识目标
1. 深入了解植物检疫的目的和方法。
2. 掌握林木检疫的流程。

技能目标
1. 熟悉主要的林木检疫法规。
2. 能够根据特定类型的林木和流通运输范围确定检疫手段。

【任务实施】

8.1.1 植物检疫概述

植物检疫(plant quarantine)以立法手段防止植物及其产品在流通过程中传播有害生物的措施。植物检疫学是一门既与法律、法规,又与贸易、政治经济学密切相关的综合性科学和社会科学,又是一门与植物学、动物学、昆虫学、生态学、微生物学、植物病理学、分子生物学、地理学、气象学、信息学等许多学科都密切相关的科学。

植物检疫的传统概念,是从预防医学借用的"检疫"(quarantine)一词的拉丁原文为quadra - ginta,本意是40d。1403年,威尼斯共和国规定来自鼠疫流行地区的抵港船只必须滞留停泊40d,在此期间对船上全部人员进行强制隔离,以便使疾病通过潜伏期而得以表露,无病者才允许登陆。后quarantine就成为检疫的同义语。我国植物检疫专家刘宗善先生的定义"国家以法律手段与行政措施控制植物调运或移动,以防止病虫害等危险性有害生物的传入与传播。它是植物保护事业中一项带有根本性的预防措施"。

1929 年，在意大利罗马产生了"国际植物保护公约"(IPPC 公约)，促进了国际间植物检疫工作的开展。此后，世界各国先后建立了植物检疫制度。

世界各国在进出口贸易中均非常重视植物检疫工作，在 WTO 的众多协议或协定中，与植物检疫有关的有《农产品协议》《技术性贸易壁垒协议》《实施卫生和植物检疫措施的协定》(Agreement on the Application of Sanitary and Phytosanitary Measures，简称《SPS 协议》)，与植物检疫关系最密切相关的是 SPS 协议。SPS 协议的主要内容包括：SPS 协议的宗旨、适用范围、同等对待、有害生物风险评估(PRA)、非疫区和低度流行区、透明度特殊或差别待遇、组织管理形式、国际标准、指南或建议是建立检疫措施的基础、必要的检疫措施。

WTO 的 SPS 协议将 IPPC 作为植物卫生标准，使得 IPPC 在 SPS 协议中具有十分重要的地位，为了更加有效地开展工作，联合国粮农组织(FAO)于 1992 年建立了 IPPC 秘书处。从 20 世纪 90 年代开始，IPPC 秘书处和各国植保组织开始制定"植物检疫措施国际标准(ISPMs)，现已制定 27 个国际植物检疫措施标准。ISPMs 是协调贸易伙伴之间的植物保护规则，贸易伙伴共同遵守 ISPMs，并以其为依据来解决国际贸易中的植物卫生检疫争端。1991 年我国正式颁布了《中华人民共和国进出境动植物检疫法》，1996 年国务院发布了《中华人民共和国进出境动植物检疫法实施条例》。我国现行的《农业法》《森林法》《野生植物保护条例》等多部法律、法规中都有涉及对外来物种的管理的具体条文。

1983 年，联合国粮农组织(FAO)将植物检疫定义为"为了预防和推迟植物病虫害在它们尚未发生的地区定殖而对货物的流通所进行的法律限制"。1997 年，联合国粮农组织(FAO)将植物检疫的概念修改为"一个国家或地区政府为防止检疫性有害生物的进入或传播而由官方采取的所有措施"。

植物保护和植物检疫的主要区别：植物保护原理是预防或杜绝、铲除、免疫、保护和治疗。而植物检疫是通过法律、行政和技术手段，防止危险性植物病、虫、杂草和其他有害生物的人为传播(表 8-1)。

表 8-1 植物保护和植物检疫的主要区别

项 目	植物检疫	植物保护
针对对象	带有检疫性有害生物的植物、植物产品及其他应检物	重要的农作物病害
处理要求	不带活的有害生物	危害程度控制在经济允许阈值以下
工作内容与方法	重点掌握危险性有害生物的分布、发生、危害等情况，是以法律为依据，防止有害生物的传入或传出	依据病害发生规律，采取综合措施，降低危害

8.1.2 植物检疫的目的和作用

植物检疫是以预防和推迟植物病虫、杂草等有害生物为目标，特别是危险性病虫的传入；帮助扑灭、控制或延缓已传入的任何有害生物的蔓延。其基本属性标准要求有预防性、全局性和长远性、法制性、国际性和管理的综合性(对象、手段、措施是综合的)。

植物检疫是一项传统的植物保护措施，但又不同于其他的病虫防治措施。植物保护工作包括预防或杜绝、铲除、免疫、保护和治疗等五个方面。植物检疫是植物保护领域中的一个重要部分,其内容涉及植物保护中的预防、杜绝或铲除的各个方面,也是最有效、最经济、最值得提倡的一个方面,有时甚至是某一有害生物综合防治(IPM)计划中唯一一项具体措施。但植物检疫具有的特点却不同于植物保护通常采用的化学防治、物理防治、生物防治和农业防治等措施。其特点是从宏观整体上预防一切(尤其是本区域范围内没有的)有害生物的传入、定植与扩展。由于它具有法律强制性,在国际文献上常把"法规防治""行政措施防治"作为它的同义词。

由于植物检疫不严,以及其他各方面的原因,我国外来物种不断增加,这些外来物种的入侵给我国的国民经济造成了巨大的损失。2006年国家林业局造林司估计由于外来物种入侵林业造成的损失是每年660亿。农业部门的估计是每年574个亿。

美国白蛾1945年传入日本,后传入朝鲜半岛。1979年传入我国东北,现已侵入北京、山东等地。据估算2004年美国白蛾给我国造成的损失合计为2.300亿~3.052亿元。原产南美的凤眼莲(水葫芦),1901年作为花卉引入我国,20世纪五六十年代曾作为猪饲料推广,此后大量逸外野生。在云南昆明市,20世纪七八十年代建成了比较理想的大观河水上旅游线路,游人可以从昆明市内开始乘船游滇池和西山。但自20世纪90年代初开始,大观河和滇池中的水葫芦"疯长"成灾,覆盖了整个大观河以及部分滇池水面,致使这条旅游线路被迫取消,原来在大观河两侧的配套旅游设施只好报废或改作他用。有森林"SARS"之称的松材线虫1982年随木质包装从日本传入我国南京,随后在广东、浙江、山东、湖南等地相继立足。对黄山、张家界等风景名胜区构成了巨大威胁。湖南是我国第十二个松材线虫病疫情省,自2003年9月首次在郴州发现染病枯死马尾松以来,目前发生范围已扩展到4市6县,发生面积超过667hm^2,对全省282×10^4hm^2松林资源构成严重威胁。松材线虫病直接威胁到武陵源世界自然遗产(张家界国家森林公园)、毛泽东故居韶山、南岳衡山的生态安全。美洲斑潜蝇最早于1993年在海南发现,到1998年已在全国21个省(自治区、直辖市)发生,面积达130×10^4hm^2以上,它寄生22个科的110种植物,尤其是蔬菜瓜果类受害严重,包括黄瓜、甜瓜、西瓜、西葫芦、丝瓜、番茄、辣椒、茄子、豇豆、菜豆、豌豆和扁豆等。目前在我国,每年防治美洲斑潜蝇的成本高达4亿元。

外来生物的入侵除了直接造成巨大的经济损失以外,还将带来以下危害:

①对生态环境的影响　在自然界长期的进化过程中,生物与生物之间相互制约、相互协调,将各自的种群限制在一定的数量上和栖息环境中,形成了稳定的生态平衡系统。当一种生物传入到新的栖息环境后,如果脱离了人为控制逸为野生,在适宜的气候、土壤、水分及传播条件下,极易大肆扩散蔓延,形成大面积优势群落,破坏本地动植物组成,危及本地濒危动植物的生存,造成生物多样性的丧失。

由于薇甘菊排挤本地植物,广东内伶仃岛上的猕猴缺少适宜的食料,目前只能借助于人工饲喂。飞机草在西双版纳自然保护区的蔓延已使穿叶蓼等本地植物处于灭绝的边缘,依赖于穿叶蓼生存的植食性昆虫同样处于灭绝的边缘。

②对人类健康构成直接威胁　豚草花粉是人类变态反应症的主要致病原之一,所引起的"枯草热"对全世界很多国家的人类健康带来了极大的危害。一些外来动物如福寿螺等是人畜共患的寄生虫病的中间宿主,麝鼠可传播野兔热,极易给周围居民带来健康问题。

因此,植物检疫在当下时代发展中有着非常重要的作用。随着国际贸易的发展和贸易自由化程度的提高，各国实行动植物检疫制度对贸易的影响已越来越大，某些国家尤其是一些发达国家为了保护本国农畜产品市场，多利用非关税壁垒措施来阻止国外尤其是发展中国家农畜产品进入本国市场，其中动植物检疫就是一种隐蔽性很强的技术壁垒措施。

在引种的过程中，植物检疫也扮演着至关重要的角色。为了增强一国或地区植物遗传的多样性、提高抗性、改善品质，有时会以植物种子或种苗为引种对象进行引进，但又常会无法完全避免有害生物因此传入新区。例如，马铃薯原产南美洲，马铃薯晚疫病原发于南美，19世纪30年代大量引种到北美和西欧。1845年，爱尔兰该病大发生，马铃薯几乎绝产，造成历史上著名的爱尔兰大饥荒，20万人死亡，200万人逃荒。葡萄根瘤蚜原产美国，1860年传入法国，1880—1885年毁园250万英亩，1880年后相继传入苏联、欧、亚和澳洲。栗疫病原产东亚，1904年美国首次发现该病，1907年损失达1 900万元。

在推动外贸发展的社会进程中，检疫也是重要的部分。据江苏出入境检验检疫局2007年的初步统计，全年共检验检疫进出境植物及其产品12.2万批，货值108亿美元。其中，检疫进口原木$773.8 \times 10^4 m^3$、木薯干$169 \times 10^4 t$、大豆$617 \times 10^4 t$；检疫出境木质包装16.4万批、250万件，出境木质包装2.3万批、326万件。通过检疫合作，解决出口日本的哈密瓜、鲜荔枝检疫问题；新西兰、加拿大、美国等先后解除从中国进口鸭梨禁令。

8.1.3　检疫处理的原则

检疫处理是采用物理或化学的方法杀灭植物、植物产品及其他检疫物中有害生物的法定程序。检疫机关根据进出境或调运的植物、植物产品及其他检疫物的检疫和除害处理结果，签发相关单证并决定是否准予调运的法定程序。

检疫的总体原则应当符合检疫法规的规定，所造成的损失最小、安全、彻底，同时保证检疫物的完整性。确定检疫处理原则时，应考虑下列情况。

（1）植物危险性病、虫、杂草的分布、危害及传播途径等状况

①对具毁灭性或潜在极大危险性的植物危险性病、虫、杂草，与危险性次之种类的处理区别；

②对目前我国尚无分布的植物危险性病、虫、杂草，与国内已有局部发生的种类的处理区别；

③对通过输入植物、植物产品传带机率高的植物危险性病、虫、杂草，与传带几率相对较低种类的处理区别。

（2）传播植物危险性病、虫、杂草的寄主植物、植物产品状况

①对作为国家重要种质资源或主要农作物、经济作物的种子、种苗等繁殖材料与生产用种子、种苗，在处理原则上应有不同；

②对非繁殖材料（即植物产品），应从产品经济价值、来源国或地区以及传带病虫害的种类及其危险性等状况，在处理原则上应有不同。

8.1.4　进境植物检疫有害生物检疫处理原则

总的原则应根据有害生物综合评估，有无有效的除害处理方法，并结合具体检疫实践，最终确定应采取的检疫处理原则。

(1) 一类有害生物处理原则

①禁止该类病虫流行区的寄主植物、植物产品进境;

②经检疫发现输入植物、植物产品和其他检疫物感染一类病虫的,其整批作除害处理,经除害处理合格的,准予进境;

③无有效除害处理方法的,作退回或销毁处理。

(2) 二类有害生物处理原则

①限制该类病虫疫区的主要寄主植物、植物产品进境;

②经检疫发现输入植物、植物产品和其他检疫物感染二类病虫害的,作除害处理,或在确保除害效果的前提下,采用防疫处理和限制措施,防止病虫害传播扩散;

③无有效处理方法的,作退回处理。

8.1.5 植物检疫的实施

8.1.5.1 检疫方法

检疫监管是检疫机关对进出境或调运的植物、植物产品的生产、加工、存放等过程实行监督管理的检疫程序。一般情况下,按检验场所和方法可分为:入境口岸检验、原产地田间检验,入境后的隔离种植检验等(表8-2)。

(1) 入境口岸检测

根据《中华人民共和国进出口商品检验法实施条例》,大宗散装商品、易腐烂变质商品、可用作原料的固体废物以及已发生残损、短缺的商品,应当在卸货口岸检验。卸货口岸所指的即入境口岸。国家对外开放口岸出入境检验检疫设施建设管理规定中对应物品有详细规定和明确标准。

(2) 原产地田间检验

产地检疫是在植物或植物产品出境或调运前,输出方的植物检疫人员在其生长期间到原产地进行检验、检测的过程。具体是指在农林产品在生产过程中,在田间对品种特质进行验证,及时对品种特点进行评估。同时对作物生长状况、异作物和杂草、病虫害等情况进行调查,并且明确其与特定要求符合。

经产地检疫调查、室内检验,未发现检疫对象和其他危险性病、虫的,签发《产地检疫合格证》。对带有检疫对象和其他危险性病、虫的,签发《检疫处理通知单》。经产地检疫合格的森林植物及其产品,在调运前可凭《产地检疫合格证》直接换发《植物检疫证书》。《产地检疫合格证》有效期为6个月。一份《产地检疫合格证》只证明该批货物已实施产地检疫,符合检疫要求,所以不得转让他人。该批已检货物中不得夹带未检货物,更不得以未检甚至已检证明不合格的货物取代该批已检合格货物,违者将受到严肃处理。超过有效期的《产地检疫合格证》无效,需交换或调运货物时按调运检疫程序办理。《产地检疫合格证》不具有《植物检疫证书》在流通领域里的功能,不能作为办理调运手续的凭证。

(3) 隔离种植检验

在严格隔离控制的条件下,对从种子萌发到再生产种子的全过程进行观察,检验不易发现的病、虫、杂草,克服前两种方法的不足。通过检疫检验发现有害生物,可采取禁止入境、限制进口、进行消毒除害处理、改变输入植物材料用途等方法处理。一旦危险性有害生物入侵,则应在未传播前及时铲除。

表 8-2 引进林木种子、苗木检疫审批申请表(式样)

申请编号：		申请日期：		年 月 日	
申请单位(个人)/ 名称(姓名)		本表所填内容真实；严格遵守林木引种检疫的有关规定。 特此声明。 　　　　　(签章) 　　　　年　月　日			
法人代表					
单位地址(邮编)					
联系人					
电话(手机)					
植物中文名		科名：		引进数量	
		属名：		引种地	
		种名：		输出国	
植物拉丁名				供货商	
引进类型					
引进用途					
种植地点				是否认证	
建议有效期限		年　月　日至　年　月　日			
入境口岸					
风险评估情况					
引种地有害生物发生情况					
引种核销情况					
以下内容由负责审批的林业植物检疫机构填写：					
监管单位			联系人		
联系方式		电话：		传真：	
审核意见		经办人(签字) 　　　　　　　(盖章) 负责人(签字) 　　　　　　年　月　日			
备　注					

(4) 现场检验

检疫人员在现场环境中对应检物进行检查、抽样，初步确认是否符合相关检疫要求的法定程序。

现场检查主要是针对运输及运输工具、货物及存放场所、携带物及邮寄物等应检物进行查验。主要方法有：X 光机检查、检疫犬检查、肉眼检查、过筛检查。

现场抽样主要适用于同一品名、同一商品标准、用同一运输工具、来自或运往同一地点、并有同一收货人或发货人的货物。当一批货物中每一个独立的袋、箱、筐、桶、捆、托等。散装货物以一定重量为一件。

下面介绍现场检验的几个常用术语：

①样本量　一份样品的重量或体积；

②样本数　一批货物中的几份样品即为样本数；
③取样方法　随机取样、百分比取样法；
④小样　初级样品，由一批货物的不同容器内或散堆的不同部位分别抽取的样品；
⑤混合样品　所取数份小样在容器内混合；
⑥平均样品　送检样品，小样混合后，再次进行取样。最后才在实验室相关器材的协助下得出检疫结果。

此外，在国内建立无病虫种苗基地，提供无病虫或不带检疫性有害生物的繁殖材料，则是防止有害生物传播的一项根本措施。根据有害生物的分布地域性、扩大分布危害地区的可能性、传播的主要途径、对寄主植物的选择性和对环境的适应性，以及原产地自然天敌的控制作用和能否随同传播等情况制定。其内容一般包括检疫对象、检疫程序、技术操作规程、检疫检验和处理的具体措施等，具有法律约束力。法规对进口植物材料的大小、年龄和类型，检疫对象的已知寄主植物、转主寄主、第二寄主或贮主，包装材料，以及可以或禁止从哪些国家或地区进口，只能经由哪些指定的口岸入境和进口的时间等，也有相应的规定。除国家制定的法规外，国际间签订的协定、贸易合同中的有关规定，也同样具有法律约束力，国际上通行的植物检疫法规，有综合的和单项的两种形式。

植物检验检疫的任务分为外检、内检和检疫处理。外检，即为了阻止危险性病、虫、杂草随着植物及其产品由国外传入或传出。内检则要求封锁国内局部地区已经发生的危险性病、虫、杂草，使其不蔓延。针对已经传入的危险性病虫草，采取紧急措施，就地彻底的消灭，采取检疫处理的相应途径。

8.1.5.2　植物检疫(内检)的一般流程

植物检疫程序即检验检疫机构在执行检疫过程采取的方式和步骤，包括：检疫许可，检疫申报，现场检验和实验室检测，检疫处理和出证放行(图8-1)。

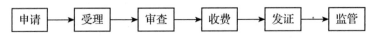

图 8-1　森林植物产地检疫流程图

森林植物产地检疫流程说明：
【申请】
(1)申请人如实填写审批窗口提供的格式文本申请表。
(2)申请人应提供下列材料。
①苗木经营单位或个人，提供有效证件。
②苗木、种子及其他繁殖材料的来源证明材料。
【受理】
(1)审批窗口对形式要件初审后，如决定受理应出具书面凭证。
(2)如不予受理，应作出不予受理决定书，并告知申请人享有行政复议和行政诉讼的权利和时限。
(3)办理时限：即时办理。
【审查】
(1)由市森防站审查申请材料。

(2)由 2 名专职检疫员现场检验，核定报检数量，依据检疫技术规程，抽取一定数量样本，进行现场检验，检验合格，填写现场检验记录，不合格的进行除害处理待检(申请人应到现场)。

(3)直接关系他人重大利益时，要告知利害关系人，听取利害关系人意见。

(4)依申请或依职权举行听证。

(5)承办人在申请表中签署审查意见。

(6)办理时限：5 个工作日。

【收费】

(1)依据《国内森林植物检疫收费办法》([1992]价费字 196 号)进行收费(苗木及其他繁殖材料按货值的 0.4%，林木种子为 0.1%，药材为 0.3%，果品为 0.05%)。

(2)办理时限：即时办理。

【发证】

(1)申请人缴费后，交费收据返还森林病虫害防治检疫站(简称森防站)一份，并出示现场检疫合格证明材料，办理产地检疫合格证。

(2)办理时限：即时办理。

总办理时限：5 个工作日。

【监管】

在申请人经营苗圃过程中，每年对圃地检疫检查 2 次。

森林植物调运检疫流程图说明(图 8-2)。

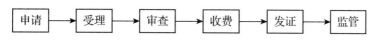

图 8-2　森林植物调运检疫流程图

【申请】

(1)申请人如实填写审批窗口提供的格式文本申请表。

(2)申请人应提供下列材料：

①由外省调入苗木、种子及其他繁殖材料的单位或个人，提供个人有效证件，申请办理植物检疫要求书；

②向省外调出苗木、种子及其他繁殖材料的单位或个人，提供外省检疫要求书、植物产地检疫证明、现场检疫证明、身份证、货价单据及承办人证明材料。

(3)向省外调出植物产品的单位或个人，提供现场检疫证明、身份证、货价单据及承办人证明材料。

(4)省内调运森林植物及产品的单位或个人，提供植物产地检疫证明、现场检疫证明、身份证、货价单据及承办人证明材料(检疫要求书)。

【受理】

(1)审批窗口对形式要件初审后，如决定受理应出具书面凭证。

(2)如不予受理，应作出不予受理决定书，并告知申请人享有行政复议和行政诉讼的权利和时限。

(3)办理时限：即时办理。

【审查】
(1)由市森林病虫害防治检疫站审查申请材料。
(2)由2名专职检疫员现场检验,核定报检数量,依据检疫技术规程,抽取一定数量样本,进行现场检验,检验合格,签发现场检疫证明,不合格的进行除害处理待检(申请人应到现场)。
(3)直接关系他人重大利益时,要告知利害关系人,听取利害关系人意见。
(4)依申请或依职权举行听证。
(5)承办人在申请表中签署审查意见。
(6)办理时限:5个工作日。

【收费】
(1)依据《国内森林植物检疫收费办法》([1992]价费字196号)进行收费(苗木及其他繁殖材料按货值的0.8%,林木种子、木材、竹类为0.2%,药材为0.5%,果品为0.1%,盆景为1%)。
(2)植物检疫要求书免费办理。
(3)办理时限:即时办理。

【发证】
(1)申请人缴费后,交费收据返还森防站一份,并出示现场检疫合格证明材料,办理植物检疫合格证。
(2)办理时限:即时办理。
总办理时限:5个工作日。

【监管】
(1)在申请人运输森林植物过程中,检查品种、规格、数量、运输工具,查看货证是否一致。
(2)对所调植物栽植地进行复检。

《中华人民共和国植物检疫条例》第七条、第八条、第十条规定:第七条"调运植物和植物产品,属于下列情况的,必须经过检疫:(一)列入应施检疫的植物、植物产品名单的,运出发生疫情的县级行政区域之前,必须经过检疫;(二)凡种子、苗木和其他繁殖材料,不论是否列入应施检疫的植物、植物产品名单和运往何地,在调运之前,都必须经过检疫。"第八条"按照本条例第七条的规定必须检疫的植物和植物产品,经检疫未发现植物检疫对象的,发给植物检疫证书。发现有植物检疫对象、但能彻底消毒处理的,托运人应按植物检疫机构的要求,在指定地点作消毒处理,经检查合格后发给植物检疫证书;无法消毒处理的,应停止调运。植物检疫证书的格式由国务院农业主管部门、林业主管部门制定。对可能被植物检疫对象污染的包装材料、运载工具、场地、仓库等,也应实施检疫。如已被污染,托运人应按植物检疫机构的要求处理。因实施检疫需要的车船停留、货物搬运、开拆、取样、储存、消毒处理等费用,由托运人负责。"第十条"省、自治区、直辖市间调运本条例第七条规定必须经过检疫的植物和植物产品的,调入单位必须事先征得所在地的省、自治区、直辖市植物检疫机构同意,并向调出单位提出检疫要求;调出单位必须根据该检疫要求向所在地的省、自治区、直辖市植物检疫机构申请检疫。对调入的植物和植物产品,调入单位所在地的省、自治区、直辖市的植物检疫机构应当查验检疫证书,必要时可以复检。省、自治区、直辖市内调运植物和植物产品的检疫办法,由省、自治区、直辖市人民政府规定。"

《植物检疫条例实施细则》(农业部分)第十二条、第十六条规定:第十二条"全国植物检疫对象、国外新传入和国内突发性的危险性病、虫、杂草的疫情,由农业部发布;各省、自治区、直辖市补充的植物检疫对象的疫情,由各省、自治区、直辖市农业主管部门发布,并报农业部备案。"第十六条"调出单位所在地的省、自治区、直辖市植物检疫机构或其授权的地(市)、县级植物检疫机构,按下列不同情况签发植物检疫证书:(一)在无植物检疫对象发生地区调运植物、植物产品,经核实后签发植物检疫证书;(二)在零星发生植物检疫对象的地区调运种子、苗木等繁殖材料时,应凭产地检疫合格证签发植物检疫证书;(三)对产地植物检疫对象发生情况不清楚的植物、植物产品,必须按照《调运检疫操作规程》进行检疫,证明不带植物检疫对象后,签发植物检疫证书。"

在上述调运检疫过程中,发现有检疫对象时,必须严格进行除害处理,合格后,签发植物检疫证书;未经除害处理或处理不合格的,不准放行。在输入某些检疫植物之前,输入单位向植物检疫机关提前提出申请,检疫机关经过审查做出是否批准引进的法定程序。其作用主要表现为避免盲目进境,减少经济损失;提出检疫要求,预防传入;依据贸易合同,合理索赔。

同时,引进的单位或个人应具备下述3方面的条件:
(1)必须事先向审批部门提出申请。
(2)必须提供上级主管部门的证明,详细说明"待批物"的品名、品种、产地和引进的特殊需要和使用方式。
(3)必须提供具有符合检疫要求的监督管理措施。

植物检疫由国家质量监督检验检疫总局及其授权的口岸检疫机关、国务院农业、林业主管部门所属的植物检疫机构负责,重点针对输入的植物、植物产品、种苗、繁殖材料;携带、邮寄植物种子、苗木及其他繁殖材料以及过境物等进行监管。

8.1.5.3 不同处理措施及其适用条件

通过检疫检验发现有害生物后,一般具体采取以下处理措施:
(1)禁止入境或限制进口

在进口的植物或其产品中,经检验发现有法规禁运的有害生物时,应拒绝入境或退货,或就地销毁。有的则限定在一定的时间或指定的口岸入境等。

(2)消毒除害处理

对休眠期或生长期的植物材料,到达口岸时用物理除害(机械处理、温热处理、微波或射线处理)、化学处理(药物熏蒸)等。

(3)改变输入植物材料的用途

对于发现疫情的植物材料,可改变原定的用途计划,如将原计划用于的材料在控制的条件下进行加工食用,或改变原定的种植地区等。

(4)铲除受害植物,消灭初发疫源地

一旦危险性有害生物入侵后,在其未广泛传播之前,就将已入侵地区划为"疫区"严密封锁,是检疫处理中的最后保证措施。

以下情况需作退回或销毁处理:

①列入《进境植物检疫禁止进境物名录》中的植物、植物产品,未事先办理特许审批手续的;

②经现场或隔离检疫发现植物种子、种苗等繁殖材料感染一、二类病虫害,无有效除害处理方法的;

③输入植物、植物产品经检疫发现一类病虫害,无有效除害处理方法的;

④输入植物、植物产品,经检疫发现病虫害,危害严重并已失去使用价值的。

以下情况之需作熏蒸、消毒、冷热等除害处理:

①输入植物、植物产品,经检疫发现植物危险性病虫害、有有效方法除害处理的;

②输入植物种子、种苗等繁殖材料,经隔离检疫发现植物危险性病虫害,有条件可除害的;

③输入植物产品、生产用种子、种苗等繁殖材料,若能通过限制措施达到防疫目的的,采用下列限制措施处理:

a. 转港;
b. 改变用途;
c. 限制使用范围、使用时间、使用地点;
d. 限制加工地点、加工方式、加工条件等。

【任务小结】

林业有害生物具有两重属性,一是自然属性,即林业有害生物通过直接取食林木的根、茎、叶、花、果、种子,或以一定方式从林木的上述器官、组织中吸取营养,致使林木不能正常生长,甚至死亡,即对林木造成了一定的"危害"。这样的生物,应该说是非常多的,因为林木作为自养生物,通过光合作用固定太阳能,制造有机物,是其他很多异养生物存在的基石,数量繁多的异养生物都要通过"危害"林木获取营养而繁衍生息,这是自然界的一个生态现象。各个物种遵循"物竞天择、适者生存"的生态法则竞争生存。如果没有人为对自然生态系统干扰的话,通过亿万年的自然选择,林业有害生物虽然"危害"林木,但却不置其于死地,大家你中有我,我中有你,保持着动态的平衡,若仅仅从自然属性来看林业有害生物也可认为实际是"无害"。

另一个属性是社会属性,这从两方面看,一是有害生物造成的危害是对人类利益相关的林木造成的危害。森林里的物种是非常多的,其中只有少数是人类获得利益的目的物种,只有这些物种遭受的危害对于人类来说才是"有害",而其他物种遭受的危害对于人类则无所谓"害"与"不害"。二是有害生物造成的危害对人类造成了利益损失,例如,病原物、害虫给水果造成了病斑、虫斑,对于果木的生长和繁殖来说影响不大,可以忍受,但对于人类来说,则影响了美观、销售,不能忍受,是有害的。如白蜡虫、紫胶虫刺吸寄主植物,对寄主植物是有害的,但它们的分泌物白蜡和紫胶对于人类是有用的资源,因此这两种昆虫被定为益虫。而如白僵菌,被广泛用于林业害虫防治,从这个角度讲,是有益的生物。但是,假如森林旁有种桑养蚕,则会导致家蚕僵死,这时白僵菌对于蚕桑业是有害生物。

我国森林资源林业产业,不断适应国民经济和社会发展的需求,林业产业由小到大、由弱变强,已经步入高速发展的快车道。但森林病虫害的种类繁多,由于林业有害生物的

项目 8　林木检疫认知

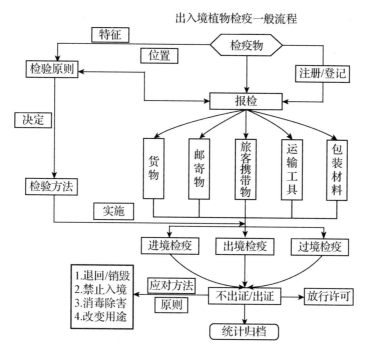

图 8-3　检验检疫流程

多样性、环境条件的复杂性给防控工作带来一定的困难(图 8-3)。究其原因是：

①林业有害生物具有主动传播或依靠自然动力传播和强大的繁殖能力，绝大多数个体被消灭，天敌数量也在减少，自身调控能力下降，但剩余个体有害生物通过繁殖或传播，数代之后又能迅速增长构成危害。

②随着林业的发展有林面积不断扩大，特别是大面积人工纯林面积的增长，有林面积快速回升。

③国内外林业生产活动交往频繁，随着苗木、木材、林产品、繁殖材料的运输潜带危险性有害生物，新的有害生物种类不断增多。为有害生物的传播提供了有利条件，危害性随之增大。

④林业有害生物的遗传特性抗逆能力随着环境条件的变动，适应能力不断增强。即使是一些抗虫病虫的品种也并非一劳永逸，由于长期适应的结果，遗传特性逐渐变异或减退，还需要不断培育新的抗病虫品种。可见有效地防治林业有害生物危害，是一项长期复杂的任务。

【拓展提高】

刘淑芳. 林木检疫存在的问题及措施[J]. 吉林农业，2014，14：68.

宋玉双. 我国林木引种检疫管理的问题及对策[J]. 中国森林病虫，2012，05：22－27.

王祥，李凯兵，谈珺，等. 进境林木种苗疫情分析与检疫对策[J]. 广东农业科学，2012，19：83－86.

周奕景，吕飞，顾忠盈，等. 我国口岸林木病害检疫现状分析与建议[J]. 植物检疫，

2015，02：72 - 74.

马婵．我国林木植物检疫工作发展建议[J]．福建农业，2015，04：223.

王鸿哲，李孟楼，康云霞，等．林木果树检疫性病虫害[J]．西北林学院学报，2003，02：68 - 71，90.

张继贤，周荣阳，李瑞君．对加强林木检疫工作的若干建议[J]．林业勘查设计，2003，01：54 - 55.

高步衢，耿海东，吴长江，等．林木种实害虫检疫检验方法的研究[J]．植物检疫，1990，S1：47 - 52.

那志明，曾庆才，颜炳德．林木检疫害虫[J]．植物检疫，1993，03：205 - 209.

张松山．建立无检疫对象林木种苗基地技术要点[J]．河南林业，1993，02：14.

蔡国贵．福建省林木检疫的情况与建议[J]．植物检疫，1988，01：28 - 29.

冷士泽．开展森林植物检疫　控制林木病虫危害[J]．江苏林业科技，1994，01：38 - 39，46.

【复习思考】

1. 林木检疫与一般植物保护工作的区别和联系是什么？
2. 如何有效地开展林木检疫工作？

任务 8.2　有害生物风险分析

【任务介绍】

有害生物风险分析（pest risk analysis，PRA）是以生物的或其他科学的和经济的依据，确定一种有害生物是否应该限制和加强防治措施力度的评价过程。包括三个方面：有害生物风险分析的起点、有害生物风险评估、有害生物风险管理。

实行 PRA，从保护农业生产方面或促进国际贸易方面考虑十分必要。随着新的世界贸易体制的运行，开展 PRA 工作既是遵守 SPS 协议及其透明度原则的具体体现，又强化了植物检疫对贸易的促进作用，增强本国农产品的市场准入机会，从而可坚持检疫作为正当技术壁垒的作用，充分发挥检疫的保护功能；另外，PRA 不仅使检疫决策建立在科学的基础上，而且是建议决策的重要支持工具，使检疫管理工作符合科学化、国际化的要求。

【教学目标】

知识目标

1. 了解 PRA 的意义和作用，并认识其在植物检疫中的作用。
2. 清楚检疫性有害生物风险分析 PRA 的基本过程。

技能目标
1. 能根据实际情况画出简易的 PRA 流程图。
2. 能够列举出 PRA 分析时要考虑到的因素类型，并分析原因。

【任务实施】

8.2.1 PRA 概述

有害生物是指在一定条件下，对人类的生活、生产甚至生存产生危害的生物；是由数量多而导致圈养动物和栽培作物、花卉、苗木受到重大损害的生物。

自 1954 年我国政府颁布第一份进境植物检疫名单和 1957 年公布第一份国内植物检疫名单以来，已先后修改多次。1998 年我国颁布禁止和限制进境的植物危险性有害生物有三类，共 452 种。仿照欧共体的分类名称：A1 类 国内尚未分布，严格禁止进境的 40 种；A2 类 严格限制进境的 44 种；A3 类 限制进境或应检的限定非检疫性有害生物 368 种。

以生物学的或其他科学和经济学证据评价确定一个生物体是否为有害生物、该生物体是否应限定以及为此采取何种植物检疫措施的力度的过程。PRA 是 WTO 规范植物检疫行为《实施卫生与植物卫生措施协定》（简称《SPS 协定》）中明确要求的，为了使检疫行为对贸易的影响降到最低而规定各国（地区）制定实施的植物检疫措施。

按《实施卫生与植物卫生措施协议》，PRA 是根据可能实施的动植物卫生建议措施来评价虫害或病害在进口成员境内传染、定殖或传播的可能性，以及相关的潜在生物和经济后果，并以此作为制定检疫措施的依据。而北美植保组织的定义为：针对有害生物一旦传入某一尚未发生的地区，或某一时期内才发生的地区，由于其传播而引起的潜在风险进行判断的系统评价过程。

世界贸易组织的多边贸易规则《实施卫生与植物卫生措施协定》(1994)明确要求各成员，在制订植物卫生措施时必须以风险分析为依据。因此，风险分析是入世后我国检验检疫机构必须做好的一项重要工作。至 2001 年年底，联合国粮农组织/国际植物保护公约已经制定了两个有害生物风险分析的标准：有害生物风险分析准则（国际植物卫生措施标准第 3 号）和检疫性有害生物风险分析（国际植物卫生措施标准第 11 号）。

在中国，多年沿用下来的叫法是"病虫害危险性分析"，后来改用"有害生物"来代替"病虫害"称"有害生物危险性分析"。由于国际交往的不断增加，特别是 20 世纪 90 年代以来植物检疫全面参与中国"复关"谈判，人们开始认识到"危险性"的提法不够准确，1995 年在广泛征求植物检疫专家意见的基础上，正式将英文 Pest Risk Analysis 译为"有害生物风险分析"。

在已建立的植物检疫措施国际标准中，包括十九个方面的内容，其中最重要的是进口法规中的有害生物风险分析。在新修订的《国际植物保护公约 IPPC》(1996)中亦强调植物检疫的非歧视原则，但更强调所采取的检疫措施应建立在充分的科学依据基础之上。

8.2.2 PRA 的重要性和必要性

从检疫诞生那天起，在制定检疫措施时，人们就一直在进行着风险分析，这就是有害生物风险分析。目前，WTO 各成员国大都把风险分析作为制定动植物检疫措施的基础。

风险分析的重要性表现在如下4个方面：

①风险分析是世界贸易组织多边贸易规则《实施卫生与植物卫生措施协定》的主要原则之一；

②风险分析是WTO各成员国动植物检疫决策的主要技术支持；

③风险分析可保持检疫的正当技术壁垒作用，充分发挥检疫的保护功能；

④风险分析能强化检疫对贸易的促进作用，增加本国农产品的市场准入机会。

有害生物风险分析的必要性：

①是检疫决策的重要工具之一，使检疫管理工作符合科学化、国际化的要求；

②PRA可保持检疫的正当技术壁垒作用，充分发挥检疫的保护功能；

③强化植物检疫对贸易的促进作用，增加本国农产品出口的市场准入机会；

④开展PRA是遵守SPS协议及其透明度原则的具体体现；

⑤在关贸总协定最后协议（WTO组织的前身）中明确指出："检疫方面的限制必须有充分的科学依据来支持，原来设定的零允许量与现行的贸易是不相容的，某一生物的危险性应通过风险分析来决定，这一分析还应该是透明的，应阐明国家间的差异。"

8.2.3 有害生物的类型与疫区管理

8.2.3.1 有害生物的类型

根据有害生物的发生分布情况、危害性和经济重要性及在植物检疫中的重要性等，有害生物可以区分为：

（1）非限定的有害生物（non-regulated pest，NRP）

广泛发生或普遍分布的有害生物，在植物检疫中没有特殊的意义。例如，青霉菌、曲霉菌、镰刀菌等。

（2）限定性有害生物（regulated pest，RP）

少数危险性很大，有的虽有分布，但官方已采取控制措施，属于控制范围的有害生物。包括检疫性有害生物和限定的非检疫性有害生物。

（3）检疫性有害生物（quarantine pest，QP）

指对某一地区具有潜在经济重要性，但在该地区尚未存在或虽存在但分布未广，并正由官方控制的有害生物。

（4）限定的非检疫性有害生物（regulated non-quarantine pest，RNQP）

一种存在于种植材料上，危及这些植物的原定用途而产生无法接受的经济影响，因而在输入国和地区受到限制的非检疫性有害生物。

自1954年，我国政府颁布第一份进境植物检疫名单和1957年公布第一份国内植物检疫名单以来，已先后修改多次。1998年，我国颁布禁止和限制进境的植物危险性有害生物有三类，共452种。仿照欧共体的分类名称：A1类，国内尚未分布，严格禁止进境的40种；A2类，严格限制进境的44种；A3类，限制进境或应检的限定非检疫性有害生物368种。

8.2.3.2 全国林业检疫性有害生物疫区管理办法

详见国家林业局林造发〔2013〕17号文件内容。

8.2.4 检疫性有害生物的风险分析实施

《检疫性有害生物风险分析准则》《限定的非检疫性有害生物风险分析准则》是整个国际标准框架下进口法规下的两个重要标准。这两个标准描述了植物有害生物的风险分析过程,其目的是为国家植物保护组织制定植物检疫法规、确定检疫性有害生物或限定的非检疫性有害生物及为采取必要的检疫措施提供科学依据。有害生物风险分析分成三个阶段:

8.2.4.1 PRA 开始阶段(start point)

确定需要进行风险分析的有害生物或与传播途径有关的有害生物是否属于限定性有害生物,并鉴定其传入、定殖和扩散可能性及经济重要性(图8-4)。

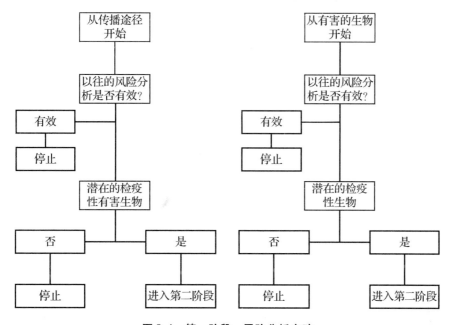

图 8-4 第一阶段:风险分析启动

有害生物风险分析仅对 PRA 地区有意义,因此,首先要确定与这些有害生物相关的 PRA 地区。PRA 地区指与进行本项 PRA 有关的地区,可以是一个国家或一个国家内的一个地区或多个国家的全部或部分地区。

进行风险分析一般有 3 个起点(切入点):①从可能为检疫性有害生物的有害生物本身开始分析;②从检疫性有害生物可能随其传入和扩散的传播途径开始分析,通常指进口某种商品;③因检疫政策的修订而重新开始作风险分析。

8.2.4.2 有害生物风险评估阶段(pest risk assessment)

对在第一阶段确定的需进行进一步评估的有害生物或有害生物清单逐个考虑并审核、归类(category),看是否符合检疫性有害生物的定义(图8-5)。

(1)考虑因素

每个有害生物的各个方面,特别是有害生物地理分布、生物学和经济重要性的资料。

(2)评估内容

其在 PRA 地区能否定殖以及扩散可能性和潜在的经济重要性,确定其传入 PRA 地区

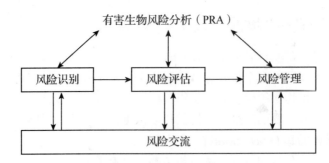

图 8-5　第二阶段：有害生物风险评估

的可能性。具体包括以下内容：

①定殖可能性　将原发生地情况与 PRA 地区的情况比较，如在 PRA 地区有无寄主及其数量、分布；PRA 地区环境条件的适宜性；有害生物的适应能力、繁殖方式及存活方式等。

②扩散可能性　评估定殖后有害生物扩散的可能性应考虑的因子有：有害生物的自然扩散和人为环境的适宜性，商品和运输工具的移动，商品的用途，有害生物的潜在介体和天敌等。

③潜在经济重要性　评估时，首先应掌握有害生物在各发生地的危害程度和频率及其与气候条件等生物和非生物因子之间的关系；然后考虑如损害类型、作物损失、出口市场损失、防治费用增加及对正在进行的综合防治的影响、对环境的影响和对社会的影响等。如果以上条件均符合，那么该有害生物就是潜在的检疫性有害生物，从而进入评估的最后阶段传入可能性的评估。

④传入可能性评估　主要取决于从出口国至目的地的传播途径及与之相关的有害生物发生频率和数量，一般包括两方面的因素：

进入可能性的因素有：有害生物感染商品和运输工具的机会；有害生物在运输的环境条件存活情况；入境检查时检测到有害生物难易程度；有害生物通过自然方式进入的频率和数量，以及在指定港口人员进入的频率数量等。

定殖的因素有：商品的数量和频率；运输工具携带某种有害生物的个数；商品的用途；运输途中和 PRA 地区的环境条件和寄生情况等。

如果该有害生物能传入且有足够的经济重要性，那么就具有高的风险，证明应采取适当的检疫措施，从而进入 PRA 的第三阶段。

8.2.4.3　有害生物风险管理阶段（pest risk management）

为保护受威胁地区的有害生物风险管理，应当与有害生物风险评估中所查明的风险相适应。在多数方面可以依据在有害生物风险评估中已收集的资料。

（1）风险管理备选方案

应当汇集把风险降低到可接受水平的备选方案清单。这些备选方案主要涉及传播途径，特别是允许商品进入的条件。考虑的备选方案有：

①列入禁止的有害生物清单。

②出口前的植物检疫检查和证书。

③规定出口前必需达到的要求（如处理来自无有害生物区、生长季节检查、证书体

系)。
　　④进境时检查。
　　⑤在进境口岸、检疫站或适当时在目的地进行处理。
　　⑥入境后检疫扣留。
　　⑦入境后的措施(限制商品的使用,防治措施)。
　　⑧禁止特定产地的特定商品进境。
　　然后,这些备选方案也可能涉及减少损失风险的方法,如引进生物防治作用物,或易于根除或遏制。
　　(2)评估备选方案的效率和影响
　　应当据以下因素评价各种备选方案使风险降低到可接受水平的效率和影响。
　　①生物学有效性。
　　②实施的成本/效益比。
　　③对现存法规的影响。
　　④商业影响。
　　⑤社会影响。
　　⑥植物检疫政策考虑。
　　⑦实施新法规的时间。
　　⑧备选方案对其他检疫性有害生物的效率。
　　⑨环境影响。
　　应当具体说明各种备选方案的积极方面和消极方面。应当特别注意"最小影响"原则:"植物检疫措施应当与所涉及的有害生物风险相适应,并应是对人员、商品和运输工具的国际移动造成最少妨碍的现有的最低限度的限制措施。"《国际植物保护公约》第Ⅵ.2(f)条有类似的但内容稍欠完整的规定。所建议的植物检疫措施应当依据上述的所有因素。为了确定哪些备选方案适合,宜与 PRA 地区内外的有关和受影响的团体进行联络。
　　(3)第三阶段的结论
　　在第三阶段结束时,已经决定了有关有害生物或传播途径的适当的植物检疫措施。第三阶段的完成是必不可少的;特别是仅完成第一、二阶段,然后没有对风险管理备选方案进行适当评估就采取植物检疫措施是不正当的。在实施植物检疫措施之后,应当监督其有效性,如有必要应当对风险管理备选方案进行审查。

8.2.5　有害生物风险分析的信息来源

　　(1)有害生物风险分析所需的信息
　　①有害生物的名称、寄主范围、地理分布、生物学、传播方式、鉴别特征和检测方法等。
　　②寄主植物及农产品及其地理分布、商业用途及价值资料。
　　③有害生物与寄主植物的相互作用,即症状、危害、经济影响、防治方法和对自然环境和社会环境的影响等。
　　(2)PRA 信息来源
　　①植物保护数据库,CABPEST 数据库,包括1973年以来有关植物保护的文献摘要。

②AGRIS 数据库，收录 1970 年以来的农业科技方面的文献。
③AGRICOLA 数据库，1975 年以来农业方面有关文献。
④检疫数据库，EPPODE PQ 数据库。

8.2.6　有害生物风险分析在中国的发展

1981 年我国开展了"危险性病虫杂草的检疫重要性评价"研究，1991 年成立"检疫性病虫害的危险性评估（PRA）研究"课题组，1995 年 5 月成立中国植物 PRA 工作组；以这三件大事为标志，大致上可把我国的 PRA 研究发展历程分为四个时期。

8.2.6.1　类似 PRA 的时期（1916—1980）

早在 1916 年和 1929 年，我国植物病理学的先驱邹秉文先生和朱凤美先生就分别撰写了《植物病理学概要》和《植物之检疫》，提出要防范病虫害的传入的风险，设立检疫机构，这可以看作是我国 PRA 工作的开端。

新中国成立初期，我国的植物保护专家根据进口贸易的情况，对一些植物有害生物先后进行了简要的风险评估，提出了一些风险管理的建议。据此，我国政府 1954 年制定了"输出输入植物应施检疫种类与检疫对象名单"。之后由于"文化大革命"，我国在这一领域的工作陷于停顿，直到 20 世纪 70 年代末才恢复。这一时期所做的工作比较简单，还没有引进 PRA 的概念，但是确实是不叫 PRA 的 PRA 工作。

8.2.6.2　积极探索的时期（1981—1990）

1981 年，原农业部植物检疫实验所的研究人员开展了"危险性病虫杂草的检疫重要性评价"研究。他们对引进植物及植物产品可能传带的昆虫、真菌、细菌、线虫、病毒、杂草 6 类有害生物进行检疫重要性程度的评价研究，根据不同类群的有害生物特点，按照危害程度，受害作物的经济重要性，中国有无分布，传播和扩散的可能性和防治难易程度等 6 条标准进行综合评估。研究制定了评价指标和分级办法，以分值大小排列出各类有害生物在检疫中的重要性程度和位次，提出检疫对策。分析工作由定性逐步走向定性和定量相结合。在此项研究的基础上，建立了"有害生物疫情数据库"和"各国病虫草害名录数据库"，为 1986 年制定和修改进境植物危险性有害生物名单及有关检疫措施提供了科学依据。与此同时，还开展了以实验研究和信息分析为主的适生性分析研究工作，如 1981 年对甜菜锈病，1988 年对谷斑皮蠹，1990 年对小麦矮腥黑穗病的适生性研究，对适生性分析的研讨也促使了一些分析工作的开展。

8.2.6.3　正式发展的时期（1991—1994）

1990 年国际上召开了亚太地区植物保护组织（APPPC）专家磋商会，中国开始接触到有害生物风险分析（PRA）这一新名词。之后，对北美植物保护组织起草的"生物体的引入或扩散对植物和植物产品形成的危险性的分析步骤"进行了学习研究。中国也积极开展有害生物风险分析的研讨，并积极与有关国际组织联系，了解关于 PRA 的新进展。

1992 年《中华人民共和国进出境动植物检疫法》的实施，使中国动植物检疫进入了新的发展历程。随着 FAO 和区域植物保护组织对有害生物风险分析工作的重视以及第 18 届亚太地区植物保护组织（APPPC）会议在北京的召开，原农业部动植物检疫局高度重视有害生物风险分析工作在中国的发展，专门成立了中国的有害生物风险分析课题工作组，广泛收集国外疫情数据，学习其他国家的有害生物风险分析方法，研究探讨中国的有害生物风险分析工作程序。有害生物风险分析在中国进入了一个发展时期。

1991年，由原农业部植物检疫实验所主持，原国家动植物检疫局和原上海动植物检疫局的专家和检疫官员参加的农业部"八五"重点课题"检疫性病虫害的危险性评估(PRA)研究"，该项研究主要取得了以下几项成果：

①探讨建立了检疫性有害生物风险分析程序，分以输入某类(种)植物及其产品风险为起点和以有害生物为起点的分析程序。

②有害生物风险分析评价指标体系的建立和量化方法的研究，提出了具中国特色的、有建设性的量化方法。

③对马铃薯甲虫、地中海实蝇、假高粱和梨火疫病等国家公布禁止进境的危险性病虫杂草在我国的适生潜能进行分析，为检疫的宏观预测提供了科学依据。

④对输入小麦、棉花的有害生物风险初评估，收集、整理了国内尚未分布或分布未广的小麦、棉花有害生物名录，并就PRA有关的有害生物的名单建立与重要性排序的思路提出意见。对引进小麦的检疫对策提出了意见。

1984年建立的农业气候相似分析系统"农业气候相似距库"，开展有害生物在中国的适生性分析工作。如1990年对甜菜锈病，1994年对假高粱，1995年对小麦矮腥黑穗病的适生性分析。

1989年原农业部植物检疫实验所引进澳大利亚Sutherst等1985年建立的CL IMEX系统。利用此分析系统1990年对美国白蛾、1993年对地中海实蝇、1994年对苹果蠹蛾和1995年对美洲斑潜蝇进行了适生性分析，为有关的有害生物的检疫决策提供了科学依据。

在有害生物信息系统建立以前的数据库基础上，根据有害生物风险分析的需求，1995年建立了"中国有害生物信息系统"。

1992年，在中美市场准入谈判中为解决美国华盛顿州苹果输华问题，开展了有害生物风险分析工作，中国的第一份正式的PRA报告"对美国(华盛顿州、加利福尼亚州)地中海实蝇的危险性分析"(1993年)，为中美植物检疫谈判提供科学依据。

中国的PRA专家出席了联合国粮农组织国际植物保护公约秘书处关于PRA的国际标准起草的一系列工作组会议。一方面结合中国的PRA工作经验参与PRA的补充标准的起草，发表了观点；另一方面也从每次会议中学到了许多，促进了中国的PRA工作，并及时将有关文件译成中文进行学习、研究。

随着国际贸易迅猛发展，如何减少检疫对贸易的影响，已被国际社会所关注。在中国加入WTO的谈判，及在此之前与美、澳、欧洲共同体市场准入谈判以及关贸总协定乌拉圭回合最后文件的签署，都表明了中国政府也十分重视这一问题。

8.2.6.4 全面推进的时期(1995—)

从前两个时期的发展历程可以看出，中国的PRA工作起步不晚，起点不低。到1995年，将PRA限于科研阶段已经远远不能适应当时的发展需要。因此，1995年5月在以前成立有害生物风险分析课题组和临时性工作组的基础上建立了有害生物风险分析工作组。该工作组由原中华人民共和国国家动植物检疫局领导。工作组分为一个办公室，两个小组(风险评估小组和风险管理小组)。办公室由专家和项目官员组成，主要任务是负责协调工作组与政策制定部门关系，推动有害生物风险分析工作。评估组负责评估工作，提出可采取的植物检疫措施建议。管理组负责确定检疫措施。有害生物风险分析工作组的基本任务就是保证植物检疫政策和措施的制定以科学的生物学基础为依据。

中国 PRA 工作组是在原国家动植物检疫局直接领导下的高级的技术和政策的工作班子，为紧密型、权威性的专家组。工作组的成立有利于推动 PRA 工作的开展，便于组织和协调，工作组的形式也是一种尝试。中国 PRA 工作组的成立表明中国正式承认和开始应用 PRA，同时是对关贸总协定乌拉圭回合的"实施动植物检疫卫生措施协议(SPS)"承诺后的具体行动，也意味着中国植物检疫的新发展和进步。工作组在参考了联合国粮农组织"有害生物风险分析准则"以及世界贸易组织"实施动植物卫生检疫措施的协议"基础上，结合中国的实际情况制定了"中国有害生物风险分析程序"。同时中国 PRA 工作组也制定了有害生物风险评估的具体步骤和方法。

目前，中国有害生物风险分析工作组正按照既定时间表对有关检疫政策和有关国家农产品进入中国问题进行分析。各国向中国输入新的植物及植物产品项目都要进行有害生物风险分析，有害生物风险分析已经成为中国检疫决策工作必不可缺的环节。该工作组的成立成为中国 PRA 发展新的里程碑。从 1995 年到加入 WTO 前，我国就完成了约 40 个风险分析报告，这是历史上完成的风险分析报告最多的阶段，涉及美国的苹果、泰国的杧果果实、进口原木、阿根廷的水果、法国葡萄苗、美国及巴西的大豆等，对保护我国农业生产安全的产生了很大的积极作用。加入 WTO 后，我国 PRA 工作得到了更大的重视，发展速度显著加快，进入了全面与国际接轨的快速发展时期。

8.2.6.5 国内当前 PRA 存在的主要问题

一是我国 PRA 工作起步相对较晚，技术力量还较薄弱。PRA 理论体系还不够完善；且仅在成立了国家级 PRA 工作组，各省(自治区)的 PRA 基本未开展。二是全国有害生物普查或调查开展的深度和广度不够，同时对国外有害生物信息的了解掌握不全面，进行 PRA 所需的有害生物数据库信息系统不够完善。三是出境 PRA 不多。我国目前完成的 PRA 报告多是针对进境农产品的 PRA，而国外做了很多针对出口农产品的 PRA，促进其农产品出口。四是内外检部门沟通和配合不够。我国许多单位都认识到 PRA 的重要性，开始开展 PRA，特别是内外检部门，但由于沟通不够，易造成重复工作和资源不必要的浪费。

我国 PRA 研究还需要在以下领域加强：

①应用好信息技术。

②加强对国内疫情的调查和核实，各部门间做好配合。

③风险分析报告完成可通过多个途径广泛征求各方意见。

④做好风险分析基础理论研究，如气候模拟、经济损失评估模型、适生性分析等。

8.2.7 PRA 在国外发展的状况

8.2.7.1 美国的 PRA 发展

几百年来不断地有新的生物体被从海外带进美国并且在美国定殖。在 20 世纪 70 年代以前的 480 年的时间里，有 1 115 种新的昆虫已在美国定殖，增加了美国昆虫总量的 1%。为了控制外来有害生物的入侵，保护本国农业生产的安全，美国在 70 年代就建立了一个对尚未在加州定殖的有害生物进行打分的模型，这一分析利用计算机辅助进行；每种有害生物依据一些指标打分，得分越高，该有害生物就越危险。经济影响(包括损失和额外费用)主要分为:没影响(小于10万美元)、影响较小(在10万~100万美元之间)、影响较大(大于100万美元);社会影响:最多影响到100万人、影响100万~500万人(占加州人口的25%)、影响500万人以上;此外,还考虑环境影响。该模型考虑了社会及环境影响的重要性,而不是仅局限于考虑市场的影响。美国针对每种有害生物进行PRA时所采取的评估信息研究工作在美国乃至世界植物检疫的历史上都是很重要的,也经常被后来的文献引用,该项研究提出的模型具有一定的代表性。

1993年11月,美国完成的"通用的非土生有害生物风险评估步骤"(用于估计与非土生有害生物传入相关的有害生物风险),将PRA划分的三阶段也基本与FAO的"准则"一致。其特点是所建立的风险评估模型采用高、中、低打分的方法。

8.2.7.2 澳大利亚的PRA发展

澳大利亚"Lindsay委员会"于1988年5月公布了一份题为"澳大利亚检疫工作的未来"的报告,明确提出:"无风险"或称"零风险"的检疫政策是站不住脚的,也是不可取的。相反,"可接受的风险"或称为"最小风险""可忽略的风险"或"最小的风险水平"的概念则是现实的。同时,该报告还特别强调了风险管理在检疫决策中的重要性。澳大利亚检验检疫局(AQIS)于1991年制定了进境检疫PRA程序,使"可接受的风险水平"成为澳大利亚检疫决策的重要参照标准之一。澳大利亚认为有害生物风险分析是制定检疫政策的基础,也是履行有关国际协议的重要手段。

AQIS植物检疫政策部门负责进行针对进口到澳大利亚的植物和植物产品的风险分析。这些植物和植物产品包括新鲜水果和蔬菜、谷物和一些种子和苗木。进口风险分析(import risk analysis)针对潜在的检疫风险进行确认和分类并制定解决这些风险的风险管理程序。从1997年起AQIS开始采用新的进口风险分析咨询程序。新的程序最低要求包括公布进口风险分析的报告草案和最后确定稿。进行进口风险分析时又分两种情况:

①相对简单的进口申请进行常规的风险分析步骤;

②较复杂的进口申请进行非常规的风险分析步骤。AQIS于1998年出版的《AQIS进口风险分析步骤手册》一书中对两种步骤都有详细描述。

澳大利亚参考FAO的《有害生物风险分析准则》制定了"有害生物风险分析的总要求",还制定了"制定植物和植物产品进入澳大利亚的检疫条件的程序"。确定的PRA步骤为:

①接受申请、登记建档并确定PRA工作进度;

②确定检疫性有害生物名单;

③进行有害生物风险评估;

④确定合适的检疫管理措施;

⑤准备PRA报告初稿;

⑥召集PRA工作组讨论通过PRA报告;

⑦征求意见后形成正式的PRA报告;

⑧送交主管领导供检疫决策参考。

在进行生物风险评估时规定了7个主要评估指标:有害生物的进境模式、原产地有害生物的状况、有害生物的传播潜能及其在澳大利亚的定殖潜能、其他国家类似的植物检疫政策、供选择的植物检疫方法和策略、有害生物定殖对澳大利亚产品的影响、分析中存在的问题。

由于澳大利亚农业管理体制的特殊性，AQIS 在进行植物检疫决策时一般仅从检疫角度考虑生物学安全性的问题，即仅考虑生物学的风险评估结果，不考虑经济学影响或仅对有害生物的经济学进行一般性评估。在 PRA 过程中所涉及的经济的、社会的、政治的评估则由联邦政府指定的部门进行。

澳大利亚开展 PRA 工作已有多年，早期的 PRA 工作主要有稻米的 PRA、进口新西兰苹果梨火疫病的 PRA、实蝇对澳大利亚园艺工业的影响分析、种传豆类检疫病害的评价。1999 年开始，PRA 的工作则大量增多，如美国佛罗里达州的柑橘、南非的柑橘、泰国的榴莲、菲律宾的杧果、美国的甜玉米种子、荷兰的番茄、新西兰的苹果、日本的富士苹果、韩国的鸭梨和中国的鸭梨等。

澳大利亚还依据 PRA 向一些国家提出了市场准入的请求，包括：向韩国出口柑橘、向日本出口杧果的新品种、稻草和番茄；向美国出口番茄、切花和草种；向新西兰出口切花和各种实蝇寄主商品；向墨西哥出口大麦；向毛里求斯出口小麦；向秘鲁出口大米等。

8.2.7.3 加拿大的 PRA 发展

加拿大的植物有害生物风险分析有专门的机构负责管理，并且由专门的机构负责进行风险评估。评估部门对有害生物的风险进行评价，并提出可降低风险的植物检疫措施备选方案，最后由管理部门进行决策。1995 年按照 FAO 的准则，加拿大农业部制定了其本国的 PRA 工作程序。加拿大将 PRA 分成 3 部分：有害生物风险评估、有害生物风险管理、有害生物风险交流。将风险交流作为 PRA 的独立部分是加拿大的特色，其风险交流，主要指与有关贸易部门的交流。在进行风险评估中，考虑有害生物传入会造成的后果时，考虑对寄主、经济和环境的影响。风险评估的结果确定总体风险，划分为 4 个等级，即极低、低、中、高，并考虑不确定因素，陈述所利用的信息的可靠性。

8.2.7.4 新西兰的 PRA 发展

新西兰于 1993 年 12 月将"植物有害生物风险分析程序"列为农渔部国家农业安全局的国家标准。它基本上可以说是 FAO 的"准则"的具体化。其特点体现在风险评估的定量化上。新西兰开展 PRA 工作较早，且已形成了从科研人员到管理决策层的基本体系，并将 PRA 很好地与检疫决策结合起来，是世界上 PRA 工作领先的国家之一。

【任务小结】

评估检疫性害虫首要的是对害虫危险性进行评估。除了应考虑在我国尚未发生或分布未广，能随遗传资源或贸易性农、副产品传播，传入后能存活并对我国农、林作物造成巨大损失，经济容忍水平为零或接近零的害虫，还须根据以下一些原则：传入后能迅速建立群体的害虫；寄主范围广泛，成虫寿命长，产卵量大，能容忍各种气候变化的害虫；极易随种子、苗木、行李以及贸易性农产品传播，隐蔽性强，不易发现，一旦传入后常使农作物造成巨大损失的害虫；传播我国尚未发现的危险性线虫、类菌原体，病毒病的害虫。

多指标综合评估法是根据 PRA 分析准则，应用系统科学、生物学理论和专家决策系统的基本理论和方法，对有害生物各项风险指标进行等级划分、计算风险指数并建立数学模型的定量评估方法。应用该法进行风险评估时因先建立以生物因子为起点的综合指标评估体系，包括国内有否分布、潜在的危害程度、受害作物的经济重要性、移植的可能性、降低危险性的难易程度等。然后在确定上述各项指标的评判标准、权重以及风险指数基础上，建立风险评估模型，再进行进一步的风险评估。多指标综合评估方法是专家根据经验确定有害生物指标体系再予以分级、量化的方法，指标体系中包含许多不确定因素，如生物在不同品种间和变种间、不同年份之间、不同经济密集度的地域之间存在许多差异，这为准确进行风险评估带来一定困难和不确定因素，因此，外来有害生物风险评估指标体系的建立还有待于进一步完善(图8-6、图8-7)。

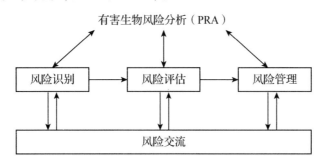

图 8-6　有害生物风险分析 PRA 的组成部分（要素）

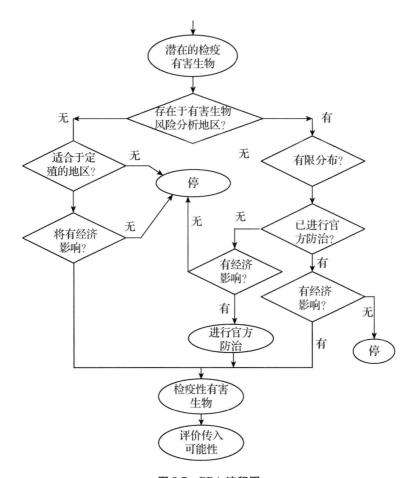

图 8-7　PRA 流程图

【拓展提高】

沈佐锐,马晓光,高灵旺,等. 植保有害生物风险分析研究进展[J]. 中国农业大学学报, 2003, 03: 51-55.

刘海军,温俊宝,骆有庆. 有害生物风险分析研究进展评述[J]. 中国森林病虫, 2003, 03: 24-28.

刘红霞,温俊宝,骆有庆,等. 森林有害生物风险分析研究进展[J]. 北京林业大学学报, 2001, 06: 46-51.

贾文明,周益林,丁胜利,等. 外来有害生物风险分析的方法和技术[J]. 西北农林科技大学学报(自然科学版), 2005, S1: 195-200.

鞠瑞亭,徐颖,易建平,等. 城市绿地有害生物风险分析体系构建及应用[J]. 植物保护学报, 2005, 02: 179-184.

李娟,赵宇翔,陈小平,等. 林业有害生物风险分析指标体系及赋分标准的探讨[J]. 中国森林病虫, 2013, 03: 10-15.

周国梁,李尉民,印丽萍,等. 有害生物风险分析研究工作的发展[J]. 植物检疫, 2006, 03: 162-164.

王爱丽,施宗伟,马小光,等. 进口植物及植物产品有害生物风险分析[J]. 植物保护, 2006, 04: 19-23.

陈洪俊,范晓虹,李尉民. 我国有害生物风险分析(PRA)的历史与现状[J]. 植物检疫, 2002, 01: 28-32.

陈克,范晓虹,李尉民. 有害生物的定性与定量风险分析[J]. 植物检疫, 2002, 05: 257-261.

王益愚. 中国进口货物木质包装传带有害生物风险分析报告[D]. 北京: 北京林业大学, 2007.

孙新涛,林乃铨. 外来有害生物风险分析的研究进展及其对我国的启示[J]. 植物检疫, 2012, 03: 64-68.

刘海军. 北京地区林木外来重大有害生物风险分析[D]. 北京: 北京林业大学, 2003.

张平清. 外来有害生物入侵风险分析方法与风险管理措施研究[D]. 北京: 国防科技大学, 2005.

马平. 云南省外来入侵物种调查及检疫性有害生物的风险分析[D]. 昆明: 云南农业大学, 2009.

吕飞,杜予州,周奕景,等. 有害生物风险分析研究概述[J]. 植物检疫, 2016, 02: 7-12.

王冠琳,朴美花. 有害生物风险分析的研究进展[J]. 现代农业, 2011, 05: 234-235.

【复习思考】

1. 什么是PRA? 为什么要进行PRA?
2. 简述检疫性有害生物风险分析的基本过程。
3. PRA在植物检疫中的作用和地位如何?

任务 8.3　植物检疫法律法规学习

【任务介绍】

植物检疫法规是指为了防止植物危险性有害生物传播蔓延、保护农、林、牧业的安全生产和生态环境、维护对外贸易信誉、履行国际义务,由国家制定法令对进出境和国内地区间调运植物、植物产品及其他应检物进行检疫的法律规范的总称。它包括有关植物检疫的法规、条例、细则、办法和其他单项规定等。

植物检疫法规是开展植物检疫工作的法律依据。为保证贸易及植物检疫工作的正常开展,防止有害生物的传播,国际、国内各级政府部门均制定了一系列的法规。例如,联合国粮农组织的国际植物保护公约是"使全球植物检疫一致的程序",世界贸易组织的《实施卫生和植物卫生措施协定》,联合国粮农组织颁布的植物检疫措施的国际标准(1SPM)等,我国颁布的《中华人民共和国进出境动植物检疫法》《植物检疫条例》等,以及为贯彻这些法规所制定的"实施条例""实施细则"和"办法"等,都有法律效力。各级植物检疫机构和人员都必须遵守和熟悉这些法规。农、林等部门和商业的有关人员在有关活动中也应遵守这些法规。植物检疫的法规、规章的种类很多,按照制定它的权力机构和法规所起作用的地理范围,可将这些法规分为国际性法规、国家级法规和地方性法规;按照其内容从形式上可分为综合性法规和单项法规。

【教学目标】

知识目标
1. 了解植物检疫法规的起源与发展。
2. 了解国内主要的检疫法律法规和植物检疫体系。

技能目标
1. 能够明确知道生产生活中哪些关于林木的行为和处置方式是违法行为。
2. 知晓林产品跨境(跨区)流通时需要遵循的法律程序。

【任务实施】

8.3.1　植物检疫法规概述

法规又称法律规范,由国家政府或权威组织制定或认可,受国家强制实施的行为规则。通常包括假定、处理、制裁三个部分。假定是指法律规范所要求的或应禁止的行为;处理是指该法规的具体内容,即条例、细则等,要求做什么,不允许做什么等;制裁是指在违反法规时将要引起的法律后果,是法规强制性的具体表现。

8.3.1.1 植物检疫法规的起源与发展

如前所说，检疫起源于14世纪人类为防止人类传染病传播与自然所作的斗争的结果。从检疫诞生之日起就带有强制性。最早的植物检疫法规是法国于1660年颁布的为防除卢昂地区的小麦秆锈病而要求铲除其中间寄主小檗的命令。

植物检疫法规是人类同病虫害长期斗争的产物。在19世纪中叶至20世纪初，由于缺乏对植物病虫害危害的认识，导致了病虫害的异地传播，并发生了多起因病虫害猖獗危害引起巨大损失的著名事例。例如，1860年法国进口美国葡萄种苗传入葡萄根瘤蚜，在以后的25年中被毁葡萄园达 $66.7 \times 10^4 hm^2$，占当时法国葡萄栽培总面积的1/3，损失200多万法郎，致使一些酿酒厂倒闭；1907年，棉花红铃虫从印度传入埃及，致使当地棉花生产损失80%。历史的教训促使人们认识到这些病虫害是外来的或人为传入的，要控制它就必须采取措施，而针对性的制定禁止从疫区进口有关植物及其产品。例如，德国1873年针对葡萄根瘤蚜公布了《禁止栽培葡萄苗进口令》；印度尼西亚1877年为防止咖啡锈病传入颁布了禁止从斯里兰卡进口咖啡的法令。

植物检疫法规由单项规定向综合性法规发展。早期的植物检疫法规一般都是针对某一特定有害生物的单项禁令。但是，随着科学的发展及对有害生物认识的提高，人们逐渐认识到单依靠某些禁令已经不能满足迅速发展的国际贸易的需要，为此许多国家相继公布了灵活性与针对性相结合的综合性法规。1877年，英国在利物浦码头发现活的马铃薯甲虫后，紧急公布了《危险性害虫法》(Destructive lnsects Act)；以后又两次修改补充；1967年公布了《植物健康法》(Plant Health Act)。美国国会在1912年通过了《植物检疫法》(Plant Quarantine Act)，由于法规不完善及执行中出现的漏洞，导致小麦秆黑粉菌、榆树枯萎病等有害生物频频传入美国，1944年通过了《组织法》(Organic Act)，授权主管单位负责有害生物的治理及植物检疫工作，为弥补1912年法令的不足，1957年颁布了《联邦植物有害生物法》(Federal Plant Pest Act)，在上述三个法的基础上又制定了许多法规及补充、修正案。

8.3.1.2 国际性植物检疫法规与公约

1983年，联合国粮农组织印发了《制定植物检疫法规须知》。从目前公布的各国检疫法规来看，植物检疫法规主要包括国际法规与公约、地区性法规与各个国家的法规、规章与条例等。内容包括名称、立法宗旨、检疫范围与检疫程序、术语解释、检疫主管部门及执法机构、禁止或限制进境物、法律责任、生效日期及其他说明。

(1)《国际植物保护公约》

《国际植物保护公约》(International Plant Protection Convention，IPPC)(以下简称《公约》)的主要任务是加强国际间植物保护的合作，更有效地防治有害生物及防止植物危险性有害生物的传播、统一国际植物检疫证书格式、促进国际植物保护信息交流，是目前有关植物保护领域中参加国家最多、影响最大的一个国际公约。该《公约》虽名曰"植物保护"，但中心内容均为植物检疫。《公约》包括前言、条款、证书格式附录三个方面。其中条款有十五条，第一条缔约宗旨与缔约国的责任；第二条公约应用范围，主要解释植物、植物产品、有害生物、检疫性有害生物等；第三条为补充规定，涉及如何制定与本公约有关的补充规定如特定区域、特定植物与植物产品、特定有害生物、特定的运输方式等，并使这些规定生效；第四条主要阐述各缔约国应建立国家植物保护机构，明确其职能，同时各缔约国应将各国植物保护组织工作范围及其变更情况上报FAO；第五条为植物检疫证书，主要规定植物检疫证书应包括的内容；第六条进口检疫要求，涉及缔约国对进口植物、植物产品的限制进口、禁止进口、检疫检查、检疫处理（消毒除害处理、销毁处理、退货处理）的约定，并要求各缔约国公布禁止及限制进境的有害生物名单，要求缔约国所采取的措施应最低限度影响国际贸易；第七条国际合作，要求各缔约国与联合国粮农组织密切情报联系，建立并充分利用有关组织，报告有害生物的发生、发布、传播危害及有效的防治措施的情况；第八条区域性植物保护组织，该条款要求各缔约国加强合作，在适当地区范围内建立地区植物保护组织，发挥它们的协调作用；第九条为争议的解决，着重阐述缔约国间对本公约的解释和适用问题发生争议时的解决办法；第十条声明在本《公约》生效后，以前签订的相关协议失效，这些协定包括1881年11月3日签订的《国际葡萄根瘤蚜防治公约》、1889年4月15日在瑞士伯尔尼签订的《国际葡萄根瘤蚜防治补充公约》、1929年4月16日在罗马签订的《国际植物保护公约》；第十一条适用的领土范围，主要指缔约国声明变更公约适应其领土范围的程序，公约规定在联合国粮农组织总干事接受到申请30d后生效；第十二条批准与参加公约组织，主要规定了加入公约组织及其批准的程序；第十三条涉及公约的修正，指缔约国要求修正公约议案的提出与修正并生效的程序；第十四条生效，指公约对缔约国的生效条件；第十五条为任何缔约国退出公约组织的程序。

(2)《实施卫生与植物卫生措施协定》

为限制技术性贸易壁垒，促进国际贸易发展，1979年3月在国际贸易和关税总协定（GATT）第七轮多边谈判东京回合中通过了《关于技术性贸易壁垒协定草案》，并于1980年1月生效。该草案在等八轮乌拉圭回合谈判中正式定名为《技术贸易壁垒协议(TBT)》。由于GATT、TBT对这些技术性贸易壁垒的约束力仍然不够，要求也不够明确，为此，乌拉圭回合中许多国家提议制定针对植物检疫的《实施卫生和植物卫生措施协定》(Agreement On the Application Of Sanitary and Phytosanitary Measures, SPS)（以下简称《SPS协定》）。该协定对检疫提出了比GATT、TBT更为具体、严格的要求。《SPS协定》是所有世界贸易组织成员都必须遵守的。总的原则是为促进国家间贸易的发展，保护各成员国动植物健康、减少因动植物检疫对贸易的消极影响。由此建立有关有规则的和有纪律的多边框架，以指导动植物检疫工作。《SPS协定》包括14项条款及3个附件。

《SPS协定》是世贸组织成员为确保卫生与植物卫生措施的合理性，并对国际贸易不构成变相限制，经过长期反复的谈判和磋商而签订的。也可以理解为，《SPS协定》是对出口国有权进入他国市场和进口国有权采取措施保护人类、动物和植物安全，两个方面的权利的平衡。

《SPS协定》规定了各缔约国的基本权利与相应的义务，明确缔约国有权采取保护人类、动植物生命及健康所必须的措施，但这些措施不能对相同条件的国家之间构成不公正的歧视，或变相限制或消极影响国际贸易。《SPS协定》要求缔约国所采取的检疫措施应以国际标准、指南或建议为基础，要求缔约国尽可能参加如IPPC等相关的国际组织。《SPS协定》要求缔约国坚持非歧视原则，即出口缔约国已经表明其所采取的措施已达到检疫保护水平，进口国应接受这些等同措施；即使这些措施与自己的不同，或不同于其他国家对同样商品所采取的措施。《SPS协定》要求各缔约国采取的检疫措施应建立在风险性评估的基础之上；规定了风险性评估考虑的诸因素应包括科学依据、生产方法、检验程序、检测方法、有害生物所存在的非疫区相关生态条件、检疫或其他治疗（扑灭）方法；在确定检疫措施的保护程度时，应考虑相关的经济因素，包括有害生物的传入、传播对生产、销售的潜在危害和损失、进口国进行控制或扑灭的成本，以及以某种方式降低风险的相对成本。此外，应该考虑将不利于贸易的影响降低到最小限度。在《SPS协定》中原则明确了疫区与低度流行区的标准，非疫区应是符合检疫条件的产地（一个国家、一个国家的地区或几个国家组成）；在评估某一产地的疫情时，需要考虑有害生物的流行程度，要考虑有无建立扑灭或控制疫情的措施。此外，有关国际组织制定的标准或指南也是考虑的因素之一。在《SPS协定》中特别强调各缔约国制定的检疫法规及标准应对外公布，并且要求在公布与生效之间有一定时间的间隔；要求各缔约国建立相应的法规、标准咨询点，便于回答其他缔约国提出的问题或向其提供相应的文件。为完成SPS规定的各项任务，各缔约国应该建立动植物检疫和卫生措施有关的委员会。

　　《SPS协定》是一个看起来十分合理，实质上也充满矛盾、但又必须遵守的协议。没有一个国际通用的行为准则，各国自行其是就无法统一，国际贸易就无法进行。如果各国没有主权范围内的法规，植物有害生物的传播也就不可避免。因此，各成员国制订的植物检疫法、实施细则、应检有害生物名单都应经过充分的科学分析，各项规定要符合国际法或国际惯例，即通常所说的"与国际接轨"。各国不能随意规定检疫性有害生物名单，所列名单必须经过"有害生物风险分析（pest risk analysis，PRA）"。若未经科学分析就制定的检疫法规等如科学论据不足，就被认为是"歧视"和"非关税的技术壁垒"，并可能受到"起诉""报复"直至"制裁"。

8.3.1.3　区域性植物保护组织

　　国际区域性植物保护组织是在较大范围的地理区域内若干国家间为了防止危险性植物病虫害的传播，根据各自所处的生物地理区域和相互经济往来的情况，自愿组成的植物保护专业组织。各个组织都有自己的章程和规定，它对该区域内成员国有约束力。主要任务是协调成员国间的植物检疫活动、传递植物保护信息、促进区域内国际植物保护的合作。至今，全世界有9个区域性国际植物保护组织。其中亚太地区植保组织、欧共体植保组织和北美植保组织是联合国粮农组织秘书处的直属机构，其日常工作由联合国粮农组织直接派遣植物保护官员主持。其他均是在WPC的要求下建立的区域性组织。

　　①亚洲和太平洋植物保护委员会（Asian and Pacific Plant Protection Commission，APPPC），成立于1956年，总部设立在泰国曼谷，其前身是东南亚和太平洋区域植物保护委员会。1983年在菲律宾召开的第十三届亚洲和太平洋地区植物保护会议上，我国提出申请加入该组织；1990年4月在北京召开的联合国粮农组织第二十届亚太区域大会上正式批准中国加入，为《亚洲和太平洋区域植物保护协定》的成员国。现有成员国24个。该组织负责协调亚洲和太平洋区域各国植物保护专业方面所出现的各类问题，如疫情通报、防治进展、检疫措施等。

　　②加勒比海地区植物保护委员会（Caribbean Plant Protection Commission，CPPC）于1967年成立，总部设在巴巴多斯，现有23个成员国。

　　③欧洲和地中海地区植物保护组织（European and Mediterranean Plant Protection Organization，EPPO）成立于1950年，总部设在法国巴黎，目前有成员国43个。

④卡塔赫拉协定委员会（Comunidad Andina，CA），又称中南美洲植保组织，成立于1969年，现有成员国5个，总部设在秘鲁。

⑤南锥体区域植保委员会（Co）mite Regional de Sanidad Vegetal para el Cono Sur，COSAVE）成立于1980年，现有南美洲的成员国5个，总部设在巴拉圭。

⑥泛非植物检疫理事会（Inter-African Phytosanitary Council，IAPSC）于1954年成立，总部位于喀麦隆的雅温德，现有51个成员国。

⑦北美洲植物保护组织（North American Plant Protection Organization，NAPPO）成立于1976年，共有3个成员。其总部设立在加拿大的渥太华。

⑧中美洲国际农业卫生组织（Organismo International Regional de Sanidad Agropecuaria，OIRSA）成立于1953年，现有8个成员国，总部设在萨尔瓦多。

⑨太平洋地区植保组织（Pacific Plant Protection Organization，PPPO）成立于1995年，现有22个成员国，总部设在斐济。

这些区域组织的最高权力机构是成员国大会，各自都制定有区域性的植物检疫法。各组织均设有秘书处，负责本组织的日常工作。如APPPC每两年召开一次全体会议。秘书处均有高级植物保护人员负责，联合国粮农组织先后向APPPC派遣了我国著名昆虫学家黄可训教授，植物病理学家竺万里教授、狄原渤教授和沈崇尧教授等担任了执行秘书。这些组织还定期出版一些专业性刊物，如APPPC的《通讯季刊》、EPPO的《EPPO通报》等。

8.3.1.4 检疫双边协定、协议及合同条款中的检疫规定

为了适应改革开放、农业发展、农产品贸易和植物检疫的需要，近年来中国政府先后与法国、丹麦、南非等许多国家签署了政府间双边植物检疫协定或协议和协定书。例如，《中华人民共和国政府和法兰西共和国政府植物检疫合作协定》（1998年7月28日），《中华人民共和国政府和智利共和国政府植物检疫合作协定》《中华人民共和国政府和蒙古国政府关于植物检疫的协定》（1992年5月9日）。此外，中国还与美国、加拿大、荷兰等许多国家签订了植物检疫协定。

在植物、植物产品的贸易合同中经常有植物检疫的要求。这些要求也是贸易双方必须遵守的。如我国与国外粮商签订的粮食贸易合同中明确规定了植物检疫条款。合同第二条中规定进口小麦"……基本不带活虫""根据中华人民共和国农业部的规定，卖方提供的小麦不得带有下列对植物有危险性的病害、害虫和杂草籽：小麦矮腥黑粉菌、小麦印度腥黑粉菌、毒麦、黑高粱、谷斑皮蠹、黑森瘿蚊、大谷蠹、假高粱"。在合同第七条中规定"……官方植物检疫证书……，证明基本无有害的病害和活虫，并且符合本合同第二条中提到的进口国现行的植物检疫要求"。

8.3.2 国内主要的植物检疫法规简介

中国开展植物检疫以来先后颁布了一系列植物检疫法律、法规、规章和其他植物检疫规范性文件，如《中华人民共和国进出境动植物检疫法》及其《实施条例》《植物检疫条例》及其《实施细则》等。不少有关植物检疫的规范性文件，如《中华人民共和国进出境动植物检疫法》《植物检疫条例》等。此外，在一些其他法律、法规中也涉及植物检疫。例如，《中华人民共和国森林法》第二十八条规定："林业主管部门负责规定林木种苗的检疫对象，划定疫区和保护区，对林木种苗进行检疫"；《中华人民共和国邮政法》第三十款规

定:"依法应当施行卫生检疫或者动植物检疫的邮件,由检疫部门负责拣出并进行检疫,未经检疫部门许可,邮政企业不得运递";《中华人民共和国铁路法》第五十六款规定:"货物运输的检疫,按国家规定办理";《中华人民共和国农业法》《中华人民共和国种子法》等也包含有植物检疫的内容。各地方政府也制定了一些有关植物检疫的规定,如《河南省植物检疫实施办法》《浙江省植物检疫实施办法》等,都是我国实施和开展植物检疫工作的依据。

8.3.2.1 《中华人民共和国进出境动植物检疫法》

《中华人民共和国进出境动植物检疫法》是我国第一部由国家最高权力机构颁布的以植物检疫为主题的法律。该法于1991年10月30日在第七届全国人大常务委员会第二十二次会议通过,自1992年4月1日起施行。该法共8章50条,包括总则、进境检疫、出境检疫、过境检疫、携带与邮寄物检疫、运输工具检疫、法律责任及附则等内容。《中华人民共和国进出境动植物检疫法实施条例》共10章68条,条例是为了更具体贯彻执行《中华人民共和国进出境动植物检疫法》而制订的实施方案,也是《中华人民共和国进出境动植物检疫法》的组成部分,包括总则、检疫审批、进境检疫、出境检疫、过境检疫、携带、邮寄物检疫、运输工具检疫、检疫监督、法律责任及附则十个方面。

根据《中华人民共和国进出境动植物检疫法》及《中华人民共和国进出境动植物检疫法实施条例》的规定,凡进境、出境、过境的动植物、动植物产品和其他检疫物,装载动植物、动植物产品和其他检疫物的装载容器、包装物、铺垫材料,来自动植物疫区的运输工具,进境拆解的废旧船舶,有关法律、行政法规、国际条约规定或者贸易合同约定应当实施动植物检疫的其他货物、物品,均应接受动植物检疫。输入植物种子、种苗及其他繁殖材料和《中华人民共和国进出境动植物检疫法》第五条第一款所列禁止进境物必须事先办理检疫审批。国家对向中国输出植物、植物产品的国外生产、加工、存放单位实行注册登记制度。根据检疫需要,在征得输出国有关政府机构同意后,国家动植物检疫局可派出检疫人员进行预检、监装或者疫情调查。在植物、植物产品进境前,货主或者其代理人应当事先向有关口岸动植物检疫局报检;经检疫合格的,准予进境;发现有危险性有害生物的,在口岸动植物检疫局的监督下,作除害、退货或销毁处理;经检疫处理合格后,准予进境。输出植物、植物产品的加工、生产、存放单位应办理注册登记。在植物、植物产品输出前,货主或者代理人应事先向有关口岸动植物检疫局办理报检。

经口岸动植物检疫局检疫合格或经检疫处理合格后,口岸动植物检疫局签发植物检疫证书,准予出境;经检疫不合格,又无有效的检疫处理方法的,不准出境。对过境的植物、植物产品和其他检疫物,需持有输出国政府的有效植物检疫证书及货运单在进境口岸向当地动植物检疫局报检并接受检疫。携带、邮寄物也应接受植物检疫,经检疫合格的予以进境,经检疫不合格又无有效的检疫处理方法的作销毁、退货处理,口岸动植物检疫局签发《检疫处理通知单》。

来自动植物疫区的船舶、飞机、火车、及其他进境车辆抵达口岸时,应接受口岸动植物检疫局的检疫,发现危险性有害生物的,作检疫处理;装载植物产品出境的容器,应当符合国家有关植物检疫的规定,发现危险性有害生物或超过规定标准的一般有害生物的应作除害处理。对进出境的植物、植物产品,口岸动植物检疫局应当进行检疫监管。危险性有害生物名单及禁止进境物名录由国务院农业行政主管部门制定并公布。违反本法规定的，将依法予以罚款、吊销检疫单证、注销检疫注册登记或取消其从事检疫消毒、熏蒸资格；构成犯罪的，依法追究刑事责任。植物检疫人员滥用职权，徇私舞弊，伪造检疫结果，或者玩忽职守，延误检疫出证，构成犯罪的，依法追究刑事责任；不构成罪的，予以行政处分。

8.3.2.2 《植物检疫条例》

1983年1月3日国务院颁布了《植物检疫条例》，是目前我国进行国内植物检疫的依据。该《条例》共24条，包括植物检疫的目的、任务、植物检疫机构及其职责范围、检疫范围、调运检疫、产地检疫、国外引种检疫审批、检疫放行与疫情处理、检疫收费、奖惩制度等方面。

《植物检疫条例》规定国务院农业行政主管部门、林业行政主管部门主管全国的植物检疫工作，各省、自治区、直辖市和县级农业和林业行政主管部门主管本地区的植物检疫工作。为贯彻执行全国植物检疫条例，农业部和林业部还分别制定、颁布了各自的"实施细则"（农业部分和林业部分），同时还颁布了农业和林业上的检疫对象名单和应施检疫物的名单。

《检物检疫条例》明确了检疫对象的确定原则及疫区、保护区的划分依据及程序；对发现的疫情，各地检疫部门应及时向上一级检疫机构汇报，并组织力量予以扑灭；各类疫情由国务院农业、林业行政主管部门发布。凡种子、苗木及其他繁殖材料及列入应施植物检疫名单的植物产品在调运前应向有关植物检疫机构申请，经检疫合格并取得植物检疫证书后方可调运；发现有检疫对象的，经检疫处理合格后方可调运；无法消毒处理的，不能调运。《检物检疫条例》规定各种子、苗木和其他繁殖材料繁育单位应按照无检疫对象要求建立种苗基地，植物检疫机构应实施产地检疫。从国外引进种子、苗木等繁殖材料，应向所在地省、自治区、直辖市植物检疫机构办理检疫审批，经口岸动植物检疫局检疫合格后引进，必要时应隔离种植，经试种确认不带检疫性有害生物后方可分散种植。对违反本条例的单位或个人，将按照有关法规及本条例予以惩处。应检疫的有害生物名单及应检植物产品名录由各级植物检疫主管部门制定。

随着我国扩大改革开放和社会主义市场经济体制的建立，为适应新的形势和要求，进一步加强和完善国内植物检疫法规建设，主要包括国内植物和植物产品调运检疫制度，植物和植物产品产地检疫制度，国外引进种子、苗木检疫审批制度，国内植物检疫收费制度，植物检疫疫情发布管理制度，植物检疫疫情监测制度，植物检疫对象审定制度，新发现检疫性危险病虫封锁、控制和扑灭制度，专职植物检疫员制度，植物检疫人员培训制度和植物检疫奖励制度等；同时，制定了发展国内植物检疫的主要措施，包括禁止性措施、防疫消毒措施、强制性检疫处理措施、紧急防治措施和行政处罚、刑事处罚等国内植物检疫行政措施，使国内植物检疫法规更加适应改革开放和加强植物检疫法制建设的需要。

8.3.2.3 《中华人民共和国种子法》

中华人民共和国种子法是2000年颁布实施的。种子法的第四十六条至第五十条，是有关对种子进行检验检疫的内容，也是农业行政执法中的重要内容和依据。国家严格禁止生产、经营假、劣种子。第四十六条对种子质量有明确规定，下列种子为假种子：

①以非种子冒充种子或者以此种品种种子冒充他种品种种子的；

②种子种类、品种、产地与标签标注的内容不符的。

下列种子为劣种子：
①质量低于国家规定的种用标准的；
②质量低于标签标注指标的；
③因变质不能作种子使用的；
④杂草种子的比率超过规定的；
⑤带有国家规定检疫对象的有害生物的。

从事品种选育和种子生产、经营以及管理的单位和个人应当遵守有关植物检疫法律、行政法规的规定，防止植物危险性病、虫、杂草及其他有害生物的传播和蔓延。禁止任何单位和个人在种子生产基地从事病虫害接种试验。第四十九条规定，进口种子和出口种子必须实施检疫，防止植物危险性病、虫、杂草及其他有害生物传入境内和传出境外，具体检疫工作按照有关植物进出境检疫法律、行政法规的规定执行。从事商品种子进出口业务的法人和其他组织，除具备种子经营许可还应当依照有关对外贸易法律、行政法规的规定取得从事种子进出口贸易的许可。从境外引进农作物、林木种子的审定权限，农作物、林木种子的进出口审批办法，引进转基因植物品种的管理办法，由国务院规定。

8.3.3 我国现行的植物检疫体系与职能

经过数十年的发展，我国植物检疫由原来脆弱的不完整的体系已经逐步形成了一个比较完整、相对独立的体系，包括植物检疫行政主管部门、植物检疫执行机构及植物检疫技术依托单位。近年的机构改革，我国内外检疫、农林业检疫又分割成三个独立的部门，职能分工相互交错，与国际的植物检疫体系不相适应，这种状况还需要逐步的理顺和完善。

（1）植物检疫主管部门

我国的植物检疫体系目前由口岸检疫、国内农业检疫及林业检疫三部分组成。国家有关植物检疫法规的立法和管理由农业部负责。口岸的进出境植物检疫现由国家质量监督检验检疫总局管理；国内的植物检疫则由农业部和国家林业局分别负责，国内县级以上各级植物检疫机构受同级农业或林业行政主管部门领导的管理体制。

农业部主管全国农业植物检疫工作。1998年机构改革，国务院又赋予农业部"承办起草植物检疫法律、法规和拟定有关标准的工作并监督实施；承办政府间协议、协定签署的有关事宜"等职能，进出境植物检疫法律、法规草案的起草，由农业部负责；禁止入境植物名录的确定、调整，由农业部委托国家质量监督检验检疫总局负责，以农业部名义发布。

国家质量监督检验检疫总局作为具体主管部门负责全国口岸出入境动植物检疫工作；制定与贸易伙伴国的国际双边或多边协定中有关检疫条款；处理贸易中出现的检疫问题；收集世界各国疫情，提出应对措施；办理检疫特许审批；负责制定与实施口岸检疫科研计划等。

农业部所属植物检疫机构和国家林业局所属森林检疫机构作为具体的主管部门负责全国的国内植物检疫工作；起草植物检疫法规，提出检疫工作长远规划的建议；贯彻执行《植物检疫条例》，协助解决执行中出现的问题；制定并发布植物限定性有害生物名单和应检植物、植物产品名单；负责国外引种审批；开展国内疫情普查，汇编全国植物检疫资料，推广检疫工作经验；组织检疫科研，培训检疫技术人员。各省、自治区、直辖市的农业、林业主管部门(省植保植检站和省森林病虫防治站)主要负责贯彻《植物检疫条例》及国家发布的各项植物检疫法令、规章制度及制定本地区的实施计划和措施;起草本地区有关植物检疫的地方性法规和规章;确定本地区的植物检疫性有害生物名单;提出划分疫区和非疫区以及非检疫产地与生产点的管理;检查指导本地区各级植物检疫机构的工作;签发植物检疫有关证书,承办国外引种和省间种苗及应检植物的检疫审批,监督检查种苗的隔离试种等。

(2)植物检疫的技术依托单位

植物检疫的技术依托单位主要包括植物检疫的科研单位、检疫技术人员培训基地、植物检疫学术团体等为植物检疫服务的各种组织。

专职从事植物检疫科研的单位主要是国家质量监督检验检疫总局的动植物检疫实验所、农业部植物检疫机构所属的国家植物检疫隔离场、全国农业有害生物风险分析中心、四川和广东区域植物检疫隔离场、国家林业局所属防止外来林业有害生物入侵管理办公室,以及农林院校的有关机构,主要任务是收集国内外危险性有害生物的发生、危害、分布等资料,研制危险性有害生物的检疫检测技术、检疫处理方法,开展有害生物风险分析,为国家制定植物检疫法规提供依据,协助开展疫情普查与疫害的鉴定和扑灭工作。另外,他们与有关部门协办出版《植物检疫》等专业期刊。

植物检疫人员培训基地有天津和浙江两处的植物检疫培训中心,分别承担口岸植物检疫人员及国内农业植物检疫人员的培训任务。此外,农业部、国家出入境检验检疫局及下属的动植物检疫实验所、有关大学还不定期举办专题检疫技术培训班。许多农业院校和师范院校都开设植物检疫课程,南京农业大学等高等院校还被授权培养有关植物检疫方面的硕士、博士研究生,为国家培养和输送植物检疫专门人才。

在中国植物保护学会和中国植物病理学会下设有植物检疫专业委员会,其主要功能是通过组织植物检疫专业人员的学术活动,沟通植物检疫信息,交流植物检疫技术与工作经验;普及宣传植物检疫知识;开展技术咨询;促进检疫技术的提高等。

8.3.4 植物检验检疫法律法规的重要地位

植物检疫法规是指为了防止植物危险性病、虫、杂草及其他有害生物由国外传入和国内传播蔓延,保护农业和环境,维护对内,对外贸易信誉,履行国际义务,由国家制定的法令对进出口和国家地区间调运的植物及其产品进行检疫检验与监督处理的法律规范的总称。

检疫法规以某些病原物、害虫和杂草等的生物学特性和生态学特点为理论依据,根据它们的分布地域性、扩大分布危害地区的可能性、传播的主要途径、对寄主植物的选择性和对环境的适应性,以及原产地天敌的控制作用和能否随同传播等情况制定,包装材料以及可以或禁止从哪些国家或地区进口,只能经由哪些指定的口岸入境和进口时间等,也有相应的规定。凡属国内未曾发生或曾仅局部发生,一旦传入对本国的主要寄主作物造成较大危害而又难于防治者;在自然条件下一般不可能传入而只能随同植物及其产品,特别是随同种子、苗木等植物繁殖材料的调运而传播的病、虫、杂草等均定为检疫对象。确定的方法一般先通过对本国农、林业有重大经济意义的有害生物的危害性进行多方面的科学评价,然后由政府确定正式公布。

在农业上，防止病虫害传播的早期法规是1660年法国卢昂地区为了控制小麦秆锈病流行而提出的有关铲除小檗（小麦秆锈病菌的转主寄主）并禁止其输入的法令。19世纪40~70年代，由于一系列灾难性病虫的远距离传播，造成爱尔兰马铃薯晚疫病的大流行，葡萄白粉病和葡萄黑腐病的相继发生，以及危害柑橘的吹绵蚧从澳大利亚传入西欧等，逐渐使越来越多的国家重视采用检疫措施以保护农业。1873年，德国明令禁止美国的植物及其产品进口，以防止毁灭性的马铃薯甲虫传入。1877年，英国也为此而颁布了禁令。随后，欧洲、美洲、亚洲其他一些国家以及澳大利亚等纷纷制定植物检疫法令，并成立了相应机构执行检疫任务。当前世界上绝大多数国家都已制定了自己的植物检疫法规。

中国的植物检疫始于20世纪30年代。原实业部商品检验局曾制订"植物病虫害检验实行细则"，于1934年10月公布实行，但仅在上海、广州等少数口岸执行。1949年以后，在对外贸易部商品检验局下设置了植物检疫机构，建立了中国统一的植物检疫制度，颁布了"输出输入植物病虫害检验暂行办法"，并陆续在中国海陆口岸开展对外植物检疫工作；国内植物检疫则由农业部管理。1965年起，对外检疫和国内检疫统由农业部管理。1966年颁发了"执行对外检疫的几项规定"和对外检疫对象名单，相继制定了"植物检疫操作植物检疫程序流程规程"，并在各重要口岸陆续建立了动植物检疫所。20世纪80年代初原农牧渔业部专门设置了中华人民共和国动植物检疫总所。

截至1986年，在国际通航港口、机场、陆地边境、国界江河的口岸已设立了植物检疫机构41余处，在大多数省的省会和自治区首府设立了植物检疫站近20处，县以上的国内检疫机构1 600余处。1978年还重新建立了植物检疫实验所。经1986年1月修订的中国进口植物检疫对象名单，包括菜豆象等害虫28种、松材线虫等线虫6种、栎枯萎病等病原真菌15种、梨火疫病等病原细菌3种、可可肿枝病等病毒类病原物6种，以及五角菟丝子等杂草3种。同时还首次公布了包括种子、种薯等6类植物在内的禁止进口的植物名单。中国自20世纪50年代以来曾先后与捷克、斯洛伐克等10个国家签订了有关植物检疫的双边协定。台湾省的植物检疫工作仍隶属于台湾当地的商品检验局系统，并在高雄、基隆、新竹、花莲、台中和台南等地设有分局办理进出口植物检疫和产地检疫业务。

8.3.5　国内植物检疫存在问题与对策

改革开放以来，我国的植物检疫工作不断发展，在进口把关、促进出口等方面做出了巨大贡献，取得了显著的经济效益。加入WTO以后，我国经济更是飞速发展，然而在林木检验检疫方面仍然存在着许多问题有待完善，需从以下几个角度思考。

8.3.5.1　深刻的加强国际交流与合作

SPS协议指出："动植物检疫措施通常是以双边协定或议定书为基础实施的"，因此，我们应进一步加强国际交流与合作，根据实际需要争取签订更多的双边协定或议定书，以避免双边检疫问题的复杂化，引起多边的参与或SPS委员会的干预。我国至今已经签署了约400个检疫议定书，以国际条约的形式确定了进出境动植物及其产品的具体检疫要求，从检疫措施上帮助解决了一些农产品的进出口贸易，加强了国际交流和合作，确保检疫标准、方法和检测手段与国际接轨，将国际组织的标准在议定书中予以明确，弥补当前国内检疫标准严重滞后的问题，确保了检疫质量。SPS协议客观上要求把更多的精力投入到检疫技术基础研究中去，要充分利用中国以发展中国家身份加入WTO的有利条件，利用特殊差别待遇条款,加强国际交流与合作,争取更多的技术援助和人员培训,增加技术储备。

8.3.5.2 严格的加强立法和管理

我国目前防范外来生物入侵的政府部门有4个:国家质量监督检验检疫总局领导下的各级出入境检验检疫局、国家农业部及各省市农业部门的各级植物检疫和动物检疫部门、国家林业局及各省(自治区、直辖市)林业部门的森林检疫部门、国家环境保护部及各省市环保部门。

但有害生物的发生、分布和危害常常是不分农业、林业的,且进口、传入、扩散是连续性的,因此我国分此4个行业是不科学的,已造成了许多交叉、脱节,很多专家学者多年来一直呼吁予以统一,但因为权利问题仍未统一。而多数发达国家基本上是只有一个行业,使涵盖上述4个行业的职能、人员、设施力量集中,检疫、防疫更系统、衔接更紧密。

另外,目前《检疫法》是我国主要防治外来物种入侵的法律规范,在防治外来物种入侵,保护本国经济和生物多样性方面取得了很大的成绩,但随着贸易的发展和科技的进步,也逐渐暴露出一些问题。表现在:

①立法目的上,只在于促进经济发展,而没有明确提出保护本国生物多样性的目标;

②外来有害物种不仅只是动植物还包括各种传染病、害虫、真菌、细菌、线虫、病毒和杂草等。所以从该法的名称上来说就不足以全面地对外来物种防治进行规定;

③动植物入境的管理机构是国家动植物检疫局,国务院农业行政主管部门主管全国进出境动植物检疫工作。这样的管理机构设置不能有效地从入境时就对外来物种实施有效控制,因为鉴定是否构成外来物种入侵是比较专业的技术性行为,外来物种的侵害也可能需要在一个较长的时间内才能显示出来,只赋予动植物检验检疫机构一个部门职权是不能实现有效的进入控制的;

④鉴于外来物种进入我国的检验检疫的复杂性,应对于任何外来物种的进入问题进行事前的风险评估和申报制度,对没有申报并进行风险评估的货物应一律退回或就地销毁。

8.3.5.3 加强宣传教育

我国外来物种入侵有的是人为无意引进的,这与宣传教育不足有极大的关系。当人们不知道什么是外来物种,以及外来物种会造成什么样的危害后果时,很容易有意或无意通过交通、旅游等进出境方式带入外来物种。加上监管不严,导致大量外来物种进入我国并造成了严重的危害后果。外来物种侵入一地时,主要依靠当地群众及时发现和清理,所以宣传教育是防治外来物种侵入的重要方式之一。

8.3.5.4 加强人才培养

加入WTO后,很多单位拥有了外贸进出口权,但既懂外贸,又懂检验检疫的人才希缺。2005年因我国某重要水果产区的检验检疫机构实施了不当的分类管理,业务人员审单不严,对一批输往墨西哥的苹果在未经检疫的情况下,出具了不符合议定书要求的植检证书,致使该批水果到达墨西哥口岸后被拒绝入境。

市场经济的竞争,归根到底是人才的竞争。为了促进我国的植物检疫事业与世界接轨,促进我国的进出口贸易,保护我国的农林生产安全和人体健康,我们必须抓紧培养一批精通植物检疫业务、熟悉WTO/SPS规则、熟练掌握外语的高素质的植检人才,以便于同国外的合作与交流。

【任务小结】

植物检疫的相关法规包括国际、国内两部分。国际间的植物检疫法律体系框架以IPPC公约和SPS协定为代表的核心协议所构建，并辅以若干的区域性植物保护组织机构间的相互协议作为补充。国内的植物检疫法规以《中华人民共和国进出境动植物检疫法》《植物检疫条例》《中华人民共和国种子法》为基本依据。我国的植物检疫体系目前由口岸检疫、国内农业检疫及林业检疫三部分组成。国家有关植物检疫法规的立法和管理由农业部负责。口岸的进出境植物检疫现由国家质量监督检验检疫总局管理；国内的植物检疫则由农业部和国家林业总局分别负责，国内县级以上各级植物检疫机构受同级农业或林业行政主管部门领导的管理体制。

【拓展提高】

国家林业局关于印发《引进林木种子、苗木检疫审批与监管规定》的通知林造发〔2013〕218号 http：//www.forestry.gov.cn/main/72/content-651024.html.

引进林木种子、苗木检疫审批与监管规定 http：//www.zglhxxw.com/news/show.php？itemid=2239

暂免隔离试种植物种类名单 http：//www.docin.com/p-753984400.html

应施检疫的植物、植物产品名单 http：//www.docin.com/p-8527723.html

全国植物检疫对象名单 http：//www.docin.com/p-459860120.html

植物检疫条例 http：//www.gov.cn/flfg/2005-08/06/content_21028.htm

关于发布全国植物检疫对象和应施检疫的植物、植物产品名单的通知 http：//www.moa.gov.cn/govpublic/ZZYGLS/201006/t20100606_1534025.htm

《植物检疫条例实施细则（林业部分）》http：//www.forestry.gov.cn/portal/main/s/2429/content-432956.html

中华人民共和国进出境动植物检疫 http：//www.xj.xinhuanet.com/shengtai/2004-04/23/content_2025966.htm

【复习思考】

1. 名词解释

疫区　非疫区　非疫产地　非疫生产点　IPPC　SPS　ISPMs

2. PRA在有害生物风险管理中有着什么样的作用和地位？

任务 8.4　模拟检疫：植物病原线虫的分离

【任务介绍】

线虫是一类重要的检疫对象，分离线虫的方法有许多，要根据线虫的种类、研究目的等来选择适宜的方法。植物寄生线虫的个体很小，除极少数可从植物组织中直接挑出以外，绝大多数需借助特定的工具和方法才能完成。

本任务通过了解从土壤和植物组织中分离线虫的基本原理，掌握从土壤和植物组织中分离线虫的常用方法。学习在解剖镜或扩大镜下用镊子、竹针、毛针、毛笔等工具从水中和滤纸上挑取线虫的方法。

【教学目标】

知识目标

1. 认识并了解常见病原线虫。
2. 掌握线虫分离的基本理论。

技能目标

1. 加深对线虫类病原危害的直观认识。
2. 体会从检疫植物中分离常见病原线虫的基本方法和技术。

【任务实施】

8.4.1　分离原理

植物寄生线虫主要存在于土壤和植物组织中，分离线虫的方法有许多，要根据线虫的种类、研究目的等来选择适宜的方法。植物寄生线虫的个体很小，除极少数可从植物组织中直接挑出以外，绝大多数需借助特定的工具和方法才能完成。线虫的分离主要是利用它的趋水性、大小、比重以及与其他杂质的差异，采用过筛、离心、漂浮等措施，将线虫从植物组织、土壤中分离出来。

8.4.2　操作准备

8.4.2.1　材料

感染根结线虫病的植物病根；病土；感染大豆孢囊线虫或其他孢囊线虫的病土；感染甘薯茎线虫的病薯块等。

8.4.2.2　仪器及实验用品

解剖镜、漏斗分离装置、漂浮分离装置、浅盘分离装置、纱布或铜纱、记数皿或平皿、小烧杯、小玻管、旋盖玻璃瓶、40 目和 325 目网筛、线虫滤纸、餐巾纸、挑针、竹针、毛针、毛笔等。线虫固定液。

8.4.3 实施方法和流程

8.4.3.1 直接观察分离

对于个体较大的线虫如根结线虫、孢囊线虫、粒线虫的雌虫等，可直接用挑针从植物组织中挑取，也可在解剖镜或扩大镜观察下直接挑取，对于虫体稍小的线虫如茎线虫、粒线虫的雄虫和幼虫等，需在解剖镜下，用竹针或毛针直接挑取。

取感染根结线虫的植物病根材料（若是干材料需用水浸泡过夜），剥开皮层，观察里面是否有针头大小、乳白色发亮的颗粒状物。用挑针挑取，置凹玻片上水滴中，在解剖镜或显微镜下观察是否为根结线虫雌虫。

8.4.3.2 漏斗分离法

该方法操作简单，是目前从植物材料中分离线虫较好的方法。其装置是将直径 10~15cm 的玻璃漏斗架在铁架上，下面接一段约 10cm 的橡皮管，橡皮管上装一个弹簧夹。

①将植物材料切碎用双层纱布包好，浸在盛满清水的漏斗中，或在漏斗内衬放一个用细铜纱制成的漏斗状网筛，将植物材料直接放在网筛中，分离土壤线虫时需在网筛上放一层纱布或多孔疏松的纸，上面加一层土样。

②加水，静置 24h。由于趋水性和自身的重量，线虫就离开植物组织或土壤，沉降到漏斗底部的橡皮管中。

③打开弹簧夹，慢慢放出底部约 5mL 水样于平皿内。

④在解剖镜下观察分离到的线虫。若线虫数量太少，可将水样倒入离心管中，在 1 500rpm 离心机中离心 3min，倒掉上层清水，将下层沉淀物悬浮后倒入平皿或记数皿中，在解剖镜下观察记数，然后将线虫用毛针或毛笔挑入盛有固定液的小玻璃管中备用。该方法也可用于分离土壤中的线虫，尤其是分离较为活跃的线虫。

8.4.3.3 培育分离法

对于用漏斗分离法不易分离到的线虫，如根结线虫和孢囊线虫的雄性成虫等，可采用培育分离法。将病根采回后洗去表面土粒，放在培养皿中湿润的滤纸上培育 3d，用少量清水冲洗组织和皿底，检查水中线虫。或将组织放在有螺旋盖的玻瓶中，加入几毫升清水，盖不要旋紧，在室温（20~25℃）下培育 3d，然后加 50 mL 清水，盖紧盖子并轻轻振荡，后倒出悬浮液使其顺序通过 40 目和 325 目网筛，用小水流轻轻冲洗 325 目网筛背面，收集到计数皿或烧杯中，直接检查或离心后检查。从土壤中得到病根后要马上冲洗和培育，因为 24h 后，有 50% 的线虫会从根里爬出，冲洗时便被冲掉了。

8.4.3.4 浅盘分离法

该方法原理与漏斗分离法一样，但分离效果更好，而且泥沙等杂物较少。用两个不锈钢浅盘套放在一起，上面一个是筛盘，它的底部是筛网，网目大小为 10 目/英寸，下面一个是稍大的盛水盘。也可在培养皿上放置一个稍小的做成浅盘状的金属网，网与培养皿底部保持一定距离。分离时将线虫滤纸放在网上用水淋湿，上面再放一层餐巾纸，将要分离的土样或植物材料放在餐巾纸上，在两盘之间缝隙中加水，淹没土样或植物材料，在室温（20~25℃）下保持 3d，去掉筛网后，将下面浅盘中的水样过筛（上层为 25 目，下层为 400 目），将下层筛上的线虫用小水流冲洗到计数皿中，观察记数。

8.4.3.5 漂浮器分离法

对于没有活动能力的孢囊线虫的孢囊可采用漂浮器分离法,该法需要特制的分离装置。分离时先将漂浮筒内盛满清水,将100g风干的土样放在上筛中,用强水流冲洗土样,使其全部洗到漂浮筒内,并从环颈水槽流到承接的细筛(100目)中,再用细水流冲洗一会,使漂浮物全部流入细筛。将细筛中的孢囊等漂浮物用水洗入烧杯或三角瓶中,再倒入铺有滤纸的漏斗中,用毛笔收集并观察滤纸上的孢囊。

8.4.3.6 所需时间及流程

①漏斗分离　样品浸泡放出水浸液、离心镜检;
②培育分离　样品培育过筛、收集、镜检;
③浅盘分离　样品浸泡样过筛、收入记数皿、镜检;
④漂浮分离　10 min 左右。

8.4.3.7 松材线虫与近似种拟松材线虫 *B. mucronatus* 在形态上的主要区别

松材线虫雌虫亚圆锥状,尾端宽圆,无尾尖突或尾端指状,如有尾尖突,幼虫为 $0.63 \sim 1.25 \mu m$,成虫为 $0.63 \sim 1.88 \mu m$(图8-8)。拟松材线虫雌虫尾部和幼虫尾部都呈圆锥形,尾端指状,有明显的尾尖突。雌成虫尾尖突长度为 $3.18 \sim 5.72 \mu m$,幼虫为 $2.54 \sim 3.81 \mu m$(图8-9)。拟松材线虫交合伞平截形,交合伞末端边缘有2个小的突起,松材线虫交合伞卵圆形(图8-10)。

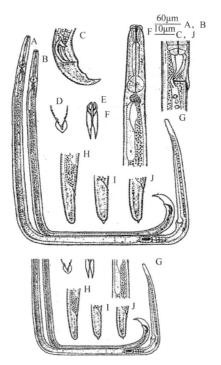

图8-8　松材线虫形态特征

A. 雌成虫　B. 雄成虫　C. 雄虫尾端　D. 交合伞　E. 交合刺　F. 雌虫前部
(口针中部食道球神经环　肠道)　G. 雌虫阴门　H～J. 雌虫尾端变化

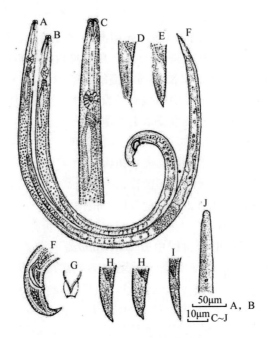

图 8-9 拟松材线虫形态特征
A. 雌成虫 B. 雄成虫 C. 雌虫前部 D、E. 雌虫尾部 F. 雄虫尾端 G. 交合伞
H. 三龄幼虫尾节 I. 四龄耐久型幼虫尾部 J. 四龄耐久型幼虫前端

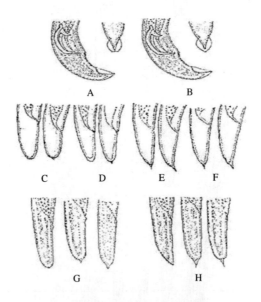

图 8-10 不同线虫的尾部特征
A. 拟松材线虫雄虫尾部 B. 松材线虫雄虫尾部 C. 松材线虫 3 龄 D. 松材线虫 4 龄 E. 拟松材 3 龄 F. 拟松材 4 龄 G. 松材线虫雄虫尾部 H. 拟松材线虫雄虫尾部

【任务小结】

确定植物检疫对象有三个必须具备的条件：①局部地区发生的；②危险性大的；③能随种子、苗木人为传播的。这三个条件缺一不可。

我国口岸检验检疫机关对于检疫性植物线虫的分离，大多数仍然采用贝尔曼漏斗法。该方法的优点是灵敏度高，分离物杂质少；缺点是分离时间较长，大约需要10~24h，分离效果才能达到最佳，而且仅限分离活动性的蠕虫形线虫，对死虫、不活动的线虫（如胞囊线虫和根结线虫的雌虫）则是无效的。线虫的分离主要是利用它的趋水性、大小、比重以及与其他杂质的差异，采用过筛、离心、漂浮等措施，将线虫从植物组织、土壤中分离出来。

检疫检验主要对现场检疫取回的代表样品和病、虫、杂草籽粒样本，在实验室作进一步检验鉴定。检验方法因不同病、虫、杂草的种类和不同的植物、植物产品而异。

①害虫常用的检验方法包括过筛检查、比重检查、染色检查、解剖检查、灯光透视检查等。

②真菌病害常用的检验方法包括洗涤检验、漏斗分离检查、直接检查、切片检查、保湿萌芽检查、分离培养检查等。

③细菌病害常用的检验方法包括分离培养检验、噬菌体检验、血清学方法与单克隆抗体技术等。

④病毒病害常用的检验方法包括染色法、指示植物接种检验、血清学方法以及PCR、探针等分子生物学方法。

⑤病原线虫常用的检验方法包括直接分离法、漏斗分离法、浅盘分离法、离心分离法、漂浮分离法、直接解剖分离法等。

【拓展提高】

廖月华. 休眠松材线虫幼虫快速检疫方法[J]. 江西农业大学学报，2007，04：570-575.

刘青松，胡想顺，仵均祥. 进境旅客携带水果中危险性害虫的检疫方法及效果探讨[J]. 陕西农业科学，2007，05：39-41，77.

封立平，王英超，庞国兴，等. 木薯细菌性萎蔫病菌的检疫方法研究[J]. 植物检疫，2007，05：261-264.

陆军，张绍红，杨光. 进口木材现场针对性检疫方法探讨[J]. 植物检疫，2013，06：86-88.

孙铮，张吉，王荣，等. 中国松材线虫病现状及检疫方法[J]. 现代农业科技，2011，09：177，187.

刘天鸿. 牛蒡根结线虫病的发生规律及检疫方法[J]. 植物检疫，2009，01：16-17.

许萍萍，汤伟，沈培垠. 松材线虫口岸检疫方法[J]. 植物检疫，2009，02：17-19.

郑茂灿，叶剑雄，徐清元，等. 进境北美云杉2种危险性根部病害及检疫方法综述[J]. 福建林业科技，2009，01：247-250.

王柏学. 动物检疫样品的采集和检疫方法初探[J]. 吉林畜牧兽医，2009，12：54.

李志源,梁明. 不同检疫方法影响奶牛结核病阳性率的研究[J]. 中国奶牛,2010,09:37-40.

索南永吉. 动物检疫样品的采集和检疫方法初探[J]. 中国畜牧兽医文摘,2015,03:162.

马贵平,史夏玲,王小丽,等. 部分野生动物的检疫方法[J]. 中国进出境动植物检疫,1998,03:29-31.

吴晓斌,徐贵升,张文国. 进口俄罗斯原木检验检疫方法及对策[J]. 森林工程,2003,04:22-23.

钟国强,赵立荣,梁家呈,等. 进境木包装松材线虫的检疫方法[J]. 植物检疫,2004,03:146-148.

封立平. 进口木包装检疫方法的探讨[J]. 植物检疫,2001,01:30-31.

佟秀和. 日本松干蚧生活习性及防治检疫方法[J]. 北京农业,2013,24:88.

冯建军. 美国白蛾特征及检疫方法[J]. 内蒙古林业,2012,10:16-17.

兰金江,潘帅. 森林植物检疫方法的探讨[J]. 黑龙江科技信息,2014,05:267.

【复习思考】

1. 常见的检疫对象有哪些?
2. 简述一下松材线虫的检疫程序。

单元 5
林业有害生物普查

项目 9　林业有害生物调查

林业有害生物普查是一项重大的林情调查，也是一项基础性和公益性的国情调查。普查是一项技术要求高、工作任务重且需要长期持续开展的工作。通过组织全国林业有害生物普查，全面查清我国林业有害生物种类、分布、危害、寄主等方面的基本情况，及时更新全国林业有害生物数据库，为科学制定防治规划，有效开展预防和治理，维护林木资源和国土生态安全，促进生态文明建设，提供全面、准确、客观的林业有害生物信息。通过林业有害生物普查，可以摸清林业有害生物在时间尺度和空间尺度上的分布与变化状况，为林业有害生物防治的科学研究，乃至生物学、生态学研究积累基本素材。

项目 9
林业有害生物调查

　　林业有害生物是指对森林(林木)有害的任何植物、动物或者病原体的种、株(品系)或生物型。包括害虫、有害微生物、害鼠(兔)和有害植物。林业有害生物对森林、林木及林产品的危害,可导致树势衰弱、森林健康水平和林地生产力下降,严重的造成林木死亡,影响森林的经济、生态和社会效益的正常发挥。

任务9.1　林业有害生物普查认知

【任务介绍】

对林业有害生物基本知识的认识和了解，是全面开展普查工作前的准备，对后期普查工作的开展具有至关重要的作用，准确掌握林业有害普查工作的基本原则、实施依据、普查对象和内容及工作安排为普查工作的顺利开展奠定基础。

本任务要求能够明确普查的目的及意义，熟悉普查的指导思想、工作原则及实施依据，明确普查对象和内容，能制定普查的工作安排等工作。通过本任务的学习，使学生掌握林业有害生物普查的基本知识，具备编制普查方案的能力。

【教学目标】

知识目标

1. 熟悉林业有害生物普查的基本知识，明确林业有害生物普查的目的及意义、指导思想、工作原则及实施依据。
2. 掌握林业有害生物普查方案的编制方法。

技能目标

1. 能独立开展林业有害生物普查工作。
2. 会编写林业有害生物普查成果报告。

【任务实施】

9.1.1　普查的目的及意义

随着全球气候变暖和生态建设步伐的加快，人工造林面积不断增大，我国林业有害生物发生危害种类和面积呈逐年增加态势，开展林业有害生物普查，进一步摸清外来及本土林业有害生物种类、分布及危害情况，补充和完善林业有害生物疫情数据库，掌握有害生物对森林资源及林业生产造成的损失，对加强林业有害生物监测预警、检疫御灾、防灾减灾和应急救灾等工作具有重要的现实意义。

同时，通过林业有害生物普查，可以有效锻炼基层林业有害生物防治检疫队伍，提高其工作水平。林业有害生物防治工作技术性强、区域性强、实践性强，仅仅依靠书本理论知识，缺乏实际技能是很难胜任的。因此，5年一次的林业有害生物普查，是锻炼一线防治检疫人员的重要措施。通过普查可以让基层一线人员及时掌握所在区域林业有害生物发生发展情况，更新防治实践知识，提高防治理论水平，保证其防治能力保持较高的水平。

9.1.2 指导思想

坚持林业有害生物预防为主的方针，以现有物质和人力资源为依托，以现代信息技术为基础，以全面普查全省林业有害生物种类、分布及危害情况为目标，建立林业有害生物动态监测体系，有效遏制林业有害生物危害，保护森林健康和生态安全，为林业建设提供重要的保障。

9.1.3 工作原则

①统一部署，各级同步实施的原则；
②以专业队伍调查为主，社会参与、群众举报相结合的原则；
③以历史资料为基础，突出重点、分类施策的原则；
④质量优先，时间服从质量的原则；
⑤先行试点完善方案，稳步推进、分阶段实施的原则。

9.1.4 实施依据

①《植物检疫条例》；
②《森林病虫害防治条例》；
③《植物检疫条例》；
④《森林植物检疫技术规程》；
⑤《国务院办公厅关于进一步加强林业有害生物防治工作的意见》（国办发〔2014〕26号）；
⑥《国家林业局关于开展全国林业有害生物普查工作的通知》（林造发〔2014〕36号）。

9.1.5 普查范围

全国范围内森林、荒漠和湿地三大生态系统的防护林、用材林、经济林、薪炭林、特种用途林，观赏（名木古树）和四旁绿化树木，以及花卉、苗木、种实、果品、木材及其制品的生产和经营场所等。

重点调查自然保护区、重点生态区、沿海地区、沿国境线地区、西部高原地区以及国外引种数量较大的地区。

9.1.6 普查对象和内容

9.1.6.1 普查对象

可对林木、种苗等林业植物及其产品的所有病原微生物、有害昆虫、有害植物及鼠、兔、螨类等都列入普查范畴。普查对象包括：

①国家林业局2013年第4号公告公布的《全国林业检疫性有害生物名单》和《全国林业危险性有害生物名单》，以及国家林业局2014年第6号公告新增列的林业危险性有害生物——椰子织蛾和松树蜂。

②2003年以来全国有发生、危害记录的506种其他林业有害生物种类，2003年以来从国（境）外或省级行政区外传入的林业有害生物新记录种类。

③我国确定的林业有害生物补充检疫对象种类。

④我国确定的林业有害生物种类及未记录但造成危害的种类。

9.1.6.2 普查内容

(1)林业有害生物种类(包括亚种和株系)

规范的中文名称和拉丁学名,其中,病原微生物和有害昆虫的中文名称和拉丁学名分别参照《林业资源分类与代码 林木病害》(GB/T 15161—1994)和《森林植物害虫分类与代码》(GB/T 15775—2011)。

(2)寄主植物(危害木材种类)

寄主植物是指有害生物危害的植物种类(包括乔木、灌木、花卉等)。寄主植物种类多于20种的,按照不同科、属,至少列出主要的20种。危害木材种类是指危害的原木、板材、方材、木质包装材料、垫脚木和人造板等。

(3)危害部位

危害部位是指寄主植物的干部、枝部、梢部、叶部、根部、种子、果实等。

(4)分布范围

分布范围是指普查发现的林业有害生物种类的全部分布区域,包括发生危害区域以及未发生危害区域。分布范围以县级行政区为单位。

(5)发生区域

发生区域是指普查发现的林业有害生物种类的发生危害区域。发生区域以乡级行政区为单位。

(6)发生面积和成灾面积

发生面积是指林业有害生物达到轻度及以上统计标准的面积;达到成灾标准的为成灾面积。危害程度中的"轻、中、重"等级,根据《林业有害生物发生及成灾标准》(LY/T 1681—2006)填写,没有列入该标准的林业有害生物种类发生(危害)程度统计标准参见附件4,成灾情况根据《主要林业有害生物成灾标准》(林造发〔2012〕26号)填写。发生于经济林(果园)以及苗圃、花圃、温室及其他种苗繁育基地的,以寄主植物的实际种植面积计算;发生于其他林地的,以林业小班为单元计算(表9-1至表9-3)。

(7)传入地和发现时间

对于14种全国林业检疫性有害生物以及2003年以后发现的从国(境)外或本省级行

表9-1 叶部害虫危害程度分级标准

受害程度	轻度	中度	重度	备注
叶子受害率 x(%)	$0 < x \leq 20$	$20 < x \leq 50$	$x > 50$	

备注:叶部害虫是指危害树木叶子的害虫。

表9-2 枝梢害虫危害程度分级标准

受害程度	轻度	中度	重度	备注
枝梢受害率 x(%)	$0 < x \leq 20$	$20 < x \leq 50$	$x > 50$	
受害株率 y(%)	$0 < y \leq 20$	$20 < y \leq 50$	$y > 50$	

备注:枝梢害虫是指危害枝梢的害虫(不包括蛀干性害虫)。

表 9-3　蛀干害虫危害程度分级标准

受害程度	轻度	中度	重度	备注
树干受害率 y(%)	$0 < y \leqslant 10$	$10 < y \leqslant 20$	$y > 20$	

备注：蛀干害虫是指钻蛀树干的害虫。

政区外传入的林业有害生物，调查其发现时间、传入地、传入途径，以及对当地经济、生态、社会影响等。

9.1.7　普查安排

林业有害生物普查必须有目的、有计划和有步骤，并且必须依据有害生物的种类、生物学特性、生活规律和危害方式进行。首先，在国家层面进行筹备工作，成立普查领导小组，组建由森林虫害、森林病害、生物学、生态学、遥感、计算机、气象学、灾害学、农学以及营林学等专家学者组成的专家组；然后起草林业有害生物普查技术方案与工作方案，并公开征询意见、论证，与此同时开展省级普查队伍培训，在培训中对普查技术方案与工作方案进行讨论、修改、公开发布；再次对一线普查人员进行培训；最后进行外业、内业，对普查成果进行验收（图9-1）。

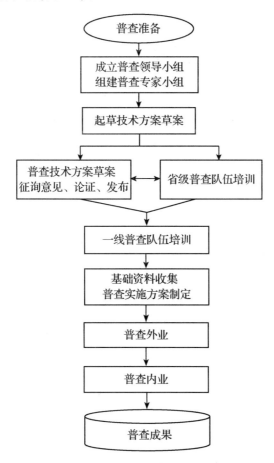

图 9-1　普查安排流程图（引自张小健，2015）

9.1.7.1 准备阶段

该阶段主要是做好组织、技术、物资、经费等准备。完成机构成立、组织动员工作，制定普查工作方案、技术方案和普查工作经费预算，开展普查试点工作，召开普查工作会议，完成技术培训、社会宣传、资料收集、设备采购等工作(图9-2)。

(1)成立普查工作领导小组

各级林业主管部门成立林业有害生物普查工作领导小组，负责做好本辖区内普查工作的指挥、组织、协调和资金筹集等工作。

(2)资料准备

普查前，做好当地森林资源资料(小班区划图和森林资源数据库等)、林业有害生物发生分布情况(包括森林病虫普查资料、城乡造林绿化树种引进、历次森林植物检疫对象专题调查资料、历年林业有害生物监测档案、工作总结、调查报告等)、历史、地理、自然和经济社会情况收集工作。

(3)物资准备

根据普查工作需要，配备野外调查、林业有害生物培养、鉴定等专业工具以及内业工作所需的办公设备等，如GPS、数码照相机、数码显微镜、数码解剖镜、野外标本采集工具、标本制作工具、病虫培(饲)养器具、电脑、打印机等。各地还应结合野外调查需要，购置相关劳保防护用品、医疗药品和业务人员野外调查保险等。

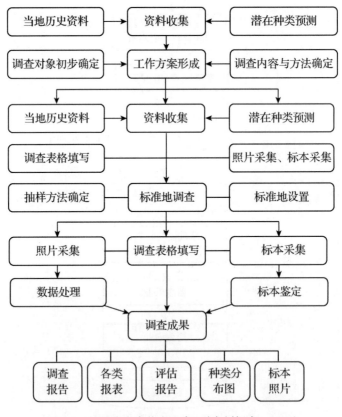

图9-2 林业病虫害普查示意(引自刘振宇，2015)

9.1.7.2 全面实施阶段

（1）普查外业应该注意的问题

各地按照《林业有害生物普查技术方案》要求，根据本地区寄主植物物候期确定野外调查时间，合理安排野外调查频度，确保在林业有害生物危害时间段内采集到实物和数码标本（图9-3）。

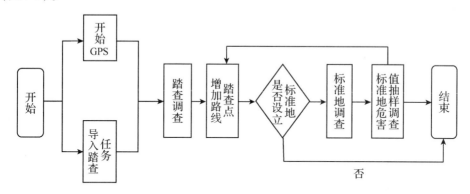

图9-3 外业调查操作流程

①基础性资料收集　在普查过程中，要做好基础性资料收集工作，包括自然、经济、社会等资料，以便了解该地区的历史、地理、自然和经济情况。特别要查阅有关国家、省级最新测报管理办法和林业生产、林业生物灾害发生的情况档案记载、工作总结、调查研究报告等。参考这些资料，一方面可以拟定比较切合实际的调查方案；另一方面有助于对调查结果进行分析。

②合理安排外业工作程序　在宏观上，首先，根据当地历年发生数据，确定踏查范围。踏查可以由乡镇林业站、护林员进行或协助进行。其次，根据踏查结果，进行抽样，设立标准地，开展标准地详查。林业有害生物中，许多都是动物，尤其是昆虫，有些非常活跃，如果不在第一时间进行影像拍摄，就会错过拍摄时间。因此，林业有害生物普查中微观程序为影像拍摄—采集标本—信息采集。

③外业信息采集　在完成影像拍摄、标本采集后，就要进行外业信息采集。为了防止遗漏外业信息，要养成良好的外业信息采集习惯。一般情况下，外业信息采集程序为测量地理坐标—填写标本采集记录—填写外业调查表格—现场审核所采集的外业信息—现场核对所采集的标本、拍摄的影像信息与外业调查所采集的信息一致性—现场纠错。现场纠错过程中，要特别注意阅读各种表格的填写说明，注意量纲与单位，注意与各种技术标准保持一致。

④踏查与标准地调查　各地按照《林业有害生物普查技术方案》要求，根据当地历年有害生物发生情况，森林资源分布尤其是人工林种类分布情况，引种繁育基地及栽植基地分布情况，交通状况，森林植物及其产品加工流通情况，以及当地重点输变电线路、通信线路及输油（气）管道建设等情况综合分析研究后，设计出符合当地森林资源和林业有害生物分布空间格局的踏查路线。

要重视踏查，提高踏查频次和强度。踏查以林业有害生物危害为导向，通过发现危害来追溯林业有害生物，是此次普查的特点和重点。对于本地区未记录或未监测的林业有害生物种类，应设立标准地详细调查林业有害生物种类、发生面积、危害程度等；对于已知或已监测的林业有害生物种类,可用当年的测报数据,在本次普查中可不设立标准地调查。

对于全国林业检疫性有害生物以及2003年以来发现的从国(境)外或省级行政区外传入的林业有害生物,分布范围和发生区域均以乡镇级行政区为单位,同时还应调查其传入地、发现时间、传入途径,以及对当地经济、生态、社会影响等。

(2)普查内业应该注意的问题

①汇总与上报　实行逐级上报的方式,由县级上报至市级,市级汇总上报至省级。县级林业有害生物防治机构以乡镇级行政区为单位统计汇总普查数据。报送内容包括标本、影像资料、汇总表、工作总结和技术报告。为了便于汇总,所有汇总表要用Excel填写。

②地方成果　地方成果包括:完成本级行政区林业有害生物普查报告;建立和充实各级行政区林业有害生物标本室(包括影像资料);完成风险评估报告;完成本级行政区重要林业有害生物分布图。

③内业汇总数据流　按照《林业有害生物普查技术方案》要求,及时做好标本鉴定,影像采集,标本制作等工作,按时上报实物标本。

"林业有害生物普查汇总表"为本省级行政区内普查发现的所有林业有害生物种类汇总表,不包含"种实、果品、花卉、木材及其制品有害生物调查记录表"数据;"果品、种实、花卉、木材及其制品有害生物普查汇总表"为本省级行政区内种实、果品、花卉、木材及其制品生产和经营场所中普查发现的所有林业有害生物种类汇总表,即对"种实、果品、花卉、木材及其制品有害生物调查记录表"的汇总;"国(境)外或省级行政区外传入的林业有害生物普查汇总表"为2003年以后发现的从国(境)外或者省级行政区外传入的林业有害生物种类汇总表(图9-4、图9-5)。

④保密工作　在国家林业局对外发布前,所有普查数据资料均属机密,未经国家林业局允许,任何单位和个人不得公开发表,不得提供给本单位之外的任何单位和个人。

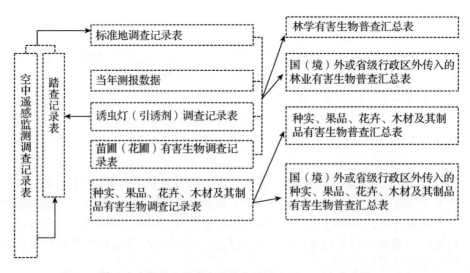

图9-4　第三次全国林业有害生物普查数据流(1)(引自张小健,2015)

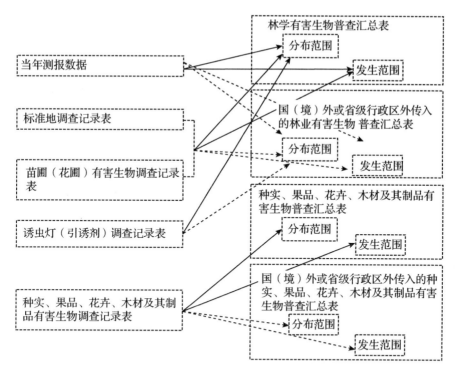

图 9-5 第三次全国林业有害生物普查数据流（2）（引自张小健，2015）

注：──→所有数据；┈┈→外来有害生物数据

9.1.7.3 汇总评估阶段

完成林业有害生物标本制作、种类鉴定、外业补充调查、信息整理分析、档案建立、普查工作检查验收、成果汇总与上报、林业有害生物种类风险评估与评估结果上报。

（1）成果汇总

各地要根据《林业有害生物普查技术方案》有关要求汇总普查成果材料，主要包括标本、影像资料、汇总表、工作总结和技术报告等。

（2）成果报送

各地要按时逐级上报普查成果，不得虚报、拒报、迟报、瞒报，不得伪造、篡改普查数据，对涉及的疫情材料和数据，要按照有关规定报批后对外发布。

【任务小结】

本项目主要阐述了林业有害生物基本知识，明确了普查的目的及意义，并对普查的指导思想、工作原则及实施依据进行了介绍，对普查对象和内容、普查的工作安排进行了较详细的说明。

【拓展提高】

《全国有害生物普查技术方案》（办造字[2014]92号）.

《国家林业局关于开展全国林业有害生物普查工作的通知》林防函[2014]25号.

《林业资源分类与代码 林木病害》（GB/T 15161—1994）.

《森林植物害虫分类与代码》(GB/T 15775—2011).

《林业有害生物发生及成灾标准》(LY/T 1681—2006).

《全国林业检疫性有害生物名单、全国林业危险性有害生物名单》(国家林业局公告(2013年第4号).

【复习思考】

1. 简述林业有害生物普查的目的及其意义?
2. 林业有害生物普查的对象和内容?
3. 简述林业有害生物普查的总体工作安排。

任务9.2　有害生物普查信息管理系统介绍

【任务介绍】

国家林业局关于印发《中国智慧林业发展指导意见》,指出要"充分利用云计算、物联网、大数据、移动互联网等新一代信息技术,通过感知化、物联化、智能化的手段,形成林业立体感知、管理协同高效、生态价值凸显、服务内外一体的林业发展新模式"。林业有害生物普查是一项技术要求高、工作任务重且需要长期持续开展的工作。传统的林业有害生物普查工作量大、费时费力、信息破碎化现象严重,很难对变化因素调查跟踪。

本任务主要以四川省森防检疫总站和成都市乐创信息科技有限公司联合开发的四川省林业有害生物普查信息管理系统(以下简称"普查系统")为例,对有害生物普查信息管理系统介绍。

【教学目标】

知识目标

1. 熟悉有害生物普查的主要普查方法。
2. 掌握有害生物标本的制作。
3. 熟悉并掌握有害生物普查系统的使用。

技能目标

1. 能正确掌握有害生物的调查方法。
2. 能独立制作有害生物标本。
3. 能熟练使用有害生物普查系统。

项目9 林业有害生物调查

【任务实施】

9.2.1 有害生物普查系统介绍

"普查系统"是以数据整合、数据转换、规范化与标准化处理为基础,以计算机网络及硬件平台为依托、以数据集中存储,分散使用为核心,采用信息与通信技术(ICT)、全球定位系统(GPS)、地理信息系统(GIS)、低空遥感监测系统(RS)、Web 技术、数据仓库技术、信息安全等技术构建的数据库系统和综合性林业有害生物防治电子政务应用系统,在规范流程、提升效率、确保质量等方面有效突破,实现了全省普查工作统一规范流程,实时监控进度,全面汇总成果。

普查信息管理系统主要由基于服务器端的普查成果管理系统和基于手机端(APP 和微信)的野外数据采集系统两部分组成。

普查成果管理系统直接接入普查相关标准数据库,分析普查数据逻辑关系,组织数据汇总模型,结合 GIS 先进地图技术,汇总展示普查成果。一方面可以通过图表展示普查项目投入的资金、人力和对应的结果数据,体现普查取得的丰硕成果;另一方面,可以按照时间逻辑关系,直观重现普查开展的整个过程。普查成果管理系统还集成大屏展示技术,可动态、实时开展普查数据统计、汇总、汇报,不需要人工进行数据整理和统计,大大提高总结、汇报工作效率;还可用于系统培训和应急指挥,提高工作、决策的科学化水平。

外业数据采集是整个普查工作的核心,涉及内容多、范围广,质量要求高。不仅要符合国家的标准技术规范,还要结合有害生物特性进行合理应用和填报。野外数据采集系统包括野外移动普查和微信公众平台普查两部分。

(1)野外移动普查

普查工作人员应用手持机载野外数据采集普查系统开展外业普查工作。系统集成 GPS 定位功能,可加载高清遥感影像、林业小班、森林资源、普查路线等数据,查看周边环境情况。即使工作人员到达一个陌生的地区,也能通过系统对周边环境有一个大概认识;系统自动坐标定位,携带有害生物数据库和树种数据库,定制标准填报方式,方便工作人员定位填报数据和应用文字、图片、语音、视频等多种方式对普查对象进行信息采集;系统采用移动互联网技术,可以做到采集信息实时或延时传输,既保证对外业工作的实时监管,又确保数据真实客观。为解决野外工作人员无法识别病虫害的情况,系统还设计了远程咨询板块,采集病虫害基本信息后,可以通过系统直接咨询在线专家,专家可及时反馈诊断结果并进行普查任务更新。

(2)微信公众平台普查

依托微信公众号建立一种大众化的普查手段,作为普查专业调查的补充。应用智能手机的文字、图片、语音、视频信息采集技术作为表单填报的附件补充,充实填报信息,为有害生物信息确认提供基础数据。大众化的微信普查平台有极强的系统兼容性,有微信的手机就可以参与普查工作,极大地丰富普查手段,扩大普查工作的参与度,使普查工作掌握更全面的资料和信息。

目前,普查系统已在全省普查工作中全面应用,确保了普查数据的准确性、完整性、基础性和认知度,有效提高了普查工作的技术水平和工作效率。四川省也率先在全国林业有害生物普查工作中全面采用现代信息管理技术。

9.2.2 系统操作介绍

9.2.2.1 系统结构及技术流程

林业有害生物普查信息管理系统分为 PC 端的基础信息管理系统、外业调查系统两个部分(图9-6)。

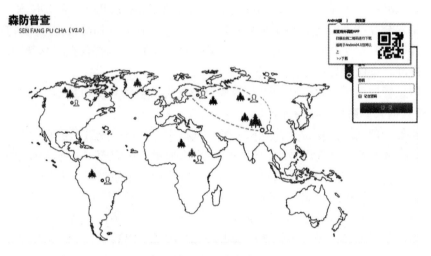

图 9-6 普查系统登陆界面

(1)系统结构

依据《全国林业信息化建设纲要》确定的"四横两纵"总体框架,结合林业有害生物普查工作的需求,构建在线林业有害生物普查信息管理系统。

(2)技术流程

林业有害生物普查技术流程主要包括以下几个方面:

①制订普查对象调查方案,设计踏查线路图,确定普查对象、调查时间、责任人等。

②按责任地段、规定路线进行踏查,调查是否有病虫。

③根据踏查情况填写《林业有害生物踏查记录表》。

④经踏查有病虫的林地,设标准地详查,调查发生、危害情况填写《标准地抽样记录表》,根据国家林业局发布的《林业有害生物发生及成灾标准》(LY/T 1681—2006)中"林业有害生物发生(危害)程度标准"和"林业有害生物成灾标准"及《主要林业有害生物成灾标准》等标准确定病虫情等级和发生面积,填写《林业有害生物标准地调查记录表》。

9.2.2.2 PC 端基础信息管理系统

(1)调查数据管理

PC 端基础信息维护主要包括林业有害生物信息、林分组成、病虫害与主要寄主植物等。普查系统把普查数据来源共划分为踏查、标准地调查、苗圃花圃调查、种果花木调查及诱捕调查等几个板块。数据的填报可以通过在 PC 端录入的方法输入,也可以通过移动终端的上传。地图图层有:卫星图影像、县级行政区划、市级行政区划、踏查线路及踏查点。调查系统会通过踏查点自动绘制踏查路线(图9-7)。

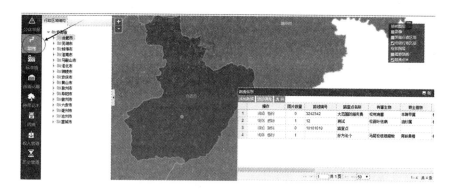

图 9-7 普查系统数据输入及操作界面

(2) 成果汇报

普查结果可以通过区域数据的数量比值、图表的展示及调查点详情进行查看。成果汇报界面对于所有区域的数据,有 13 种筛选形式:使用时间、行政区划、调查总数、调查类型(踏查、标准地、苗圃花圃、种果花木、诱捕)、调查采用的形式(第三方、自行组织)、调整总数、调查面积、调查寄主种类、调查有害生物种类、采集标本数、图片总数、外来物种数、新发现物种数。用于对数据进行更精细的匹配(图 9-8)。

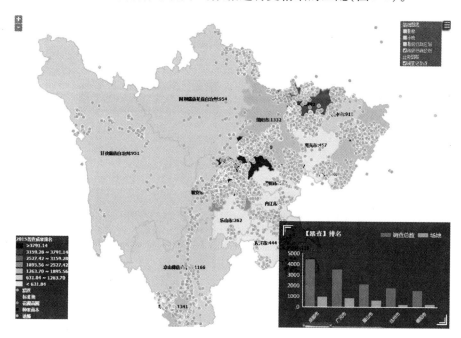

图 9-8 普查成果展示

9.2.2.3 手机 App 外业调查系统

普查系统的外业调查,包括踏查及标准地调查。按照相关技术要求对设立的踏查点、标准地进行调查信息的采集。操作流程见图 9-3。

将从普查系统下载的普查任务拷贝到移动端,可根据存储空间自定义踏查任务存放路径。打开 GPS,开始接收卫星信号,等待 GPS 卫星信号稳定、精度达到调查要求时,打开普查系统外业采集系统,将踏查任务导入本系统,为外业踏查任务调查做准备。

选择要调查乡镇的任务包,通过选择填报类型选择填报种类,开始这个任务对应区域的踏查调查。选择任务后,可以看到当前任务的基本信息和踏查路线详情。一个踏查任务可能包含多条踏查路线,选择踏查路线列表中的某条路线,点击【树种查看】可以查看关联到当前踏查路线上的树种,点击【路线查看】可以查看当前踏查路线在地图上的位置和路线图。在踏查路线图上,以蓝色高亮显示当前的踏查路线(图9-9)。

图9-9　移动端普查系统登陆界面

根据踏查调查实际情况,进入踏查点信息采集,系统可对踏查点进行新增、修改和删除操作。新增踏查点按照踏查点调查因子,填写踏查点详细信息,分别填写踏查点名称、经度、纬度、海拔(点击因子右边的值,自动从GPS获取信息填写)、林分组成、寄生树种、有害生物种类（可根据不同树种进行可变的配置）、危害部位、是否设立标准地（如果设立标准地则要进行标准地调查），填写完点击确定，在地图上自动根据当前经纬度生成一个踏查点图形。

进入标准地调查界面，并填写标准地基本信息，经度、纬度、海拔自动从移动端获取。标准地信息调查是调查当前标准地的危害生物及危害程度、危害部位、危害生物来源信息以及危害生物的数值。填写危害统计单位后，可以填写危害数值因子。危害数值是对当前标准地树木的危害情况的抽样调查，至少填写30条信息。这30条信息的算术平均数填写标准地的整体危害数值。填写标准地抽样调查的危害数值，完成当前路线的一个踏查点的标准地调查。完成本地区全部调查任务通过导出界面，将调查数据导出或者直接上传PC端进行统计汇总。

（1）数据上传

填报的数据在网络连通的情况下，可实时通过移动网络传输。网络未连通的情况下系统采用本地存储调查数据，并在网络传输条件满足的情况下，手动或自动进行数据上传。

（2）历史记录管理

按填报时间先后，支持调查历史记录查看，查看位置、填报文字、上传照片、语音等信息；并支持历史记录的上传和删除。

（3）数据离线导出

为满足移动网络流量不足和网络连接和满足的情况，系统设计离线数据导出上传功能，通过调查设备，直接导出调查数据库文件，方便数据在内业端上传。

【任务小结】

林业有害生物普查信息管理系统通过内业信息维护和任务规划，外业数据调查，及时更新数据库，实现了林业有害生物普查内、外业一体化。移动端通过录入实时控制和检查，降低出错率，确保外业调查质量，提高外业调查效率，实现林业有害生物普查工作电子化，业务工作无纸化。基于实时数据库实现一键式普查统计报表、专题图制作，为林业有害生物普查成果生成提供便捷的手段。随着计算机技术的发展，相关信息系统将极大地提升普查信息的应用价值，及时准确地掌握林业有害生物的发生发展规律，科学地为林业经营者提供控制林业有害生物的技术服务。目前该系统在四川全面开展应用，为林业有害生物普查工作开展提供了科学和有效的技术手段，满足了林业有害生物普查工作的要求。

【拓展提高】

刘军，张伟岩，刘侠，等. 基于移动 GIS 的林业有害生物普查信息管理系统研究与应用[J]. 中国森林病虫，2015，34(3)：32 – 37.

张小健. 林业有害生物普查探讨[J]. 现代农业科技，2015，8：185 – 186，191.

【复习思考】

1. 简述建设有害生物普查系统的意义？
2. 有害生物普查系统数据输入的方式有哪些？

3. 有害生物普查系统的建设基础是什么？
4. 如何提取有害生物普查的成果？

任务9.3　普查工作调查

【任务介绍】

林业有害生物的普查调查实施阶段是按照普查方案制定的内容和技术方法，进行实地调查和记录，采集并制作有害生物标本，完成野外影像资料等工作。该阶段的调查成果将为普查成果报告的编制提供基本资料。

本任务要求学生能掌握地面人工调查，并辅以诱虫灯和引诱剂调查的基本方法，能完成标本及影像资料的制作。通过本任务的学习，使学生掌握林业有害生物普查的方法和技能，具备开展野外普查工作的能力。

【教学目标】

知识目标
1. 了解林业有害生物普查的主要技术方法，明确调查实施中所采取的方法。
2. 掌握主要林业有害生物普查的技术方法。

技能目标
1. 能开展林业有害生物普查地面人工调查，并辅以诱虫灯和引诱剂调查的基本方法。
2. 会制作有害生物标本及影像资料处理。

【任务实施】

9.3.1　技术与方法

普查采取地面人工调查，并辅以诱虫灯和引诱剂调查。

9.3.1.1　踏查

踏查要涵盖普查范围的所有类型。通过踏查确定林业有害生物的种类、寄主植物、危害部位以及分布范围和面积。踏查发现有林业有害生物分布的，依据踏查点类型或有害生物特点分别设置标准地调查、定向调查或场所调查等方式进行详查。

（1）地面人工踏查

①踏查时间　根据林业有害生物的生物学特性，踏查应选择在林业有害生物的发生盛期或症状显露期进行。各地根据本地区林业有害生物寄主物候等自行确定具体时间。

②踏查频度　在林业有害生物发生季节，重点区域每20d踏查一次，一般区域每30d踏查一次。

③踏查方法　踏查准备：踏查前，有目的的访问或咨询当地林业技术员、护林员，查

阅当地森防部门的有害生物发生档案，了解有害生物的种类、分布和发生情况，为踏查路线设计做好充分准备。

④踏查路线　以森林资源小班为踏查基本单元，根据当地历年有害生物发生情况，森林资源分布尤其是人工林种类分布情况，引种繁育基地及栽植基地分布情况，交通状况，森林植物及其产品加工流通情况，以及当地重点输变电线路、通信线路及输油（气）管道建设等情况综合分析研究后，设计出符合当地森林资源和林业有害生物分布空间格局的踏查路线。每条踏查路线发现的全部有害生物填入《踏查记录表》。

9.3.1.2　标准地调查

对于本地区未记录或未监测的林业有害生物种类，应设立标准地详细调查其发生面积、危害程度等；对于已知或已监测的林业有害生物种类，可用当年的测报数据，在本次普查中可不设立标准地调查。

标准地设置标准：人工林标准地累计面积原则上不应少于有害生物寄主面积的0.3%；天然林不少于0.02%；种苗繁育基地不少于栽培面积（数量）的5%。同一类型的标准地应尽可能有3次以上的重复。检疫性有害生物设置标准参照《林业检疫性有害生物调查总则》（GB/T 23617—2009）。

每个标准地的调查结果填入《标准地调查记录表》。

（1）林木病害调查

①叶部、枝梢、果实病害调查　每块标准地面积3亩①左右，标准地内寄主植物至少30株，每块标准地随机调查30株以上。以枝梢、叶片、果实为单位，随机抽取一定数量的枝梢、叶片、果实，统计枝梢、叶片、果实的感病率。

②干部、根部病害调查　每块标准地面积3亩左右，标准地内寄主植物至少30株，每块标准地随机调查30株以上。对于树木死亡或生长不良而地上部分又没有明显症状的，应挖开根部进行调查。在标准地上，通常以植株为单位进行调查，统计健康、感病和死亡的植株数量，计算感病率。

林木病害的发生程度通常以百分率表示。对于植株感病轻重差异较大的，用感病指数表示。

（2）林木害虫调查

①食叶、枝梢害虫调查　每块标准地面积3亩左右，标准地内寄主植物至少30株，在每块标准地内按对角线抽样法抽查30株以上，统计每株树上害虫数量，或目测叶部害虫危害树冠、枝梢的严重程度（表9-4）。

表9-4　叶部害虫调查表

调查日期	调查地点	样地号	林分概况	害虫名称和主要虫态	害虫数量					危害状况	备注
					健康	死亡	被寄生	其他	总计	单株树或一平方米虫数		

---

① 1亩≈667m²。

②蛀干害虫调查　每块标准地面积3亩左右,标准地内寄主植物至少30株,在每块标准地内按对角线抽样法抽查30株以上,统计每株树上害虫数量,或目测蛀干害虫危害树木的严重程度。

③种实害虫调查　种实害虫调查主要在种子园、母树林和其他采种林分进行。通常750亩以下设1块标准地,750亩以上每增加150亩增设1块。每块标准地面积为1亩,按对角线抽样法抽查5株以上,每样株在树冠上、中、下不同部位采种实10～100个,解剖调查被害率(表9-5)。

表9-5　种实害虫率

调查日期	调查地点	样树号	调查种实数	受害种实		害虫		球果受害率	总平均受害率	备注
				个数	(%)	名称	单个种实平均虫数			

④地下害虫调查　地下害虫调查采用挖土坑法。同一类型林地设1块标准地,面积3亩左右,每块标准地土坑总数不少于3个。土坑大小一般为1m×1m(或0.5m×0.5m),深度到无害虫为止(表9-6)。

表9-6　地下害虫调查表

调查日期	调查地点	土壤、植被概况	样坑号	样坑深度	害虫名称	虫期	害虫数量	备注

(3)林业有害植物调查

每块标准地面积3亩左右。对于侵占林地的有害植物,调查其盖度;对于藤本攀缘类有害植物,调查其盖度或受害株率。

(4)林业鼠(兔)害调查

①林木受害情况调查　按不同的立地条件按不同的立地条件、林型,选择被害株率超过3%的小班地块,设置标准地(面积为15亩)并沿对角线随机选取100株进行被害株数和死亡株数调查,计算受害率。

②鼠(兔)密度调查　害鼠(鼠兔):地下害鼠密度调查一般采用土丘系数法或切洞堵洞法,地上类鼠密度调查一般采用百夹日调查法,具体参照《森林害鼠(鼠兔)监测预报办法(试行)》(造防函〔2002〕13号)。害兔:种群密度调查采用目测法(样带法)或丝套法,具体参照《林业兔害防治技术方案(试行)》(林造发〔2006〕38号)。

根据害鼠(兔)捕获率和林木受害情况统计害鼠(兔)发生程度,当两种统计方法的结果出现差异时,按"就高不就低"原则处理。

9.3.1.3　诱虫灯调查

诱虫灯调查可以用来确定优势种类。诱虫灯相关标准应符合《植物保护机械　虫情测报灯》(GB/T 24689.1—2009)和《植物保护机械　频振式杀虫灯》(GB/T 24689.2—2009)。诱虫灯的布设、开灯时间以及诱捕时段和昆虫收集等具体方法参见《诱虫灯林间使用技术规范》(LY/T 1915—2010)以及产品使用说明书。

9.3.1.4　引诱剂调查

引诱剂调查可作为排查重大危险性林业有害生物是否传入的主要调查手段。根据引诱剂引诱害虫的有效距离在林间挂放诱捕器(诱捕剂),并在引诱剂的有效期内进行诱捕害虫数量调查。具体使用方法可参见相关标准以及产品使用说明书。

松毛虫、舞毒蛾、松褐天牛等种类可采用专用信息素引诱剂进行调查。

9.3.1.5 生产和经营场所调查

适用于危害种实、果品、花卉、苗木、木材及其制品的生产和经营场所的有害生物调查。

(1)木材有害生物调查

对于木材及其制品的生产和经营场所,采用随机抽样法抽取样品。抽样比例参照《林业主要有害生物调查总则》(LY/T 2011—2012)。发现检疫性有害生物的应全部调查。调查结果填入《种实、果品、花卉、木材及其制品有害生物调查记录表》。

(2)种实、果品、花卉有害生物调查

对于种实、果品、花卉的生产和经营场所(如种实库、果品库、花卉交易市场),采用随机抽样法抽取样品。抽样数量为货物总量的0.5%~5.0%。发现检疫性有害生物的应全部调查。调查结果填入《种实、果品、花卉、木材及其制品有害生物调查记录表》。

(3)苗圃(花圃)有害生物调查

在每个苗圃(花圃)的对角线上(或按照棋盘式)设置若干个样方(靠近圃地边缘的样方应距离边缘2~3m)。样方累计面积不少于栽培面积的5%。样方大小根据苗木种类和苗龄而定。针叶树播种苗一般0.1~0.5m^2,或以1~2m长播种行作为一个样方;阔叶树苗的样方应在1 m^{2}以上,每个样方上的苗木应在100株以上。按对角线抽样法(或棋盘式)抽取样株(针叶树播种苗300株以上、阔叶树苗100株以上)进行调查。对于大苗或绿化苗,可适当扩大样方面积与抽样比例。调查结果填入《苗圃(花圃)有害生物调查记录表》。

9.3.2 标本采集

本次普查要采集各类林业有害生物标本,特别是成套的生活史标本。对新发现的害虫标本,放入装有纯酒精、福尔马林等昆虫标本专用保存液的容器中,密封后放在冰箱冷藏保存,为后续分子生物学鉴定做好储备。一般的害虫幼虫标本采用专用幼虫保存液保存。病害标本要进行压制并注意保鲜,尽快进行病原菌室内分离培养和鉴定。

对采集的标本进行分类,同时做好采集记录。标本标签编号原则如下:

①采集标本记录由采集人员填写,同时写上编号、采集时间、地点、寄主植物、采集人姓名,放入存放容器,将标签系上,同时在记载表上登记。

②标本编号为13位数,前6位是所在县级行政区划代码,第7~9位为采集地点所在乡镇行政区代码,最后4位数是标本的流水编号。

③调查地点填写到林业小班或具体地点。

④植物名称要求填写该植物的通用中文名。

⑤同一采集时间、地点、寄主植物、采集人姓名,采集同一种有害生物,不论数量多少,为同一编号。

9.3.3 影像拍摄

影像资料采用数码相机和数码摄像机拍摄。数码相机具备微距功能,照片统一采用

JPG格式，像素在1 000万以上；数码摄像统一采用PAL制式。影像作品要特征突出、图像清晰、色彩正确、景别别致。

拍摄林业有害生物的有关生物学、形态学以及危害状影像，注明拍摄人、寄主植物、拍摄时间和拍摄地点（乡镇级行政区）。

每次调查结束后应及时保存影像，并对影像进行命名。命名格式为："有害生物名称（虫害要求注明虫态）—寄主植物—采集省县乡—年月日—拍摄人"。例如，2014年9月1日在四川省巴中市桃园镇采集的马尾松毛虫，编号为：马尾松毛虫（幼虫）—马尾松—四川巴中桃园镇—20140901—张三。

【任务小结】

本项目主要对林业有害生物的普查调查实施阶段的基本步骤和方法进行介绍，重点阐述了地面人工调查，并辅以诱虫灯和引诱剂调查的基本方法，对标本及影像资料的制作等进行了说明。

【拓展提高】

董绪曾．林木病虫害普查方法[J]．河北林业科技，1980，2.

朱小平，余其新．鼠密度调查方法的比较[J]．中国媒介生物学及其控制杂志，2007，18(6)：461.

《林业检疫性有害生物调查总则》(GB/T 23617—2009).

《林业兔害防治技术方案（试行）》（林造发[2006]38号）.

《森林害鼠（鼠兔）监测预报办法（试行）》（造防函[2002]13号）.

中国科学院动物研究所，浙江农业大学．天敌昆虫图册[M]．北京：科学出版社，1978.

中国林业科学研究院主编．中国森林昆虫[M]．北京：中国林业出版社，1980.

【复习思考】

1. 简述林业有害生物普查的主要步骤？
2. 如何设置普查标准地？
3. 简述普查病虫害标本的收集与制作的具体步骤。

任务9.4 报告及成果编制

【任务介绍】

林业有害生物普查的报告及成果编制是对普查工作的全面总结和分析，普查成果主要包括：林业有害生物实物、数码标本，林业有害生物种类、分布、面积和危害程度等数据库，林业有害生物普查报告，重要林业有害生物分布图及主要林业有害生物图册等，普查成果对全面掌握林业有害病虫害、螨虫、鼠兔害及入侵生物等发生、分布和危害的基本情况，对丰富和完善林业有害生物数据库及标本室，为开展重要有害生物风险分析提供重要的科学数据。

【教学目标】

知识目标
1. 熟悉林业有害生物成果及报告的编制内容及步骤。
2. 掌握林业有害生物成果及报告的编制的方法。

技能目标
1. 完成普查成果的汇总和整理工作。
2. 会编写普查成果报告。

【任务实施】

9.4.1 内业整理

9.4.1.1 标本鉴定

标本鉴定采用传统形态学方法和现代分子生物学手段。对于野外采集的标本，根据形态特征或利用分子生物学方法进行鉴定；对于尚不具备明显特征的幼虫、蛹或病原微生物等，可通过饲养或实验室培养获得鉴定特征后进行种类鉴定。

疑难标本鉴定工作由专家组及时到现场鉴定，或各地及时送至相关科研院所等机构进行鉴定。

9.4.1.2 标本和影像整理

对野外采集制作好的标本要入库保存，入库时进行低温冷冻或药物熏蒸处理，定期检查，控制温湿度，注意避光防尘、防虫、防霉和防鼠等。当地无法长期保存的，由省级森防部门统一保存。

对野外拍摄的影像资料按有害生物种类单独建立文件夹（若为虫害，文件夹内再区分雌成虫、雄成虫、幼虫、蛹、卵、危害状等文件夹进行归类），并整理保存。

9.4.1.3 数据整理

县级林业有害生物防治机构以乡镇级行政区为单位统计汇总普查数据。市（州）级林业有害生物防治机构以县级行政区为单位统计汇总普查数据。

汇总的有害生物种类为县级行政区内（种实、果品、花卉、木材及其制品的生产和经营场所除外）普查发现的所有种类；汇总的有害生物种类为县级行政区内种实、果品、花卉、木材及其制品的生产和经营场所中普查发现的所有种类；汇总的是 2003 年以后发现的从国（境）外或者省级行政区外（种实、果品、花卉、木材及其制品的生产和经营场所除外）传入的有害生物种类；汇总的是 2003 年以后发现的从国（境）外或者省级行政区外传入的，在种实、果品、花卉、木材及其制品的生产和经营场所中发现的有害生物种类。

9.4.1.4 风险评估

对省级行政区发生面积在 10 万亩以上的林业有害生物种类以及 2003 年以来从国

(境)外或省级行政区外传入的林业有害生物新纪录种类进行风险评估。

9.4.2 普查材料报送

9.4.2.1 报送方式
实行逐级上报的方式，由县级上报至市(州)级，市(州)级汇总上报至省级。

9.4.2.2 报送内容
①标本、影像资料。
②汇总表。
③工作总结和技术报告。工作总结主要内容包括：普查的组织形式、保障措施、主要做法、问题和建议等；技术报告主要内容包括：各地的森林资源概况(使用最近森林资源数据)、普查范围与对象、普查技术方法、普查结果以及重要发现，对重要的普查种类进行风险性分析和评估，并对存在问题进行分析讨论等。

9.4.3 普查预期成果

9.4.3.1 县级成果
①建立本级行政区林业有害生物实物、数码标本室和数据库。
②编制本级行政区以小班为单位的林业有害生物种类、分布、面积及危害程度一览表。
③绘制本级行政区主要林业有害生物分布图。
④编制本级行政区林业有害生物普查报告。

9.4.3.2 市级成果
①完成本级行政区林业有害生物普查报告。
②建立本行政区以小班为单位的林业有害生物种类、分布、面积和危害程度等数据库。

9.4.3.3 省级成果
①建立省级林业有害生物实物、数码标本室。
②建立省级以小班为单位的林业有害生物种类、分布、面积和危害程度等数据库。
③编制2005年以来省级行政区外传入的林业有害生物新记录种类和重要林业有害生物种类风险评估的风险评估。
④编制省级林业有害生物普查报告。
⑤绘制省级行政区重要林业有害生物分布图。
⑥编制印刷《省级林业有害生物普查成果汇编》。
⑦编制出版《省级主要林业有害生物图册》。

9.4.3.4 国家成果
①完成《全国林业有害生物普查报告》。
②丰富林业有害生物数据库(包括统计和影像数据)。
③充实国家级林业有害生物标本室。
④完善重要林业有害生物种类风险评估。
⑤编制出版《全国林业有害生物普查成果汇编》。

⑥编制出版《全国主要林业有害生物图册》。

【任务小结】

本项目介绍了林业有害生物普查的报告及成果编制的意义,分别介绍了普查主要包括的成果:林业有害生物实物、数码标本,林业有害生物种类、分布、面积和危害程度等数据库,林业有害生物普查报告,重要林业有害生物分布图及主要林业有害生物图册等。

【拓展提高】

国家林业局办公室《全国有害生物普查技术方案》(办造字〔2014〕92号).

【复习思考】

1. 林业有害生物普查上报成果包括哪些?
2. 普查成果验收的标准有哪些?

参考文献

安榆林，季健清，顾杰，等．2002．加强林木检疫严防危险性天牛传入[J]．植物检疫，16(1)：42-43．
安榆林，钱路，徐梅，等．2010．外来林木有害生物疫情截获分析与建议[J]．植物检疫，24(3)：45-49．
白文钊，张英俊．1999．家茸天牛生物学特性的研究[J]．西北大学学报(自然科学版)，29(3)：255-258．
白湘云．1997．糖槭蚧生物学特性及综合防治措施[J]．内蒙古林业科技(增刊)：45-48．
鲍先巡，张和禹，杨学俊，等．2008．肥西县桑树萎缩病的调查及防治[J]．中国蚕业，29(1)：43-50．
北京林学院．1979．林木病理学[M]．北京：中国林业出版社．
边秀然，范月秋．2001．大青叶蝉发生危害规律及综合防治技术[J]．北京农业(9)：25．
彩万志，庞雄飞，花保祯，等．2001．普通昆虫学[M]．北京：中国农业大学出版社．
蔡淑华，吴水南．2001．黑蚱蝉发生规律及综合防治[J]．福建农业科技(5)：56．
曹利军，杨帆，唐思莹，等．2014．适合三种鳞翅目昆虫的一种人工饲料配方[J]．应用昆虫学报，05：1376-1386．
陈贯源．2010．几种重要林木检疫性病原菌的分子检测方法研究[D]．南京：南京林业大学．
陈国发，等．2002．兴安落叶松鞘蛾性引诱剂在发生期监测上的应用[J]．中国森林病虫，21(2)：23-25．
陈洪俊，范晓虹，李尉民．2002．我国有害生物风险分析(PRA)的历史与现状[J]．植物检疫，16(1)：28-32．
陈辉，袁锋．2000．秦岭华山松小蠹生态系统与综合治理[M]．北京：中国林业出版社．
陈纪敏．2008．河南省驻马店市林业有害生物调查研究[D]．杨凌：西北农林科技大学．
陈克，范晓虹，李尉民．2002．有害生物的定性与定量风险分析[J]．植物检疫，16(5)：257-261．
陈其津，李广宏，庞义．2000．饲养五种夜蛾科昆虫的一种简易人工饲料[J]．昆虫知识，06：325-327．
陈少波，陈瑞英，陈雪霞．2002．吡虫啉防治家白蚁的室内药效试验[J]．华东昆虫学报，11(1)：91-94．
陈绍红，孙思，王军．2007．14种杀菌剂对油茶炭疽病的防治研究[J]．广东林业科技，23(2)：42-45．
陈燕．2012．进境向日葵有害生物风险分析及向日葵茎溃疡病菌快速检测技术研究[D]．乌鲁木齐：新疆农业大学．
陈元生，涂小云．2013．芫菁科昆虫的滞育、饲养及生防利用研究进展[J]．中国植保导刊，33(05)：16-19，24．
陈志麟，谢森，李国洲．2000．楼宇蠹虫的发生与防治技术[J]．昆虫知识，37(4)：220-222．
戴文平，田世峰，禹淑丽，等．2007．郁金香灰霉病防治技术[J]．现代农业科技(3)：53．
戴玉成．2005．异担子菌及其病害防治的研究现状[J]．林业科学研究，18(5)：615-620．
邓才富，申明亮，章文伟，等．2007．牡丹紫纹羽病病原菌的生物学特性及其防治[J]．中国农学通报(5)：342-345．
邓瑜，祝柳波，李乾明，等．2000．华栗绛蚧的研究[J]．江西植保，23(1)：4-8．
丁宝堂，王乃红，石德田．2001．果树根癌病的发生与防治[J]．林业科技通讯(9)：43．
董文勇．2013．进境台湾葡萄有害生物风险分析研究[D]．福州：福建农林大学．

范俊秀. 2002. 国外森林保护先进思想和有益做法对我国森林病虫害防治工作之借鉴[J]. 山西林业(2): 28-29.

范一峰, 王义平. 2010. 基于NET的林木重大检疫性害虫快速分类鉴定系统的设计与应用[J]. 林业机械与木工设备, 38(12): 47-49.

费建明, 白锡川, 杨海江, 等. 2009. 桑花叶型萎缩病的化学防治药剂比较试验[J]. 中国蚕业, 30(2): 43-46.

费建明, 白锡川, 于峰, 等. 2007. 分子生物技术检测桑花叶型萎缩病原[J]. 浙江农业学报, 19(2): 115-118.

符美英, 陈绵才, 肖彤斌, 等. 2008. 根结线虫与寄主植物互作机理的研究进展[J]. 热带农业科学, 28(3): 73-77.

傅强, 张志涛, 胡萃. 2001. 同翅目昆虫人工饲料饲养技术[J]. 昆虫知识(2): 98-104.

高步衢, 耿海冬, 杨静莉, 等. 1990. 林木种实害虫熏蒸技术的研究[J]. 植物检疫(S1): 53-90.

高国平, 王月. 2004. 油松落针病的病原菌生物学特性及其侵染循环[J]. 东北林业大学学报, 32(6): 87-88.

高瑞桐, 2003. 杨树害虫综合防治研究[M]. 北京: 中国林业出版社.

戈峰. 2001. 害虫区域性生态调控的理论、方法及实践[J]. 昆虫知识, 38(5): 337-341.

葛斯琴, 杨星科, 等. 2003. 核桃扁叶甲三亚种的分类地位订正(鞘翅目: 叶甲科, 叶甲亚科)[J]. 昆虫学报, 46(4): 512-518.

顾雅君, 唐兆宏, 张瑞英. 2007. 蜜环菌在森林病理学上的作用[J]. 中国食用菌, 26(1): 15-16.

顾耘, 王思芳, 张迎春. 2002. 东北与华北大黑鳃金龟分类地位的研究(鞘翅目: 鳃角金龟科)[J]. 昆虫分类学报, 24(3): 180-186.

郭焕敬. 2001. 东方盔蚧的生物学特性及防治[J]. 北方果树(1): 11-12.

郭在滨, 赵爱国, 李熙福, 等. 2000. 柏大蚜生物学特性及防治技术[J]. 河南林业科技, 20(3): 16-17.

国家林业局植树造林司, 国家林业局森林病虫害防治总站. 2005. 中国林业检疫性有害生物及检疫技术操作办法[M]. 北京: 中国林业出版社.

国木春. 2015. 营林技术对林业有害生物的防治作用研究[J]. 农业与技术, 35(16): 90-91.

韩正敏, 叶建仁, 李传道, 等. 1991. 国外松松针褐斑病流行的区域性分析[J]. 南京林业大学学报, 15(3): 6-11.

何秀玲, 袁红旭. 2007. 柑橘溃疡病发生与抗性研究进展[J]. 中国农学通报, 23(8): 409-412.

何秀玲, 袁红旭. 2007. 柑橘溃疡病防治措施的研究现状[J]. 现代农业科技(15): 80-81.

和志娇, 蔡红, 陈海如, 等. 2005. 云南泡桐丛枝病植原体核糖体蛋白基因片段序列分析[J]. 植物病理学报, 5(6): 18-21.

贺运春. 2008. 真菌学[M]. 北京: 中国林业出版社.

黄北英, 潘洪涛, 刘芙. 2005. 松针褐斑病菌和松针红斑病菌的风险分析[J]. 防护林科技(3): 72-74.

黄幼玲. 2007. 柑橘溃疡病检疫与防治[J]. 植物保护, 33(6): 132-135.

黄志金. 2005. 梨白纹羽病的发生与防治[J]. 落叶果树(5): 62.

贾国新, 王喜臣, 张淑艳. 2004. 苗圃落叶松枯梢病的化学防治[J]. 吉林林业科技, 33(4): 28-29.

贾文明, 周益林, 丁胜利, 等. 2005. 外来有害生物风险分析的方法和技术[J]. 西北农林科技大学学报(自然科学版), 33(1): 195-200.

江世宏, 王书永. 1999. 中国经济叩甲图志[M]. 北京: 中国农业出版社.

孔祥义, 陈绵才. 2006. 根结线虫病防治研究进展[J]. 热带农业科学, 26(2): 83-88.

兰永平. 2015. 新技术在林业有害生物防治中的应用分析[J]. 农技服务, 32(5): 159-159.

雷朝亮，荣秀兰. 2003. 普通昆虫学[M]. 北京：中国农业出版社.
李怀业. 2007. 林业有害生物普查及防治对策[J]. 中国林业(5)：52-52.
李娟，赵宇翔，陈小平，等. 2013. 林业有害生物风险分析指标体系及赋分标准的探讨[J]. 中国森林病虫，32(3)：10-15.
李孟楼. 2002. 森林昆虫学通论[M]. 北京：中国林业出版社.
李森，檀根甲，李瑶，等. 2002. 猕猴桃溃疡病研究进展[J]. 安徽农业科学，30(3)：391-393.
李青山. 2015. 林业有害生物防控对策探讨[J]. 南方农业，9(18)：25-25.
李仁芳，张振军，李瑞芝，等. 2003. 果树根癌病的发生与防治[J]. 落叶果树(6)：59.
李振基，陈小麟，郑海雷，等. 2000. 生态学[M]. 北京：科学出版社.
理查德 N·斯特兰奇. 2007. 植物病理学导论[M]. 彭友良，等译. 北京：化学工业出版社.
练飞，华美霞，许静云，等. 2009. 雪梨3种根部病害发生规律及其防治[J]. 中国南方果树，38(2)：59-60.
梁军，张星耀. 2004. 森林有害生物的生态控制技术与措施[J]. 中国森林病虫(6)：1-8.
梁农. 2007. 厦门市林业有害生物普查结果及防控对策[J]. 武夷科学，23(1)：171-176.
廖太林，杨晓军，安榆林，等. 2005. 美国栎树上传播枯萎病的几种重要露尾甲[J]. 植物检疫(1)：37-38.
廖太林，叶建仁. 2006. 中国南方松树枯梢病地域分布的气候分区[J]. 林业科学研究，19(5)：643-646.
廖晓兰，罗宽，朱水芳. 2002. 植原体的分类及分子生物学研究进展[J]. 植物检疫(3)：167-172.
林长春. 2003. 毛竹枯梢病的研究进展[J]. 竹子研究汇刊，22(2)：25-29.
林庆源. 2001. 毛竹枯梢病的综合治理技术[J]. 南京林业大学学报，25(1)：39-43.
刘大群，董金泉. 2007. 植物病理学导论[M]. 北京：科学出版社.
刘刚，佟万红，王小芬，等. 2006. 桑树萎缩病发生规律及综合防治措施[J]. 中国蚕业，27(1)：85-86.
刘海军，温俊宝，骆有庆. 2003. 有害生物风险分析研究进展评述[J]. 中国森林病虫，22(3)：24-28.
刘海军. 2003. 北京地区林木外来重大有害生物风险分析[D]. 北京：北京林业大学.
刘红霞，温俊宝，骆有庆，等. 2001. 森林有害生物风险分析研究进展[J]. 北京林业大学学报，23(6)：46-51.
刘焕芳，段成国，陈学森，等. 2002. 核果类果树根癌病菌寄主范围及抗性研究初报[J]. 北方果树(5)：4-7.
刘建锋，孙云霄. 2004. 松树枯梢病发生规律研究进展[J]. 广东林业科技，20(3)：60-63.
刘利剑，秦桂华. 2005. 宁安市林区有害生物普查结果与分析[J]. 防护林科技(4)：62-62.
刘淑芳. 2014. 林木检疫存在的问题及措施[J]. 吉林农业(14)：68.
刘艳，叶建仁. 2003. 松树枯梢病潜伏侵染的研究[J]. 林业科学，39(4)：67-72.
刘永军，郭学民，安红丽. 2002. 抗根癌菌剂Ⅰ号对桃根癌病的生物防治[J]. 河北果树(6)：1-12.
刘玉卿. 2014. 冷冻技术在昆虫标本制作中的应用研究[J]. 绿色科技(7)：59-60.
卢全有，夏志松. 2006. 桑花叶型萎缩病病原研究初报[J]. 蚕业科学，32(2)：249-251.
陆家云. 2001. 植物病原真菌学[M]. 北京：中国农业出版社.
马婵. 2015. 我国林木植物检疫工作发展建议[J]. 福建农业(4)：223.
马平. 2009. 云南省外来入侵物种调查及检疫性有害生物的风险分析[D]. 昆明：云南农业大学.
马晓光，沈佐锐. 2003. 植保有害生物风险分析理论体系的探讨[J]. 植物检疫，17(2)：70-74.
秦国夫，赵俊，刘小勇. 2002. 植原体分子分类的现状与问题[J]. 林业科学，38(6)：125-136.
秦岭，高遐红，程继鸿，等. 2002. 中国板栗品种对疫病的抗病性评价[J]. 果树学报，19(1)：39-42.

任英,周瑾. 2000. 邯郸市发现国内检疫对象——苹果绵蚜[J]. 植物检疫,14(6):369.

《山东林木病虫害志》编委会. 2000. 山东林木病害志[M]. 济南:山东科学技术出版社.

沈杰,楼兵干,高其康,等. 2003. 引进林木繁殖材料及观赏植物检疫审批的智能化管理[J]. 浙江林学院学报,20(2):155-157.

沈佐锐,马晓光,高灵旺,等. 2003. 植保有害生物风险分析研究进展[J]. 中国农业大学学报,8(3):51-55.

盛承发,苏建伟,宣维健,等. 2002. 关于害虫生态防治若干概念的讨论[J]. 生态学报,22(4):597-602.

盛茂领,孙淑萍,任玲,等. 2002. 中国钻蛀杏果的广肩小蜂(膜翅目:广肩小蜂科)[J]. 中国森林病虫,21(3):9-10.

史洪中,刘煜,张进. 2000. 栗绛蚧生物学特性及防治研究[J]. 信阳农业高等专科学校学报,10(3):9-11.

史英姿,吴云锋,顾沛雯,等. 2007. 泡桐丛枝植原体16SrDNA和延伸因子基因序列分析[J]. 微生物学通报,34(2):291-295.

四川省林业厅. 2014. 四川省林业有害生物普查技术方案.

宋玉双. 2006. 论林业有害生物的无公害防治[J]. 中国森林病虫,25(3):41-44.

宋玉双. 2005. 十九种林业检疫性有害生物简介(Ⅱ)[J]. 中国森林病虫,24(2):42-46.

宋玉双. 2012. 我国林木引种检疫管理的问题及对策[J]. 中国森林病虫,31(5):22-27.

苏桂云,葛春迎,吴志勇. 2014. 乌尔旗汉林区林业有害生物普查及防治措施[J]. 科技资讯(5):198,200.

孙立夫,张艳华,杨国亭,等. 2007. 蜜环菌生物种和地理分布概况综述[J]. 菌物学报,26(2):306-315.

孙明荣,刘发邦,王绍文,等. 2001. 银杏茎腐病的防治[J]. 中国森林病虫(3):22-23.

孙楠,黄冠胜,李志红,等. 2008. 进口水果果实有害生物风险分析实用方法的建立[J]. 植物检疫,22(1):27-31.

孙楠,黄冠胜,林伟,等. 2007. 主要贸易国家有害生物风险分析研究方法比较[J]. 植物检疫,21(2):87-91.

孙儒永. 2001. 动物生态学原理[M]. 3版. 北京:北京师范大学出版社.

孙为国,孙继平,王铁. 2015. 抚松县森林有害生物普查的主要做法[J]. 吉林林业科技(1):58-59.

孙绪艮,徐常青,周成刚,等. 2000. 针叶小爪螨不同种群在针叶树和阔叶树上的生长发育和繁殖及其生殖隔离[J]. 昆虫学报,44(1):52-58.

孙绪艮. 2001. 林果病虫害防治学[M]. 北京:中国科学技术出版社.

谈珺,刘晓红,蒋寒,等. 2012. 南海口岸进境林木种苗线虫检疫情况分析[J]. 植物检疫,26(4):87-89.

覃连红,黄艳花. 2007. 有机玻璃盒装昆虫标本制作技术[J]. 科学教育,13(6):60-61.

潭速进,吴加仑,雷泽荣,等. 2000. 一种新型菊酯类白蚁防治复合剂的野外土壤残效及残留试验[J]. 浙江大学学报(农业与生命科学版),26(4):408-413.

田国忠,李志清,张存义,等. 2006. 泡桐脱毒组培苗的生产和育苗技术[J]. 林业科技开发,20(1):52-55.

汪贱生,汪振兵,陈诚冰. 2015. 营林技术对林业有害生物的防治作用[J]. 科技创新与应用(29):292-292.

王爱丽,施宗伟,马小光,等. 2006. 进口植物及植物产品有害生物风险分析[J]. 植物保护,32(4):19-23.

王海妮, 吴云锋, 安凤秋, 等. 2007. 枣疯病和酸枣丛枝病植原体 16SrDNA 和 tuf 基因的序列同源性分析[J]. 中国农业科学, 40(10): 2200-2205.

王鸿哲, 李孟楼, 康云霞, 等. 2003. 林木果树检疫性病虫害[J]. 西北林学院学报, 18(2): 68-71, 90.

王慧敏. 2000. 植物根癌病的发生特点与防治对策[J]. 世界农业(7): 28-30.

王军, 陈绍红, 黄永芳, 等. 2006. 水杨酸诱导油茶抗炭症病的研究[J]. 林业研究, 19(5): 629-632.

王玲萍. 2007. 福建省林业有害生物普查情况及防控对策[J]. 林业勘察设计(1): 70-73.

王庆前, 丁德贵. 2006. 安徽省林业有害生物普查情况分析与治理措施[J]. 植物检疫, 20(2): 102-104.

王祥, 李凯兵, 谈珺, 等. 2012. 进境林木种苗疫情分析与检疫对策[J]. 广东农业科学, 39(19): 83-86.

王益愚. 2007. 中国进口货物木质包装传带有害生物风险分析报告[D]. 北京: 北京林业大学.

王兆民. 2015. 固原市原州区中河乡林业有害生物普查技术方案[J]. 现代农业科技(15): 183-183.

魏吉利, 黄诚华, 王伯辉. 2013. 鳞翅目昆虫人工饲养技术研究进展[J]. 甘蔗糖业(5): 44-47.

萧刚柔. 2002. 中国扁叶蜂[M]. 北京: 中国林业出版社.

杨晓文. 2007. 进境原木及木质包装携带危险性森林病害的风险分析[D]. 南京: 南京林业大学.

于忠阳. 2005. 进境木质包装的检疫监管研究[D]. 北京: 中国农业大学.

袁季. 2015. 防治和控制林业有害生物的对策及措施[J]. 农技服务, 32(8): 159.

曾大鹏, 贺正兴, 符琦群. 1987. 油茶炭疽病生物防治的研究[J]. 林业科学, 23(2): 144-150.

曾祥谓, 徐梅卿, 赵嘉平, 等. 2005. 中国森林病害防治技术措施与策略[J]. 世界林业研究, 18(3): 66-69.

张凡, 付荣恕. 2012. "人工琥珀"昆虫标本制作及在无脊椎动物学实验教学中的应用[J]. 山东师范大学学报(自然科学版), 27(1): 146-147.

张继贤, 周荣阳, 李瑞君. 2003. 对加强林木检疫工作的若干建议[J]. 林业勘查设计(1): 54-55.

张杰, 丁振民, 郝惠娟, 等. 2015. 林业有害生物防治在生态文明建设中的作用研究[J]. 农业与技术, 35(16): 91-91.

张凯. 2012. 常见林木及进境木材天牛幼虫分类研究[D]. 南京: 南京林业大学.

张民侠. 2010. 森林可持续经营法制保障体系研究[D]. 南京: 南京林业大学.

张平清. 2005. 外来有害生物入侵风险分析方法与风险管理措施研究[D]. 长沙: 国防科技大学.

张天. 2015. 林业有害生物综合治理方法[J]. 内蒙古林业(8): 14-15.

张小健. 2015. 林业有害生物普查探讨[J]. 现代农业科技(8): 185-186, 191.

致　谢

本教材的编写是顺应国家高等职业教育改革的大趋势，作为教育部、财政部林业职教师资培养计划中的核心教材之一呈现。整个编写过程历经两年半，其间经历了无数次的会议和讨论，编写上如何既体现高等职业教育的共性，又保留本专业的特色；体例上既展示出与普通本科教材的不同之处，又能符合本专业的职业教育的基本要求，一直是困惑着编写者的主要问题。回想过去两年多的所开过的讨论会上的情形种种，我不禁哑然失笑。从开始的的各抒己见，针锋相对，到后来的面红耳赤，互不相让，再到最后的惺惺相惜，彼此认同。终于，我们找到了大家都在找寻的那个平衡点。

而当此书即将付梓之际，也早已和初稿判若两人。教材从最开始的体例构思，内容安排，素材收集，集中写作，初稿完成，全盘推翻，重新构思，重新编写，再推翻，再重来……在这一次次反复的过程中，教材的架构越发清晰，体例越发简洁，水分逐渐拧干，留下的都是干货，教材页数也从初稿的近 600 页删减至 400 页。每次内容的删减都是一个万分痛苦的过程，这一点，我相信每一个作者都感同身受。在这里我也要向每一位参编者表示深深的歉意和感激之情。

在本书完成编写之际，我代表个人以及本教材的编写团队对各位德高望重的审稿专家表示最诚挚的感谢，也向教育部林学职教师资素质提高计划团队的各位老师、前辈以及同仁表示最诚挚的谢意，非常荣幸能成为你们中的一员参与此次教材编写任务，这是一次集中学习的过程，受益匪浅。

在教材编写期间，还有许多研究生同学和本科生同学们参与了大量的素材收集和整理工作，人数众多，限于篇幅，原谅我不能一一列出你们的名字，但有了你们的默默付出，才有今天的书稿顺利完成，我谨代表编委会所有成员，向你们表示最诚挚的谢意，谢谢你们！

受限于编写者的学识水平和实践经验，教材中的不足之处在所难免，期望各位读者能够不吝赐教，共同探讨，及时和我们或者出版社联系，以便再版时及时修订。

周宇燏
2017 - 9　于四川农业大学